中国物流与采购联合会指定
“十一五”现代物流精品规划系列教材

物流管理学

霍　红　马常红　编著

中国物资出版社

图书在版编目（CIP）数据

物流管理学/霍红，马常红编著．—2版．—北京：中国物资出版社，2008.4（2013.1重印）

（“十一五”现代物流精品规划系列教材）

ISBN 978-7-5047-2726-8

Ⅰ．物…　Ⅱ．①霍…②马…　Ⅲ．物流—物资管理—高等学校—教材　Ⅳ．F252

中国版本图书馆CIP数据核字（2007）第140447号

策划编辑　王宏琴
责任编辑　王宏琴
责任印制　方朋远
责任校对　孙会香

中国物资出版社出版发行
网址：http：//www.clph.cn
社址：北京市西城区月坛北街25号
电话：（010）68589540　邮政编码：100834
全国新华书店经销
中国农业出版社印刷厂印刷

开本：710mm×1000mm　1/16　印张：27.75　字数：476千字
2008年4月第2版　2013年1月第3次印刷
书号：ISBN 978-7-5047-2726-8/F・1130
印数：8001—10000册
定价：45.00元

“十一五”现代物流精品规划系列教材编审委员会

序　言

《中华人民共和国国民经济和社会发展第十一个五年规划纲要》指出“推广现代物流管理技术，促进企业内部物流社会化，实现企业物流采购，积极发展产品销售和再生资源回收的系列化定作。培育专业化物流企业，积极发展第三方物流，建立物流标准化体系，加强物流技术开发利用，推进物流信息化。加强物流基础设施整合，建设大型物流枢纽，发展区域物流中心。”实现“十一五”规划确定的宏伟目标，人才是关键。抓住机遇，迎接挑战，走人才强国之路，是增强我国综合国力和国际竞争力、实现中华民族伟大复兴的战略选择。

面对世界经济一体化的进程加快，许多大型跨国集团的进入，我国各级政府部门和许多市场意识敏锐的企业已把物流作为提高竞争能力和提升企业核心竞争力的重要手段，把现代物流理念、先进的物流技术和现代经营与管理模式引入国家、地区经济建设和企业经营与管理之中。但是，我国的物流教育仍十分滞后，造成现代物流综合性人才、企业尤其是流通企业改造传统物流与加强物流管理、城市规划与物流系统运筹、第三方物流企业的运作技术操作等现代物流人才严重匮乏，阻碍了经济的发展和经济效益的提高。据各地人才预测，物流人才是全国12种紧缺人才之一，物流工程规划人员、物流管理人员、物流科研人员、物流师资全面紧缺。到2010年，全国大专（高职、高专）以上物流人才的需求量为30万～40万人，国际物流、物流管理、仓储与配送、物流运输、企业物流、物流营销、物流信息处理等技能型操作人才每年需要近10万人。不仅如此，根据我国加入WTO的承诺，物流和分销服务业是全面开放的行业之一，国内市场将会出现高层次、高起点的激烈竞争的局面，这势必会使本身就匮乏的人才竞争加剧。如果我们不从现在做起，加快我国物流管理与技术人才的培养，终将成为我国物流产业发展的瓶颈，物流产业化成为21世纪新的经济增长点就成了一句空话。因此，加速推动现代物流产业的人才培养工程，实施多层次、多样化的物流教育，是21世纪物流产业化发展中保证物流产业形成合理的人才结构，提高我国物流管理水平和经济效益的决定性因素。为此，中国物流与采购联合会为了适应物流人才的培养已先后组织大批著名物流专家、教授组织编写出版了四套现代物流系列教材，引起了物流学术界和企业界的普遍关注，取得了较大的社会效益和经济效益。为了进一步满足物流高等教育、高等职业技术教育和各层次人员培训教育的需求，我们根据教育部关于高等院校教育培养规格要求，结合中国物资出版社出版发行的已取得较大经济和社会效益的部分物流管理教材组织大批物流专家、教授重新进行了更新和修订，整合成新一套“十一五”现代物流精品规划系列教材，使之满足各地培养高质量物流人才的教学需求。经审订本套现代物流精品规划系列教材和相关课程教学丛书，既可作为普通高等院校、高职高专院校的物流及其相关课程的选用教材和教学参考资料，亦可作为各层次成人教育和企业培训教学参考用书，也适合作为广大物流从业人员的自学读物。同时，对参加物流职业资格认证考试的人员具有较高的参考价值。

“十一五”现代物流精品规划系列教材，在整合和更新修订过程中得到了许多院校和研究机构的专家、教授以及物流企业领导的大力支持，在此一并致谢。由于编写时间仓促加上编者水平有限，书中有不足之处在所难免，恳请广大读者提出宝贵意见，以日臻完善。

“十一五”现代物流精品规划系列教材编审委员会

再版说明

本书自出版以来，已被多所高校选为物流管理及经管类专业物流管理课程的教材，许多授课教师对本教材的评价较高，认为该教材在体系设置和内容的选取上，注意围绕主线，突出重点，内容丰富，信息量大，理论新颖，实用性强。

随着经济的发展及物流管理理论研究的进一步深化，有许多知识需要加以补充和更新。且在教材使用的过程中也发现了一些问题，有待于进一步完善和改进。为了更好地适应高等院校物流管理及相关专业教学的需要及相关物流管理专业人员自学、提高之用，现对《物流管理学》进行修订，以力求精益求精。

本书在保留了第一版原有体系结构的基础上，对内容进行了调整和补充，尽量避免不必要的重复，对库存控制及供应链管理的相关内容进行了修订，以适应现代物流发展的需要。本书修订后更适合用于大专院校物流管理专业及其他相关管理类专业师生的本科教材和参考用书以及各类工商企业生产经营管理人员的参考书。

本书修订版仍由霍红、马常红编著，参加编写的有李楠、姜华珺、黄小娟、冯波等。在编写及改编的过程中参考了大量的国内外书刊和文献资料，在此深表感谢。

限于水平以及时间仓促，故纰漏之处在所难免，恳请专家和读者批评指正。

编　者

前　言

本书在编写过程中立足于产、销、物一体化发展的基础上，全面、系统地分析、研究现代物流管理的理论、思想和方法，试图从新的视野重新审视物流管理的本质，并通过及时追踪国际、国内物流与供应链管理的发展动向，结合我国当前生产和流通领域的发展趋势，揭示当代物流管理的发展规律、特点和管理模式。

为便于广大读者学习，本书在体系的设置和内容的选取上，注意围绕主线，突出重点，兼顾整体，强调深入浅出，通俗易懂。本书可作为普通高等院校物流管理、工商管理、市场营销和管理学类专业本科生的教科书，也可供高职高专、成人高等教育学生、自学考试学生、物流管理人员、物资供销管理人员和相关专业人员自学、提高之用。

本书由霍红、马常红编著。由于编者水平有限，在编写过程中有不当之处，敬请指正。

编　者

目 录

第一章 概 论

第一节 物流的概念和基本职能

一、物流的概念

物流，是物资有形或无形地从供应者向需求者进行的物资物质实体的流动。具体的物流活动包括包装、装卸、运输、储存、流通加工和信息等诸项活动。通过物流活动，可以创造物资的空间效用、时间效用，流通加工活动还可能创造物资的形质效用。

这个定义中，明显地包含了几个要点：①“有形”、“物资物质实体”，强调实体流动；②“从供应者向需求者”，强调是分销领域，亦即流通领域；③“有形或无形”，有形指物质实体，无形指信息；④“流动”，而不是“流通”；⑤“具体的物流活动”包括包装、装卸、运输、储存、流通加工和信息等诸项活动；⑥物流的功能包括“可以创造物资的空间效用、时间效用”，“形质效用”。

由这个定义可以看出，实际上物流应当具有一个非常普遍和广泛的含义。它既包括了物资的运动状态（运输），也包括了物资的静止状态（储存），还包括了物资的静动状态（包装、装卸、流通加工）。所谓静动状态，就是从宏观上看，它是静的；而从微观上看，它又是动的。所以物资无论处于运动状态、静止状态，还是静动状态，都是处于物流状态。也就是说，只要是物资存在，它就必然处于物流状态。根据物质不灭定律，社会中的物质只可能转化形态，而不可能消灭。因此，物流也只可能变换形态，而不可能消灭。因此也可以说，物流是普遍的、绝对的。

这个定义中，明显地包含了几个特点：

第一，突出了流通，即把物流看成是流通的一部分。因为，它强调了“从供应者到需求者”，强调了“流通加工”等；

第二，突出了专业物流活动，强调了包装、装卸、运输、储存、流通加工、信息等几项专业活动；

第三，突出了物流的功能：“空间效用”、“时间效用”、“形质效用”。

二、流通的功能

流通的功能，一是通过购销等商品交易活动创造物资的所有权效用；二是通过运输创造物资的空间效用；三是通过储存创造物资的时间效用，将商品转移到用户手中。流通活动包括购、销、运输、储存、包装、装卸、加工和信息。其中，购、销以及商流信息活动属于商流活动，而运输、储存、包装、装卸、加工和物流信息活动属于物流活动，商流信息和物流信息共同构成流通信息流活动。这样，流通活动就是由商流活动、物流活动和信息流活动共同构成的，物流活动是流通活动的一部分。

三、商流的定义

商流，是物资在由供应者向需求者转移时物资社会实体的流动，主要表现为物资与其等价物的交换运动和物资所有权的转移运动。具体的商流活动包括买卖交易活动及商情信息活动。商流活动可以创造物资的所有权效用。

这个定义中，也包含了几个要点：①“物资社会实体”，强调物资价值实体的流动；②“由供应者向需求者”，强调的是流通领域；③“由供应者向需求者转移时物资社会实体的流动”，强调与物资物质实体流动，即物流的伴随关系；④“流动”，而不是“流通”；⑤商流主要表现为等价交换和所有权的转移，“具体的商流活动包括买卖交易活动及商情信息活动”；⑥商流的功能包括“可以创造物资的所有权效用”。

这个定义中，明显地包含了几个特点：

第一，突出了流通，即把商流看成是流通的一部分；

第二，突出了与物流活动的伴随关系；

第三，突出了商流的功能——“所有权效用”。

四、信息流

信息流也是流通的组成部分，它和商流、物流一起共同构成了流通的“三流”。

流通领域的信息流又称流通信息流。流通信息，是指伴随流通活动而产生并且为流通活动服务的信息，包括由文字、语言、图表、信号等表示的各种文件、票据和情报资料等。流通信息流，是指流通信息的产生、加工、储存和传递等。

流通信息流是由两大类构成的：一类是商流信息流，一类是物流信息流。

商流信息流是指在商流活动中产生的，并为商流活动服务的商流信息的产生、制作、加工、储存和传递。例如，商品的销售价格、市场行情、购销洽谈、订货合同、供需情况、销售货款、交易支付、促销活动等都是商流信息。这些信息的产生、制作、加工、储存和传递等为商流信息流。

物流信息流是指在物流活动中产生的，并为物流活动服务的物流信息的产生、制作、加工、储存和传递。例如，运输方式、运输市场行情、运输价格、交通地理、交通基础设施、仓储设施、库存信息、仓储价格、搬运费用、装卸能力、货主和客户信息等都是物流信息。这些信息的产生、制作、加工、储存和传递等为物流信息流。

就像一切经济信息一样，流通信息对流通具有非常重要的作用，这些作用主要表现在：

（一）反映作用

所有的流通活动，既包括商流活动，也包括物流活动，都是通过信息来描述的。活动的时间、空间、方式、流量、流速、效果等，都是由信息来描述和反映的。人们主要通过信息来了解具体的商流活动和物流活动。信息描述是否准确、真实，决定了人们对活动的认识和掌握程度，从而也影响人们对活动的决策结果。

（二）服务作用

所有流通活动的进行，都需要了解市场行情、环境条件、资源分布、工作程序、约束条件等。这些信息为流通活动的进行提供了服务。没有这些信息的支持，流通活动就不能够顺利有效地进行。

（三）指导作用

流通活动的进行，需要有科学管理方法、技术、标准、指标以及有关方针政策、规章制度作指导，只有这样，流通活动才能够按照正确、科学的轨道运行。这些信息对流通活动起着很重要的指导作用。

（四）控制作用

有些信息能够对流通活动起控制作用。这些信息大多是一些控制信息。例如，库存控制中的库存警戒点、经济订货批量，商流活动中的订货合同、各种法律法令、规章制度、领导的指令等，都是一些控制信息，它们都对流通活动的运行起着控制作用。

商场如战场，在激烈竞争的市场经济中，信息迅速准确地反映和传递，有助于作出及时果断的决策，从而能够灵敏地掌握市场变化、抓住机遇、避免风险、保障流通活动高效率地顺利进行，在竞争中取得胜利。

五、物流和商流的联系与区别

（一）物流和商流之间的联系

1. 它们都属于流通领域，是商品流通的两种不同形式，在功能上互相补充。通常是先发生商流后发生物流，在商流完成以后再进行物流。

2. 它们都是从供应者到需求者的流动，具有相同的出发点和归宿。

（二）物流和商流之间的区别

1. 流动的实体不同，物流是物资的物质实体的流动，商流是物资的社会实体的流动。

2. 功能不同，物流创造物资的空间效用、时间效用、形质效用，而商流创造物资的所有权效用。

3. 物流和商流又是相互独立的，发生的先后和路径都可能互不相同。在特殊情况下，没有物流的商流和没有商流的物流都是可能存在的。

总之，物流和商流既互相区别又互相联系，既分工又合作，既独立又统一，二者和谐地共处于流通过程之中，互补地共同完成流通的功能。

第二节　物流的分类

一、按物流研究范围的大小分类

按物流研究范围的大小，物流可分为宏观物流、中观物流和微观物流。

（一）宏观物流

宏观物流是社会再生产总体的物流，它是从经济社会整体上认识和研究物流。宏观物流如果从空间位置来讲，一般是指大的空间范围。例如，一个国家的国民经济物流，称之为国内物流或社会物流；国与国之间的贸易过程中所产生的物流，称之为国际物流。

（二）中观物流

中观物流是区域性社会再生产过程中的区域性物流，它是从区域上的经济社会来认识和研究物流。从空间位置来看，一般是较大的空间。例如，一个国家的经济区的物流，称之为特定经济区物流；一个国家的城市经济社会的物流，称之为城市物流。

（三）微观物流

微观物流带有局部性，一个生产者企业物流、物流的某一具体职能、某一具体物流实务、某一种物质资料的物流问题等，都属于微观物流。微观物流的最大特点表现为具体性、实务性和局部性的特征。

二、按物流业务活动的性质分类

按物流业务活动的性质，物流可分为以下几种：

（一）供应物流

供应物流是指企业（包括生产企业和流通企业）的物质资料从生产者或中间商的供应开始，到购进来投入生产前的物流活动。

（二）生产物流

生产物流是指物质资料从投入生产的第一道工序开始，到半成品、成品或可出售制品入库整个生产过程中的物流活动，也包括流通过程中带有生产性的劳务所产生的物流活动，如包装、流通加工等物流活动。

（三）销售物流

销售物流是指从企业成品库、流通仓库，或工厂分发销售过程中所产生的物流活动，包括生产厂商的直接销售和流通企业的销售。

（四）回收物流

回收物流是指生产消费过程和生活消费过程的可再利用物品在回收过程中所产生的物流活动。例如，货物运输和搬运中所使用的包装容器、废旧装载工具、工业生产中产生的边角余料、废旧钢材等在回收中所发生的物流活动。

（五）废弃物物流

在生产消费和生活消费过程中所产生的废旧物，一部分可再利用，通过回收形成一种新的资源；而把另一部分不可再利用的废旧物，称之为废弃物。对这些废弃物处理过程所发生的物流活动，当属废弃物物流之范围。

三、物流的发展过程

物流的发展过程，大体上经历了三个不同的阶段，即初级阶段、开发阶段和物流现代化阶段。

（一）物流初级阶段

物流初级阶段，一般认为是 20 世纪 50 年代前后。这一时期，由于生产社会化、专业化程度不高，生产与流通之间的联系较为简单，生产企业的精力主要集中在生产上，管理的重点是放在如何增加产品的数量上，对物流在发展经济中的作用缺乏充分认识，重生产轻流通。随着经济社会的不断发展，生产和生活消费对物质产品需求数量的增加，作为克服生产与消费之间背离的物流，与生产的矛盾日益暴露出来，直接影响着经济的发展，迫使人们逐渐重视物流的研究和加强物流的管理工作。例如，第二次世界大战以后，日本在国民经济恢复初期，物流尚未被人们认识，运输、储存、包装等物流环节在流通过程中基本上是分散管理，而生产过程中的物流活动，更是未能引起人们的重视，仅纳入生产过程附带进行管理。随着战时经济向和平经济的转变，物流管理和货物运输严重落后的情况日益暴露出来，加上资本主义所有制形式的固有弊端，各企业、商社之间无法协调配合，使供销、货物装卸、运输、储存等方面出现了许多问题，造成物质产品一头积压另一头短缺、损坏率高、运输流向不合理等现象。所有这些问题，成了影响当时日本经济发展的一个重要原因。为了解决这些问题，日本组织考察团去美国进行实地考察，引进物流管理技术，并首先在国营铁路运输使用集装箱，商社、企业也开始研究改进物流工作。

（二）物流开发阶段

物流开发阶段的标志是经济学界和实业界对物流的重要性有了较为深刻的认识，并推动了整个经济社会的物流开发。这一阶段时间的划分大体上在20世纪六七十年代。随着生产社会化的迅速发展，单纯依靠技术革新、扩大生产规模提高生产率来获得利润的难度越来越大，这就促使人们开始寻求新的途径，如通过改进和加强流通管理、降低流通费用相对来说可以比较容易获得较高的利润。因此，改进流通、加强物流管理就成为现代企业获得利润的新的重要源泉之一。美国经济学家和商业咨询家彼得·特拉克把流通领域的潜力比喻为“一块经济界的黑大陆”，“一块未被开垦的处女地”。美国慧纳埃公司提出的一项关于物流效益的研究报告认为，节约流通费用对美国来说，等于有一座价值400亿美元的金矿尚待开发。在20世纪70年代中期出现的经济衰退，迫使企业更加重视降低成本，以提高商品的竞争力，但其着眼点却从生产领域转向了流通领域，通过流通开发和改进对顾客的服务和降低运输费用、储存费用来增加利润。在这种情况下，20世纪70年代以后在物流界掀起了革命性的变革。日本早稻田大学商学部教授西泽修在《主要社会的物流战》一书中指出：“1970年开始，物流革命以惊人的势头不断进行，有突然进入物流时代的感觉。”在日本先后成立了“日本物的流通协会”、“物流管理协议会”，发行和出版了《流通设计》、《物流》、《物流管理》等杂志和许多物流方面的著作。在产业界，设立了物流部、物流管理部、物流对策室、流通服务部等机构。物流革命之所以如此急速发展，可以肯定地说是因为人们认识到它是降低产品成本、提高经济效益的宝库。这一时期改进物流的工作主要是在各企业内部进行。尽管在包装、装卸、保管、运输、情报信息方面实现了局部的合理化，但由于缺乏从整体上研究开发物流系统，各部门、行业、企业之间缺乏紧密配合，所以从整个社会来看，物流费用并没有明显的下降，总体上经济效益不高。

（三）物流现代化阶段

这一阶段和历史上的石油危机相关。1973年中东战争引发石油危机以后，世界范围内的原材料和燃料价格猛涨，人工费用不断增加，这使得一向依靠廉价原材料和劳动力来获取利润的企业不能再轻而易举地从这两个方面获取利润。这种情况，迫使企业在物流方面采取强有力的措施，大幅度降低物流费用，以弥补原材料、燃料和劳动力费用上涨造成的损失。现代系统理论、系统工程、价值工程等科学管理理论和方法的出现，使其在更大范围内实现物流合理化成为可能。这一时期物流研究和管理上的特点，是把物流的各项职能作为一个大系统，从整体上进行研究。在美国，加强物流系统的管理被视为美国“再工业化”的重要因素。日本设立了专门机构来统筹全国的物流活动，使物流的系统化、综合化、协调化有了很大的发展，物流现代化水平明显提高。在运输设施方面，政府拨出巨款，扩建港口，整修道路，建设高速公路和集装箱专用码头等；在装卸工具方面，普遍运用托盘、叉车、传送带、自动分拣机、自动输送机等现代化装卸搬运机械；在包装方面，积极推行规范化、标准化；在仓库方面，建立了一大批自动化立体仓库、恒温仓库、配送中心、流通加工基地、卡车终端集散点等现代化物流基础设施；无人驾驶车辆相继使用和配送过程中高新技术相继应用等；商品销售的网络化、系统化逐步实现，批发、代理、专营、百货商店、超级市场在各地相继建立。与物流现代化相应的流通经营管理现代化也随之发展起来。例如，借助现代化设施和计算机进行输送方式的改革，在大力发展运输设施的基础上谋求系统化，组织铁路—水路、公路—铁路、公路—水路、公路—空运等的联运；改变仓库单纯的储存保管功能，使其变为集储存保管、配送、流通加工于一体的流通中心或物流中心；在物流技术上，在注意改进硬件（物流设施）的同时，十分重视软件的改进和提高，加强现代情报信息技术和电脑技术的应用，使物流向系统化、整体优化方向发展。

第三节　物流经济活动的双重性

物流是增值性经济活动，又是增加成本、增加环境负担的经济活动。对物流双重性的认识，应当是研究物流管理的一个基本点。其任务是在尽量降低物流成本占用，尽量减轻物流造成的环境负担基础上，使物流活动能够增值。

一、物流创造时间价值

时间价值是“物”从供给者到需要者之间本来就存在一段时间差，由于改变这一时间差创造的价值，称做“时间价值”。时间价值通过物流获得的形式有以下几种：

（一）缩短时间创造价值

缩短物流时间可获得多方面的好处，如减少物流损失、降低物流消耗、增加物的周转、节约资金等。从全社会物流的总体来看，加快物流速度，缩短物流时间，是物流必须遵循的一条经济规律。

（二）弥补时间差创造价值

在经济社会中，需要和供给普遍存在着时间差。例如，粮食集中产出，但是人们的消费是一年三百六十五天，天天有需求，因而供给和需求之间出现时间差。类似情况不胜枚举。

供给与需求之间存在时间差，可以说这是一种普遍的客观存在，正是有了这个时间差，商品才能取得自身最高价值，才能获得十分理想的效益。但是商品本身是不会自动弥合这个时间差的，如果没有有效的方法，集中生产出的粮食除了由当地少量消耗外，其余的就会损坏、腐烂，而在非产出时间，人们就会找不到粮食吃。物流便是以科学的、系统的方法弥补，有时是改变这种时间差，以实现其“时间价值”。

（三）延长时间差创造价值

物流总体和许多具体物流遵循“加速物流速度，缩短物流时间”这一规律，以尽量缩小时间间隔来创造价值，尤其是针对物流的总体，讲规律主要是从这一总体地位出发的。

但是，在某些具体物流中也存在人为地、能动地延长物流时间来创造价值的。例如，秋季集中产出的粮食、棉花等农作物，通过物流的储存、储备活动，有意识延长物流的时间，以均衡人们的需求；配合待机销售的屯积性营销活动的物流便是一种有意识地延长物流时间、有意识地增加时间差来创造价值的活动。

二、物流创造场所价值

场所价值指的是“物”从供给者到需求者之间有一段空间差，供给者和需求者之间往往处于不同的场所，由于改变“物”的不同场所存在位置创造的价值，称做“场所价值”。

物流创造场所价值是由现代社会产业结构、社会分工所决定的，主要原因是供给和需求之间的空间差，商品在不同地理位置有不同的价值，通过物流将商品由低价值区转到高价值区，便可获得价值差，即“场所价值”。物流创造场所价值有以下几种具体形式。

（一）从集中生产场所流入分散需求场所创造价值

现代化大生产的特点之一，往往是通过集中的、大规模的生产以提高生产效率，降低成本。在一个小范围集中生产的产品可以覆盖大面积的需求地区，有时甚至可以覆盖一个国家乃至若干国家。通过物流将产品从集中生产的低价位区转移到分散于各处的高价位区有时可以获得很高的利益。物流的“场所价值”也以此决定。

（二）从分散生产场所流入集中需求场所创造价值

和上面相反的情况在现代社会中也不少见。例如，粮食是在一亩地一亩地上分散生产出来的，而一个大城市的需求却相对大规模集中。又如一个大汽车厂的零配件生产也分布得非常广，但却集中在一个大厂中装配，这也形成了分散生产和集中需求，物流便以此取得了场所价值。

（三）从低价值地生产流入高价值地需求创造场所价值

现代社会中供应与需求的空间差比比皆是，十分普遍，除了是由大生产所决定的之外，有不少是自然地理和社会发展因素决定的，如农村生产粮食、蔬菜而异地于城市消费，南方生产荔枝而异地于各地消费，北方生产高粱而异地于各地消费等。人们每日消费的物品几乎都是由相距一定距离甚至十分遥远的地方生产的。这么复杂交错的供给与需求的空间差都是靠物流来弥合的，物流也从中取得了利益。

在经济全球化的浪潮中，国际分工和全球供应链的构筑，一个基本选择是在成本最低的地区进行生产，通过有效的物流系统和全球供应链，在价值最高的地区销售，信息技术和现代物流技术为此创造了条件，使物流得以创造价值，并得以增值。

三、物流创造加工价值

“物”通过加工而增加附加价值，取得新的使用价值，这是生产过程的职能。在加工过程中，由于物化劳动和活劳动的不断注入，增加了“物”的成本，同时更增加了它的价值。

在流通过程中，可以通过流通加工的特殊生产形式，使处于流通过程中的“物”通过特定方式的加工而增加附加值，这就是物流创造加工价值的活动。

物流创造加工价值是有局限性的。它不能取代正常的生产活动，而只能是生产过程在流通领域的一种完善和补充。但是，物流过程的增值功能往往通过流通加工得到很大的体现。所以，根据物流对象的特性，按照用户的要求进行这一加工活动，可以对整个物流系统完善起到重大作用。尤其在网络经济时代，物流作为为用户服务的方式，依托信息传递的及时性和准确性，得以有效组织这种加工活动，因此它的增值作用也是不可忽视的。

四、物流占用成本

无论是国民经济领域还是企业经济领域，物流都是构成成本的主要领域。有时在成本构成中占到首位。下表反映了各个国家或地区物流成本占GDP的比重。

物流成本占 GDP 的比重

国家或地区	GDP/10 亿美元	物流成本/10 亿美元	占 GDP 比重/%
中国	4250	718	16.9
中国台湾地区	308	40	13.1
新加坡	85	12	13.9
中国香港特别行政区	175	24	13.7
日本	3080	351	11.4
美国	8083	849	10.5
英国	1243	125	10.1

可以看出，即使是发达国家或地区，物流的成本仍然占据重要的地位。

五、物流增加环境负担

物流对环境有比较大的负面影响，这个负面影响将随着物流量的增大而增大，随着物流合理化而降低。物流管理的任务，就是要保证物流满足国民经济和企业经济发展的前提下，尽量减轻环境负担。

第四节 现代物流的发展趋势

20世纪50年代以来，国际上一些发达国家在不到40年的时间里，连续发生了四次流通革命，从而打破了自产业革命起二百多年来物流一直落后于生产发展的状况，完成了从生产主导型经济向市场主导型经济的转变；同时，逐步形成了与传统的不发达流通状况迥然不同的现代物流的特征。

一、扩大化

传统的物流规模往往落后于生产发展规模，而现代流通规模，如从业人数、商业店铺、仓库设施、运输工具、货物流量等方面的发展速度都超出了各种生产要素的发展速度。从总的趋势来看，生产社会化程度越高，流通规模的发展速度越快，流通在社会再生产中的地位越重要，所占的比例就越大。出现流通规模扩大化的原因是随着社会生产中商品率的上升，市场的扩大，消费水平的提高，竞争的加剧，进入流通领域的货物流量越来越大。

二、一体化

流通作为与生产过程相分离，形成相对独立的经济过程而存在，是社会生产力发展到一定阶段的必然结果。然而，现代流通呈现出的则是生产过程与流通过程相互渗透、相互融合的一体化趋势。一方面，生产专业化的发展，使原来完整的生产过程逐步分化为许多个紧密相关的生产过程和流通过程，甚至在发达国家某些大型企业内部，不同车间之间也形成了带有商品交换性质的物资流转，从而使流通逐步渗透到生产过程中去，形成流通与生产的一体化；另一方面，流通加工这一新兴行业的出现和迅速发展，则是生产过程渗透到流通过程中的一种典型的经济形式。目前，国外还大量发展了生产、流通一体化的特种运输。在运输过程中，同时进行加工活动和利用现代化通信手段进行商品交易活动。鉴于现代经济发展的这一特点，国外有的国家已用法令形式，将流通部门改称为“流通加工”部门。

三、社会化

生产社会化的发展必然要求社会流通化，而流通社会化的发展又反过来促进了生产社会化程度的提高。同时，流通社会化又提高了自身的流通效率，从而适应和促进了生产的发展。近百年来，流通当事人的出现，商业内部批发与零售业的分工，批发业的专业化及专业批发公司的迅速兴起，工商业之间批发业务的分工，交通运输部门的独立，运输部门各种运输方式的分工，邮电通信和保险业的发展，以及第三次科技革命的兴起，使得流通过程中的信息流、价值流和使用价值流的有关业务活动纷纷走向社会化。尤其是在近 20 年来，物流即使用价值流的社会化更加引人注目，原来由企业自己进行的运输、包装、储存、装卸等物流活动，都逐步走向社会化。随着物流社会化的发展，联合的趋势也在发展，在高度社会化基础上呈现出物流功能综合化的趋势。在工业发达地带，形成了由经营购销、储存、配送、加工、信息等业务的各种流通企业集成的“流通中心”。这种流通中心的兴起，对实现流通组织结构合理化和保证生产的连续均衡运行，减少社会库存，促进生产社会化程度进一步提高，都发挥了积极作用。介于货主与传统物流业之间的第三方物流的出现，则是物流社会化的必然结果。

四、系统化

传统流通往往仅从某一企业进行组织和管理，而现代流通则是从社会的角度实行系统化综合管理。20 世纪 70 年代以来兴起的系统科学，不仅在生产管理上，而且在流通管理上得到了广泛应用。社会分工的发展使国民经济各部门之间的联系和相互依赖关系日益密切，而这种相互依赖的关系在相当大的程度上是依靠流通部门来作为媒介和组织的。因此，从宏观角度来看，系统科学的应用，在流通部门要比生产部门有着更大的优越性和更为广阔的领域。物流过程的系统化管理，其基本标志就是打破了传统物流分散进行的状况，而将整个物流过程作为一个大系统来进行合理组织和有效经营。20 世纪60年代以后，借助电子计算机和现代通信技术，趋向把物流各环节的业务，包括采购、运输、包装、装卸、仓储、分销等联系起来，作为社会再生产过程中的一个总体来进行综合性的研究和筹划，通盘考虑如何发挥流通的综合功能。在欧美国家，也普遍强调发挥物资供应的系统工程，组成供、运、需一体化供应网络。

在日本，则强调综合地规划和改革运输、包装、储存、加工、销售等各种物流功能，以收到更大的经济效益。

五、现代化

随着现代化技术的应用，不仅在生产领域，而且在流通领域，自动化、电子化的程度都在不断提高。尤其是信息技术和电子技术在物流中的运用，使流通的方式和条件发生了改变，从而带来了流通生产力的重大革命，使物流及其管理走向现代化。

（一）自动化信息处理系统带来了流通管理技术的革命

现代通信技术的发展，使生产和流通部门有可能建立起完整的情报信息系统。电子计算机在物流的许多环节中，如市场预测、信用审查、订货管理、合同管理、库存控制、设计包装、配送方式选择、资金结算及资料积累、统计等方面获得了广泛的应用。特别是物品生产信息系统和销售系统以及储备信息系统相互联系，形成整体化信息控制系统，使物流系统的自动化程度大大提高，出现了"看板方式"、"准时方式"、"集中物流"等新的供应方式。

（二）自动销售机的应用和普及是销售革命的首要标志

销售业务的自动化，大大提高了订货、供货效率，电子计算机在销售业务中的应用，显示了现代化商业的极大优越性。同时，现代通信技术的发展、电视的普及，使得函购订货、电话订货、电视订货也迅速发展起来。

（三）集装箱带来了包装和运输技术的革命

集装箱运输本身就能保管货物，它使过去那种包装、装卸、保管、运送分割的状态趋向综合化，发挥了流通的综合功能。现代化的集装箱运输比较复杂，大型集装箱车站、码头都采用电脑系统进行管理。利用电脑控制的集装箱装卸货物，时间一般可缩短80%以上，大大提高了船舶、港口和仓库的利用率，加速了物品流转。

（四）自动化立体仓库的发展是“物流革命的宠儿”

由于电子计算机、光电计数器和识别装置等新技术在库存管理中的应用，使得货物的分类、计量、计价、入库、出库、包装、配送等正在实现无人自动化控制。而自动化立体仓库则是执行上述多种机能的综合体。它的出现改变了过去仓库单纯保管的旧观念，而正在发展成物品中转、配送、储运、销售和信息咨询等多方面的服务中心，这种大型流通中心可以说是现代物流的缩影。

六、合理化

近年来，西方工业发达国家利用先进技术改造流通领域，并根据现代社会化大生产发展的要求，不仅在个别企业、个别行业内部推动物流合理化，而且还致力于整个社会的物流合理化。这主要表现在如下几个方面：

（一）物流设施合理化

不论是政府规划建设的物流中心、国营铁路、港口，还是工厂、商社建立的物流中心，在选择物流中心地址、交通运输条件、地理位置、衔接生产和消费的流通渠道等方面，都以物流合理化为前提。物流设施一般设置在工业生产发达的城市或铁路、水路、公路、空运等交通枢纽要道和货物中转集散地，以便于物流畅通，加速货物流转。

（二）商品流向合理化

物流企业坚持及时、准确、高效率、低费用的原则，把商品运达消费地或用户，重视时间管理，合理使用车辆，防止迂回相向运输，降低流通费用。

（三）包装规格化、系列化

以运输工具为基础，利用分割系列的办法，建立了运输—包装系统的标准规格，扭转了过去只从生产系统确定包装尺寸的状况，确定了国际通用的物流基础模数尺寸，以及与集装模数尺寸的配合关系，从而将陆、水、空运用同一基础模数统一起来。这样既有利于机械化作业的标准化和提高储存、运输的效率，也大大降低了包装成本。

（四）运输网络化

为了使物流渠道畅通，以适应市场竞争需要，各物流企业和专业运输公司合理设置网点，使运输网络化。例如，在商业批发环节上，有的大型批发商店设有物流中心，与之相适应配套地设有配送中心。这些运输公司由于运输网点遍布全国各地，与铁路、港口、航空衔接，因而形成了一线相连、长短途结合、点面结合的全国商品综合运输体系，使商品运输合理化、网络化。

（五）物流机构和环节合理化

物流机构的设置根据生产力布局、流通分工的要求，应采取多种形式。例如，在产地和销地建立以储存产品为主的物流中心。在发运时，按去向进行组配发运；在中转集散地，建立综合性的物流中心，发挥中转、加工、配送、租赁和储存等多种功能；在交通枢纽上，发展专业运输以及专门接交委托承运商品的企业等。不同商品的物流环节有所不同，例如，服装从工厂到物流中心，再到配送中心，是将大包装改为小包装后运送到零售商店，最后到消费者手中；新鲜商品是从产地或批发商场到零售商店，再到消费者手中；日用工业品是从工厂到物流中心，再到商店，最后到消费者手中；大型生产资料是从工厂直接发送到消费单位。物流环节的合理化，基本趋向是以最少的时间、最省的费用、最短的途径运动。

第五节　物流系统工程

一、物流系统的概念及其特点

所谓物流系统，是由多个既互相区别又互相联系的单元结合起来，以物资为工作对象，以完成物资物质实体流动为目的的有机结合体。最基本的物流系统由包装、装卸、运输、储存、加工及信息处理等子系统中的一个或几个有机地结合而成；每个子系统又可以往下分成更小的子系统；物流系统本身又处于更大的系统之中。

这个概念可理解为：

第一，“多个既互相区别又互相联系的单元”，即有多个单元，它们互相区别又互相联系。这是构成系统的基本的和必要的条件。这里所谓单元，可以是单位组织，可以是空间，可以是职能、功能，可以是时间，也可以是其他因素。它们都是能够独立完成某一个或大或小的功能任务的独立体。

第二，“以物资为工作对象，以完成物资物质实体流动为目的”，这是物流系统的功能或目的。任何系统都有一个特定的功能或者目的，这是构成系统的又一个条件。物流系统既然也是一个系统，当然应有一个特定的功能。物流系统区别于一般系统的特点，就是它是以物资为工作对象，以完成物资物质实体流动为目的的系统。这个特定功能强调两层意思：一是以物资作为工作对象，因为物流就是处理物资的。二是强调物资物质实体流动，这是物流的本质意义，是一切物流活动所共同具有的本质特征。

第三，“有机结合体”，这也是一般系统的基本特征和基本条件，物流系统也具有这个基本特征和基本条件。

第四，“最基本的物流系统由包装、装卸、运输、储存、加工及信息处理等子系统中的一个或几个有机地结合而成”，这是物流系统的子系统的构成。子系统可以按照空间、时间、功能、职能，或其他因素进行划分。包装、装卸、运输、储存、加工及信息处理这些子系统是必须要有的，这是物流系统最基本的条件。没有这些最基本的物流活动，也就构不成物流系统了。但是，这并不是说，任何物流系统必须具备所有这些物流活动，只要有“一个或几个”就可以了，同时，必须是“有机地”结合而成，凑合不行，一般组合也不行，一定要有机地组合成一个“有机结合体”，才能够算是一个“系统”。

第五，“每个子系统又可以往下分成更小的子系统”，这说明物流系统的子系统可以往下再分，构成一个等级层次结构。这也是一般系统的基本特征和条件。物流系统可以按空间分，可以按时间分，可以按功能分，也可以按其他因素分，分到最基本单元为止。这样构成一个既相互区别又相互联系的由多个单元构成的等级层次结构，它就是一个系统。

第六，“物流系统本身又处于更大的系统之中”。这说明物流系统往上可以再合，可以和同等级的其他系统再结合成一个更大的系统。这也是一般系统的基本特征和条件。物流系统也具有这样的特征和条件。物流系统处于这个更大的系统之中，这个更大的系统又是这个物流系统的环境。物流系统也必须适应这个环境才能够生存和发展。

物流系统区别于一般系统的特点，是它的特定功能或系统的目的，即以物资为工作对象，以完成物资物质实体流动为目的。任何一个系统，只要它是以物资为工作对象，以完成物资实体流动为目的，则都是一个物流系统。

二、物流系统的环境、输入、输出、约束和模式

物流系统的环境，是指物流系统所处的更大的系统。它是物流系统处理的外部条件，是物流系统情愿或不情愿都必须接受的条件。物流系统与其环境之间的相互作用具体表现为物流系统的输入、输出、约束和干扰。

物流系统的输入，是指环境对物流系统的输入。它是环境对系统的直接的输入，是作为物流系统处理的对象而输入物流系统的。输入的具体内容：一是物资，二是信息。

物流系统的输出，是指物流系统对环境的输出。它是物流系统对环境的直接输出，是物流系统处理的结果的输出。输出的具体内容，也是物资和信息，但是输出的物资与输入的物资是不同的，是加进了物流服务的物资。

物流系统的约束，是指环境对物流系统的输入。它是一种间接的输入，是物流系统处理的外部条件和约束条件。包括物资、信息、能源和政治、经济、文化、地理、气候等软件、硬件条件，它们的具体体现，也是一些物资和信息，但是这些物资是一些其他物资，不是输入和输出的那些物资。

干扰则是一种偶然的约束，是突然发生的、意料之外的事故、灾害、特殊情况等，只是一种意外的约束而已。

系统处理、输入、输出和约束，又称系统运行的四要素。

三、物流系统的目标

（一）服务好

这里服务好，还不仅是像人们通常所想象的那样只是服务态度热情友好一点，而是包括了很广泛的内容。物流系统本身，全部都是服务。物流系统就是一个服务系统，它的所有活动都是服务活动，为生产服务、为流通服务、为客户服务。而这种服务的核心，就是满足客户的需求。而满足客户的需求表现在各个方面：最主要的是满足客户对所需物资的需求，不缺货。还要保质、保量、及时送货，安全可靠地运输、储存、包装、装卸，做到物流成本低、服务态度好，为客户提供信息支持、技术咨询、技术支持和售后服

务等，几乎遍及物流活动各个方面、各个环节。因此，要服务好，实际上就是需要物流系统全面做好各个方面的工作。

（二）费用省

费用省是指物流的总费用最省。物流系统是由多个单元构成的，物流活动又由多种类型、多个环节构成，因此各种物流方式、各个物流环节都会发生物流费用。一个物流系统所有的物流方式、物流环节所发生的物流费用的总和，就是这个物流系统的总费用。整个物流系统的第二个目标，就是要使得这个物流总费用最小。

要做到物流总费用最小，则要求整个物流系统要优化，各个单元也要优化，要尽量利用各种物流优化技术，充分利用和努力节约资源，提高工作效率，降低物流成本。

要做到物流总费用最小，还要求整个物流系统各个单元、各个环节都要协调配合，协调可以提高工作效率、降低成本，能够达到 1＋1＞2 的效果，这样就可以实现总费用最省。

但是在物流系统的实际运行中，这两个目标往往是互相矛盾的：服务水平越高，物流成本也就越高，服务水平高出一定程度以后，服务水平继续提高，则会造成物流成本的急剧上升。在这种情况下，则要注意学会协调和折中，选取一个既能使总费用较小，又能使服务水平较满意的方案。

四、物流系统工程

（一）物流系统工程的概念

所谓物流系统工程，就是综合运用各种知识，设计制造或改造运行物流系统的综合性工程体系。

这个概念可理解如下：

1. “综合运用各种知识”，是系统工程不同于传统工程的地方。传统工程涉及的知识领域比较少、比较专、比较窄，而系统工程涉及的知识领域比较多、比较宽，这是因为系统工程一般是一个人机工程，需要处理人的因素，所以不但需要自然科学知识，而且需要社会科学、管理学、经济学、哲学、心理学、法律学等知识，也就是要综合运用各种知识。

2. “设计制造或改造运行物流系统”，这里包括两层意思：一是物流系统工程工作的对象，是物流系统。二是工作的内容，是设计、制造、改造、运行。这些都是传统的工程方法。

3.“综合性的工程体系”，强调了综合性，即传统工程手段的综合；强调了是工程体系，这是物流系统工程的工程学性质。

（二）物流系统工程的基本观点和基本思想方法

物流系统工程既然是一个系统工程，就应当具备系统工程的基本观点，即系统的观点、整体最优的观点、发展变化的观点、协调配合的观点、适应环境的观点、控制的观点、人是系统主体的观点。

物流系统工程的基本思想方法，也就是一般系统工程的基本思想方法。对于一般的物流系统工程，可以运用七个步骤的思想方法，即摆明问题、指标设计、系统综合、系统分析、系统优化、择优决策、计划实施，即对于任何一个物流系统工程问题，总是要先弄清问题，查清原因；其次确定目标，看问题要解决到什么程度；再次为达到这些目标，搜集各种可行方案；然后对这些可行方案进行分析，分别进行调试、完善、优化；最后在优化后的可行方案中挑选最优的方案付诸实施，制定实施计划、步骤、方针政策。

对于比较复杂的大型物流系统，则可以用三维结构的思想方法。把整个系统工程分成时间维、逻辑维和知识维，即把整个工程过程分成七个时间阶段，即规划阶段；拟订方案；分析阶段；实验阶段；调试阶段；运行阶段；更新阶段。每个阶段都实行上述的七个步骤，每个阶段的每个步骤都综合运用相应的知识，这样一个阶段一个步骤地进行，直到最后完成。

第二章　运输管理

第一节　运输的功能

一、运输的概念及其地位

（一）运输的概念

运输是人和物的载运及输送。它是在不同地域范围之间（如两个城市、两个工厂，或一个大企业内相距较远的两车间），以改变对象的空间位置为目的的活动，对对象进行空间位移。

运输作为社会生产力的有机组成部分，主要是通过完成物品的空间位移表现出来的，即将生产和消费所处的不同空间联结起来，实现物品在不同地点之间的移动。运输还被称为“经济的动脉”，是国民经济的基础。积极开展综合运输，合理利用各种运输方式，不断提高运输效率，讲求运输经济效益，是现代运输发展的基本趋势。经济学家哈努科夫在讨论运输与生产力布局的关系时指出，运输是社会生产力的组成部分，同时也是物质资料生产的必要条件，它对生产配置和社会劳动生产率的水平有着巨大的影响。现代化大生产要求按时供应大量的原料、燃料和材料，并从生产地输出成品到消费区去。为了完成这个任务，就必须要有发达的运输。我国运输经济学家方举也曾指出，交通运输是社会生产必备的一般条件，是整个经济的主要基础。生产、分配、交换和消费，必须通过运输的纽带才能得到有机的结合。生产的社会化程度越高，商品经济越发达，生产对流通的依赖性越大，运输在再生产中的作用越重要。可以说运输是物流的核心业务，是物流运作与管理不可缺少的一环。

（二）运输的地位

1. 运输是物流的主要功能要素之一。按物流的概念，物流是“物”的物理性运动，这种运动不但改变了物的时间状态，也改变了物的空间状态。而运输承担了改变空间状态的主要任务，运输是改变空间状态的主要手段，运输再配以搬运、配送等活动，就能圆满完成改变空间状态的全部任务。

2. 运输是社会物质生产的必要条件之一。运输是国民经济的基础和先行。马克思将运输称为“第四个物质生产部门”是将运输看成生产过程的继续，这个继续虽然以生产过程为前提，但如果没有这个继续，生产过程则不能最后完成。所以，虽然运输的这种生产活动和一般生产活动不同，它不创造新的物质产品，而只变动其所在的空间位置，但这一变动则使生产能继续下去，使社会再生产不断推进，所以将其看成一种物质生产部门。

3. 运输可以创造“场所效用”。通过运输，将“物”运到场所效用最高的地方，就能发挥“物”的潜力，实现资源的优化配置。从这个意义来讲，也相当于通过运输提高了物的使用价值，因此也具有增值的作用。

4. 运输是“第三个利润源”的主要源泉。

二、运输的功能与作用

在物流中心的物流过程中，运输主要提供两大功能，即货物转移和货物储存。运输的主要目的就是以最短的时间、最低的成本将货物转移到规定地点，因此运输的主要功能就是货物在价值链中实现位移，从而产生空间效用和时间效用；另一大功能就是对货物在运输期间进行临时储存，也就是说将运输工具（主要是运输车辆）作为临时的储存设施，而且这种储存是免费储存、自然储存。总之，运输是把物流系统连接在一起的纽带，是物流过程不可缺少的组成部分。快速有效的物流系统必须具备良好的运输条件，没有运输就没有物流。对于物流中心而言，运输管理是决定核心竞争能力的关键要素，运输管理的有效性直接决定了物流中心运作水平的高低。

（一）货物移动

显而易见，运输首先实现了货物在空间上移动的职能。无论货物处于哪种形式，是材料、零部件、配件、在制品或成品，或是在流通中的商品，运输都是必不可少的。运输通过改变货物的地点与位置而创造出价值，这是空间效用。另外，运输能使货物在需要的时间到达目的地，这是时间效用。运输的主要职能就是将货物从原产地转移到目的地，运输的主要目的就是要以最少的时间和费用完成物品的运输任务。

运输是一个增值的过程，通过创造空间效用与时间效用来创造价值。商品最终送到顾客手中，运输成本构成了商品价格的一个重要部分，运输成本的降低可以达到以较低的成本提供优质顾客服务的效果，从而提高竞争力。

（二）短时货物储存

对货物进行短时储存也是运输的职能之一，即将运输工具作为暂时的储存场所。如果转移中的货物需要储存，而短时间内货物又将重新转移的话，卸货和装货的成本也许会超过储存在运输工具中的费用，这时，便可考虑采用此法，只不过产品是移动的，而不是处于闲置状态。

例如，当交付的货物处于转移之中，而最初的装运目的地被改变时，货物需要临时的储存，那么采取改变则是实现货物短时储存的一种方法。另外，在仓库空间有限的情况下，利用运输工具储存也不失为一种可行的选择。可将货物装上运输工具，采用迂回路径或间接路径运往目的地。尽管用运输工具储存货物可能是昂贵的，但如果从总成本或完成任务的角度来看，考虑装卸成本、储存能力的限制等，那么用运输工具储存往往是合理的，甚至有时是必要的。

三、运输合理化

（一）不合理运输

1. 空驶

空车无货载行驶，可以说是不合理运输的最严重形式。造成空驶的不合理运输主要有以下几种原因：①能利用社会化的运输体系而不利用，却依靠自备车送货提货，这往往出现单程车和单程空驶的不合理运输。②由于工作失误或计划不周，造成货源不实，车辆空去空回，形成双程空驶。③由于车辆过度专用，无法搭运回程货，只能单程实车，单程回空周转。

2. 对流运输

亦称“相向运输”或“交错运输”，指同一种货物在同一线路上或平行线路上做相对方向的运送，而与对方运程的全部或一部分发生重叠交错的运输称对流运输。

3. 迂回运输

是舍近取远的一种运输。可以选取短距离进行运输而不选择，却选择路程较长路线进行运输的一种不合理形式。

4. 重复运输

本来可以直接将货物运到目的地，但是未达目的地就将货物卸下，再重复装运送达目的地，这是重复运输的一种形式；另一种形式是，同品种货物在同一地点一面运进，同时又运出。重复运输的最大毛病是增加非必要的中间环节，这就延缓了流通速度，增加了费用，增大了货损。

5. 倒流运输

是指货物从销地或中转地向产地或起运地回流的一种运输现象。其不合理程度要甚于对流运输，其原因在于，两程的运输都是不必要的，形成了双程的浪费。

6. 过远运输

是指调运物资舍近求远。

7. 运力选择不当

未发挥各种运输工具优势，而不正确地利用运输工具造成的不合理现象，称为运力选择不当。常见有以下若干形式：①弃水走陆。在同时可以利用水运及陆运时，不利用成本较低的水运或水陆联运，而选择成本较高的铁路运输或汽车运输，使水运优势不能发挥。②铁路、大型船舶的过近运输。不是铁路及大型船舶的经济运行里程，却利用这些运力进行运输的不合理做法。主要不合理之处在于火车及大型船舶起运及到达目的地的准备、装卸时间长，且机动灵活性不足，在过近距离中利用，发挥不了运速快的优势；相反，由于装卸时间长，反而会延长运输时间。另外，和小型运输设备相比，火车及大型船舶装卸难度大、费用也较高。③运输工具承载能力选择不当。不根据承运货物数量及重量选择，而盲目决定运输工具，造成过度超载、损坏车辆或货物不满而浪费运力的现象。尤其是“大马拉小车”现象发生较多。由于装货量小，单位货物运输成本必然增加。

8. 托运方式选择不当

对于货主而言，最好选择托运方式而未选择，造成运力浪费及费用支出加大的一种不合理运输。应选择整车而未选择，反而采取零担托运。应当直达运输而选择了中转运输，应当中转运输而选择了直达运输等都属于这一类型的不合理运输。

9. 超限运输

超过规定的长度、宽度、高度和重量，容易引起货损、车辆损坏和公路路面及公路设施的损坏，还会造成严重的事故。这是当前表现突出的不合理运输。

（二）运输合理化的概念

运输合理化就是按照货物流通规律，组织货物运输，力求用最少的劳动消耗，得到最高的经济效益。也就是说，在有利于生产，有利于市场供应，有利于节约流通费用、运力以及劳动力的前提下，使货物运输行驶最短的里程，经过最少的环节，用最快的时间，以最小的损耗和最低的成本，把货物从出发地运到客户要求的地点。运输路线合理化是物流中心进行运输管理的最基本要求，合理化的运输路线可以节省运力、缩短运输时间，最终表现为节约运输成本和提高运输质量，增强物流中心的竞争优势。

运输合理化的影响因素很多，起决定性作用的有五方面的因素：

1. 运输距离

在运输时，运输时间、运输货损、运费、车辆或船舶周转等运输的若干技术经济指标，都与运距有一定比例关系，运距长短是运输是否合理的一个最基本因素。缩短运输距离从宏观、微观来看都会带来好处。

2. 运输环节

每增加一次运输，不但会增加起运的运费和总运费，而且必须要增加运输的附属活动，如装卸、包装等，各项技术经济指标也会因此下降。所以，减少运输环节，尤其是同类运输工具的环节，对合理运输有促进作用。

3. 运输工具

各种运输工具都有各自的优势领域，对工具进行优化选择，按运输工具特点进行装卸运输作业，发挥所用运输工具的最大作用，是运输合理化的重要一环。

4. 运输时间

运输是物流过程中需要花费较多时间的环节。尤其是远程运输，在全部物流时间中，运输时间占绝大部分，所以，运输时间的缩短对整个流通时间的缩短有决定性的作用。此外，运输时间短，有利于运输工具的加速周转，充分发挥运力的作用，有利于货主资金的周转，有利于运输线路通过能力的提高，对运输合理化有很大贡献。

5. 运输费用

运输费用的降低，无论对货主企业来讲还是对物流经营企业来讲，都是运输合理化的一个重要目标。

（三）运输合理化的有效措施

1. 提高运输工具实载率

提高实载率的意义在于：充分利用运输工具的额定能力，减少车船空驶和不满载行驶的时间，减少浪费，从而求得运输的合理化。根据测定，汽车运输的实载率每下降1%，百吨货物公里的油耗上升1%～2%。

当前，国内外开展的“配送”形式，比起以往自家提货或一家送货车辆大部分空驶的状况，优势之一就是将多家需要的货或者一家需要的多种货实行配装，以达到容积和载重的充分合理运用，是运输合理化的一个进展。在铁路运输中，采用整车运输、合装整车、整车分卸及整车零卸等具体措施，都是提高实载率的有效措施。

2. 采取减少动力投入，增加运输能力的有效措施

这种合理化的要点是，少投入、多产出，走高效益之路。运输的投入主要是能耗和基础设施的建设，在设施建设已定型和完成的情况下，尽量减少能源投入，是少投入的核心。做到了这一点就能大大节约运费，降低单位货物的运输成本，达到合理化的目的。国内外在这方面的有效措施有：①在机车能力允许情况下，加挂车皮。②水运拖排和拖带法。竹、木等物资的运输，利用竹、木本身浮力。不用运输工具载运，采取拖带法运输，可省去运输工具本身的动力消耗从而求得合理；将无动力驳船编成一定队形，一般是“纵列”，用拖轮拖带行驶，可以有比船舶载乘运输运量大的优点，求得合理化。③顶推法。顶推法是我国内河货运采取的一种有效方法，是将内河船舶编成一定队形，由机动船顶推前进的航行方法。其优点是航行阻力小，顶推量大，速度较快，运输成本很低。④汽车列车。汽车列车的原理和船舶拖带、火车加挂基本相同，都是在充分利用动力能力的基础上，提高运输能力。汽车列车和单车相比，可以采用甩挂的办法，提高效率、降低油耗。根

据测定，在汽车列车中，半挂汽车列车又比全挂汽车列车更为优越。⑤选择大吨位汽车。在运量比较大的路线上，采用大吨位汽车进行运输，与用小吨位汽车进行运输相比能够有相当大的节约。例如，美国货运汽车平均吨位为12.5吨，每百吨公里油耗为3.01升，我国平均载重吨位为4.6吨，每百吨公里油耗为8升。

3. 发展直达运输

直达运输是追求运输合理化的重要形式，其对合理化的追求要点是通过减少中转过载换载，从而提高运输速度，省却装卸费用，降低中转货损。直达的优势，尤其是在一次运输批量和用户一次需求量达到了一整车时表现最为突出。

4. 配载运输

是充分利用运输工具载重量和容积，合理安放装载的货物及载运方法以求得合理化的一种运输方式。配载运输也是提高运输工具实载率的一种有效形式。

配载运输往往是轻重商品的混合配载，在以重质货物运输为主的情况下，同时搭载一些轻质货物，如海运矿石、黄沙等重质货物，在仓面捎运木材、毛竹等。铁路运矿石、钢材等重物上面搭运轻质农副产品等，在基本不增加运力投入情况下，在基本不减少重质货物运输情况下，解决了轻质货物的搭运，因而效果显著。

5. 发展特殊运输技术和运输工具

依靠科技进步是运输合理化的重要途径。例如，专用散装及罐车解决了粉状、液状物运输损耗大、安全性差等问题；袋鼠式车皮、大型半挂车解决了大型设备整体运输问题；“滚装船”解决了车载货的运输问题。集装箱船比船舶能容纳更多的箱体，集装箱高速直达车船加快了运输速度等，都是通过采用先进的科学技术实现合理化。

6. 通过流通加工，使运输合理化

有不少产品，由于产品本身形态及特性问题，很难实现运输的合理化，如果进行适当加工，就能够有效解决合理运输问题。例如，将造纸材料在产地预先加工成干纸浆，然后压缩体积运输，就能解决造纸材料运输不满载的问题。轻质产品预先捆紧包装成规定尺寸，就容易提高装载量；水产品及肉类预先冷冻，就可提高车辆装载率并降低运输损耗。

另外，还要充分发挥各种运输工具的作用，形成社会化的运输体系，提高各种运输工具的功效。

新经济提供的信息技术、网络技术、物流机械装备的大规模技术、自动化技术等，已经使构成物流的运输活动发生了很大的变化，形成了新的发展趋势：①运输地位的变化。新经济中的现代物流业，逐渐使运输从物流的主导地位变成现代物流的支撑因素。②运输结构的变化。随着全球经济一体化的进程，运输的空间距离将被拉大，承担大量运输的远洋海运和承担多品种、小批量、多批次的长距离空中快运两类运输形式的比重将有比较大的增长。③不同运输方式的一体化。无论在基础平台建设方面还是在运行方面，都会出现一体化的趋势。

第二节 现代运输方式的选择

一、现代运输方式的分类

（一）按运输设备、运输工具区分的运输方式

1. 公路运输

公路运输是主要使用汽车或其他车辆（如人、畜力车）在公路上进行货客运输的一种方式。公路运输主要承担近距离、小批量的货运和水运、铁路运输难以到达地区的长途、大批量货运及铁路、水运优势难以发挥的短途运输。由于公路运输具有灵活性，近年来，在有铁路、水运的地区，长途大批量运输也开始用公路运输。

公路运输的主要优点是灵活性强，公路建设期短，投资较低，易于因地制宜，对收到站设施要求不高，可采取“门到门”运输形式，即从发站者门口直到收货者门口，而不需转运或反复装卸搬运。公路运输也可作为其他运输方式的衔接手段。公路运输的经济半径一般在200公里以内。

2. 铁路运输

铁路运输是使用铁路列车运送货物和旅客的一种运输方式。

铁路运输主要承担长距离、大批量的货运，在没有水运条件地区，几乎

所有大批量货物都是依靠铁路运输，是在干线运输中起主力运输作用的运输形式。

铁路运输优点是速度快、不太受自然条件限制、载运量大、运输成本较低。主要缺点是灵活性差，只能在固定线路上实现运输，需要与其他运输手段配合和衔接。铁路运输经济里程一般在200公里以上。

3. 水运

水运是使用船舶运送客货的一种运输方式。

水运主要承担大批量、长距离的运输，是在干线运输中起主力作用的运输形式。在内河及沿海，水运也常作为小型运输工具使用，担任补充及衔接大批量干线运输的任务。

水运的主要优点是成本低，能进行低成本、大批量、远距离的运输。但是水运也有显而易见的缺点，主要是运输速度慢，受港口、水位、季节、气候影响较大，因而一年中中断运输的时间较长。水运有以下四种形式：①沿海运输。是使用船舶通过大陆附近沿海航道运送客货的一种方式，一般使用中小型船舶。②近海运输。是使用船舶通过大陆邻近国家海上航道运送客货的一种运输形式，视航程可使用中型船舶，也可使用小型船舶。③远洋运输。是使用船舶跨大洋的长途运输形式，主要依靠运量大的大型船舶。④内河运输。是使用船舶在陆地内的江、河、湖、川等水道进行运输的一种方式，主要使用中小型船舶。

4. 航空运输

航空运输是使用飞机或其他航空器进行运输的一种形式。航空运输的单位成本很高，因此，主要适合运载的货物有两类：一类是价值高、运费承担能力很强的货物，如贵重设备的零部件、高档产品等；另一类是紧急需要的物资，如救灾抢险物资等。

航空运输的主要优点是速度快，不受地形的限制。在火车、汽车都达不到的地区也可依靠航空运输，因而有其重要意义。

5. 管道运输

管道运输是利用管道输送气体、液体和粉状固体的一种运输方式。其运输形式是靠物体在管道内顺着压力方向循序移动实现的，同其他运输方式的重要区别在于，管道设备是静止不动的。

管道运输的主要优点是，由于采用密封设备，在运输过程中可避免散失、丢失等损失，也不存在其他运输设备本身在运输过程中消耗动力所形成的无效运输问题。另外，运输量大，适合于量大且连续不断运送的物资。

（二）按运输线路区分的运输方式

1. 干线运输

是利用铁路、公路的干线，大型船舶的固定航线进行的长距离、大数量的运输，是进行远距离空间位置转移的重要运输形式。干线运输一般运行速度较同种工具的其他运输运行速度要快，成本也较低。干线运输是运输的主体。

2. 支线运输

是与干线相接的分支线路上的运输。支线运输是干线运输与收发货地点之间的补充性运输形式，路程较短，运输量相对较小，支线的建设水平往往低于干线，运输工具水平也往往低于干线，因而速度较慢。

3. 城市内运输

是一种补充性的运输形式，路程较短。干线、支线运输到站后，站与用户仓库或指定接货地点之间的运输，由于是单个单位的需要，所以运量也较小。

4. 厂内运输

在工业企业范围内，直接为生产过程服务的运输。一般在车间与车间之间、车间与仓库之间进行。小企业以及大企业车间内部、仓库内部的这种运输不称“运输”，而称“搬运”。

（三）按运输作用区分的运输方式

1. 集货运输

将分散的货物汇集集中的运输形式，一般是短距离、小批量的运输，货物集中后才能利用干线运输形式进行远距离及大批量运输，因此，集货运输是干线运输的一种补充形式。

2. 配送运输

将据点中已按用户要求配好的货分送各个用户的运输。一般是短距离、小批量的运输，从运输的角度来讲是对干线运输的一种补充和完善。

（四）按运输的协作程度区分的运输方式

1. 一般运输

孤立地采用不同运输工具或同类运输工具而没有形成有机协作关系的为

一般运输，如汽车运输、火车运输等。

2. 联合运输

简称联运，是使用同一运送凭证，由不同运输方式或不同运输企业进行有机衔接接运货物，利用每种运输手段的优势充分发挥不同运输工具效率的一种运输形式。

采用联合运输，对用户来讲，可以简化托运手续，方便用户。同时可以加快运输速度，也有利于节省运费。

经常采用的联合运输形式有：铁海联运、公铁联运、公海联运等。

3. 多式联运

多式联运是联合运输的一种现代形式。一般的联合运输，规模较小，在国内大范围物流和国际物流领域，往往需要反复地使用多种运输手段进行运输。在这种情况下，进行复杂的运输方式衔接，并且具有联合运输优势的称做多式联运。

二、现代运输方式的特点

我们将分别对这几种运输方式的成本、价格结构及各自的运营特点进行分析。

（一）航空运输

航空运输是最快捷的运输方式，但固定成本和可变成本加在一起使其成为最昂贵的运输方式，短途运输尤其如此。不过，随着端点（机场）费用和其他固定费用开支分摊在更大的运量上，单位成本会有所降低。如果是长距离的营运，还可使单位成本进一步下降。

航空运输在基础设施和装备方面的固定成本极高。而劳动力和燃料耗费主要取决于航程，与一次飞行运载的乘客数量或货物重量无关。航空公司的主要目标是，使飞机每天的航行时间和每次航行的利润最大化。考虑到巨额的固定成本和相对较小的可变成本，收益管理（航空公司划分不同的座位等级并制定不同价格）成为客运航空公司成功的重要因素。目前，航空公司只是在客运中采用收益管理，并没有在货运中运用。因为座位等级的不同，在同一架班机上，两个乘客支付的票价可能完全不同。

航空运输提供了快速但费用较高的运输方式。小件、高价值的物品或是需进行长距离运输的物品，最适合选用航空运输。通常情况下，航空承运人只承运200公斤以下的货物，包括高价值、低重量的高技术产品。比如，戴尔公司的很多零部件就是通过空运从亚洲购进的。随着高新技术的发展，空运货物价值在不断增加，而货物的重量却在下降。

（二）汽车运输

在物流供应链中汽车运输是最主要的货运方式。汽车运输业务分成两部分：整车运输和零担运输。满载运输按照整车收费，不考虑货运量，费率随运距不同而变化。非满载运输则按照货物的运量和运距两个因素来收费。非满载的费率可反映出规模经济的特点。汽车运输的运费比铁路运输的高，但它拥有自身的优点：提供"门对门"运输、节约运输时间，而且在送货和提货之间无须转运。

整车满载运输方式的运输成本相对较低，只需拥有少量汽车就可以从事满载经营，使得社会上有为数众多的满载承运商。由于运输不能持续的进行，存在着闲置时间和空驶距离，这就增加了整车运输的成本。因此，承运人力图规划好运输，以便在满足客户需求的同时，缩短汽车的闲置时间和空驶时间。

从运距的角度来说，整车运输体现出了它的规模经济。考虑到拖车容量的不同，整车运价对所用的拖车来说也体现了规模经济。这种运输方式比较适合于货物在工厂、仓库之间或供应商、生产商之间的运送。比如，宝洁公司使用满载方式将货物送到客户的仓库。

非满载的零担运输适用于小批量货物的运送，一般小于汽车最大运量的一半。相对来说，用满载大批量运输货物更便宜。就所运输的货物数量和运输距离来说，非满载运输也具有某种意义上的规模经济。由于零担运输要进行其他货物的装卸，所以其运转时间比整车满载运输的时间会长一些。零担运输适用于那些体积较大（不能进行包裹邮政递送），但又不超过汽车最大运量一半的货物。

降低零担运输成本的关键在于要实现联合运输。将一个地区内的许多小批量货物运到联运中心后，在返回时再带上以该地区为目的地的货品。这样一来，即使运送时间被稍稍延长了，但汽车的利用率却得到极大提高。由于零担运输中联运非常重要，因此，尽管建立联运中心要花费固定成本，但大公司对零担运输的优势仍然青睐有加。基于零担运输业在一定区域范围内密集的小型轻便车和运输点提供的便利，零担运输行业中的地区性大企业已经发展起来了。

零担运输业关注的关键性问题包括：联运中心的选址、汽车运量分配、日程安排以及运货点至送货点的线路选择，目的是在不影响运输时效性和可靠性的基础上降低成本。

（三）铁路运输

铁路运输在轨道、机车、车厢、调车等方面要花费高额固定成本。此外，还包括两项巨大的、与行程有关的成本：劳动力和燃料。它们与车厢的数量无关（燃料耗费当然会随车厢数量变化发生些许变化），而只随运距和运输时间变化。一旦车辆启动，任何时间上的闲置都将造成昂贵的成本支出，因为即使车辆原地不动，仍有劳动力、燃料成本发生。闲置时间主要会发生在以下两种情况中：列车交换驶往不同目的地的车厢；交通堵塞。因为劳动力成本和燃料耗费占据铁路运营成本的60%以上，所以从经营的角度考虑，如何充分利用机车、合理安排车组人员，就成了至关重要的问题。

高额固定成本、低廉运营成本决定了铁路适用于大批量的货物运输。运输价格当然取决于运量和运距。铁路运输的价格结构及其极强的装载能力使其成为远距离、高速度、大吨位货物最理想的运输方式。但由于铁路运输要耗费较长时间，所以通过此种运输方式运送的货物，一般是大规模的、低价值的、非时间敏感性的产品，因而铁路运输的运费也比较低。例如，原煤运输是铁路运输的一个重要部分。对于体积小、时间敏感性强、运距短、送货期短的商品，一般不采用铁路运送方式。

优化铁路运输的主要目的是使机车、车组人员得到很好的利用。所以，优化铁路运营问题通常包括以下几个方面：运输工具与车组人员的安排、路轨延误和到站延误以及按时运营。每次转运都会占用大量的时间，这会给铁路运营带来负面影响。事实上，真正用于运输的时间只占全部时间的一小部分。铁路运输中比较典型的情况是只有拥有足够的车厢时，才能编组发车。因此，时间延误被夸大了。车厢必须等到列车“组建”好后才能开行，这对托运人来说更增加了运输时间的不确定性。铁路公司可以通过安排一部分列车运行而不是“组建”所有列车的方式，来提高准点运行的能力。在这一计划中，为了安排列车的运行，必须着手实施一项包括收益管理（如已在航空运输中实行的那样）在内的价格战略。

（四）水路运输

由于水路运输的自然特性，它只存在于世界上的某些特定区域。水运非常适合于低成本的大宗货物的运送。但水运也是最慢的一种运输方式，最大的延误都发生在港口码头。这使得水运很难用于短距离运输，尽管在日本和欧洲的部分地区，它被有效地应用于近距离的短途运输。

在全球贸易中，水路运输是居于主导地位的运输方式，各种产品都可以通过这种方式来完成运送。在全球运输中，从运输数量和距离考虑，水运无疑是最低廉的运输方式。当然在国际海上运输中，到港延迟问题、海关入境及集装箱管理等都是人们较为关注的主要问题。

（五）管道运输

管道运输主要用于运送原油、提炼的石油制品及天然气。这种运输方式必不可少的一项重要成本支出是：搭建管道及相关设备的费用及与管道直径关系不大的相关基础设施的建设费用。管道的利用率非常高，大概占到整个管道容积的80%～90%。考虑到管道运输成本支出的特性，这种运输方式适用于相对稳定的、大流量物体。将原油运送至港口或炼油厂，管道运输也许是最有效的方式。但应当注意的是，管道运输并不适合于汽油的运送，而用汽车运送汽油效果会更好一些。管道运输的价格构成通常包括两个部分：一是与托运人的最大运量相关的固定部分；二是与实际运量相关的部分。这种价格结构促使托运人使用管道运输来运送需求量可预测的那部分货物，而采用其他方式来运送需求量变动的货物。

（六）多式联运

多式联运就是采用两种或两种以上的运输方式将同一批货物运抵目的地的运输形式。多式联运可以有多种方式，通常情况下是铁路和公路联运。随着国际贸易的发展及集装箱在运输中的使用，多式联运业获得了极大的发展，这是因为集装箱很容易在不同运输方式中进行转移，从而为多式联运提供了便利的条件。集装箱运输通常使用汽车、水运、铁路三者相结合的联运方式，在国际运输中尤其如此。对于国际贸易来说，因为工厂和市场很可能并不靠近港口，多式联运常常是唯一的选择。现在，越来越多的货物采用集装箱运输，从而使得汽车、水运、铁路相结合的多式联运方式得到了发展。在内陆，采用铁路、汽车结合的联运系统的优点在于：这种方式比单一的汽车运送成本低，而比铁路运输更省时间。多式联运通过整合多种运输方式，提供单一运输方式无法比拟的服务价格比，同时也给托运人带来极大的方便：一个多式联运方式通常是由多个承运方构成的，而托运人只需与其中一方打交道即可；相比之下，如果采用单一运输方式，托运人就不得不跟多个承运人打交道。

多式联运应注意的主要问题是为使货物在两种运输方式之间顺利转移，不同承运商之间必须进行信息交流，原因在于货物在不同承运商之间的转移会导致大量的延迟，从而极大地影响运输性能。

（七）包裹运输

美国联邦快递、联合包裹（UPS）等运输公司和邮政系统等都属于包裹承运人。它们承运小到信件、大到数十公斤的货物。包裹承运人利用航空、汽车、铁路等运输方式运送对时间敏感的小件货物。包裹的承运价格很昂贵，因此在大件运输上无法与零担运输（LTL）竞争。它们提供给托运人的主要是快速、可靠的递送，所以托运人常使用包裹运输来运送小件的、对时间敏感的物品。包裹承运人还提供其他增值服务，以加速库存流通及追踪订货状况。通过追踪订货状况，托运人可以将货物状况提前通知客户。包裹承运人也可以将货物从发货地直接运到目的地。随着人们对快递需求的增加以及对库存减少的关注，包裹承运已经得到了很大的发展。

对于像亚马逊、戴尔等电子商务公司和像格雷杰、麦克马斯特这样的面向客户运送小件货物的公司来说，包裹承运无疑是它们的首选。随着电子商务的发展，包裹承运在过去几年中得到了极大的发展。像联邦快递公司这类以航空运送为主要运输方式的包裹承运人，与航空承运人很相似。所不同的是，只承运较小的、对时间敏感的物品；包裹运输中的增值性服务较航空运输更为重要。联邦速递公司在货源地使用汽车装货，然后再运往最终目的地；而航空运输则不提供这项综合性服务。企业通常是通过航空运输来运输大件货物，通过包裹承运运送小件的、时间敏感性强的货物。例如，戴尔公司利用航空运输从亚洲运送零部件，利用包裹运输向客户运送个人电脑。

考虑到包裹较小而且要经过几个转运点，为提高利用率，减少成本，在包裹运输中进行联合运输是一个值得关注的问题。包裹承运人在当地使用货车装载货物，然后将货物运送到大的分类中心，再送到离转运点最近的次分类中心，最后由承运人将货物从次分类中心使用小型货车，采用“送奶线路”为客户送货。在这一过程中，涉及的关键性问题包括中转站的选址和吞吐量，以及便于跟踪货流的信息获取能力。在把产品送达客户的最终运送环节中，承运人还需考虑送货车的行驶线路和日程安排，这一点非常重要。

三、现代运输方式的选择

（一）运输决策

在分销商品时，企业往往面临着一个重要的运输决策：是委托运输还是自行运输。企业内部的自行运输体现了组织的总体采购战略，便于控制，但是实施低成本、高效率的自行运输需要企业内部各部门之间的广泛合作和沟通。企业之所以会自行运输，最主要的原因是考虑到承运人不一定能达到自己所需要的服务水平。通常而言，企业有自己的车队的原因是：①服务的可靠性；②订货提前期较短；③意外事件反应能力强；④与客户的合作关系。

委托运输减轻了企业的压力，可以使企业集中精力于新产品的开发和生产。但是，另一方面，委托运输需要处理与企业外部的承运商之间的关系，增加了交易成本，也增加了对运输控制的难度。关于是委托运输还是自行运输的决策不仅是运输决策，更是财务决策。

（二）服务的选择

客户服务是物流管理的重要目标，物流管理的每一个活动对客户服务水平都有影响。服务水平主要包括以下几个服务特性：①可靠性；②运送时间；③市场覆盖程度——提供到户服务的能力；④柔性——处理多种产品及满足托运人的特殊需求；⑤运输货物的损耗。

各种服务特性的重要程度是不尽相同的，其中成本、速度和可靠性是最重要的因素。因此，服务成本、平均运送时间（速度）、运送时间的变化幅度（可靠性）是运输服务水平决策的基础，决策时必须在服务质量和服务成本之间进行权衡。

（三）运输方式及承运人选择决策

经济和资源的限制、竞争压力、客户需求都要求企业做出最有效的运输方式和承运人选择。因为运输影响到客户服务水平、送货时间、服务的连续性、库存、包装、能源消耗、环境污染及其他方面，运输部门必须开发最佳的运输方式及承运人选择策略。

运输方式及承运人选择可以分为以下四步：

1. 问题识别。问题识别要考虑的因素有：客户要求、现有模式的不足之处以及企业的分销模式的改变。通常最重要的是与服务相关的一些因素。

2. 承运人分析。分析中要考虑的信息有：过去的经验、企业的运输记录、客户意见等。

3. 选择决策。选择过程中要做的工作是在可行的运输方式和承运人中作出选择。

4. 选择后评价。一旦企业作出选择之后，还必须制定评估机制来评价运输方式及承运人的表现。评估技术有成本研究、审计、适时运输和服务性能的记录等。

（四）承运人—托运人合同

有效的物流网络要求托运人和承运人在战略和操作方面都保持良好的关系。托运人一般喜欢与可靠的、高质量的承运人之间订立长期合作合同。合同对托运人和承运人都有好处，可以使得托运人对运输活动便于管理，增强了可预测性并可消除费率波动对托运人的影响。另外，合同还可保证达到托运人所要求的运输服务水平，从而使运输成为托运人的竞争优势领域。同时，合同这种合作方式也有利于承运人自觉改善运输服务，使得承运人的服务符合托运人的物流需求，并使运费和服务之间的关系更直接，而且改善了托运人和承运人之间的关系。此外，长期合同减少了承运人为了满足特殊的托运人的服务要求而购买机器设备的投资风险，并保证托运人得到所需的特殊的服务。一般情况下，既提供随叫随到服务，又提供合同服务的承运人会给合同托运人以最高的优先级，因为合同的普遍特征使服务不善的惩罚费用很高。因此，托运人对承运人有较强的影响力，并能得到较好的服务。

（五）运输协议的协商

承运人的价格策略越来越灵活，这使得托运人有比较大的余地通过与承运人的协商来降低成本。协商程序的目的是考虑到协议各方的利益，开发出一种对承运人和托运人双方都有利的协议，并且促使双方密切合作。因为大多数协商都以服务成本定价为基础，所以承运人应该精确核算其成本。只有所有的成本都经全面考虑，承运人和托运人才能协作，以便共同降低承运人的服务成本。

（六）车辆路线计划

运输设备需要巨大的资金投入，运作中成本也很高，因此，在企业可接受的利润率和客户服务水平限制下开发最合理的车辆路线计划非常重要。

一般而言，承运人从合理的车辆路线计划中得到的好处有：更高的车辆利用率、更高的服务水平、更低的运输成本、更少的设备资金投入、更好的决策管理。对托运人而言，路线计划可以降低他们的成本并提高其所接受的服务水平。

尽管有各种各样的路线计划问题，我们可以把它们分为几种不同的类型：单一出发地和单一目的地，且出发地和目的地不同；多出发地和多目的地；出发地和目的地是同一地点。

下面分别讨论以上三种情况。

1. 单一出发地和单一目的地

单一的出发地和目的地的车辆路线计划问题可以视为网络规划问题，可以用运筹学的方法解决，其中最简单、最直接的解法是最短路线方法。

2. 多起点、多终点问题

实际运输中常碰到有多个供应商并供应给多个工厂的问题，或者把不同工厂生产的同一产品分配到不同客户处的问题，在这些问题中，起点和终点都不是单一的。在这类问题中，各供应点的供应量往往也有限制。

3. 起点与终点为同一地点

自有车辆运输时，车辆往往要回到起点。比较常见的情况是，车辆从一座仓库出发到不同的零售点送货并回到仓库，这一问题实际是出发地和目的地不同的问题的延伸，但相对而言更为复杂一些。它的目标是找到一个可以走遍所有地点的最佳顺序，使得总运输时间最少或距离最短。这一类问题没有固定的解题思路，在实践中通常是根据实际情况的不同，结合经验寻找适用的方法。

在实际运输中，一些具体的限制使得问题变得更为复杂，比如：①每一地点既有货物要送又有货物要取；②有多种运输工具可以使用，每一运输工具都有自己的容量和承载量限制；③部分或全部地点的开放时间都有限制；④因车辆容量的限制或其他因素，要求先送货再取货；⑤司机的就餐和休息时间也在考虑的范围内。

有了这些限制，运输路线计划和进度计划就很难找到最佳方案。实际操作中，通常是求助于简单易行的方法以得到解决问题的可行方案。

第三章　装卸搬运

第一节　概　述

一、现代装卸搬运的含义与特点

物流系统先后各个环节或同一环节的不同活动之间，都必须进行装卸搬运作业。例如，运输、储存、包装等都要有装卸搬运作业配合才能进行，如待运出的物品要装上车才能运走，到达目的地后，要卸下车才能入库等。由此可见，装卸搬运是物品的不同运动（包括相对静止）阶段之间相互转换的桥梁，正是因为有了装卸搬运活动才能把物品运动的各阶段联结成连续的“流”，使物流的概念名副其实。

（一）装卸搬运的概念

根据国家标准《物流术语》，装卸（Loading and Unloading）是指物品在指定地点以人力或机械装入或卸出运输工具的活动；搬运（Handling）是指在同一场所内，对物品进行空间移动的作业过程。装卸搬运与运输、储存不同，运输是解决物品空间距离的，储存是解决时间距离的，装卸搬运没有改变物品的时间或空间价值，因此往往不会引起人们的重视。可是一旦忽略了装卸搬运，生产和流通领域轻则发生混乱，重则将造成生产活动停顿。物流的各个环节前后和同一环节不同活动之间，都是靠装卸活动来进行联结的。装卸搬运就像影子一样始终伴随着生产、流通活动。如何优化装卸搬运操作是物流中心营运中必须面对的问题。

（二）装卸搬运的特点

1. 装卸搬运是附属性、伴生性的活动。装卸搬运是物流每一项活动开始及结束时必然发生的活动，因而有时常被人忽视，有时被看做其他操作不可缺少的组成部分。例如，一般而言的“汽车运输”就实际包含了相随的装卸搬运；仓库中泛指的保管活动，也含有装卸搬运活动。

2. 装卸搬运是支持、保障性活动。装卸搬运的附属性不能理解成被动的，实际上，装卸搬运对其他物流活动有一定决定性。装卸搬运会影响其他物流活动的质量和速度。例如，装车不当会引起运输过程中的损失；卸放不当会引起货物下一步运作的困难。物流活动只有在有效的装卸搬运支持下才能实现高水平、高效率。

3. 装卸搬运是衔接性的活动。在任何其他物流活动互相过渡时，都是以装卸搬运来衔接的，因而，装卸搬运往往成为整个物流的"瓶颈"。建立一个有效的物流系统，关键看这一衔接是否有效。

4. 装卸搬运是增加物流成本的活动。尤其对于传统物流而言，物流过程中多次的装卸搬运活动，不仅延长物流时间，而且要投入大量的活劳动和物化劳动，这些劳动不能给物流对象带来附加价值，只是增大了物流的成本。由于装卸搬运反复进行的次数多，累计成本的数量是不可忽视的。

（三）物流中心装卸搬运的发展过程

从技术发展的角度来看物流中心物品装卸搬运的发展过程，主要经历了以下阶段：

1. 手工物品搬运

早期的物流中心由于包装形式和机械手段的缺乏，多数以手工搬运的形式进行车辆的装卸货物作业。

2. 机械化物品搬运

随着搬运设备技术的发展，物流中心开始采用机械设备代替人工搬运，从而节省了大量的人力。

3. 自动化物品搬运

计算机技术的发展为物流中心实现自动化装卸及搬运提供了可能，如自动化仓库或自动存取系统（AS/RS）、自动导向小车（AGV）、电眼以及条形码、机器人等的使用，大大加快了物流中心的货品装卸速度。

4. 集成化物品搬运系统

物流中心部分作业实现自动化是比较容易的过程，但若实现装卸货、储存上架、拆垛补货、单件分拣等集成化作业并非易事。集成化物品搬运系统是通过计算机使若干自动化搬运设备协调动作组成一个集成系统并能与生产系统相协调，以取得更好的效益。

5. 智能型物品搬运系统

该系统不但包含物品的移动、储存、分拣的自动化联结，还能结合与物流中心相关联的信息来源，将计划自动分解成人员、物品需求计划并对物品搬运进行优化和实施，达到物流中心智能化管理的目的。

目前我国多数物流中心采用的是以人工搬运和机械化搬运相结合的手段。随着自动化技术的普及和劳动力成本的增加，自动化的物品搬运系统将得到快速的发展。以信息化为前提的智能化和集成化是物流中心搬运作业的发展方向。

二、现代装卸搬运的作业方式

进行装卸作业组织工作时，要依据决定装卸作业方法的条件来选择相应的装卸作业方法。按作业对象特征，可以将装卸作业方法划分为三类：单件作业法、集装作业法和散装作业法。

（一）决定装卸方法的条件

决定装卸方法的条件可以分为两大类：一类是由运输（配送）、保管、装卸三者相互关系决定的外部条件；一类是由装卸本身所决定的内在条件。此外，在装卸作业组织工作中还要考虑货车装卸的一般条件。

1. 决定装卸方法的外在条件

（1）货物特征：货物经由包装、集装等方式形成的形态、质量、尺寸（如件装、集装、散装货物）等，对装卸作业方法的选择有至关重要的影响。如托盘系列集装货物就宜选择叉车进行装卸。

（2）作业内容：装卸作业中的重点是堆码、装车、拆垛、分拣、配载、搬运等作业，其中以哪一种作业为主或哪几种作业组合，也影响装卸作业方法的选择。

（3）运输设备：不同的运输设备，如汽车、轮船、火车、飞机等的装载与运输能力、装运设备尺寸都影响装卸作业方法的选择。

（4）运输、仓储设施：运输、仓储设施的配置情况、规模、尺寸大小影响到作业场地、作业设备以及作业方法的选择。

2. 决定装卸方法的内在条件

（1）货物状态：主要指货物在装卸前后的状态。

（2）装卸动作：指在货物装卸各项具体作业中的单个动作及组合。

（3）装卸机械：装卸机械所能实现的动作方式、能力大小、状态尺寸、使用条件、配套工具等以及与其他机械的组合也成为影响装卸方法选择的因素。

（4）作业组织：参加装卸作业的人员素质、工作负荷、时间要求、技能要求对装卸作业方法的选择有重要的影响作用。

3. 货车装卸一般条件

一般情况下，就公路货物运输车辆的货物装卸而言，货物装卸的固定设施主要有货物装卸场、货物仓库、货物通道、货物装卸线等。这些形式还取决于装卸货物的对象是零担货物、整车货物还是集装箱货物。这些货物的装卸场所因其存放货物的货棚、站台（货合）高低不同，装卸设备也不同，装卸方法也有很大差异。

（1）零担货物装卸较多地使用人力和手推车、台车和输送机等作业工具，也可使用笼式托盘（托盘笼）、箱式托盘（托盘箱），以提高货车装卸、分拣及配货等作业的效率。

（2）整车货物装卸较多地采用托盘系列及叉车进行装卸作业。

（3）专用货车装卸往往需要适合不同货物的固定设施、装卸设备，以满足装卸时需要的特殊技术要求。

（二）单件作业法

装卸一般单件货物，通常是逐件由人力作业完成的，对于一些零散货物，诸如搬家货物等也常采用这种作业方法；长大笨重货物、不宜集装的危险货物以及行包等仍然采用单件作业法。

单件作业依作业环境和工作条件可以采用人工作业法、机械化或半机械化作业法。在特定场所，有些像包裹那样的货物也可采用半自动化作业法，如采用自动或半自动控制的分拣传输设备进行有关作业。

（三）集装作业法

集装作业法是将货物集装化后再进行装卸作业的方法，其包括：

1. 托盘作业法

托盘作业法是用托盘系列集装工具将货物形成成组货物单元，以便于采用叉车等设备实现装卸作业机械化的装卸作业方法。一些不宜采用平托盘的散件货物可采用笼式托盘形成成组货物单元，一些批量不很大的散装货物，如粮食、食糖、啤酒等可采用专用箱式托盘形成成组货物单元，再辅之以相应的装载机械、泵压设备等的配套，实现托盘作业法。

2. 集装箱作业法

集装箱的装卸作业通常采用垂直装卸法和水平装卸法进行，有的集装箱在货物堆场也可采用能力很大的集装箱叉车装卸。

垂直装卸法在港口可采用集装箱起重机，目前以跨运车应用最为广泛，但龙门起重机方式最有发展前途；在车站以轨行式龙门起重机方式为主，配以叉车较为经济合理，轮胎龙门起重机、跨运车方式、动臂起重机方式、侧面装卸机方式也较多采用。

水平装卸法在港口是以挂车和叉车为主要装卸设备；在车站主要采用叉车或平移装卸机的方式，在车辆与挂车间或车辆与平移装卸机间进行换装。

集装箱装卸作业的配套设施有维修、清洗、动力、照明、监控、计量、信息和管理设施等。在工业发达国家集装箱堆场作业全自动化已付诸实施。

3. 框架作业法

管件以及各种易碎建材，如玻璃产品等，一般运用各种不同集装框架实现装卸机械化，以确保装卸质量、降低装卸过程中的损耗，提高装卸效率。框架通常采用木制或金属材料制作，要求有一定的刚度、韧性，质量较轻，以保护商品、方便装卸、利于运输作业。

4. 货捆作业法

货捆作业法是用捆装工具将散件货物组成一个货物单元，使其在物流过程中保持不变，从而能与其他机械设备配合，实现装卸作业机械化。木材、建材、金属之类的货物最适于采用货捆作业法。带有与各种货捆配套的专用吊具的门式起重机和悬臂式起重机是货捆作业法的主要装卸机械，叉车、侧叉车、跨车等是配套的搬运机械。

5. 滑板作业法

滑板是用纸板、纤维板、塑料板或金属板制成的、与托盘尺寸一致的、带有翼板的平板，是用以承放货物组成的搬运单元。与其匹配的装卸作业机械是带推拉器的叉车。叉货时推拉器的钳口夹住滑板的翼板（又称勾百或卷边），将货物支上货叉，卸货时先对好位，然后叉车后退、推拉器前推，货物放置就位。滑板作业法虽具有托盘作业法的优点且占用作业场地少，但带推拉器的叉车较重、机动性较差，对货物包装与规格化的要求很高；否则，不易顺利完成作业。

6. 网袋作业法

将粉粒状货物装入多种合成纤维和人造纤维编织成的集装袋、将各种袋装货物装入多种合成纤维或人造纤维编织成的网、将各种块状货物装入用钢丝绳编成的网，这种先集装再进行装卸作业的方法称为网袋作业法。适宜于粉粒状货物、袋装货物、块状货物、粗杂物品的装卸作业。网袋集装工具体积小、自重轻、回送方便，可一次或多次使用。

7. 挂车作业法

挂车作业法是先将货物装到挂车里，然后将空车拖上或吊到铁路平板车上的装卸作业方法。通常将此作业完成后形成的运输组织方式称背负式运输，是公铁联运的常用组织方式。

（四）散装作业法

散装货物装卸方法通常可分为重力法、倾翻法、机械法、气力输送法。

1. 重力法

重力法是利用货物的势能来完成装卸作业的方法。它主要适用于铁路运输，汽车也可利用这种装卸作业法。重力法装车设备有筒仓、溜槽、隧洞等几类。重力法卸车主要指底门开车或漏斗车在高架线或卸车坑道上自动开启车门，煤或矿石依靠重力自行流出的卸车方法。

2. 倾翻法

倾翻法是将运载工具的载货部分倾翻从而将货物卸出的方法。是主要用于铁路敞车和自卸汽车的卸载方法，汽车一般是依靠液压机械装置顶起货厢实现卸载的。

3. 机械法

机械法是采用各种机械，使其工作机构直接作用于货物，如通过舀、抓、铲等作业方式达到装卸目的的方法。常用的机械有带式输送机、堆取料机、装船机、链斗装车机、单斗和多斗装载机、挖掘机及各种抓斗等。

在以上三种装卸作业法中，集装作业法和散装作业法都是随物流量增大而发展起来的，并与现代运输组织方式（如集装箱运输）、储存方式（如高层货架仓库）等相互联系，互为条件、互相促进、相互配合，加速了物流现代化进程。

三、现代装卸搬运的作业准则

（一）防止无效装卸

无效装卸的含义是消耗在有用货物必要装卸劳动之外的多余装卸劳动。具体反映在以下几个方面。

1. 过多的装卸次数

物流过程中，货损发生的主要环节是装卸环节，而在整个物流过程中，装卸作业又是反复进行的，从发生的次数来讲，超过任何其他活动，所以，过多的装卸次数必然导致损失的增加。从发生的费用来看，一次装卸的费用相当于几十公里的运输费用，因此，每增加一次装卸，费用就会有较大比例的增加。此外，装卸又会大大减缓整个物流的速度，因而装卸又是降低物流速度的重要因素。

采用集装方式进行多式联运，能够有效地避免对单件货物的反复装卸搬运处理，是防止无效装卸成功的办法。

2. 过大的包装装卸

包装过大过重，在装卸时易反复在包装上消耗较大的劳动，这一消耗不是必需的，因而形成无效劳动。

3. 无效物质的装卸

进入物流过程的货物，有时混杂着没有使用价值或对用户来讲使用价值不对路的各种掺杂物，如煤炭中的矸石、矿石中的水分、石灰中的未烧熟石灰及过烧石灰等。在反复装卸时，实际对这些无效物质反复消耗劳动，因而形成无效装卸。

由此可见，装卸搬运如能防止上述无效装卸，则会大大节约装卸劳动，使装卸合理化。

（二）充分利用重力和消除重力影响，进行少消耗的装卸

在装卸时考虑重力因素，可以利用货物本身的重量，进行有一定落差的装卸，以减少或根本不消耗装卸的动力，这是合理化装卸的重要方式。例如，从卡车、铁路货车卸物时，利用卡车与地面或小搬运动作之间的高度差，使用溜槽、溜板之类的简单工具，可以依靠货物本身重量，从高处自动滑到低处，这就无须消耗动力。

在装卸时尽量消除或削弱重力的影响，也会求得减轻体力劳动及其他劳动消耗的合理性。使货物平移，从甲工具转移到乙工具上，这就能有效消除重力影响，实现合理化。在人力装卸时，负重行走，要持续抵抗重力的影响，同时还要行进，因而体力消耗很大，是产生人力疲劳的环节。所以，人力装卸时如果能配合简单机具，做到“持物不步行”，则可以大大减轻劳动量，实现合理化装卸。

（三）充分利用机械，实现“规模装卸”

规模效益早已是大家所接受的。在装卸时也存在规模效益问题，主要表现在一次装卸量或连续装卸量要达到充分发挥机械最优效率的水准。为了更多降低单位装卸工作量的成本，对装卸机械来讲，也有“规模”问题，装卸机械的能力达到一定规模，才会有最优效果。追求规模效益的方法，旨在通过各种集装实现间断装卸时一次操作的最合理装卸量，从而使单位装卸成本降低，也通过散装实现连续装卸的规模效益。

（四）提高“物”的装卸搬运活性

装卸搬运活性的含义是，从物的静止状态转变为装卸搬运运动状态的难易程度。如果很容易转变为下一步的装卸搬运而不需过多做装卸搬运前的准备工作，则活性就高；如果难于转变为下一步的装卸搬运，则活性低。

为了对活性有所区别，并能有计划地提出活性要求，使每一步装卸搬运都能按一定活性要求进行操作，需对不同放置状态的货物作出不同的活性规定。“活性指数”就是标定活性的一种方法。

活性指数分为 0～4 共 5 个等级，如下表所示。

活性指数

放置状态	需要进行的作业				活性指数
	整　理	架　箱	提　起	拖　运	
散放地上	需　要	需　要	需　要	需　要	0
置于一般容器	0	需　要	需　要	需　要	1
集装化	0	0	需　要	需　要	2
无动力车	0	0	0	需　要	3
动力车辆或传送带	0	0	0	0	4

由于装卸搬运是在物流过程中反复进行的活动，因而其速度可能决定整个物流速度，每次装卸搬运的时间缩短，多次装卸搬运的累计效果则十分可观。因此，提高装卸搬运活性对合理化来说是很重要的因素。

四、现代装卸搬运的作业组织工作

装卸作业组织工作应尽量通过运用现代装卸技术提高其水平，因为组织工作水平高低，直接关系到装卸工作质量、装卸工作效率，对提高车辆生产率、加速车辆周转、确保物流效率都有十分重要的作用。

（一）车辆装卸作业的时间构成

车辆因完成货物装卸作业所占用的时间，是车辆停歇时间的组成部分，称为车辆装卸作业停歇时间，它主要由以下几部分时间组成：

1. 车辆等待装卸作业的时间属于非生产性作业时间，它的时间长短取决于作业点的装卸能力、需要进行装卸作业的车辆数量及组织管理水平。如果装卸能力大于或等于需装卸作业车辆的工作量时，则车辆等待装卸时间一般不应当发生；只有当车辆到达很不均衡，某段时间内车辆过度集中时，才会使某段时间内装卸能力小于所需要进行装卸车辆数的工作量，从而出现车辆等待现象。装卸能力若小于需要进行装卸车辆数的工作量并达到一定程度时，不仅会产生严重的车辆等待装卸现象，甚至会造成装卸作业现场的混乱和阻塞现象，致使装卸作业无法进行。

2. 车辆进行调车、摘挂作业时间，取决于装卸场地及设施设计与布局的合理性、装卸作业线的排列与长度、车辆运行组织方式、进出口通道的完善程度等因素。对于装卸车辆数很多，涉及装卸设施、设备配备的装卸现场，可以用系统工程方法进行有关的规划与布局工作。

3. 装卸作业时间取决于货物的特性与形态、装卸机械化程度、装卸组织工作水平等因素。高效率的现代化装卸手段和装卸组织工作，能保证货物装卸质量、装卸效率以及减少装卸成本。缩短装卸作业时间，通常也缩短了车辆装卸货物的停歇时间。现代化装卸手段的配备与运用，必须注意与货物特性、形状以及运输车辆、承载器具等相匹配与协调。

4. 办理商务作业时间的长短，取决于承托双方业务上的协作、联系以及作业的繁简程度，与整个装卸组织中的工作程序设计也有很大关系。必须办理的商务手续，可采用平行作业法，即在车辆进行装卸作业的同时进行。此外，还应尽可能采用计算机或联网的在线综合信息系统进行处理。

（二）装卸作业的基本要求

1. 减少不必要的装卸环节

从物流过程分析，装卸作业环节不仅不增加货物的价值和使用价值，反而有可能增加货物破损的可能性和相应的物流成本。系统地分析研究物流过程中各个装卸作业环节的必要性，取消、合并装卸作业和次数，避免进行重复的或可进行也可不进行的装卸作业，这是减少不必要装卸环节的重要保证。

2. 提高装卸作业的连续性

必须进行的装卸作业应按流水作业原则运作，各工序间应密切衔接，必须进行的换装作业，也应尽可能采用直接换装方式。

3. 相对集中的装卸地点

装载、卸货地点的相对集中，可以提高装卸工作量，易于采用机械化作业方式。在货物堆场上，应将同类货物的作业集中在一起进行，以便实现装卸作业的机械化、自动化。

4. 力求装卸设备、设施、工艺等标准化

为了促进物流各环节的协调，就要求装卸作业各工艺阶段间的工艺装备、设施、效率与组织管理工作相协调。装卸作业的工艺、装备、设施、货物单元或包装、运载工具、集装工具、信息处理等作业的标准化、系列化、通用化，是装卸作业实现机械化、自动化的基本前提。

5. 提高货物集装化或散装化作业水平

成件货物集装化、粉粒状货物散装化是提高作业效率的重要方向。所以，成件货物尽可能集装成托盘系列、集装箱、货捆、货架、网袋等货物单元再进行装卸作业。各种粉粒状货物尽可能采用散装化作业，直接装入专用车、船、库；不宜大量化的粉粒状货物也可装入专用托盘箱、集装箱内，提高货物活化指数，便于采用机械设备进行装卸作业。

6. 做好装卸现场组织工作

使装卸现场的作业场地、进出口通道、作业线长度、人机配置等布局设计合理，能使现有的和潜在的装卸能力充分发挥或发掘出来。避免由于组织管理工作不当造成装卸现场拥挤、阻塞、紊乱现象，确保装卸工作能够安全顺利地进行。

（三）装卸组织工作

公路货物运输组织工作要不断谋求提高装卸效率、加速车辆周转的方法，因此，除了强化硬件手段的构成之外，在装卸工作组织方面也要予以充分重视。做好装卸组织工作，通常可采用三条途径：其一是设计科学合理的装卸作业工艺；其二是采用现代化的装卸机械设备；其三是加强对人力、设备、工艺的组织。

1. 制订科学合理的装卸工艺方案

装卸作业是货物、设备设施、劳动力、作业方法和信息工作等因素组成的整体。装卸工艺方案应该从物流系统角度分析制定与装卸作业有关的装卸作业定额，按组织装卸工作的要求分析工艺方案的优缺点，并加以完善。

货物装卸作业采用不同的工艺方案，对车辆装卸作业、停歇时间会有很大影响。如“就近装卸”方法，即车辆到达卸车作业地点后，先就地卸货，待卸完货车离去后，再将卸下货物搬运至堆存地点；或事先将待装货物搬运至装货地点，车辆到达后可直接装车。这种情况在物品存放地点距装车地点或卸车地点较远且道路条件不便车辆通行时方可采用，但这种作业方法与“作业量最小”原则相违背。在进行装卸工艺方案设计时必须综合考虑，尽量减少“二次搬运”和“临时停放”，使搬运次数尽可能减少，这是装卸合理性的基础。

2. 加强装卸作业调度指挥工作

加强装卸作业调度指挥工作，对合理使用装卸机具、劳动力、提高装卸质量和效率有很大的关系。装卸调度员应根据货物信息、装卸设备的性质和数量、车辆到达时间、装卸点的装卸能力、装卸工人的技术专长和体力情况等合理调配组织。在装卸量大、装卸劳动力充沛、货物条件许可的情况下，可采用集中出车、一次接送装卸工作的方法。对于作业点分散的地区，可以划分装卸作业区，通过加强装卸调度工作，以减少装卸工人的运送调遣。

3. 加强和改善装卸劳动管理

制定各种装卸作业时间定额是加强和改善装卸劳动管理、提高装卸效率的重要手段。所谓装卸作业时间定额是指在一定装卸技术组织条件下，装卸不同品种单位质量货物所需要的作业时间。

一定装卸技术组织条件是指装卸车辆、装卸设备、装卸方法、装卸工人及技术水平、作业环境等因素。装卸作业时间定额要建立在先进合理的水平上，并要根据相关条件的变化，定期加以修订完善。

4. 加强现代通信系统应用水平

移动通信应用水平或固定通信系统应用水平对装卸作业组织工作有重要的影响。及时掌握车辆到达时间等有关信息，是减少车辆等待装卸作业时间的有效措施。应当根据有关技术条件的应用情况，建立车辆到达预报系统，根据车辆到达时间、车号、货物名称、收发单位等的报告，事先安排装卸机具和劳力，做好装卸前的准备工作，保证车到即可及时装卸。

5. 提高装卸机械化水平

要从物流系统的组织设计做起，使车辆、装卸机具、仓库等移动设备、固定设备的设计合理，从而可以提高装卸质量、装卸效率，减少装卸成本。提高装卸机械化水平的同时，要提高现代通信水平，这是做好装卸工作组织和做好物流工作的重要技术组织基础。

6. 应用数学方法改善装卸劳动力的组织工作

采用数学方法改善装卸劳动力的组织工作也是一种有效的途径。在短途运输的循环线路上，可应用数学方法安排装卸工人，采取既定点又随机的方式来调度装卸劳动力。这个方法的原则是：当固定于某循环线路上的运行车辆数大于或等于装卸作业点数时，可根据各作业点所需装卸定员数派出，并进行定点作业，在上下班前后由车辆一次接送，而不采用随车装卸的办法；当固定于某循环线路上运行的车辆数小于装卸作业点时，可视各装卸作业点所需装卸定员数，根据由大到小（或由小到大）的顺序编号，再选择与派车数目相同（或选择派车数与作业点数差值）的编号数随车装卸。对某装卸作业点的定员人数与随车人数出现差额的情况，可再另向该装卸作业点派出与差额数相当的装卸工人定点予以补充。这种方法在循环线路较短、循环次数较多的情况下效果较为显著。

第二节　装卸搬运设备的选择与运用

一、装卸搬运设备的分类

（一）按作业性质分类

按装卸及搬运两种作业性质不同可分成装卸机械、搬运机械及装卸搬运机械三类。在这个领域中，有些机械功能比较单一，只满足装卸或搬运这一个功能，这种单一作业功能的机械有很大优点，即机械结构较简单，多余功能较少，专业化作业能力强，因而作业效率高，作业成本较低，但使用上受局限。有时候，从这种机械的单独操作来看效率确实很高，但由于其功能单一，作业前后需要很烦锁的衔接，会降低大系统的效率。

单一装卸功能的机械种类不多，手动葫芦最为典型，固定式吊车如卡车吊、悬臂吊等吊车虽然也有一定的移动半径，也有一些搬运效果，但基本上还是被看成单一功能的装卸机具。

单一功能的搬运机具种类较多，如各种搬运车、手推车及斗式、刮板式输送机之外的各种输送机等。

在物流领域很注重装卸、搬运两功能兼具的机具，这种机具可将两种作业操作合二为一，因而有较好的系统效果。属于这类机具的最主要的是叉车、港口中用的跨运车、车站用的龙门吊以及气力装卸输送设备等。

（二）按机具工作原理分类

按装卸搬运机具的工作原理可将其分为叉车类、吊车类、输送机类、作业车类和管道输送设备类。①叉车类，包括各种通用和专用叉车；②吊车类，包括门式、桥式、履带式、汽车式、岸壁式、巷道式各种吊车；③输送机类，包括辊式、轮式、皮带式、链式、悬挂式等各种输送机；④作业车类，包括手车、手推车、搬运车、无人搬运车、台车等各种作业车辆；⑤管道输送设备类，包括液体、粉体的装卸搬运一体化的由泵、管道为主体的一类设备。

（三）按有无动力分类

以此法可分为三类：①重力式装卸输送机，辊式、滚轮式等输送机属于此类；②动式装卸搬运机具，又有内燃式及电动式两种，大多数装卸搬运机具属于此类；③人力式装卸搬运机具，用人力操作作业，主要是小型机具和手动叉车、手车、手推车、手动升降平台等。

二、装卸搬运设备的选择

（一）以满足现场作业为前提

装卸机械首先要符合现场作业的性质和货物特点、特性要求，如在有铁路专用线的车站、仓库等，可选择门式起重机；在库房内可选择桥式起重机；在使用托盘和集装箱作业的生产条件下，可尽量选择叉车或者跨载起重机。并且，机械的作业能力（吨位）与现场作业量之间要形成最佳的配合状态。影响物流现场装卸作业量的最基本因素是吞吐量，此外还要考虑堆码、卸垛作业量、装卸作业的高峰量等因素的影响。装卸机械吨位的具体确定，需要对现场要求进行周密的计算、分析。在能完成同样作业效能的前提下，应选择性能好、节省能源、便于维修、利于配套、成本较低的装卸机械。

（二）控制作业费用

装卸机械作业发生的费用主要有设备投资额、运营费用和装卸作业成本等项。其中，设备投资额是平均每年机械设备投资的总和（包括购置费用、安装费用和直接相关的附属设备费用）与相应的每台机械在一年内完成装卸作业量的比值；装卸机械的运营费用是指某种机械一年运营总支出（包括维修费用、劳动工资、动力消耗、照明等项）和机械完成装卸量的比值；装卸作业成本是指在某一物流作业现场，机械每装卸一吨货物所支出的费用，即每年平均设备投资支出和运营支出的总和与每年装卸机械作业现场完成的装卸总吨数之比。

（三）装卸搬运机械的配套

装卸搬运机械的配套是指根据现场作业性质、运送形式、速度、搬运距离等要求，合理选择不同类型的相关设备。主要包括要克服各种机械自身的弱点，使多台装卸机械在生产作业区内能够有效衔接；设备吨位要相互匹配，便于发挥出每台设备的最大能力；合理安排运行距离，缩短总的物流作业时间等内容。

装卸机械配套的方法是按装卸作业量和被装卸物资的种类进行机械配套，在确定各种机械生产能力的基础上，按每年装卸1万吨货物需要的机械台数和每台机械所承担装卸货物的种类和每年完成装卸货物的吨数进行配套。这方面有具体的计算公式，有兴趣的读者可以查阅有关设计手册和物流手册。此外，还可以采用线性规划方法来设计装卸作业机械的配套方案，即根据装卸作业现场的要求，列出数个线性不等式，并确定目标函数，然后求出最优的各种设备台数。

三、装卸搬运设备的运用

装卸搬运设备可以提高作业效率，但是系统的设计配置不是越先进越好，必须根据物流管理的基本目标，即以最低的成本、最好的服务质量来配置。

（一）选择设备

1. 设备配置的基本要求

虽然物流系统的具体形态千差万别，使用的设备也不一样，但是，物流管理的基本目标是一致的，所以在设备配置方面具有以下一些共同的要求：

(1) 选取的作业设备尽可能合乎标准；

(2) 尽可能把资金投在移动货物的设备上，而不是投在固定不动的设备上；

(3) 设备性能必须能满足系统要求，以保证设备的使用率，不让设备闲置；

(4) 选取搬运设备时，应选净载重量与总重量之比尽可能大的设备；

(5) 系统设计时应该考虑重力流；

(6) 建成的系统应能提供尽可能大的连续的货物物流。

2. 常见的机械搬运设备

机械化系统中搬运设备种类繁多，设备选择必须根据系统搬运功能的特点配备。现将主要的搬运设备的性能特点作简单介绍。

（1）叉车。叉车具有一副水平伸出的叉臂，叉臂可做上下移动，因此叉车具有装载货物的功能，并能携带货物做水平和垂直方向的移动。由于叉车在堆码、卸货作业和搬运、移动作业两方面都十分灵活便利，这就使叉车成为目前使用最广泛的装卸机械。叉车的类型很多，应根据货物的特征、货架的高度、库区的通道宽度合理选取。

（2）电瓶车。这类运输工具以蓄电池为动力源，装载重量很小，一般在1吨左右。启动快而稳，无废气无噪声，操作简单，驾驶灵活，很适宜在库区内用于短途运输，在我国使用比较广泛。缺点是运量小，在港口码头、货车月台等货物运输量大的场合，如果使用电瓶车，则运输效率会很低。

（3）牵引车。这种设备只有动力，没有装载能力。主要用于拖带货车或挂车，可用于较长距离的运输，一台牵引车可拖很长一列挂车。

（4）挂车。这种设备自身没有动力，有一个载物平台，仅用于装载货物。载满货物的挂车连成一列后，由牵引车拖到目标库区。车列可长可短，可任意组合，十分灵活。缺点是需要大量人员参与，而且经常闲置，使用率低，不经济。比较适合于运输量大而稳定的场合，如码头、铁路的中心货站，大型企业的原料仓库等。挂车必须和牵引车配套使用。

（5）输送机。这种设备有多种分类和多种形式，它用于不同的场合。一般可按重力式、滚轴式、皮带式分类。动力都采用电力，经济方便。输送机被广泛用于短距离的出入库运输，它也是构成分拣系统的基本组成部分。这种运输设备可实现连续运输，效率非常高，只是在输送机两端有时需要人员看管，人力成本是很低的。

（6）回转货架。这种设备既是货架，可存储货物，又能做回转运动，起到运输的作用。回转货架主要为了方便货物分拣作业。它由一系列的储物箱组成，可以在一个封闭的轨道上移动，通过移动把储物箱传送给分拣操作人员。因此，该系统可以减少人员走动的时间。回转货架有水平回转和垂直回转两种。

（二）装卸搬运的设备系统

1. 半自动化系统

物料处理的半自动化系统是指在机械化的基础上，在局部关键的作业面上采用自动化设备，以提高作业效率，一般在分拣、运输环节实现自动化。比较常用的自动化设备有计算机分拣设备、自动引导的搬运系统、机器人等。

（1）自动引导搬运车。自动引导搬运车的用途是库内运输，它由控制机构和行驶机构组成一个自动化系统，称作 AGVS。它具有无人操作的特点，能自动定位和行走，所以需要在库内安装一套引导系统。典型的引导方式有光导和磁导两种。在光导系统中，库区地面的行车路径上装有发光装置，其发出的光束可引导搬运车行驶到指定的位置。在磁导系统中，路径地面上安装有磁性物体，靠磁场来引导搬运车行驶。由于省却了驾驶员，人工成本相应减少。

（2）自动分拣设备。所谓自动分拣设备指的是受到自动控制的一套机械分拣装置，它是由接受分拣指令的控制装置、把到达分拣位置的货物取出的搬送装置、在分拣位置把货物分送的分支装置和在分拣位置存放货物的暂存装置等组成。分拣作业只需通过键盘向控制装置输入分拣指令，其余的全部由机械装置执行完成。目前比较常用的分拣控制技术是扫描识别技术，即在货物的固定位置上贴有某种标识，货物到达分拣位置，扫描仪对标识扫描识别，然后按事先设定的程序操作，使货物按指定路线运到指定的位置。采用自动分拣装置使分拣处理能力提高，分类数量增大，准确率也大大提高。

（3）机器人。机器人是安装有微型电脑，能按编程指令自动完成一系列动作的机械。仓库中的作业具有多样性，要求机器人具有识别和判断功能，还需要具备一些简单的决策功能。在物料处理系统中，机器人主要用于货物分类、成组载荷；在分类作业中，机器人能够记忆位置、识别垛形，把指定位置的货物取出后放到输送机上；在成组作业中，机器人能够按成组要求，把有关的货物集中到一起，甚至装箱打包。

使用机器人的另外一个理由是，在恶劣环境中，如高温、冷藏、有毒气体等会危害人员身体健康的场合，可由机器人替代人工作业。

机器人的最大优点是操作的准确率和高速度，在自动化分拣作业中起着重要作用。

（4）活动货架。货架用于存放货物，而设计活动货架的目的是为了让存有货物的货架移动到分拣位置，将存储功能与运输功能结合在一起，可以减少人力消耗。活动货架的工作原理是尽可能地利用物料重力产生一个滑动力，使物料自动向前移动。所以活动货架都设计成后部高于前部，货物从后部装入，逐步向前移动，这对先进先出的库存管理是非常有利的。也有将滚轴输送机设计成活动货架，工作时使后部抬高。

2. 自动化系统

随着仓库规模的扩大、库存品种与库存量的不断增大，为了减轻劳动强度，降低误差率，近几十年来，库区作业的自动化程度越来越高。当库区的物料处理的全部功能都实现自动作业，并且各作业环节相互连成一体，从入库到出库在整体上实现自动控制时，这样的物料处理系统称为自动化系统。自动化的优势来自于应用大量的自动化设备。但大量使用电子计算机，需要大量的投资和配备专门的技术人才。所以它的缺点也是十分明显的，主要是投资额大，开发和应用技术比较复杂，维护工作难度高。

(1) 自动化分拣系统。在自动化系统中，使分拣作业实现自动化是关键步骤。在以往的半自动化系统中，分拣后的暂存装置，在不同的作业环节交接处仍使用人工处理方式。特别是货物的输入、输出环节还是靠大量的人力劳动。而现代自动化分拣系统与半自动化系统不同的是，它可以把分拣作业前后的作业连接起来，并实现自动作业，从收到货物、接受处理，到出库装车，整个过程实现自动化。

①自动分拣装置的控制方式。控制的目的是为了把货物按要求分拣出来，并送到指定地点。通常需要把分拣的指示信息记忆在货物或分拣机械上，当货物到达时，将其识别并挑出，再开动分支装置，让其分流。控制方式分为外部记忆和内部记忆两种。外部记忆是把分拣指示标记贴在分拣对象上，工作时用识别装置将其区分，然后作相应的操作；内部记忆是在自动分拣装置的搬送设备入口处设置控制盘，利用控制盘，操作者在货物上输入分拣指示信息，这个货物到达分拣位置时，分拣设备接收到信息，开启分支装置。控制方式的选择在决定全部分拣系统时是一个需要考虑的重要因素，对分拣系统的能力和成本有很大的影响。

②自动分拣装置的分支方式。分支装置是将挑选出的货物移出主输送带，转入分支输送带，是自动分拣系统的一个重要装置。主要有以下几种方式：

推出式。在输送机的侧面安装推出设备，分拣出的货物到达此位置后，设备将货物推离主输送带，并推入分支输送带。它不受货物包装形式的限制，瓦楞纸箱、袋装货物、木箱等均宜用这种方式。不过，太薄的货物、容易转动的货物、易碎的货物不宜采用这种方式。分拣能力越高，分支机械的冲击力也越大，此时必须注意对货物的损伤情况。

浮出式。它是一种在主输送机的下方安装浮出式机构，工作时把货物托起并送入分支输送机的装置。在分送时，对货物的冲击力较小，适合分拣底部平坦的纸箱和用托盘装的轻重货物，不能分拣很长的货物和底部不平的货物。

倾斜式。它是在主输送机上装有分送装置，货物到达规定的分拣位置，分送装置动作，如分送装置转动一个角度或开放通路对货物分拣。自动分拣装置的分支方式很多，具体选择哪种形式，需要考虑以下几个因素才能决定：分拣对象的形状、体积、重量和数量；搬运的路线及变动性；单位时间内的处理能力；分拣的种类数；设备费用、占地面积、周围环境等条件。

(2) 自动化高架仓库。高架仓库又称立体仓库或机械化仓库，由于货架很高，可以高达 20 米以上，所以在高架库中，从收货入库到出库装运全部实现自动化。此类仓库由货架、存取设备、输入输出系统、控制系统四个基本部分组成。

货架为钢结构，成排地放置在货架区，排与排之间由一条通道隔开，通道专供装卸机械通行之用。主要的存取作业几乎都在通道中完成。

存取设备是高架仓库的专用装卸机械，它有两个功能。第一，它能在通道里做水平方向来回移动，它的作业臂能做垂直方向的上下移动，所以能把货物搬运到立体空间的某一指定位置；第二，它能在货架上存取货物。存取机有很高的高度，既要做水平方向快速移动，又要在垂直方向快速升降货物，需要一定的稳定性，所以多数的存取机需要在地面上铺设引导装置。仓库一般配备多台存取机供使用。如果需要将货物在不同的通道之间运送，存取机是无法执行的，这时要靠转运车完成，专用的转运车总是配备在通道的一端。但并不是每个高架仓库都做通道之间的转运，这需视系统需要而定。

输入输出系统承担高架仓库与外部联系的职能，执行接收和发运货物的操作，所以与仓库的理货场地的设计有关。理货场地用于货物整理，如分拣、配货、货物的出入库作业等，它是介于高架存储区与系统外部的中间地带，与存储区域相接。货物接收后，卸在理货场上，需要以最快的速度处理完毕，存入库位。为了充分利用存取设备，要求卸货区和分拣操作能够为每个通道提供足够的货物。反之，由通道运出的货物要立即分散到理货场所。为此需要设计一个灵活高效的搬运系统，承担存储区和理货场地之间的运输任务。

控制系统其实就是一个信息管理系统，由电脑实现控制。除了信息接受、处理、存储以外，还需要执行决策和产生作业指令，以控制设备的运行状态。在仓库的输入输出工作进行的同时，所有的工作文件也正在完成。高架仓库是一个完全意义上的全自动物料处理系统。

第四章　现代包装

第一节　概　述

一、包装的概念与功能

（一）包装的概念

在国际标准 ISO 和中国国家标准 GB 18354－2006 中对包装的定义是：包装（Packaging）是指为在流通过程中保护产品、方便储运、促进销售，按一定技术方法而采用的容器、材料及辅助物等的总体名称。包装也包括为了达到上述目的而采用容器、材料和辅助物的过程中施加一定技术方法等的操作活动。

1. 包装是指在物流过程中，使用适当的材料、容器和技术以维护商品安全，便于商品运动的技术经济行为。通常分为消费者包装和工业包装。

2. 消费者包装，消费者包装设计强调方便顾客、提高市场营销的吸引力以及保护商品的安全。但最终的包装设计往往考虑制造和市场营销方面的要求而忽视了物流要求。一般来说，理想的消费者包装对物流系统却并不相宜。

3. 工业包装，通常将个别商品和零部件用箱、包、盒或桶来成组化以提高操作管理的效率。这些容器用来使零散商品成组化，当成组为更大的单元时，就称做集装化或成组化。成组化的货物为物流系统提供了基本的管理单元。生产线中成组化货物包装的重量和体积决定了对运输和材料搬运的要求。

4. 整体系统的管理程序要求用标准箱出运，出运箱成本通过拣选的方法和材料搬运的变化来调节。这个整体系统的设计应围绕两个方面进行：一个是从仓库拣选到车辆出运，都应使用标准化出运箱以适于连续输送运动；另一个是用计算机处理整体系统以确保每一个标准箱的利用率达到最大化。

5. 包装设计应当将物流需要、加工制造、市场营销以及产品设计要求结合在一起考虑。包装设计面临的一个关键问题是包装对货物的保护程度。包装可起到保护货物的作用，包装设计决定了对货物的保护程度。包装设计应正好达到所需的保护程度，而不要出现过度保护以免增加包装费用。要设计出令人满意的包装必须做到：先弄清可能损坏的程度，然后把设计一项项分隔开来，看这些设计是否能提供保护功能。

（二）包装的基本功能

1. 包装的货物保护功能

在物流系统中，成组化包装的主要作用是保护商品，避免在移动和储存过程中发生货损货差。商品保护程度的高低，涉及包装是否满足了商品要求以及包装材料是否适合。由于商品须在一定的环境中移动并储存，所以某一包装商品受损的敏感度直接与其所处的环境有关。包装受损常起因于运输、储存和所利用的管理系统。在物流系统中，四个最容易引起货损的原因是：震动、碰撞、击穿、挤压。

商品在储存时，堆码出了问题也会导致货损，从表面破损到压碎、变形和破裂都有可能出现。当物品在运输过程中，包装对货物的保护作用可使货损降低。

包装要求也会影响物流系统的设计。一般来说，在物流系统的设计中，必须对货损的外界自然环境因素如温度、湿度及其他因素的影响作出估计，事先决定如何使包装的物品不受环境影响。包装的货物保护功能主要包括：

（1）防止商品破损变质。要求包装能承受在装卸、运输、保管过程中各种力的作用。如冲击、震动、颠簸、压缩等，形成对外力的破坏抵抗的防护作用。

（2）防止商品发生化学变化。要求包装能在一定程度上起到阻隔水分、溶液、潮气、光线、空气中酸性气体的作用，起到对环境、气象的影响进行保护的作用。

（3）防止腐朽、霉变、鼠咬虫食。要求包装有阻隔霉菌、虫、鼠侵入的能力，形成对生物的防护作用。

（4）包装还有防止异物混入、污物污染，防止丢失、散失的作用。

2. 包装的效率提高功能

所有物流系统的作业都受包装效果的影响。物流生产率是指物流活动的产出与投入之比，几乎所有的物流活动的生产率都能用包装所组成的货物单元来描述。

按照商品外型和标准订单数量包装商品有助于提高物流活动的生产率；可以减小包装尺寸，提高包装的利用率；可以通过将商品集中起来或通过装运未装配的货物、成组的货物，并使用最小量的衬垫以减少包装内的无效空间。

包装成组化是指为了材料搬运或运输的需要而将成组化包装成组为一个受约束的载荷。集装化包括了将两个成组化包装捆在一起的成组化到使用专门的运输设备成组化的所有形式。所有类型的集装化都有一个基本目的，那就是提高效率。大约一半的总成本是花费在车辆间的换装、运输、包装成本上，以及为防止货损货差所采取的措施和保险上。因此，通过集装化可提高效率是显而易见的。

便利作业是指包装的结构造型、辅助设施能适于装卸、搬运、多层堆码和有效而充分利用运载工具与库存容积。包装的外部结构形式中，小型包装适于人工作业；大型的、集装的包装适于叉车及各种起重机机械作业。包装的大小、形态、包装材料、包装重量等因素都影响着运输、保管、装卸等各项作业。

3. 包装的信息传递功能

最明显的信息传递作用是识别包装的物品。信息通常包括制造厂、商品名称、容器类型、个数、通用的商品代码等数字。在收货入库、拣选和出运查验过程中，箱上的信息用来识别商品。信息易识别是主要要求，同时操作人员应能从各个方向，在合适的距离看到标签。物流包装能在收货、储存、取货、出运的各个过程中跟踪商品。

价格低廉的扫描设备和代码的标准化提高了跟踪能力和效率。物流包装提供有关装卸和防止货损的说明书。说明书为专门的商品装卸提出容器、温度限制、堆垛要求、潜在的环境要求等。

二、包装的类型

（一）按照包装在流通中的作用分类

1. 商业包装

是指以促进销售为主要目的的包装，这种包装的特点是外形美观，有必要的装潢，包装单位适于顾客的购买量以及商店陈设的要求。在流通过程中，商品越接近顾客，越要求包装有促进销售的效果。

2. 运输包装

是指以强化输送、保护产品为主要目的的包装。

运输包装的重要特点，是在满足物流要求的基础上使包装费用越低越好。为此，必须在包装费用和物流时的损失两者之间寻找最优的效果。为了降低包装费用，包装的防护性也往往随之降低，商品的流通损失就必然增加，这样就会降低经济效果。

相反，如果加强包装，商品的流通损失就会降低，包装费用就必然增加。如果完全不允许存在流通损失，就必然存在所谓的“过剩包装”，物流及包装费用必然会大大增加，由此带来的支出的增加会大于不存在过剩包装时必然的损失。因此，对于普通商品，包装程度应当适中，才会有最优的经济效果。

（二）按包装适用的广泛性分类

1. 专用包装

根据被包装物特点进行专门设计、专门制造、只适用于某种专门产品的包装。

2. 通用包装

不进行专门设计制造，而根据标准系列尺寸制造的包装，用以包装各种标准尺寸的产品。

（三）按包装容器分类

1. 按包装容器的抗变形能力分为硬包装和软包装两类。硬包装又称刚性包装，包装体有固定形状和一定强度；软包装又称柔性包装，包装体可有一定程度变形，且有弹性。

2. 按包装容器形状分为包装袋、包装箱、包装盒、包装瓶、包装罐等。

3. 按包装容器结构形式分为固定式包装和拆卸折叠式包装两类。固定式包装尺寸、外形固定不变，可拆卸折叠式包装通过折叠拆卸在不需包装时可缩小容积以利于管理及返运。

4. 按包装容器使用次数分为一次性包装和多次周转包装两类。

（四）按包装技术分类

1. 按包装层次及防护要求分为个装、内装、外装三类。

2. 包装的保护技术分为防潮包装、防锈包装、防虫蚀包装、防腐包装、防震包装、危险品包装等。

第二节 包装材料

用于物流包装的材料很多，从传统的纤维纸板到最新的记忆性塑料带，可谓应有尽有，按不同用途包装材料可分为以下几类：容器材料，用于制作箱子、瓶子、罐子，可有纸制品、塑料、木料、玻璃、陶瓷、各类金属等；内包装材料，用于隔断物品和防震，可有纸制品、泡沫塑料等；包装用辅助材料，如各类黏合剂、捆绑用细绳（带）等。

一、木质包装

木材是最传统的包装材料，至今仍有较广的使用。由于木材资源的再生速度很慢，许多包装领域已用纸或塑料替代。但因木材具有良好的包装特性，在重物包装以及出口物品等方面还在使用。木材较多地用于制作木桶、木箱和胶合板箱三类容器。普通的密闭木箱可装 200 公斤的货物，如果选用下设垫板的木箱，则可装运 200 公斤以上的货物。为了承载重物，通常选用木垫板，可装载并固定 60 吨的重物。木材的另一个用途是制作托盘。

二、纸制包装

纸的品种种类很多，有专用包装纸，一般指牛皮纸，用途多半为选用强度较大的制成纸袋。纸袋为 3～6 层的多层叠合构造。如果需要，还可以作防潮处理，把牛皮纸和塑料薄膜制成复合多层构造。大型纸袋通常用于水泥、肥料、谷物等粉粒状货物的包装。牛皮纸的强度与每平方米纸张的重量有关，一般有四种规格：75 克、78 克、81 克、84 克。它的特性项目包括抗拉强度、抗裂强度、伸长率、耐水率等，均有国家标准。

纸板是指用牛皮纸浆、化学纸浆、旧纸浆等为原材料制成的厚纸板的总称。根据不同用途可分为：瓦楞原纸、白板纸、黄板纸等，其中瓦楞原纸的用途最广泛，产量也最大。

瓦楞原纸分为中芯原纸和内衬原纸，前者用于制造瓦楞波形部分，后者贴在外侧，两者黏合制成瓦楞纸板。瓦楞波形有波高和波数两个参数，波高用毫米计量，一般在 2.5～5 毫米，波数用 30 厘米宽度内的波的数量计量，一般有 36～50 波，不同参数组合有不同强度，分成 A、B、C、D 四种槽形。根据不同用途和方式可制成不同层数的瓦楞纸板，一般有单面瓦楞纸板、双面瓦楞纸板、两层双面瓦楞纸板和三层双面瓦楞纸板。

三、塑料包装

塑料在包装中被广泛使用，可用于单个包装、内包装、外包装，用于运输包装时可制成各种塑料容器。聚乙烯塑料袋是最常见的包装物，以替代 20～30 公斤包装用纸袋；聚乙烯和聚丙烯塑料编织袋（俗称蛇皮袋）以替代包装用麻袋。在箱袋结合的运输包装中，将塑料制成各种盛液体的容器，以替代玻璃瓶、金属罐、木桶等，再把塑料容器放入瓦楞纸箱内。成型容器（塑料罐、箱）也是塑料包装的重要领域，受价格和成型难易影响，多数用聚乙烯材料制成，国家在容量、尺寸、强度等方面都有规定。另外，用于替代木箱的运输用塑料箱也被大量使用，一般用在食品、饮料等物品的运输包装方面。

四、金属包装

用作包装的金属容器有罐和桶，用镀锌铁板制成。罐有方形和圆形两种，主要用于食品、药品、石油类、涂料类及油脂类物品包装；桶主要用于以石油为主的非腐蚀性半流体、粉末体、固体等物品的包装，容量为 20～200 升。

五、其他包装

（一）草制包装材料

是一种较落后的包装材料。用一些天然生的草类植物编制成草席、蒲包、草袋等包装材料。其防水、防潮能力较差，强度也很低，已逐渐被淘汰。

（二）纤维包装材料

指用各种纤维制作的袋状容器。天然生的纤维有黄麻、红麻、大麻、青麻、罗布麻、棉花等；经工业加工的有合成树脂、玻璃纤维等。

（三）陶瓷与玻璃包装材料

此类包装材料的优点是耐风化、不变形、耐热、耐酸、耐磨等，尤其适合各种液体货物的包装。可回收复用，有利于包装成本的降低，易洗刷、消毒、灭菌。缺点是易碎。

（四）复合包装材料

复合材料就是将两种以上具有不同性质的材料复合在一起，以改进单一包装材料的性能。应用最广泛的合成材料有塑与塑复合、金属箔与塑料复合；金属箔和塑料及玻璃纸复合；纸与塑料复合等。

（五）绿色包装

绿色包装也称环保包装，指包装节省资源，用后可回收利用，焚烧时无毒害气体，填埋时少占耕地并能生物降解和分解的包装。国外有人形象地把绿色包装归纳为4R。即①Reduce，减少包装材料消耗量；②Refill，大型容器可再次填充使用；③Recycle，可循环使用；④Recovery，可回收使用。所以，绿色包装包括以下几个方面的要求：

1. 包装用材料应当节约，包装要简化

严格控制包装材料用量，精细设计、选用包装方式及包装材料，节约包装、简化包装。

2. 包装材料要可以回收或可循环使用

美国20%的FTE饮料瓶在循环使用。

3. 包装用材料要可分解、可降解

日本在食品包装方面正努力用纸包装代替塑料包装。美国用旧报纸的再生纸浆和水制成可以再生的包装新型垫材，用来替代广泛使用的泡沫塑料垫材。

4. 改进包装质量

限制包装材料的重金属含量及其他如油墨、染料、黏合剂、瓶盖等的用量；限制卤素及其他危险物质的使用；限制使用含有氯漂白的包装材料。

5. 包装废弃物处理

避免使用聚苯乙烯泡沫、聚苯乙烯袋等作为包装材料；不能在纸箱上使用柏油、沥青等外刷涂料。

第三节　包装技术

包装技术可分为销售包装技术和物流包装技术，此处仅讨论后者。物流包装技术又分为包括容器设计和标记技术的外包装技术，以及包括防震、防潮（水）、防锈、防虫等技术的内包装技术。

容器设计主要是容器尺寸和强度设计，标记技术是指把必要的注意事项标记在容器上的技术。以下着重介绍内包装技术。

一、防震包装技术

此技术是为防止运输中震动或冲击而造成的物品损伤，一般情况下，采取在内装材料中插入防震材料，以吸收外部冲击力的方法。防震包装设计的主题是确定防震材料的种类和厚度。在设计上，还应该同时考虑成本问题，选择不同的材料、设计不同的衬垫形状都会影响成本。

一般情况下，按下式计算防震材料的厚度：

$$t=c\cdot\frac{h}{G}$$

式中　t——防震材料的厚度（cm）；

h——在装卸过程中产生设想的落下高度；

G——物品的允许冲击值，$G=\frac{a}{g}$；

c——缓冲系数；

a——允许最大冲击加速度（m/s^2）；

g——重力加速度（m/s^2）。

通过破坏性试验来确定物品耐冲击度 G。其中 c 与缓冲材料所承受的应力，有一定的函数关系，即

$$a=\frac{WG}{A}$$

式中　A——缓冲材料的承压面积（cm^2）；

W——被包装物的重量（kg）。

c 与 a 之间的关系可查《物流手册》中的 $c\sim a$ 曲线图表得到。

二、防锈包装技术

防锈包装的首选技术是使用防锈剂，防锈剂有防锈油脂和气化性防锈剂两类。防锈油脂是在石油类基本组分中加入油溶性缓蚀剂及辅助添加剂等后制成的。气化性防锈剂是一种常温下就能挥发的物质，挥发出的气体附着在金属表面，从而防止生锈。此外，还有不使用防锈剂的防锈包装技术，此处不再一一介绍。

三、防潮包装技术

物品在流通过程中，会因空气中的潮气侵蚀而变质、潮解、锈蚀、霉变。为防止上述现象发生的包装技术就是防潮包装技术。防水包装技术是防止水浸入包装物内部而采取的包装技术，可分为耐浸水包装和耐雨水、飞沫的耐散水包装两类。

防潮包装主要有两种方法：一是用透湿度低的材料包装；二是控制包装容器内的湿气。在防潮、防水材料中，有在纸等纤维材料上进行防潮加工的纸系材料，还有塑料薄膜及铝箔等。不同材料的透湿率（g/m·24h）是不同的，铝箔最小，小于7，塑料薄膜次之，纸类最大。控制包装内湿气的方法主要还是使用干燥剂，有化学干燥和物理干燥两类，用于包装的主要是物理干燥。最常见的是硅胶。干燥剂的使用量可依据不同的计算公式计算得到。

四、真空包装技术与充气包装技术

第一，真空包装技术是在容器封口之前抽成真空，使密封后的容器内基本没有空气的一种包装技术方法。目的是避免或减少脂肪氧化，抑制某些霉菌和细菌的生长。

第二，充气包装技术也是所谓的气体置换包装，是采用不活泼气体（氮气、二氧化碳等气体）置换包装容器中空气的一种包装技术。目的是通过改变密封容器中气体的组成成分，降低氧气的浓度从而抑制微生物的活动，达到防霉、防腐和保鲜的目的。

五、收缩包装与拉伸包装

第一，收缩包装技术是用收缩薄膜将欲包装物品裹包，然后对收缩薄膜进行有关处理（如适当加热处理，使薄膜收紧且紧贴于物品）的包装技术方法。其作用主要有两方面：一是有利于销售，使内装物品形体突出，形象鲜明，质感好；二是有利于提高装卸搬运效率。如使用收缩包装技术把物品固定于托盘上，不仅有利于提高物流过程效率，而且有利于方便保管与使用。

第二，拉伸包装技术是用机械装置在常温下将弹性薄膜拉伸后，将待包装件紧裹的一种包装技术方法。其优点是可提高物流效率、方便仓储与使用。

六、现代集合包装技术

（一）集合包装

是指将若干包装件或商品组合在一起形成一个适合运输的单元。集合包装能促使装卸和包装合理化，方便运输及保管，便于管理，有效利用运输工具和保管场地的空间，大大改善环境。

集合包装主要以集装箱为主，可以将装满货物的托盘和集装容器、集装货捆一起装进大型的集装箱内，以便搬运、装卸和运输。

托盘包装，是为了有效地装卸、运输、保管，将其按一定的数量组合放置于一定形状的台面上。这种台面有供叉车从下部插入并将台板托起的插入口。以这种结构为基本结构的平板台板和各种在这种基本结构基础上所形成的各种形式的集装器具都叫托盘包装。

集装箱包装，是一种用于货物运输、便于用机械装卸的一种集合包装。集装箱适合多种运输工具使用，是一个大型包装箱，具有安全、迅速、简便、经济等优点，因而是一种较好的运输方式。

（二）危险品包装技术

1. 危险品包装技术就是按照危险品的性质、特点，按照有关法令、标准和规定专门设计的包装技术与方法。危险品的运输包装上必须标明不同性质、类别的危险货物标志以及装卸搬运的要求标志。

对于易燃易爆物品，如过氧化氢有强烈的氧化性，遇有微量不纯物质或受热，就会急剧分解引起爆炸。防爆包装方法是采用塑料桶包装，然后将塑料桶装入铁桶或木箱中。每件净重不超过50公斤，并有自动放气的安全阀，当桶内的压力达到一定气体压力时，能自动放气。

对于腐蚀性物品，应注意避免物品与包装容器的材料发生化学作用。如金属类的包装容器，要在容器内壁涂上涂料，防止腐蚀。

对有毒物品防毒的主要措施是严密包装，不透气。包装上要有明显的有毒标志，并标明装卸搬运的要求。

2. 防虫、鼠害等包装技术

方法是在包装物品时放入一定量的驱虫剂，以达到防虫害的目的。包装物品的容器也应当做防虫处理。如竹片或条筐必须经过消毒或蒸煮，所用糨糊应加放防腐剂，以防止害虫滋生。注意不要把处理包装材料的药剂直接添加到所包装的物品上。

第四节 包装现代化

一、包装合理化

（一）包装合理化的概念

包装合理化一方面包括包装总体的合理化，这种合理化往往用整体物流效益与微观包装效益的统一来衡量；另一方面也包括包装材料、包装技术、包装方式的合理组合及运用。

（二）包装合理化的三要素

1. 防止包装不足

包装不足指的是以下几方面：①包装强度不足，从而使包装防护性不足，造成被包装物的损失。②包装材料水平不足。由于包装材料选择不当，材料不能很好地发挥运输防护及促进销售的作用。③包装容器的层次及容积不足。因缺少必要层次与所需体积不足造成损失。④包装成本过低，不能保证有效的包装。

由于包装不足，造成的主要问题是在流通过程中的损失及降低促销能力。这一点不可忽视。我国曾经举行过全国包装大检查，经过统计分析，认定由于包装不足引起的损失，一年达100亿元人民币以上。

2. 防止包装过剩

包装过剩指的是以下几方面：①包装物强度设计过高。如包装材料截面过大，包装方式大大超过强度要求等，从而使包装防护性过高。②包装材料选择不当，选择过高。如可以用纸板却采用镀锌、镀锡材料等。③包装技术过高，包装层次过多，包装体积过大。④包装成本过高。一方面可能使包装成本支出大大超过减少损失可能获得的效益；另一方面，包装成本在商品成本中比重过高，损害了消费者利益。

包装过剩的浪费不可忽视，对于消费者而言，购买的主要目的是内装物的使用价值，包装物大多作为废弃物丢弃，因而易形成浪费。此外过重、过大的包装，有时适得其反，反而会降低促销能力，所以也不可取。根据日本的调查，目前发达国家包装过剩问题很严重，在20%以上。

在网络经济时代，由于现代物流技术，尤其是集装箱技术的广泛采用，包装不足问题已经不是主要问题，未来的主要问题是包装过剩问题，主要的缺点是占用了过多的物流成本。

3. 从物流管理角度，用科学方法确定最优包装

由于物流诸因素是可变的，因此，包装也是不断发生变化的。确定包装形式，选择包装方法，都要与物流诸因素的变化相适应。

对包装有主要影响的第一个因素是保管。在确定包装时，必须对保管的条件和方式有所了解。例如，采用高垛，就要求包装有很高的强度，否则就会压坏。如果采用低垛或料架保管，包装的强度就可以相应降低，以节约资源和费用。

对包装产生重要影响的第二个因素是输送。输送工具类型、输送距离长短、道路情况都对包装有影响，例如，采用道路情况比较好的短距离汽车输送，就可以采用轻便的包装。同一种产品，如果进行长距离的车船联运，就要求严密厚实的包装。

（三）包装设计合理化

包装设计需要运用专门的设计技术，将物流需要、加工制造、市场营销及产品设计等要求结合起来综合考虑，尽可能满足多方面的需要，当然这是

很难的。由于我们讨论的是物流包装，因此，设计中考虑的首要因素是货物的保护功能。包装设计基本上决定了货物的保护程度。包装设计不能忽视费用问题，过度的包装会增加包装费用，包装设计应符合保护货物的要求；包装的尺寸大小会影响运输工具和仓库容积使用率，这也是一个重要的影响费用的因素。

1. 包装设计要点

(1) 保护性：包装是否能够达到货物的保护要求。

(2) 装卸性：货物在运输工具上装卸及仓库中取存是否方便、高效。

(3) 作业性：对货物的包装作业是否简单容易操作。

(4) 便利性：货物开包是否方便，包装物处理是否容易。

(5) 标志性：包装物内物品的有关信息（如品名、数量、重量、装运方法、保管条件等）是否清楚。

(6) 经济性：包装费用是否合理。

2. 保护设计

包装保护功能是第一位的。在设计时要充分考虑到流通中的各种损害因素，一般为堆码负荷、震动、冲击、温湿度、虫害、发霉等。

堆压发生在保管和运输中。货物在仓库中多数是多层堆码，近年来由于普及托盘化包装，常采用高层堆码。根据叉车的举升高度一般为5米左右，所以仓库内的最大堆码高度通常应定为5米，以此计算包装的抗堆压强度；车辆中的堆码高度一般为2.4米；轮船上的堆码高度与船型有关，一般为4～6米。

震动与冲击一般发生在装卸和运输过程中，这些机械力的数值可参照运输工具的设计及强度标准。如汽车设计中，都规定有负荷计算标准，包括上下、左右、前后三维的标度。此外还要考虑人力装卸时的冲击，物流中人力装卸机会最多，且产生的冲击力特别大，尤其发生在人力不易控制的货物的搬运过程中，所以在包装设计时，要考虑有利于人力装卸的包装形状和重量。

货物的易损性又直接与自身的特性有关，在同样的外力作用下，不同的货物遭受损坏的程度是完全不同的，例如，玻璃器皿比金属制品更容易破碎。货物的易碎性可以通过对货物的包装测试来测定，测试的结果可初步选定货物的包装材料和垫层厚度。之所以是初步选定，是因为还要对这种包装设计方案作成本分析，如果成本过高，就应该考虑其他的设计方案，如是否可选用其他包装材料、包装方式等。

3. 成组化包装设计

成组化包装设计对提高物流运作的效率起着非常重要的作用，所以是物流管理中的一项重要任务。该项作业的直接目的就是提高劳动生产率。

经验告诉我们，按照标准订单数量包装货物有助于提高装运的生产率。例如，卷烟10包一条，50条一箱，啤酒12瓶一箱，订货时以箱为单位。此外，为了提高物流效率，在使用各种运输工具时，总希望货物的包装尺寸在装运时能够最大限度地利用装载空间。为此，专门设计一些器具，使器具的尺寸既能放下若干箱货物，又能较好地利用运输工具的空间，这项工作就称为成组化。成组化包装后的货物单位可称为单位载荷，其实质是使货物的物流包装载荷的规格标准化。

标准化载荷有许多优点。第一，装卸时间减少到最低点，在美国据测算可以减少人工作业时间的1/5；第二，用单位载荷形式方便了运输与保管作业，如搬运、查验的手续被简化了；第三，单位载荷配之以专门化的运输服务可以大大降低货损。这种通用性很强的标准装载器具的尺寸不是任意确定的，要考虑物流机械设施相互间的有效配合，称为“物流模数化”。

(1) 一般的器具形式有刚性容器和托盘用具。

①刚性容器。为了在物流过程中能保护物品免受外力冲击的破坏，将成盒、成包、成箱的货物放入一个按标准设计的刚性容器中是最简便有效的方法。因此，刚性容器作为一种标准化的包装方式得到了广泛的使用。它不但可以盛放盒（包、箱）装的货物，也可以盛放散装货物，如粉末状、颗粒状，甚至液体货物。这些容器可以是用金属材料制成的，也可以是用木材、硬塑料等制成的，容器可以回收、重复使用。

②托盘用具。托盘是一种更为简便的用于承载货物的简易工具，它不是容器，不能将货物包裹在其中而起到保护作用。最简单的托盘形式是货板，它是一种木制器具。货物放置其上，起到成组的效果。操作时可以整盘搬运、存储，提高作业效率。由于托盘的四周几乎是开启的，仅有堆垛的稳定性是不够的，为了提高作业的安全性，需要采取一些其他的包装措施。一般

采取的增加稳定性的措施是用绳子、角柱、钢带等将货物固定，近年来更多地采用新材料作收缩包缠或拉伸包缠。托盘的种类和形式很多，分成用叉车或平板车装运的平托盘、柱式托盘、箱式托盘；有底部安装滚轮的、用人力推送的滚轮箱式托盘、滚轮保冷箱式托盘；板状托盘；有装运桶、罐等与货物外形一致的特殊构造的专用托盘。

（2）集装箱是另一种成组化包装。集装箱是一种特殊的刚性容器，20 世纪 50 年代初开始引起广泛的关注。集装箱化包装运输是一种更大规模的成组化，几乎适用于所有货物的包装与运输。小至卷烟之类的商品，经成组包装（称为标准大箱）后，可用集装箱运输；大至汽车也可用集装箱装运。采用集装箱装运既可以取得很高的作业效率，也可以起到非常好的保护作用，还能充分利用运输工具的装载空间，所以全球集装箱运输量持续大幅度增长。伴随着运输量的增长，带动了专用的运输工具发展，如集装箱船、集装箱车皮、挂车等。集装箱按用途分类，可分为铁路集装箱、船运集装箱、航空集装箱及其他集装箱。

二、包装标准

（一）包装标准

1. 包装标准是为了取得物品包装的最佳效果，根据包装科学技术、实际经验，以物品的种类、性质、质量为基础，在有利于物品生产、流通安全和厉行节约的原则上，经有关部门充分协商并经一定审批程序，而对包装的用料、结构造型、容量、规格尺寸、标志以及盛装、衬垫、封贴和捆扎方法等方面所作的技术规定，从而使同种、同类物品所用的包装逐渐趋于一致和优化。

2. 包装标准，由于是国家的技术法规，具有权威性和法制性。因此，一经批准颁发的包装标准，无论是生产、使用和管理部门以及企业单位都必须严格执行，不得更改。

3. 包装标准可以分为以下 5 类：

（1）包装基础标准和相关标准。包装基础标准是包装的最基本的标准，具有广泛的使用性。它包括名词术语、包装尺寸系列、包装标志和运输包装基本试验四大类。相关标准主要由包装管理标准、集装箱与托盘标准、运输储存条件标准构成。

(2) 包装材料及试验方法标准。包装材料及试验方法标准对各类材料及包装辅助材料均规定了不同的技术质量指标及相应的物理、化学指标，具体的试验测定和卫生标准及检验方法。

(3) 包装容器及试验方法标准。不同的包装材料所制成的各种容器，或用同一材料包装不同的物品容器及试验方法的技术指标、质量要求、规格容量、形状尺寸、性能测试方法等都有具体的规定。

(4) 包装技术标准。包装技术对各种防护技术的防护等级、技术要求、检验规则、材料选择、防护药剂、防护方法、防护性能试验等都作了明确的规定。

(5) 产品包装标准。产品包装标准是对某一具体的产品的包装用料要求、包装技术、包装含量、包装标志、容器形状、充填要求、捆扎方法等的具体规定。

(二) 包装标准化的管理

包装标准化是以制定、贯彻和修改包装标准为主要内容的规范包装技术和生产的全过程，是根据科学技术发展，对包装标准不断完善、补充、提高，并在生产、流通、技术管理各环节中定型化、规范化、系列化、标准化、科学化推行包装标准的全部活动。

包装标准化一般可以分成两类，即包装的系列化和包装的通用化。包装系列化是物品本身的系列化和为了销售方便、适应消费习惯的需要而存在的，是一种物品存在几种规格型号而相应地存在几种规格的包装；而包装的通用化，即要求一种包装容器的设计，不仅能适应一种物品的需要，而且尽可能地考虑到能够在不同物品之间通用。

1. 包装管理存在的问题

(1) 包装不足。包装强度不足，从而使包装防护性不足，造成被包装物的损失。包装材料水平不足。由于包装材料选择不当，材料不能很好地起到保护的作用。包装容器的层次及容积不足。因缺少必要的层次或所需体积不足造成商品破坏和损失。包装成本过低。由于企业一味地追求成本降低，使包装的防护功能下降，从而不能保证有效的包装。

(2) 包装过剩。包装物强度设计过高。如包装材料截面过大，包装方式大大超过强度要求等，从而使包装的防护性过高。包装材料选择不当，选择过高。如可以用纸板却采用镀锌、镀锡材料等。包装技术成本过高。一方面可能使包装成本支出大大超过减少损失可能获得的效益；另一方面，包装成本在商品成本中的比重过高，损害了消费者利益。包装过剩不可忽视。由于现代集装技术的广泛采用，包装不足已经不是主要问题，主要的问题是包装过剩。

(3) 包装模数问题。包装模数是关于包装基础尺寸的标准化及系列尺寸选定的一种规定。包装模数标准确定之后，各种进入流通领域的商品便须按模数规定的尺寸进行包装，按模数包装之后，各种包装货物可以按一定规定随意组合，这就有利于小包装的集合，有利于集装箱用托盘装箱、装盘。包装模数如能和仓库设施、运输设施尺寸模数统一化，也有利于运输和保管。包装模数尺寸的标准化，有一定局限性，大部分工业产品，尤其是散杂货可以实现包装标准化，有些产品则无法实现其标准化。

(4) 包装管理最优化问题。物流过程中的物流因素随着现代科技的进步和人为自然环境的变化而不断地发生变化。现代企业在物流活动过程中必须正确地确定包装形式，选择包装方法；适应物流因素的变化。在确定包装时，必须针对企业不同的装卸、保管和运输的条件及其方式来确定最优化包装。

2. 现代企业包装管理途径

(1) 包装的轻薄化。包装在强度、寿命、成本相同的条件下，更轻、更薄、更短、更小的包装，可以提高装卸的效率。而且轻、薄、短、小的包装一般价格比较便宜，也可以减少废弃包装材料的数量。

(2) 包装的单纯化。为了提高包装作业的效率，应力求包装材料及规格单纯化，包装规格标准化，包装形状和种类单纯化。

(3) 包装的集装化。包装的集装化有利于物流系统在装卸、搬运、保管等过程的机械化；有利于加快这些环节的作业速度，满足顾客对时间的要求；有利于减少单位包装，节约包装材料的包装费用；还有利于商品的保护。现代企业要特别注重对包装集装化的运用，提高物流效率。

(4) 包装模数与物流模数的协调化。物流模数是指以模数包装最大设计尺寸为基础，研究有关的托盘、集装箱等集装器具、铁路货车、轮船和飞机等运载工具和起重机、叉车、搬运车等装卸搬运机械的模数，以便与包装模数相互配合和相互协调。包装模数与物流模数的协调有利于运输和保管，提高物流的运作效率。现代企业必须选择集装单元、集装容器具的模数尺寸作为媒介来过渡从而达到整体物流系统的相关性和协调性。

（5）包装的循环利用化。是指采用通用包装，按标准模数尺寸制造瓦楞纸、纸板及木制、塑料，制造通用外包装箱，不用专门安排回返使用。由于其通用性强，无论在何处，都可转用于其他包装；有一定数量规模并有固定供应流转渠道的商品，可采用周转包装、多次反复周转使用的办法；梯级利用，即一次使用后的包装物，用毕转作他用或用毕进行简单的处理转作他用；包装的再生利用，即对废弃的包装再生处理使其转化为其他的用途或制成新材料。

三、包装的发展趋势

（一）关于包装模数问题

包装模数是关于包装基础尺寸的标准化及系列尺寸选定的一种规定。

包装模数标准确定之后，各种进入流通领域的产品便需按模数所规定尺寸进行包装，按模数包装之后，各种包装货物可以按一定规定随意组合，这就有利于小包装的集合，有利于集装箱及托盘的装箱、装盘。包装模数如能和仓库设施、运输设施尺寸模数统一化，也有利于运输和保管。这就不但使包装领域实现合理化，而且能实现全物流系统的合理化。因此，包装模数问题是物流现代化的基础问题。

包装模数尺寸的标准化有一定局限性，大部分工业产品，尤其是散杂货可以实现包装的标准化。而有些产品，如长型、异型等无法按模数尺寸包装，可做个别处理。

（二）包装的大型化和集装化

包装的大型化和集装化十分有利于物流系统在装卸、搬运、保管等过程中的机械化；有利于加快这些环节的作业速度从而加快全物流过程的速度；有利于减少单位包装，节约包装材料的包装费用；还有利于货体保护。可以认为，为实现物流过程的机械化、自动化，提高物流效率，包装的大型化和集装化是必不可少的。

采用大型和集装方式还要考虑大型包装和集装这种运输包装形态和销售的结合。办法是，使大型包装和集装的货物个体的工业包装实现商业包装化，即货物个体由于大型包装和集装的保护作用，可省却单独的工业包装，而使之商业包装化，从大型包装或集装中取出后，拆除工业包装即可成为销售单位并有促销效果。

（三）包装的多次、反复使用和废弃包装处理

包装产业现今已是世界各国的重要产业之一，在有的国家已占到国民经济的5%。这么大的产业，资源消耗巨大，因而资源回收利用、梯级利用、资源再循环是包装领域现代化的重要课题。

在这方面，有许多有效的管理措施：①通用包装。按标准模数尺寸制造瓦楞纸、纸板及木制、塑料制通用外包装箱，这种包装箱不用专门安排回返使用，由于其通用性强，无论在何处落地，都可转用于其他包装。②周转包装。有一定数量规模并有较固定供应流转渠道的产品，可采用周转包装多次反复周转使用的办法。③梯级利用。一次使用后的包装物，用毕转作他用或用毕后进行简单处理转作他用。如瓦楞纸箱部分损坏后，切成较小的纸板再制小箱，或将纸板用于垫衬。有的包装物在设计时，往往设计成多用途的，在一次使用完毕之后，可再使用其他功能。如设计成水杯的包装物，使用完毕后转用水杯，这就使资源利用更充分、更合理。④再生利用。对废弃的包装经再生处理，转化为其他用途或制成新材料。例如，废弃包装塑料制成再生塑料等。

（四）开发新的包装材料和包装器具

利用各种复合技术、包装容器技术，大量开发新包装材料和容器是包装现代化的重要内容。这方面的主要趋势是，包装物的高功能化，用较少的材料实现多种包装功能。

（五）网络经济时代包装管理发展趋势

由于电子商务的兴起和发展，人们通过互联网就可以搜寻到有关商品的全部信息，这些信息远胜于传统包装利用商业包装的促销作用。因此，可以预见，随着电子商务的发展，包装促销的功能会逐渐弱化，促销型包装的领域会大幅度的狭窄化。

以集装方式进行多式联运形成的“门到门”的物流系统，由于集装方式

有很好的保护功能，又由于采用多式联运的方法，取消了途中的多次装卸、搬运活动，因此商品的防护性包装也会逐渐弱化。尽量减少防护性包装，又可以减轻商品的重量、缩小商品的体积，从而可以充分利用集装容器的空间，大大提高效率。所以，随着集装方式大规模化和网络化的进展，商品防护性包装的功能也会逐渐减退。

第五章 仓储管理

第一节 储存保管的功能与作用

一、储存保管的含义与功能

仓库，是保管、存储物品的建筑物和场所的总称，它伴随着剩余产品的产生而产生，又伴随着社会大生产的发展而发展。当今，全球经济一体化的发展，以信息技术为引导的现代物流的迅速发展，储存保管的作用与功能已大大超出原有意义上的存储，而赋予了它更广泛、更丰富、更深刻的内涵。

（一）储存保管的含义

进行仓储活动的主体设施是仓库，传统仓库的主要功能是为防止物品的丢失和损伤。随着经济的发展，物流已由少品种大批量进入多品种小批量或多批次小批量时代，仓库功能从重视保管效率逐渐变为重视如何才能顺利地进行发货和配送，加快仓储商品周转，以获得物流时间效用。

在现代物流系统中，存储是非常重要的构成要素之一。现代仓库在物流作业中发挥着极其重要的作用，它不仅具有储存、保管等传统功能，而且包括拣选、配货、检验等作业，并具有配送功能以及附加标签、重新包装等流通加工功能。

储存保管是指通过仓库对货物进行储存和保管。它随着货物储存的产生而产生，又随着生产力的发展而发展。仓储是商品流通的重要环节之一，也是物流活动的重要支柱，在社会分工和专业化生产的条件下，为保持社会再生产过程的顺利进行，必须储存一定量的物资，以满足一定时间内社会生产和消费的需要。

“仓”也称为仓库，为存放货物的建筑物和场地，可以为房屋建筑、大型容器、洞穴或者特定的场地等，具有存放和保护物品的功能；“储”表示收存以备使用，具有收存、保管、交付使用的意思，当适用有形物品时也称为储存。“仓储”则为利用仓库存放、储存未即时使用的物品的行为。简言之，仓储就是在特定的场所储存物品的行为。

仓储的形成显然在于社会产品出现剩余和产品流通的需要，当产品不能被即时消耗掉，需要专门的场所存放时，就产生了静态的仓储。而将物品存入仓库以及对存放在仓库里的物品进行保管、控制、提供使用等的管理，便形成了动态仓储。可以说仓储是对有形物品提供存放场所、物品存取过程和对存放物品的保管、控制的过程。仓储的性质可以归结为：仓储是物质产品的生产持续过程，物品的仓储也创造着产品的价值；仓储既有静态的物品储存，也包含动态的物品存取、保管、控制的过程；仓储活动发生在仓库等特定的场所；仓储的对象既可以是生产资料，也可以是生活资料，但必须是实物动态产品。

（二）储存保管的功能

1. 社会生产顺利进行的必要过程

现代社会生产的一个重要特征就是专业化和规模化生产，劳动生产率极高，产量巨大，绝大多数产品都不能被即时消费，需要经过仓储的手段进行储存，这样才能避免生产过程被堵塞，保证生产过程能够继续进行。另外，生产所使用的原料、材料等需要有合理的储备，以保证及时供应，满足生产的需要。

仓储本身是由生产率的提高造成的，但同时仓储的发展又促进生产率的提高。良好的仓储条件确保生产规模的进一步扩大，促进专业化分工的进一步细化、劳动生产率的进一步提高。

2. 调整生产和消费的时间差别，维持市场稳定

人们的需求具有持续性，与产品季节性、批量性生产的集中供给之间存在供需时差的矛盾，通过仓储将集中生产的产品进行储存，持续地向消费者供应，才能不断保证满足消费需求。

另外，集中生产的产品如果即时推向市场销售，必然会造成市场短时期内产品供给远远大于需求，使产品价格大幅降低，甚至无法消费而被废弃；相反，非供应季节，市场供应量少而价格较高，通过将产品仓储，均衡地向

市场供给，才能稳定市场，有利于生产的持续进行。

3. 劳动产品价值保存的作用

生产出来的产品在消费之前必须保持其使用价值，否则将会被废弃。因此就需要由仓储来承担在仓储过程中对产品进行保护、管理的功能，防止其损坏而丧失价值。

同时仓储是产品提供消费的最后一道作业环节，可以根据市场对产品消费的偏好，对产品进行最后的流通加工，提高产品的附加值，以促进产品的销售，甚至增加收益。

4. 流通过程的衔接

产品从生产到消费，需要经过分散、集中、再分散的过程，还可能需要经过不同运输工具的转换运输。为了有效地利用各种运输工具，降低运输过程中的作业难度，实现经济运输，物品需要通过仓储进行候装、配载、包装、成组、分拣、疏散等。为了满足销售的需要，商品在仓储中需进行整合、分类、拆除包装、配送等处理和存放。

存放在仓库里的商品，还可以提供给购买方进行查看，这是大多数现货批量交易的方法。因而仓储具有商品陈列的功能。

5. 市场信息的传感器

任何产品的生产都必须满足社会的需要，生产者都需要把握市场需求的动向。社会仓储产品的变化是了解市场需求的极为重要的途径。仓储量减少、周转量加大，表明社会需求旺盛；反之则为需求不足。厂家存货增加表明其产品需求减少或者竞争力降低，或者生产规模不合适。仓储环节所获得的市场信息虽然说比销售信息滞后，但更为准确和集中，信息反应快捷，且信息成本极低。现代企业生产特别重视仓储环节的信息反馈，将仓储量的变化作为决定生产的依据。现代物流管理也特别重视仓储信息的收集和反应。

6. 开展物流管理的重要环节

仓储是物流的重要环节，物品在物流过程中相当一部分时间处于仓储之中，在仓储中进行运输整合，在仓储中进行配送准备，在仓储中进行流通加工，也在仓储中进行市场供给调整，仓储中的成本是物流成本的最重要的组成部分。开展物流管理必须特别重视对仓储的管理，有效的仓储管理才能实现物流管理的目的。

7. 提供信用保证

在大批量货物的实物交易中，购买方必须检验货物、确定货物的存在和货物的品质，方可成交。购买方可以到仓库查验货物。由仓库保管人员出具的货物仓单是实物交易的凭证，可以作为对购买方提供的保证。仓单本身就可作为融资工具，可以直接使用仓单进行质押。

8. 现货交易的场所

存货人要转让已在仓库存放的货物时，购买人可以到仓库查验货物，取样化验。双方可以在仓库进行转让交割。国内众多的批发交易市场既有货物存储功能的交易场所，又有货物交易功能的仓储。众多具有便利交易条件的仓储都提供交易活动服务，甚至部分形成有影响的交易市场。近年来，我国大量发展的仓储式商店，就是仓储交易功能高度发展、仓储与商业密切结合的结果。

二、储存保管的作用

商品的仓储活动是由商品生产和商品消费之间的客观矛盾所决定的。商品由生产领域向消费领域转移过程中，一般都要经过商品的仓储阶段，这主要是由商品生产和商品消费在时间上、空间上以及品种和数量等方面的不同步所引起的，也正是在这些不同步中发挥了仓储活动的重要意义。

(一) 现代储存保管在经济建设中的作用

1. 现代仓储是保证社会再生产顺利进行的必要条件

现代仓储活动的意义正是由于生产与消费在空间、时间以及品种、数量等方面存在着矛盾引起的。尤其是在现代化大生产的条件下，专业化程度不断提高，社会分工越来越细，随着生产的发展，这些矛盾又势必进一步扩大。在仓储活动中不能采取简单地把商品生产和消费直接联系起来的办法，而是需要对复杂的仓储活动进行精心组织，拓展各部门、各生产单位之间相互交换商品的深度和广度，使社会简单再生产和扩大再生产能在建立一定的商品资源的基础上，保证社会再生产顺利进行。

从空间方面来说，商品生产与消费的矛盾主要表现在生产与消费地理上的分离。在自给自足的自然经济里，生产者同时就是其自身产品的消费者，其产品仅供本人和在家庭的范围内消费。随着商品生产的发展，商品的生产者逐渐与消费者分离。生产的产品不仅是为了本人的消费，而且是为了满足其他人的消费需要。随着交换范围的扩大，生产与消费空间上的矛盾也逐渐扩大。在社会化大生产的条件下，随着生产的发展，这种矛盾进一步扩大，这是由社会生产的客观规律所决定的。举例说，为了不断提高生产率，工业生产的规模不断扩大，生产的集中化能以更低的成本生产出更多的产品。但是，与此同时，这将使产品的生产工厂的数量不断减少，以前由各地甚至是每个家庭生产的产品，现在往往是由少数的大工厂生产。这些工厂生产的产品，不再是仅仅为了满足本地区的需要，许多产品需要销往其他地区，甚至销往国外。生产的规模越大、越集中，越需要寻求更大的市场将商品运送到更远的距离。这样，就必须依靠运输把产品运送到其他市场上去。社会化生产的规律决定了生产与消费的矛盾不是逐渐缩小而是逐渐扩大。随着商品生产的发展，不但需要运输的商品品种、数量在增加，而且平均运输的距离也在不断增加。商品仓储活动的重要意义之一就是通过仓储活动平衡运输的负荷。

商品的生产和消费之间有不定期的时间间隔。在绝大多数情况下，今天生产的商品不可能马上就全部卖掉，这就需要产生商品的仓储活动。有的商品是季节生产、常年消费。无论何种情况，在产品从生产过程进入消费过程之间，都存在一定的时间间隔。在这段间隔时间内，形成了商品的暂时停滞。商品在流通领域中暂时的停滞过程，形成了商品的仓储。同时，商品仓储又是商品流通的必要条件，为保证商品流通过程得以不断地继续进行，就必须有商品仓储活动。没有商品的仓储活动，就没有商品流通的顺利进行，因此有商品流通也就有商品仓储活动。为了使商品更加适合消费者的需要，许多商品在最终销售以前，要进行挑选、整理、分装、组配等工作。因此便有一定量的商品停留在这段时间内，也形成商品储存。此外，在商品运输过程中，在车、船等运输工具的衔接上，由于在时间上不可能完全一致，也产生了在途商品对车站、码头周转性仓库的储存要求。

专业化生产将生产的产品品种限制在比较窄的范围之内。专业化程度越高，一个工厂生产的产品品种就越少。但是相反，消费者却要求更广泛的品种和更多样化的商品。另一方面，生产越集中，生产的规模越大，生产出来的产品品种却较少。由于在生产方面，每个工厂生产出来的产品品种比较单一，但数量却很大。而在消费方面，每个消费者需要广泛的品种和较少的数量，因此就在流通过程中，不断在品种上加以组合，在数量上不断加以集散。

商品的仓储活动不是简单地将生产和消费直接联系起来，而是需要一个复杂的组织过程，在品种和数量上不断进行调整。只有经过一系列的调整之后，才能使遍及全国各地的零售商店能够向消费者提供品种、规格、花色齐全的商品。在流通过程中不断进行商品品种上的组合，在商品数量上不断加以集散，在地域和时间上进行合理安排。通过搞活流通，搞好仓储活动，发挥仓储活动连接生产与消费的纽带和桥梁作用，借以克服众多的相互分离又相互联系的生产者之间、生产者与消费者之间在商品生产与消费地理上的分离，衔接商品生产与消费时间上的不一致，以及调节商品生产与消费在方式上的差异。搞好仓储活动，是加快资金周转，节约流通费用，降低物流成本，提高经济效益的有效途径。

总之，商品生产和消费在空间、时间、品种、数量等各方面都存在着矛盾。这些矛盾既不能在生产领域里得到解决，也不可能在消费领域里得到解决，所以只能在流通领域，通过连接生产与消费的商品仓储活动加以解决。商品仓储活动在推动生产发展，满足市场供应中具有重要意义。一个国家要实现经济的高速增长，必然要进行一些大型或特大型规模的建设项目，某些物资需要集中消耗，如果靠临时生产显然是不行的，只有靠平时一定数量的物资储存才能保证大规模建设的需求。

货物储存的实质是由生产与消费之间的时空距离而引起的一种经济行为，其首要功能就在于消除这种距离。动态的储存（运输）用于弥补空间距离，静态的储存用于弥补时间距离，静动态的储存用于弥补品种、规格、数量之间的距离，任何一种其他的经济活动都不可能取代这种作用。

2. 现代仓储是国家满足急需特需的保障

国家储备是一种有目的的社会储存，主要用于应付自然灾害、战争等人力不可抗拒的突发事变对物资的急需特需，否则就难以保证国家的安全和社会的稳定。

仓储活动是物质产品在社会再生产过程中必然出现的一种形态，这对整个社会再生产，对国民经济各部门、各行业的生产经营活动的顺利进行，都有着巨大的作用。然而，在仓储活动中，为了保证物资的使用价值在时空上的顺利转移，必然要消耗一定的物化劳动和活劳动，尽管这些合理费用的支出是必要的，但由于它不能创造使用价值，因而，在保证物资使用价值得到有效的保护，有利于社会再生产顺利进行的前提下，费用支出越少越好。那么，搞好物资的仓储管理，就可以加速物资的流通和资金的周转，从而节省费用支出，降低物流成本，开拓"第三利润源"，提高社会的、企业的经济效益。

（二）现代仓储管理在流通领域中的作用

1. 储存是平衡市场供求关系、稳定物价的重要条件

在社会再生产过程中，可能有些部门发展得快些，而有些部门发展得慢些，这种发展的不平衡性会引起市场供求矛盾——价格的波动。流通储存可在供过于求时吸纳商品，增加储存，供不应求时吐放商品，以有效地调节供求关系，缓解矛盾。这样既可保证生产的稳定性，又可防止物价的大起大落，避免生产供应的恶性循环。

2. 仓储是物资供销管理工作的重要组成部分

仓储活动在物资供销管理工作中有特殊的地位和重要的作用。从物资供销管理工作的全过程来看，其包括供需预测、计划分配、市场采购、订购衔接、货运组织、储存保管、维护保养、配送发料、销售发运、货款结算、用户服务等主要环节。各主要环节之间相互衔接、相互影响，关系极为密切，其中许多环节属于仓储活动，它们与属于"商流"活动的其他环节相比，所消耗和占用的人力、物力、财力多，受自然的、社会的各种因素影响大，组织管理工作有很强的经济性，既涉及政治经济学、物理、化学、机械、建筑、气象等方面的知识，又涉及物资流通的专业知识和专业技能，它与物资经济管理专业的其他课程，例如产品学、物资经济学、物资计划与供销管理、物资统计学、会计学等都有直接的密切联系。因此，仓储活动直接影响到物资管理工作的质量，也直接关系到物资从实物形态上一直到确定分配供销的经济关系的实现。

3. 现代仓储是保持物资原有使用价值的重要手段

任何一种物资，当它生产出来以后至消费之前，由于其本身的性质、所处的条件以及自然的、社会的、经济的、技术的因素，都可能使物资使用价值在数量上减少、质量上降低，如果不创造必要的条件，就不可避免地使物资造成损害。因此，必须进行科学管理，加强对物资的养护，搞好仓储活动，以保护好处于暂时停滞状态的物资的使用价值；同时，在物资仓储过程

中，努力做到流向合理，加快物资流转速度，注意物资的合理分配，合理供料，不断提高工作效率，使有限的物资能及时发挥最大的效用。

（三）现代仓储管理在企业经营中的作用

社会再生产过程是连续生产和流通的统一。生产企业中的生产储存是物资作为生产过程的准备条件，只有一定量的生产性储存，才能保证不间断的均衡生产。

仓储存在于企业经营过程的各个环节间，也就是说，在采购、生产、销售的不断循环过程中，库存使各个环节相对独立的经济活动成为可能。同时，仓储可以调节各个环节之间由于供求品种及数量的不一致而发生的变化，使采购、生产和销售等企业经营的各个环节连接起来，起到润滑剂的作用。对于仓储在企业中的角色，不同的部门存在不同的看法。库存管理部门力图保持最低的库存水平以减少资金占用，节约成本。销售部门愿意维持较高的库存水平并尽可能备齐各种商品，避免发生缺货现象，以提高顾客满意度。采购部门为了降低单位购买价格，往往会增加库存水平。制造部门愿意对同一产品进行长时间的大量生产，这样可以降低单位产品的固定费用，然而这样又往往会增加库存水平。总之，库存管理部门和其他部门的目标存在冲突，为了实现最佳库存管理，需要协调和整合各个部门的活动，使每个部门不仅以有效实现本部门的功能为目标，更要以实现企业的整体效益为目标。

高的顾客满意度和低的库存投资似乎是一对相互冲突的目标，过去曾经认为这对目标不可能同时实现。现在，通过应用创新的现代物流管理技术，同时伴随改进企业内部管理和强化部门协调，企业可同时实现这一目标。

储存是物资的一种停滞状态，在某种意义上是价值的一种“损失”，但作为一切社会再生产中必然的经济现象和物流业务的主要活动，对促进国民经济的发展和物流的顺利进行具有重要的作用，这种“付出的代价”不仅是必要的，而且具有重要的意义。

三、储存保管业务范围

仓储的物资储藏的基本功能决定了仓储的基本任务是存储保管、存期控制、数量管理、质量维护；同时，利用物资在仓储的存放，开发和开展多种服务是提高仓储附加值、促进物资流通、提高社会资源效益的有效手段，因而也是仓储的重要任务。

（一）储存保管的基本业务

1. 物资存储

存储是指在特定的场所，将物品收存并进行妥善的保管，确保被存储的物品不受损害。存储是仓储最基本的任务，是仓储产生的根本原因。因为有了剩余产品，需要将剩余产品收存，就形成了仓储。存储的对象必须是有价值的产品，存储要在特定的场地进行，存储必须将存储物移到存储地进行；存储的目的是确保存储物的价值不受损害，保管人有绝对的义务妥善保管好存储物；存储物始终属于存货人所有，存货人有权控制存储物。

物资的存储有可能是长期的存储，也可能只是短时间的周转存储。进行物资存储既是仓储活动的表征，也是仓储的最基本的任务。

2. 流通调控

仓储既可以长期进行也可以短期开展，存期的控制自然就形成了对流通的控制；或者反言之，由于流通中的需要，决定了商品是存储还是流通。这也就是仓储的“蓄水池”功能，当交易不利时，将商品储存，等待有利的交易机会。流通调控的任务就是对物资是仓储还是流通作出安排，确定储存时机、计划存放时间，当然还包括储存地点的选择。

3. 数量管理

仓储的数量管理包括两个方面：一方面保证存货人交付保管的仓储物的数量和提取仓储物的数量必须一致；另一方面为保管人可以按照存货人的要求分批收货和分批出货，对储存的货物进行数量控制，配合物流管理的有效实施，同时向存货人提供存货数量的信息服务，以便客户控制存货。

4. 质量管理

根据收货时的仓储物的质量交还仓储物是保管人的基本义务。为了保证仓储物的质量不发生变化，保管人需要采取先进的技术、合理的保管措施，妥善和勤勉地保管仓储物。仓储物发生危险时，保管人不仅要及时通知存货人，还需要及时采取有效的措施减小损失。

（二）储存保管新业务

1. 交易中介

仓储经营人利用大量存放在仓库的有形资产，利用与物资使用部门广泛的业务联系，开展现货交易中介具有较为便利的条件，同时也有利于加速仓储物的周转和吸引仓储。仓储经营人利用仓储物开展物资交易不仅会给仓储经营人带来收益，还能充分利用社会资源，加快社会资金周转，减少资金沉淀。交易功能的开发是仓储经营发展的重要方向。

2. 流通加工

加工本是生产的环节，但是为了满足消费多样化、个性化和变化快的产品生产的发展，又为了严格控制物流成本的需要，生产企业将产品的定型、分装、组装、装潢等工序留到最接近销售的仓储环节进行，使得仓储成为流通加工的重要环节。

3. 配送

设置在生产和消费集中地区附近的从事生产原材料、零部件或商品的仓储，对生产车间和销售点的配送成为其基本的业务，根据生产的进度和销售的需要由仓库不间断地、小批量地将仓储物送到生产线和零售商店或收货人手上。仓储配送业务的发展，有利于生产企业降低存货，减少固定资金投入，实现准时制生产；有利于商店减少存货，降低流动资金使用量，且能保证销售。

4. 配载

对于大多数运输转换，仓储都具有配载的任务。货物在仓库集中集货，按照运输的方向进行分类仓储，当运输工具到达时出库装运。而配送中心就是不断地对运输车辆进行配载，确保配送的及时进行和运输工具的充分利用。

第二节　现代储存保管的作业方法

一、储存保管的作业原则和要求

（一）作业原则

1. 效率的原则

效率是指在一定劳动要素投入量时的产品产出量。只有较小的劳动要素投入和较高的产品产出量才能实现高效率。高效率就意味着劳动产出大，劳动要素利用率高，高效率是现代生产的基本要求。仓储的效率表现在仓容利用率、货物周转率、进出库时间、装卸车时间等指标上，表现出“快进、快出、多存储、保管好”的高效率仓储。

仓储的生产管理的核心就是效率管理，实现最少的劳动量的投入，获得最大的产品产出。劳动量的投入包括生产工具、劳动力的数量以及他们的作业时间和使用时间。效率是仓储其他管理的基础，没有生产的效率，就不会有经营的效益，就无法开展优质的服务。

高效率的实现是管理艺术的体现，通过准确地核算、科学地组织、妥善地安排场所和空间、机械设备与人员合理配合，部门与部门、人员与人员、设备与设备、人员与设备之间默契配合，使生产作业过程有条不紊的进行。

高效率还需要有效管理过程的保证，包括现场的组织、督促，标准化、制度化的操作管理，严格的质量责任制的约束。现场作业混乱、操作随意、作业质量差甚至出现作业事故显然不可能有效率。

2. 经济效益的原则

厂商生产经营的目的是为了追求利润最大化，这是经济学的基本假设条件，也是社会现实的反映。利润是经济效益的表现。

利润＝经营收入－经营成本－税金

实现利润最大化则需要做到经营收入最大化和经营成本最小化。

企业经营也不能排除为了追求利润最大化的动机，尤其是作为参与市场经济活动主体之一的仓储业，也应围绕着获得最大经济效益的目的进行组织和经营。但也需要承担部分的社会责任，如履行保护环境、维护社会安定、满足社会不断增长的需要等社会义务，实现生产经营的社会效益。

3. 服务的原则

仓储活动本身就是向社会提供服务产品。服务是贯穿在仓储中的一条主线，从仓储的定位、仓储的具体操作、对储存货物的控制都应围绕着服务进行。仓储管理就是要围绕服务开展如何提供服务、改善服务、提高服务质量的管理，包括直接的服务管理和以服务为宗旨的生产管理。

仓储的服务水平与仓储经营成本有着密切的相关性，两者互相对立。服务好，成本高，收费则高，仓储服务管理就是在降低成本和提高（保持）服务水平之间保持平衡。仓储企业进行服务定位的策略有：

（1）进入或者引起竞争时期：高服务低价格且不惜增加仓储成本。

（2）积极竞争时期：用较低的成本实现较高的仓储服务。

（3）稳定竞争时期：提高服务水平，维持成本不变。

（4）已占有足够的市场份额处于垄断竞争（寡头）：服务水平不变，尽力降低成本。

（5）退出阶段或完全垄断：大幅降低成本，但也降低服务水平。

（二）仓储管理人员的基本要求

1. 仓库管理人员的基本素质要求

（1）具有丰富的商品知识。对所经营的商品要充分的熟悉，掌握其理化性质和保管要求，能有针对性的采取管理措施。

（2）掌握现代仓储管理的技术。充分掌握仓储管理技术，并能熟练运用，特别是对现代信息技术的使用。

（3）熟悉仓储设备。能合理和高效地安排、使用仓储设备。

（4）办事能力强。能分轻重缓急、有条有理地处理事务。

（5）具有一定的财务管理能力。能查阅财务报表，进行经济核算、成本分析，正确掌握仓储经济信息，进行成本管理、价格管理和决策。

（6）具有一般的管理素质。

2. 仓库保管员的职责

（1）认真贯彻仓库保管工作的方针、政策、体制和法律法规，树立高度的责任感，忠于职守，廉洁奉公，热爱仓库工作，具有敬业精神；树立为客户服务、为生产服务的思想，具有合作精神；树立讲效率、讲效益的思想；关心企业的经营。

（2）严格遵守仓库管理的规章制度和工作规范，严格履行岗位职责，及时做好物质的入库验收、保管保养和出库发运工作；严格各项手续制度，做到收有据、发有凭，及时准确登记销账，手续完备，账物相符，把好收、发、管三关。

（3）熟悉仓库的结构、布局、技术定额，熟悉仓库规划；熟悉堆码、苫垫技术，掌握堆垛作业要求；在库容使用上做到：妥善地安排货位，合理高效地利用仓容，堆垛整齐、稳固，间距合理，方便作业、清数、保管、检查、收发。

（4）熟悉仓储货物的特性、保管要求，能有针对性地进行保管，防止货物损坏，提高仓储质量；熟练地填写表账、制作单证，妥善处理各种单证业务；了解仓储合同的义务约定，完整地履行义务；妥善处理风雨灾、热冻等自然灾害对仓储货物的影响，防止和减少损失。

（5）重视仓储成本管理，不断降低仓储成本。妥善保管好剩料、废旧包装，收集和处理好地脚料，做好回收工作。用具、苫垫、货板等妥善保管、细心使用以延长使用寿命。重视研究物质仓储技术，提高仓储利用率，降低仓储物耗损率，提高仓储的经济效益。

（6）加强业务学习和训练，掌握计量、衡量、测试用具和仪器的使用；掌握分管货物特性、质量标准、保管知识、作业要求和工艺流程；及时掌握仓库管理的新技术、新工艺，适应仓储自动化、现代化、信息化的发展，不断提高仓储的管理水平；了解仓库设备和设施的性能和要求，督促人员进行设备维护和维修。

（7）严格执行仓库安全管理的规章制度，时刻保持警惕，做好防火、防盗、防破坏、防虫鼠害等安全保护工作，防止各种灾害和人身伤亡事故，确保人身、货物、设备的安全。

二、分区分类作业

（一）货物分区分类储存概述

1. 货物分区分类储存与专仓专储的概念

分区分类储存货物，是仓库进行科学管理的方法之一。所谓分区，就是根据仓库的建筑、设备等条件把仓库划分为若干保管区，以适应货物分类储存的需要，即在一定的区域内合理储存一定种类的货物，以便集中保管和养护。所谓分类，就是根据仓储货物的自然属性、养护措施、消防方法等，将货物划分为若干类别，以便分门别类地将货物相对固定地储存在某一货区内。仓库货物的分区分类储存是根据“四一致”原则（自然属性和性能一致、养护措施一致、作业手段一致、消防方法一致），把仓库划分为若干保管区域；把储存商品划分为若干类别，以便统一规划储存和保管。

而货物的专仓专储，是按储存货物的性能分类，并以一个库房专门储存一类商品，例如粮仓，就是专门用于储存粮食的仓库；又如卷烟仓库，就是专门储存各种卷烟的仓库；还如弹药库，就是专门储存部队用的枪弹、炸药等军用危险品的专用仓库。由于这些货物本身的特殊性质，不宜与其他货物混存，如危险品、毒品等一般要求专仓专储。此外，贵重货物，如照相机、电脑、金银饰品等，不仅要专储，还要指定专人保管。

2. 仓库的分区分类与专仓专储的主要区别

(1) 仓库的性质不同。采用分区分类储存货物的仓库，常为通用性仓库，其设施及装备适用于一般货物的储存、保养；而专仓专储的仓库，常为专用性仓库，其设施及装备往往只适用于某类商品的储存、保养，其专用性较强。

(2) 储存货物的种类多少不同。采用分区分类储存货物方法的仓库，一般一个仓库内同时储存着若干类货物，其中大多数仓库是采用分类同区储存，即将仓库分成若干个储货区，而在同一储货区内，同时集中储存多种同类商品或性能互不影响、互不抵触的货物，如将纺织品分类中的服装、床单、台布等，家电分类中的电视机、收录机、洗衣机、空调、微波炉等，同时储存在一个货区内，便于分类集中保管和养护。而专仓专储则是一个仓库一般只储存一类货物。

(3) 储存货物的数量多少不同。一般而言，分区分类方法适宜于多品种、小批量的货物储存，而专仓专储的方法适宜于少品种、大批量的货物储存，就同类同种货物的数量而言，分区分类储存货物的数量比用专仓专储方法储存的数量相对要少得多，因为专仓专储的某种货物往往都是大批量的。

(4) 储存商品的性质不同。分区分类储存的货物，特别是分类同区储存的商品，往往具有互容性，即同储在一个货区内，这些货物互不相容、不会互相影响；而专仓专储货物的性质往往较为特殊，不宜与其他货物混存，否则将会产生不良影响，如串味、变质、失量等，如卷烟、茶叶、酒、食糖、香料等，一般不宜同存一库。

3. 分区分类储存货物的作用

(1) 可缩短货物拣选及收发作业的时间；

(2) 能合理使用仓容，提高仓容利用率；

(3) 有利于保管员熟悉货物的性能，提高保管养护的技术水平；

(4) 可合理配制和使用机械设施，有效提高机械化、自动化操作程度；

(5) 有利于仓储货物的安全，减少损耗。

(二) 货物分区分类储存的原则

仓库分区分类储存货物应遵循“四一致”原则，即：

1. 货物的自然属性、性能应一致

所谓货物的性能一致，是指不同货物之间具有互容性，即同储一个库区，不同货物间不会互相影响、互相串味、互相作用，以确保货物的储存环境条件安全。凡同类货物，性质相近，又有连带消费性的，应尽量安排在同一库区、库位进行储存，如床上用品和睡衣、拖鞋可存放在同一库区。按照商品的自然属性，可把怕热、怕光、怕潮、怕冻、怕风等具有不同自然属性的商品分区分类储存。若性质完全不同，并且互有影响，互不相容，不宜混存的商品，则必须严格分库存放，如化学危险品和一般货物、毒品和食品、互相串味的货物（茶叶和肥皂、酒和香烟）等，绝不能混杂存放在同一库房或同一库区内，必须采用分区分类的方法将它们分开存放。又如固体精素会升华成气体，能防虫、杀虫，但不宜与饼干、糕点等食品同储一库，会污染食品，而可与毛皮、毛料服装同存一个库区，一举两得；还如，羊毛等蛋白质纤维怕碱不怕酸，而棉纤维则怕酸不怕碱，在分区分类储存时，应注意将碱性商品与羊毛制品分开储存，将酸性货物同棉制品分开储存；再如，碳化钙、磷化锌、碳化金属等一级遇水燃烧的商品，不能与酸、氧化剂同储一库，因为一旦相遇，即会发生燃烧或爆炸，后果不堪设想。

2. 货物的养护措施应一致

为了防止货物在储存期间发生物理机械变化、化学变化、生理生化变化及某些生物引起的变化，仓库保管人员必须采取一定的养护措施，如低温储藏养护、加热灭菌储藏养护、气调储存养护等。然而，不同的商品常因其性质各不相同，而采用的养护方法也各不相同，如冻猪肉、冻鸡、冻鸭等商品，需要在低温冷藏（−18～−15℃）的仓库内储藏养护，而苹果、生梨、蔬菜等商品，则需在常温冷藏（−2～+5℃）的常温仓库内储藏养护，这两类商品的养护措施各不相同，所以不能同储一个库区，必须分区分类储存。而对于养护措施相同的商品，则可以同储一个库区，如棉布与棉衣、被单、被套等。

3. 货物的作业手段应一致

同储一个库区的货物，如果体积大小相差悬殊，单位重量相差很大，则需要用不同的装卸搬运手段，所以不宜在同一库区存放。如海绵、泡沫塑料与大型重型机床不易同库存放。为便于实现装卸搬运作业的专业化、机械化，应尽可能将作业手段相同的货物同储一库。

4. 货物的消防方法应一致

防火灭火方法不同的货物不应同库储存，必须分开，如油漆、橡胶制品燃烧时，需要用泡沫灭火机灭火；而精密仪器失火时，则用二氧化碳灭火机灭火，这两类商品就不宜混存在同一库区。又如爆炸品引起的火灾，主要用水扑救；而遇水分解的多卤化合物、氯磺酸、发烟硫酸等，绝不能用水灭火，只能用二氧化碳灭火器、干沙灭火，因而灭火方式不同的货物，不能同储一个库区。而对于消防方法相同的货物，则可以储存在同一库区，如小麦和玉米，灭火时主要用水，因此可以同储一个库区。

仓库的分区分类必须遵循以上“四一致”原则，统筹规划，把仓库划分为若干保管区域；把储存货物划分为若干类别，以便安全地、保质保量地分区分类储存和保管库存货物。

（三）货物分区分类储存的方法

由于仓库的类型、规模、经营范围、用途各不相同，各种仓储货物的性质、养护方法也迥然不同，因而分区分类储存的方法也有多种，需统筹兼顾，科学规划。

1. 按货物的种类和性质分区分类储存

按照货物的自然属性，把怕热、怕光、怕潮、怕冻、怕风等具有不同自然属性的货物分区分类储存。凡同类货物，性质相近，又有连带消费性的，可尽量安排在同一库区、库位进行储存，如床上用品和睡衣、拖鞋可存放在同一库区。但若性质完全不同，并且互有影响，互不相容，不宜混存的货物则必须严格分库存放。

2. 按货物的危险性质分区分类储存

货物的危险性质，主要是指易燃、易爆、易氧化、腐蚀性、毒害性、放射性等。仓库应根据货物的危险特性进行分区分类储存，以免发生相互接触，产生燃烧、爆炸、腐蚀、毒害等严重恶性事故。如化学危险品和一般物品、毒品和食品，绝不能混杂存放在同一库房或同一库区，必须严格分区分类存放。这种方法主要适用于特种仓库。

3. 按货物的发运地分区分类储存

货物的储存期较短，并且吞吐量较大的中转仓库或待运仓库，可按货物的发往地区、运输方式、货主，进行分区分类储存。通常可先按运输方式分为公路、铁路、水路、航空，再按到达站、点、港的线路划分，最后按货主划分。这种分区分类方法虽不分商品的种类，但性能不相容的、运价不同的商品，仍应分开存放。

4. 按仓储作业的特点分区分类储存

超长的、较大的、笨重的商品，应与易碎的、易变形的货物分区存放；进出库频繁的货物，应存放在车辆进出方便、装卸搬运容易的近库门的库区，而储存期较长的商品，则应储存在库房深处或多层仓库的楼上。

5. 按仓库的条件及货物的特性分区分类储存

一般情况下，怕热的货物应存放在地下室、低温仓库或阴凉通风的货棚内；负荷量较小的、轻泡的商品，可存放在楼上库房，而负荷量较大、笨重的商品，应存放在底楼库房内；价值较高的贵金属，如金银饰品等，须存放在顶楼库房，而价值较低的一般金属制品，可存放在下层库房内。

三、货物规划和统一编号作业

为了提高仓储管理的质量和效率，许多仓库已使用计算机进行管理。要正确使用计算机及数据库软件来管理好库存货物，并进行有关数据的处理，必须对分区分类的仓库及仓储货物实行货位编号和货物编码，因为只有科学合理的编码，才能使计算机管理达到最佳效果。

（一）货位编号的要求和方法

仓库的货位布置可根据仓库的条件、结构、需要，根据已确定的货物分类保管的方案及仓容定额加以确定。货位编号的方法有多种，可灵活掌握，但无论采用何种货位编号方式，货位摆放往往都需与主作业通道垂直，以便于存取。

1. 货位编号的要求

货位的编号就好比商品在仓库中的住址，必须符合“标志明显易找，编排循规有序”的原则。具体编号时，须符合以下要求：

（1）标志设置要适宜。货位编号的标志设置，要因地制宜，采用适当的方法，选择适当的地方。如无货架的库房内，走道、支道、段位的标志，一般都刷置在水泥或木板地坪上；有货架的库房内，货位标志一般设置在货架上等。

（2）标志制作要规范。货位编号的标志如果随心所欲、五花八门，很容易造成单据串库，商品错收、错发等事故。统一使用阿拉伯字码制作标志，就可避免以上弊病。为了将库房以及走道、支道、段位等加以区别，可在字码大小、颜色上进行区分，也可在字码外加上括号、圆圈等符号加以区分。

（3）编号顺序要一致。整个仓库范围内的库房、货棚、货场内的走道、支道、段位的编号，一般都以进门的方向左单右双或自左向右顺序编号的规则进行。

（4）段位间隔要恰当。段位间隔的宽窄，应取决于货种及批量的大小。

同时应注意的是，走道、支道不宜经常变换位置，变更编号，因为这样不仅会打乱原来的货位编号，而且会使保管员不能迅速收发货。

2. 货位编号的方法

（1）仓库内储存场所的编号。整个仓库内的储存场所若有库房、货棚、货场，则可以按一定的顺序（自左向右或自右向左）各自连续编号。库房的编号一般写在库房的外墙上或库门上，字体要统一、端正，颜色鲜艳、清晰醒目、易于辨认。货场的编号一般写在场地上，书写的材料要耐摩擦、耐雨淋、耐日晒。货棚编号书写的地方，则可根据具体情况而定，总之应让人一目了然。

（2）库房编号。对于多层库房的编号，常采用“三位数编号”、“四位数编号”或“五位数编号”。“三位数编号”是用三个数字或字母依次表示库房、层次和仓间，如131编号，表示1号库房、3层楼、1号仓间。“四位数编号”是用四个数字或字母依次表示库房、层次、仓间和货架，如1331编号，表示1号库房、3层楼、3号仓间、1号货架。“五位数编号”是用五个数字或字母依次表示库房、层次、仓间、货架、货格，如13311编号，表示1号库房、3层楼、3号仓间、1号货架、1号货格。

（3）货位编号。货位布置的方式不同，其编号的方式也不同。货位布置的方式一般有两种：横列式和纵列式。横列式，即货位横向摆放，可采用横向编号。纵列式，即货位纵向摆放，常采用纵向编号。

（二）货物分类及编码的原则、方法

1. 货物分类的原则、方法

（1）货物分类的概念：货物的分类是指为满足某种目的和需要，根据货物的特征、特性，选择适当的分类标志，将货物划分为不同类别和组别的过程。

我国通常将货物划分为大类、中类、小类、品类、品种直至细目等。我国商品按生产和流通中的行业分工划分为 88 个大类，如食品、副食品、家电、纺织品、通信器材等。

（2）货物分类的原则：

①科学性原则：指货物在分类中所选择的分类标志必须能反映货物的本质特征，并具有明显的区别功能和相对稳定性，以满足分类的客观要求。科学性是分类的基本前提。

②系统性原则：指将货物总体按一定的排列顺序予以系统化，从而形成一个合理的科学分类系统。系统化是分类的关键。

③实用性原则：既要满足仓库分类储存的要求和条件，又要符合消费者选购的方便。

④可扩性原则：又称后备性原则，即进行分类时要考虑到事后能有足够的扩展余地，以保证新产品出现时，不至于打乱原有的分类。

⑤兼容性原则：要求与国家政策及相关标准（ISO 标准等）协调一致，又与原有的分类保持连续性，可转换性，以便进行历史资料的对比分析。

⑥唯一性原则：指货物分类体系中的每一个分类层次只能对应一个分类标志，即一件商品（同类商品）只能在某一个子项中出现，而不能同时在几个子项中出现。

（3）货物分类的方法：货物分类的方法中，关键是选择适当的分类标志。究竟应按什么标志分类，则要根据仓库的业务范围、储存货物的性质特点而定。下面介绍几种常用的货物分类标志。

①按货物的用途分类：所谓用途，即使用价值的标志，很多货物均按用途标志分类。如根据货物的基本用途，可将全部货物分为生产资料和生活资料两大类；若将生活资料继续按用途分类，又可分为食品、医药用品、纺织品等。目前有不少按用途的分类已成为专有名词，如食品、医药用品、饲

料、文化用品、交通工具等。

②按货物的原材料分类：这种分类适用于原材料的种类和质量对货物的性能和品质影响较大，或起决定作用的情况。如对纺织品分类，以原材料为分类标志，可分为棉织品、麻织品、毛织品、化纤织品等。但对那些由多种原材料组成的或其质量和特性与原材料关系不大的商品，如电视机、小轿车等，则不宜采用这种分类。

③按商品的加工方法分类：若生产工艺不同，生产出的产品特性、品种也就不同的产品可使用这种分类方法。如茶叶以生产方式的不同，可分为红茶、绿茶、乌龙茶等。

④按货物的主要成分或特殊成分分类：有的商品其特性、质量、用途，往往是由其主要成分或特殊成分所决定的，则可采用该种分类方法。如化肥可按主要成分的不同，分为氮肥、磷肥、钾肥等；又如，玻璃的主要成分是二氧化硅，但根据其中一些特殊成分，可分为钠玻璃、钾玻璃、铅玻璃、硅硼玻璃等。

⑤按其他特征分类：譬如按产品的形状、尺寸、颜色、重量、产地、产季等分类。这种分类的特点是：概念清楚，形象鲜明、直观，特征具体，通俗易记，便于区别。它们往往属于单一分类。

2. 商品编码的原则和方法

（1）商品编码的概念：商品编码，又称商品货号或商品代码，它赋予商品以一定规律的代表性符号。符号可以由字母、数字或特殊标记等构成。商品编码与商品分类关系密切，一般商品分类在前，商品编码在后，所以实践中称之为商品分类编码。

1987 年经国务院批准，发布了全国工农业产品（商品及物资）分类代码标准 GB 7635—87，统一了全国商品的分类和代码。

（2）商品编码的原则：

①唯一性原则。每一种商品所编的代码是唯一的，每一个代码所代表的商品也应是唯一的。

②简明性原则。商品的代码应简单明了、易记、易校验，不宜太冗长，既要将商品种类化繁为简，便于管理，又要便于计算机储存和处理。

③标准性原则。商品编码要与国家商品分类标准相一致，与国际通用商

品分类编码制度协调、一致，才有利于信息交流、信息共享。

④可扩性原则。商品编码结构应留有充分扩充的余地，以备增加或减少商品类目时，无须破坏商品编码系统的相对稳定性。

⑤稳定性原则。商品代码确定之后，在一定时期内要保持相对的稳定性，不宜经常变更。

（3）商品编码的种类：商品编码以所用的符号类型分为：数字代码、字母代码、字母—数字代码、条形码共四种。其中，最常用的是数字代码和条形码。

（4）商品编码的方法：商品编码的方法常用的有三种。

①层次编码法：是按照商品类目在分类体系中的层次、顺序，依次进行编码，主要采用线分类体系。如：大类，用1位数表示（1～9）；中类，用1位数表示（1～9）；小类，用两位数表示（01～99）。

②平行编码法：以商品分类面编码的一种方法，即每个分类面确定一定数量的码位，各代码之间是并列平行的关系。如服装的分类，可先按服装的面料、式样、款式分为三个互相没有隶属关系的面，给每个面编号（1，2，3…）；每个面又可分成若干类目，再赋予每个类目一定的编号（A，B，C，D…）。使用时将有关类目搭配起来，便成了一个复合类目的平行码。

例如，服装的平行编码法如表5-1所示。若是全毛淑女西装，其编号为(AHl)。编码时可全部用字母或全部用数字编码，也可同时用字母、数字进行编码。

表5-1　全毛淑女西装编号

服装面料	式　样	款　式	服装面料	式　样	款　式
全毛（A）	男士装（I）	西装（1）	毛絛（C）	童装（Ⅲ）	连衣裙（3）
全棉（B）	淑女装（H）	大衣（2）	丝麻（D）	婴儿装（Ⅳ）	衬衫（4）

③混合编码法：是层次编码法与平行编码法的结合运用。如把分类商品的自然属性特列出来后，其某些属性、特征用层次编码法，而另一些属性或特征则用平行编码法来表示，这样扬长避短，效果往往较理想。

四、堆码与苫垫作业

（一）堆码作业技术

堆码就是根据货物的特性、形状、规格、重量及包装质量等情况，同时综合考虑地面的负荷、储存的要求，将商品分别叠堆成各种码垛。精湛的货物堆码技术，合理的码垛，对提高入库货物的储存保管质量，提高仓容利用率，提高收发作业及养护工作的效率，都有着不可低估的重要作用。

1. 堆码的要求

（1）对堆码场地的要求。堆码场地可分为三种：库房内堆码场地、货棚内堆码场地、露天堆码场地。不同类型的堆码场地进行堆码作业时，会有不同的要求。

①库房内堆码场地：用于承受货物堆码的库房地坪，要求平坦、坚固、耐摩擦，一般要求1平方米的地面承载能力为5～10吨。堆码时货垛应在墙基线和柱基线以外，垛底须适当垫高。

②货棚内堆码场地：货棚是一种半封闭式的建筑，为防止雨雪渗漏、积聚，货棚堆码场地四周必须有良好的排水系统，如排水沟、排水管道等。货棚内堆码的地坪应高于棚外地面，并做到平整、坚实。堆码时，货垛一般应垫高20～40厘米。

③露天堆码场地：露天货场的地坪材料可根据堆存货物对地面的承载要求，采用夯实泥地、铺砂石、块石地或钢筋水泥地等，总之应坚实、平坦、干燥、无积水、无杂草，四周同样应有良好的排水设施，堆码场地必须高于四周地面，货垛须垫高40厘米。

（2）对堆码货物的要求。货物在正式堆码前，须达到以下要求：

①货物的名称、规格、数量、质量已全查清；

②货物已根据物流的需要进行编码；

③货物外包装完好、清洁，标志清楚；

④部分受潮、锈蚀以及发生质量变化的不合格货物，已加工恢复或已剔除；

⑤为便于机械化作业，准备堆码的货物已进行集装单元化。

（3）堆码操作的要求

①安全。堆码的操作工人必须严格遵守安全操作规程；使用各种装卸搬

运设备，严禁超载，同时还须防止建筑物超过安全负荷量。码垛必须不偏不斜，不歪不倒，牢固坚实，以免倒塌伤人、摔坏货物。

②合理。不同货物的性能、规格、尺寸不相同，应采用各种不同的垛形。不同品种、产地、等级、单价的货物，须分别堆码，以便收发、保管。货垛的高度要适度，不压坏底层的商品和地坪，与屋顶、照明灯保持一定距离；货垛的间距、走道的宽度、货垛与墙面、梁柱的距离等，都要合理、适度。垛距一般为0.5～0.8米，主要通道为2.5～3米。

③方便。货垛行数、层数，力求成整数，以便于清点、收发作业。若过秤商品不成整数时，应分层标明重量。

④整齐。货垛应按一定的规格、尺寸叠放，排列整齐、规范。商品包装标志应一律朝外，以便于查找。

⑤节约。堆垛时应注意节省空间位置，适当、合理安排货位的使用，提高仓容利用率。

2. 货垛安排

(1) 货垛“五距”的规范要求。货垛的“五距”指：垛距、墙距、柱距、顶距和灯距。叠堆货垛时，不能依墙、靠柱、碰顶、贴灯；不能紧挨旁边的货垛，必须留有一定的间距。

①垛距。货垛与货垛之间的必要距离，称为垛距，常以支道作为垛距。垛距能方便存取作业，起通风、散热的作用，方便消防工作。库房一般为0.5～1米，货场一般不小于1.5米。

②墙距。为了防止库房墙壁和货场围墙上的潮气对货物的影响，也为了开窗通风、消防工作、建筑安全、收发作业，货垛必须留有墙距。墙距分为库房墙距和货场墙距，其中，库房墙距又分为内墙距和外墙距。内墙是指墙外还有建筑物相连，因而潮气相对少些；外墙则是指墙外没有建筑物相连，所以墙上的湿度相对大些。库房：外墙距为0.3～0.5米，内墙距为0.1～0.2米；货场：只有外墙距，一般为0.8～3米。

③柱距。为了防止库房柱子的潮气影响货物，也为了保护仓库建筑物的安全，必须留有柱距，一般为0.1～0.3米。

④顶距。货垛堆放的最大高度与库房、货棚屋顶间的距离，称为顶距。顶距能便于装卸搬运作业，能通风散热，有利于消防工作，有利于收发、查

点。顶距一般作以规定：平房库：0.2～0.5 米；人字形库房：以屋架下弦底为货垛的可堆高度；多层库房：底层与中层为 0.2～0.5 米，顶层须大于或等于 0.5 米。

⑤灯距。货垛与照明灯之间的必要距离，称为灯距。为了确保储存货物的安全，防止照明灯发出的热量引起靠近商品燃烧而发生火灾，货垛必须留有灯距。灯距严格规定不小于 0.5 米。

（2）货垛可堆高层数、占地面积的确定。货物在堆垛前，必须先计算货垛的可堆高层数及占地面积。对于规格整齐、形状一致的箱装货物，可参考以下公式计算：

占地面积（m^2）＝总件数/每件货物底面积

不用货架，货垛可堆高层数常有以下三种计算方法。

①地坪不超重可堆高层数计算方法（在库房地坪安全负载范围内不超重）。指货物堆垛的重量，必须在建筑部门核定的库房地坪安全负载范围内，不得超重。因此，货物在堆垛前，应预先计算货垛不超重可堆高的最多层数。

a. 以一件商品来计算：

不超重可堆高层数（层）＝库房地坪每平方米核定载重量/货物单位面积重量

其中：货物单位面积重量（kg/m^2）＝每件货物的毛重/改建货物的底面积

b. 以整垛商品来计算：

不超重可堆高层数（层）＝整垛货物实占面积×库房地坪每平方米核定载重量/（每层货物的件数每件货物的毛重）

②货垛不超高可堆高层数计算方法：

不超高可堆高层数（层）＝库房可用高度/每件货物的高度

③最底层商品承载力不超重可堆高层数计算方法，即在底层货物所能承载重力最大许可范围（在货物的外包装上一般有标志显示）内的可堆高层数。

不超重可堆高层数（层）＝底层货物允许承载的最大重量/堆高货物单件重量＋1

根据上述三种方法计算出的三个可堆高层数中取其中最小的数值，作为堆垛作业的可堆高层数。

例如：某仓库进了一批木箱装的罐头食品 100 箱。每箱毛重 30 千克，箱底面积为 0.3 平方米，箱高 0.25 米，木箱上标志显示允许承受的最大重压力为 120 千克，地坪承载能力为 $5t/m^2$，库房可用高度为 4.5 米，若不采用货架储存，求该批货物的可堆高层数及货垛高度。

解：商品单位面积重量$=\frac{30}{0.3}=100$（kg/m^2）$=0.1$（t/m^2）

地坪不超重可堆高层数$=\frac{5}{0.1}=50$（层）

库房不超高可堆高层数$=\frac{4.5}{0.25}=18$（层）

商品木箱标志表示允许堆高层数$=\frac{120}{30}+1=5$（层）

因为 5 层＜18 层＜50 层，所以该批罐头食品堆垛作业最大的叠堆高度为 5 层，货垛的高度为 1.25 米（5×0.25＝1.25）。但若该仓库采用货架堆放，则最多可以堆高 18 层。

（3）货垛底层排列。货垛底层排列一般应先计算出货垛可堆高层数，再进行货垛底层排列，它主要包括两个内容：

①货垛底数计算：底层商品数的多少，与货位的面积成正比，与每件商品的占地面积成反比；与货垛总件数成正比，与货垛可堆高层数成反比。计算公式为：

底数＝货垛总件数/可堆高层数

上例中，该批罐头食品货垛的占地面积为（100/5）×0.3＝6（m^2）。

②货垛底形排列：货垛底形排列的方式一般是根据货位的面积及每件货物的实占面积来综合安排的。底形排列的好坏，直接关系到货垛的稳定性、收发货作业的方便性，应重点抓好。

（4）货垛的基本形式。为适应不同商品的性能、外形和保管要求，货垛的形式可以各异。箱形货物的堆垛通常有以下四种基本形式：

①重叠式：货物各层排列方式、数量完全相同，层间无交叉搭接，垛形整齐。其优点是操作简单、计数容易、收发方便；缺点是稳定性较差，易倒塌，因而常采用绳子、绳网、塑料弹性薄膜等辅助材料来防塌。

②砖砌式：货垛上下两层排列的图谱正好旋转 18 度，层间互相搭接，因而稳定性较好，但要求货物的长宽比为 2∶3 或 3∶4。

③纵横交错式：货垛上下两层货物排列的图谱正好旋转 90 度，层间互相搭接。其优点是稳定性较好；缺点是只能用于正方形托盘，是机械化作业

的主要垛形之一。

④中心留空通风式：需通风防潮的货物堆垛时，商品之间需留有一定的空隙。上下两层图谱方向对称，矩形、方形图谱均可采用。优点是有利于通风、透气，适宜货物的保管养护；缺点是空间利用率较低。

此外，还有压缝式和常见的"五五化"堆码。压缝式即货垛底层成正方形、长方形或圆形，然后在两件商品的缝间上码。以正方形、长方形为垛底的货垛纵截面为"人"字形。适用于建筑陶瓷、阀门、桶形商品。"五五化"堆码是我国人工堆码中常用的一种科学、简便的堆码方式，以五为基本的计数单位，一个集装单元或一个货垛的商品总量是五的倍数，如梅花五、重迭五等，堆码后作业人员可根据集装单元数或货垛数直接推算商品总数，大大加快了点数的速度，并有效减少了计数的差错。在货物堆垛的实际作业中，通常是将以上五种基本垛形和"五五化"堆码方法结合运用。

（二）苫垫作业技术

货物在堆垛时一般都需要苫垫，即把货垛垫高，露天货物进行苫盖，只有这样才能使商品避免受潮、淋雨、暴晒等，保证储存养护商品的质量。

1. 苫盖技术

（1）苫盖目的。为了防止货物直接受到风吹、雨淋、日晒、冰冻的侵蚀，存放在露天货场的货物一般都需苫盖，因此货物在堆垛时必须叠堆成易苫盖的垛形，如屋脊形、方形等，并选择适宜的苫盖物。对于某些不怕风吹、雨淋、日晒的货物，如果货场排水性能又好，可以不进行苫盖，如生铁、石块等。

（2）苫盖材料。通常使用的苫盖材料有塑料布、席子、油毡纸、铁皮、苫布等，也可以利用一些货物的旧包装材料改制成苫盖材料。若货垛需苫盖较长时间，一般可用二层席子，中间夹一层油毡纸作为苫盖材料，既通风透气，又可防雨雪、日晒；若货垛只需临时苫盖一下，可用苫布。为了节省苫盖成本，还可以制成适当规格通用型的苫瓦，既方便使用，又可以反复利用。

（3）苫盖方法。苫盖的方法主要有以下几种：

①垛形苫盖法。根据货垛的形状进行适当的苫盖，适用于屋脊形货垛、方形货垛及大件包装货物的苫盖，常使用塑料布、苫布、席子等。

②鱼鳞苫盖法。即用席子、苫布等苫盖材料，自下而上、层层压茬围盖的一种苫盖方法，因为从外形看酷似鱼鳞，故称鱼鳞苫盖法，适用于怕雨淋、日晒的货物。若货物还需要通风透气的储存条件，可将席子、苫布等苫盖材料的下端反卷起来，使空气流通。

③隔离苫盖法。是用竹竿、钢管、旧苇席等，在货垛四周及垛顶隔开一定空间打起框架，进行苫盖，既能防雨，又能隔热。

④活动棚架苫盖法。根据常用的垛形制成棚架，棚架下还装有滑轮可以推动。活动棚架需要时可以拼搭，并放置在货垛上，用作苫盖，不需要时则可以拆除，节省空间。

2. 垫垛技术

垫垛就是在货物堆垛前，根据货垛的形状、底面积大小、货物保管养护的需要、负载重量等要求，预先铺好垫垛物的作业。

(1) 垫垛目的。垫垛是为了使堆垛的货物免受地坪潮气的侵蚀，使垛底通风透气，提高储存货物的保管养护质量，是仓储保管作业中必不可少的一个环节。

(2) 垫垛材料。通常采用枕木、石墩、水泥墩、木板、防潮纸等，根据不同的储存条件，货物的不同要求，采用不同的垫垛材料。

(3) 垫垛方法

①码架式：即采用若干个码架，拼成所需货垛底面积的大小和形状，以备堆垛。码架，是用垫木为脚，上面钉着木条或木板的构架，专门用于垫垛。码架规格不一，常见的有：长 2 米、宽 1 米、高 0.2 米或 0.1 米。不同储存条件，所需码架的高度不同：楼上库房使用的码架，高度一般为 0.1 米；平房库使用的码架，高度一般为 0.2 米；货棚、货场使用的码架高度一般为 0.3～0.5 米。

②垫木式：是采用规格相同的若干根枕木或垫石，按货位的大小、形状排列，作为垛垫。枕木和垫石一般都是长方体的，其宽和高相等，约为 0.2 米，枕木较长，约 2 米，而垫石较短，约 0.3 米。这种垫垛方法最大的优点是，拼拆方便，不用时节省储存空间。适用于底层库房及货棚、货场垫垛。

③防潮纸式：即在垛底铺上一张防潮纸作为垛垫。常用的防潮纸有芦

席、油毡、塑料薄膜等，当库房地面干燥，同时储存的商品对通风要求又不高时，可在垛底垫一层防潮纸防潮。

此外，若采用货架存货，或采用自动化立体仓库的高层货架存货，则货垛下面可以不用垫垛。

五、保管作业流程

（一）仓储业务作业的概念

仓储业务作业是指从货物入库到货物发送的整个仓储作业全过程。主要包括入库流程、出库流程和库房管理等内容。

要实施仓储业务作业，管理部门必须要建立储备货物、雇用人员、展开工作程序、建立结账方法和存货控制以及启动当地配送系统等。

（二）仓储业务作业的全过程

仓储业务作业的全过程包括货物验收入库作业、货物保管作业、货物盘点作业、呆废货物处理、退货处理、财务处理、安全维护、货物出库作业、资料保管等。其作业流程大体上如图 5-1 所示。

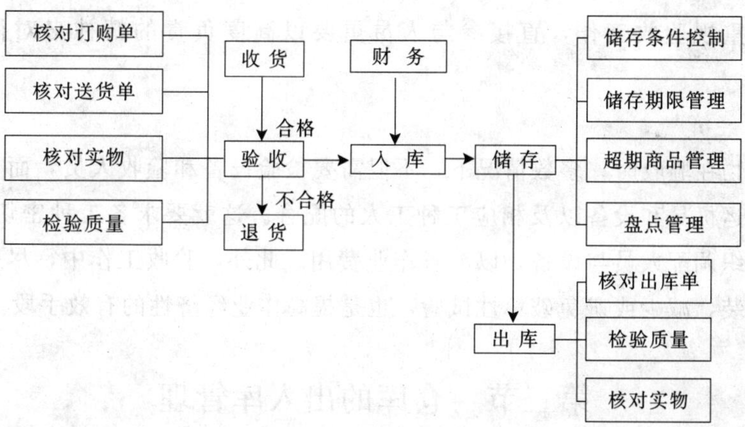

图 5-1 仓储作业流程

（三）仓储业务作业的要求

仓储业务作业是一项技术要求高、组织严密的工作，必须做到及时、准确、严格、经济。

1. 及时

到库货物必须在规定的期限内完成验收工作。因为，货物虽然到库，但是未经过验收的货物不能入库入账。只有及时验收，尽快提交检验报告，才能保证货物尽快入库，加快货物和资金周转。同时，货物的承付和索赔都有一定的期限，如果验收时发现货物不合规定要求，要提出退货、换货或赔偿等要求，均应在规定的期限内提出。否则，责任方不再承担责任，银行也将办理拒付手续。

2. 准确

验收的各项数据或检验报告必须准确无误。验收的目的是要弄清货物数量和质量方面的实际情况，验收不准确，就失去了验收的意义。而且，不准确的验收还会给人以假象，造成错误的判断，引起保管工作的混乱，严重者还会危及营运安全。

3. 严格

仓库有关各方都要严肃认真地对待货物验收工作。验收工作直接关系到国家和企业利益，也关系到以后各项仓储业务的顺利开展，因此，仓库领导应高度重视验收工作，直接参与人员更要以高度负责的精神来对待这项工作。

4. 经济

货物在验收时，多数情况下，不但需要检验设备和验收人员，而且需要装卸搬运机具和设备以及相应工种工人的配合。这就要求各工种密切协作，合理组织调配人员与设备，以节省作业费用。此外，验收工作中，尽可能保护原包装，减少或避免破坏性试验，也是提高作业经济性的有效手段。

第三节 仓库的出入库管理

一、入库作业管理

（一）货物接收的依据

货物入库的依据是仓库同货主企业签订的仓储合同、仓库的上级管理部门下达的入库通知或货物入库计划。商品入库，是指接到货物入库通知单后，经过接运提货、装卸搬运、检查验收、办理入库手续等一系列作业环节工作过程。

（二）货物入库的方式

货物到达仓库的形式不同，除了一小部分由供货单位直接运到仓库交货外，大部分要经过铁路、公路、航运、空运和短途运输等运输工具转运。凡经过交通运输部门转运的货物，均需经过仓库接运后，才能进行入库验收。因此，货物的接运是货物入库业务流程的第一道作业环节，也是货物仓库直接与外部发生联系的经济纽带。它的主要任务是及时而准确地向交通运输部门提取入库商品，要求手续清楚，责任分明，为仓库验收工作创造有利条件。接运工作是仓库业务活动的开始，是货物入库和保管的前提，所以接运工作直接影响货物的验收和入库后的保管保养。因此，在接运由交通运输部门（包括铁路）转运的商品时，必须认真检查，分清责任，取得必要的证件，避免将一些在运输过程中或运输前就已经损坏的商品带入仓库，造成验收中责任难分和在保管工作中的困难或损失。

由于接运工作直接与交通运输部门接触，所以做好接运工作还需要熟悉交通运输部门的要求和制度。例如，发货人与运输部门的交接关系和责任的划分，铁路或航运等运输部门在运输中应负的责任，收货人的责任，铁路或其他运输部门编制普通记录和商务记录的范围，向交通运输部门索赔的手续和必要的证件等。

做好货物接运业务管理的主要意义在于，防止把在运输过程中或运输之前已经发生的货物损害和各种差错带入仓库，减少或避免经济损失，为验收和保管保养创造良好的条件。接运方式大致上有 4 种，现将各种接运方式的注意事项分别叙述如下。

1. 车站、码头

（1）提货人员对所提取的货物应了解其品名、型号、特性和一般保管知识、装卸搬运注意事项等。在提货前应做好接运货物的准备工作，例如装卸运输工具，腾出存入货物的场地等。提货人员在到货前，应主动了解到货时间和交货情况，根据到货多少，组织装卸人员、机具和车辆，按时前往提货。

(2) 提货时应根据运单以及有关资料详细核对品名、规格、数量，并要注意货物外观，查看包装、封印是否完好，有无玷污、受潮、水渍、油渍等异状。若有疑点或不符，应当场要求运输部门检查。对短缺损坏情况，凡属铁路方面责任的，应做出商务记录，属于其他方面责任需要铁路部门证明的应做出普通记录，由铁路运输员签字，并注意记录内容与实际情况要相符合。

(3) 在短途运输中，要做到不混不乱，避免碰坏损失。危险品应按照危险品搬运规定办理。

(4) 货物到库后，提货员应与保管员密切配合，尽量做到提货、运输、验收、入库、堆码一条龙作业，从而缩短入库验收时间，并办理内部交接手续。

2. 专用线接车

(1) 接到专用线到货通知后，应立即确定卸货货位，力求缩短场内搬运距离；组织好卸车所需要的机械、人员以及有关资料，做好卸车准备。

(2) 车皮到达后，引导对位，进行检查，看车皮封闭情况是否良好（即车厢、车窗、铅封、苫布等有无异状）；根据运单和有关资料核对到货品名、规格、标志和清点件数；检查包装是否有损坏或有无散包；检查是否有进水、受潮或其他损坏现象。在检查中发现异常情况，应请铁路部门派人员复查，做出普通或商务记录，记录内容应与实际情况相符，以便交涉。

(3) 卸车时要注意为商品验收和入库保管提供便利条件，分清车号、品名、规格，以此保证不混不乱；保证包装完好，不碰坏，不压伤，更不得自行打开包装。应根据商品的性质合理堆放，以免混淆，卸车后在货物上应标明车号和卸车日期。

(4) 编制卸车记录，记明卸车货位规格、数量，连同有关证件和资料，尽快向保管员交代清楚，办好内部交接手续。

3. 仓库自行接货

(1) 仓库接受货主委托直接到供货单位提货时，应将这种接货与检验工作结合起来同时进行。

(2) 仓库应根据提货通知，了解所提货物的性能、规格、数量，准备好提货所需的机械、工具、人员，配备保管员在供方当场检验质量、清点数量，并做好验收记录，接货与验收合并一次完成。

4. 库内接货

存货单位或供货单位将货物直接运到仓库储存时，应由保管员或验收人员直接与送货人员办理交接手续，当面验收并做好记录。若有差错，应填写记录，由送货人员签字证明，据此向有关部门提出索赔。

（三）货物入库交接的程序

入库流程：订购单→送货单→点收检查→办理入库手续货物→放置到指定位置→填写货物标志卡加以标志。

1. 采购部门根据货源的情况，及时填写订购单，送部门经理批准，并送一份给仓库，作为核对货物以及单价的依据。订购单须注明品名、规格、数量、单价以及供应商名称。

2. 供应商须凭送货单将货物送至指定地点，送货单亦须注明供应商名称、品名、数量、规格、单价、金额。

3. 仓库核对订购单、送货单无误后，将货物点收入库，如是货运公司送货，须将送货单随货同行，并在货运单上注明货单在哪一只箱中。

4. 仓库填写入库单，送财务经理批准并分单。

5. 仓库将货物放置到规定的货架并填写货物标志卡加以标志。

（四）货物入库的验收

货物验收是按照验收业务作业流程，核对凭证等规定的程序和手续，对入库货物进行数量和质量检验的经济技术活动的总称。凡货物进入仓库储存，必须经过检查验收，只有验收后的货物，方可入库保管。货物验收涉及多项作业技术。

1. 货物验收的作用

所有到库货物，必须在入库前进行验收，只有在验收合格后方算正式入库。这种必要性体现在：一方面，各种到库货物来源复杂，渠道繁多，从结束其生产过程到进入仓库前，经过一系列储运环节，受到储运质量和其他各种外界因素的影响，质量和数量可能发生某种程度的变化；另一方面，各类货物虽然在出厂都经过了检验，但有时也会出现失误，造成错检或漏检，使一些不合格货物按合格货物交货。货物验收的作用，具体讲主要表现在以下方面：

(1) 验收是做好货物保管保养的基础。货物的验收工作是做好货物保管保养的基础。货物经过长途运输、装卸搬运后，包装容易损坏、散失，没有包装的货物更容易发生变化。这些情况都将影响到货物的保管。所以，只有在货物入库时，将货物实际状况搞清楚，判明货物的品种、规格、质量等是否符合国家标准或供货合同规定的技术条件，数量上是否与供货单位附来的凭证相符，才能分类分区按品种、规格分别进行堆码存放，才能针对货物的实际情况，采取相应的措施对货物进行保管保养。

(2) 验收记录是仓库提出退货、换货和索赔的依据。货物验收过程中，若发现货物数量不足、规格不符，或质量不合格时，仓库检验人员应做出详细的验收记录，据此由业务主管部门向供货单位提出退货、换货或向承运责任方提出索赔等要求。倘若货物入库时未进行严格的验收，或没有做出严格的验收记录，而在保管过程中，甚至在发货时才发现问题，就会使责任不分，丧失理赔权，带来不必要的经济损失。所以，货物只有经过严格的检验，在分清了货物入库前供货单位以及各个流转运输环节的责任后，才能将符合合同规定，符合企业生产需要的货物入库。

(3) 验收是避免货物积压，减少经济损失的重要手段。保管不合格品，是一种无效的劳动。对于一批不合格货物，如果不经过检查验收，就按合格货物入库，必然造成货物积压；对于计重货物，如果不进行检斤验数，就按有关单据的供货数量付款，当实际数量不足时，就会造成经济损失。

(4) 验收有利于维护货主利益。改革开放使我国经济与世界经济的联系日益紧密，进口货物的数量和品种不断增加。对于进口货物，国别、产地和厂家等情况更为复杂，必须依据进口货物验收工作的程序与制度，严格认真地做好验收工作。否则，数量与质量方面的问题就不能得到及时发现，若超过索赔期，即使发现问题，也难于交涉，这就会给货主造成重大经济损失。

可见，把好货物验收关是十分重要的，任何疏忽大意，都会造成保管工作的混乱，给国家、企业带来经济损失。

2. 验收作业流程及其内容

(1) 验收准备。仓库接到到货通知后，应根据货物的性质和批量提前做好验收前的准备工作，大致包括以下内容：

①人员准备。安排好负责质量验收的技术人员或用料单位的专业技术人

员，以及配合质量验收的装卸搬运人员。

②资料准备。收集并熟悉待验货物的有关文件，例如技术标准、订货合同等。

③器具准备。准备好验收用的检验工具，例如衡器、量具等，并检验其准确性。

④货位准备。确定验收入库时存放的货位，计算和准备堆码苫垫材料。

⑤设备准备。大批量货物的数量验收，必须要有装卸搬运机械的配合，应做设备的申请调用。此外，对于有些特殊货物的验收，例如毒害品、腐蚀品、放射品等，还要准备相应的防护用品。

(2) 核对凭证。入库货物必须具备下列凭证：

①入库通知单和订货合同副本，这是仓库接收货物的凭证。

②供货单位提供的材质证明书、装箱单、磅码单、发货明细表等。

③货物承运单位提供的运单，若货物在入库前发现残损情况，还要有承运部门提供的货运记录或普通记录，作为向责任方交涉的依据。

④核对凭证，也就是将上述凭证加以整理全面核对。入库通知单、订货合同要与供货单位提供的所有凭证逐一核对，相符后，才可进行下一步实物检验。

(3) 实物检验。所谓实物检验，就是根据入库单和有关技术资料对实物进行数量和质量检验。

①数量检验。数量检验是保证货物数量准确不可缺少的重要步骤，一般在质量验收之前，由仓库保管职能机构组织进行。按货物性质和包装情况，数量检验分为三种形式，即计件、检斤、检尺求积。

计件是按件数供货或以件数为计量单位的货物，做数量验收时的清点件数。一般情况下，计件货物应全部逐一点清，固定包装物的小件货物，如果包装完好，打开包装对保管不利。国内货物只检查外包装，不拆包检查，进口商品按合同或惯例办理。

检斤是按重量供货或以重量为计量单位的货物，做数量验收时的称重。金属材料、某些化工产品多半是检斤验收。按理论换算重量供应的货物，先要通过检尺，例如，金属材料中的板材、型材等，然后，按规定的换算方法换算成重量验收。对于进口货物，原则上应全部检斤，但如果订货合同规定理论换算重量交货，则按合同规定。所有检斤的货物，都应填写磅码单。

检尺求积是对以体积为计量单位的货物，例如木材、竹材、砂石等，先检尺、后求体积所做的数量验收。凡是经过数量检验的货物，都应该填写磅码单。

在做数量验收之前，还应根据商品来源、包装好坏或有关部门规定，确定对到库商品是采取抽验还是全验方式。在一般情况下数量检验应全验，即按件数全部进行点数，按重量供货的全部检斤，按理论重量供货的全部检尺，后换算为重量，以实际检验结果的数量为实收数。有关全验和抽验，如果商品管理机构有统一规定时，则可按规定办理。

②质量检验。质量检验包括外观检验、尺寸检验、机械物理性能检验和化学成分检验四种形式。仓库一般只作外观检验和尺寸精度检验，后两种检验如果有必要，则由仓库技术管理职能机构取样，委托专门检验机构检验。

货物的外观检验。在仓库中，质量验收主要指货物外观检验，由仓库保管职能机构组织进行。外观检验是指通过人的感觉器官，检验货物的包装外形或装饰有无缺陷；检查货物包装的牢固程度；检查货物有无损伤，例如撞击、变形、破碎等；检查货物是否被雨、雪、油污等污染，有无潮湿、霉腐、生虫等。外观有缺陷的货物，有时可能影响其质量，所以，对外观有严重缺陷的商品，要单独存放，防止混杂，等待处理。已经过外观检验的货物，都应该填写“检验记录单”。货物的外观检验，由于是通过直接观察货物包装或货物外观来判别质量情况，所以大大简化了仓库的质量验收工作，避免了各个部门反复进行复杂的质量检验，从而节省了大量的人力、物力和时间。

货物的尺寸检验。由仓库的技术管理职能机构组织进行。进行尺寸精度检验的商品，主要是金属材料中的型材、部分机电产品和少数建筑材料。不同型材的尺寸检验各有特点，例如椭圆材主要检验直径和圆度；管材主要检验壁厚和内径；板材主要检验厚度及其均匀度等。对部分机电产品的检验，一般请用料单位派人员进行操作。尺寸精度检验是一项技术性强、费时的工作，全部检验工作量大，并且有些产品质量的特性只有通过破坏性的检验才能测到，所以，一般采用抽验的方式进行。

理化检验。是对货物内在质量和物理化学性质所进行的检验，一般主要是对进口货物进行理化检验。对货物内在质量的检验要求一定的技术知识和检验手段，目前仓库多不具备这些条件，所以一般由专门的技术检验部门进行。

以上质量检验是货物交货时或入库前的验收。在某些特殊情况下，尚有完工时期的验收和制造时期的验收。就是在供货单位完工和正在制造过程中，由需方派员到供货单位检验。应当指出，即使供货单位检验过的货物，或者是因为运输条件不良，或者因为质量不稳定，也会在进库时发生质量问题，所以交货时入库前的检验，在任何情况下都是有必要的。

货物验收方式分为全验和抽验。在进行数量和外观验收时一般要求全验。在质量验收时，当批量小、规格复杂、包装整齐或要求严格验收时可以采用全验。全验需要大量的人力、物力和时间，但是可以保证验收的质量。当批量大、规格和包装整齐、存货单位的信誉较高、人工验收条件有限的情况下，通常采用抽验的方式。商品质量和储运管理水平的提高以及数理统计方法的发展，为抽验方式提供了物质条件和理论依据。

货物验收方式和有关程序应该由存货方和保管方共同协商，并通过协议在合同中加以明确规定。

（五）入库中的问题处理

1. 货物验收中，可能会发现诸如单证不齐、数量短缺、质量不符合要求等问题，应区别不同情况，及时处理。

(1) 验收中发现问题等待处理的货物，应该单独存放，妥善保管，防止混杂、丢失、损坏。

(2) 数量短缺规定在磅差范围内的，可按原数入账；凡超过规定磅差范围的，应查对核实，做好验收记录和磅码单交主管部门会同货主向供货单位办理交涉。凡实际数量多于原发料量的，可由主管部门向供货单位退回多发数或补发货款。在货物入库验收过程中发生的数量不符情况，其原因可能是发货方在发货过程中出现了差错，误发了商品，或者是在运输过程中漏装或丢失了货物等。

(3) 质量不符合规定时，应及时向供货单位办理退货、换货交涉，或征得供货单位同意代为修理，或在不影响使用前提下降价处理。货物规格不符或错发时，应先将规格对的予以入库，规格不对的做成验收记录交给主管部门办理换货。

(4) 单证未到或不齐时，应及时向供货单位索取，到库货物应作为待检验货物堆放在待验区，待单证到齐后再进行验收。单证未到之前，不能验收，不能入库，更不能发料。

(5) 属承运部门造成的货物数量短缺或外观包装严重残损等，应凭接运提货时索取的“货运记录”向承运部门索赔。

(6) 价格不符，供方多收部分应予拒付，少收部分经过检查核对后，应主动联系，及时更正。

(7)“入库通知单”或其他单证已到，在规定的时间未见货物到库时，应及时向有关部门反映，以便查询处理。

2. 在货物验收过程中，如果发现货物数量或质量的问题，应该严格按照有关制度进行处理。按照有关规章制度对问题进行处理，有利于分清各方的责任，并促使有关责任部门吸取教训，改进今后的工作。所以，在对验收过程发现的问题进行处理时应该注意以下几个方面：

(1) 货物入库凭证未到齐之前不得正式验收。如果入库凭证不齐或不符，仓库有权拒收或暂时存放，等凭证到齐再验收入库。

(2) 发现货物数量或质量不符合规定，要会同有关人员当场做出详细记录，交接双方应在记录上签字。如果是交货方的问题，仓库应该拒绝接收。如果是运输部门的问题就应该提出索赔。

(3) 数量验收中，计件货物应及时验收，发现问题要按规定的手续，在规定的期限内向有关部门提出索赔要求。超过索赔期限，责任部门对形成的损失将不予负责。

二、出库业务作业

(一) 货物出库的依据

货物出库必须依据货主开的“货物调拨通知单”，才能出库。不论任何情况下，仓库都不得擅自动用、变相动用或者外借货主的库存货物。

“货物调拨通知单”的格式不尽相同，不论采用何种形式，都必须是符合财务制度要求的、有法律效力的凭证。要坚决杜绝凭信誉或无正式手续的发货。

（二）货物出库的要求和基本方法

1. 货物出库的要求

货物的出库，要做到“三不三核五检查”。“三不”，即未接单据不登账，未经审单不备货，未经复核不出库；“三核”，即在发货时，要核实凭证、核对账卡、核对实物；“五检查”，即对单据和实物要进行品名检查、规格检查、包装检查、件数检查、重量检查。具体地说，货物出库要求严格执行各项规章制度，提高服务质量，使用户满意，包括对品种规格要求，积极与货主联系业务，为用户提货创造各种方便条件，杜绝差错事故。

2. 货物出库的形式

(1) 送货。仓库根据货主单位预先送来的“货物调拨通知单”，通过发货作业，把应发货物交由运输部门送达收货单位，这种发货形式就是通常所称的送货制。仓库实行送货，要划清交接责任。仓储部门与运输部门的交接手续，是在仓库现场办理完毕的。运输部门与收货单位的交接手续，是根据货主单位与收货单位签订的协议，一般在收货单位指定的到货目的地办理。

送货具有“预先付货、按车排货、发货等车”的特点。仓库实行送货具有多方面的好处：仓库可预先安排作业，缩短发货时间；收货单位可避免因人力、车辆等不便而发生的取货困难；在运输上，可合理使用运输工具，减少运费。仓储部门实行送货业务，应考虑到货主单位不同的经营方式和供应地区的远近，既可向外地送货，也可向本地送货。

(2) 自提。由收货人或其代理持“货物调拨通知单”直接到库提取，仓库凭单发货，这种发货形式就是仓库通常所称的提货制。它具有“提单到库，随到随发，自提自运”的特点。为划清交接责任，仓库发货人与提货人应在仓库现场，对出库商品当面交接清楚并办理签收手续。

(3) 过户。过户是一种就地划拨的形式，货物虽未出库，但是所有权已从原存货户转移到新存货户。仓库必须根据原存货单位开出的正式过户凭证，才能办理过户手续。

(4) 取样。货主单位出于对货物质量检验、样品陈列等的需要，到仓库提取货样。仓库也必须根据正式取样凭证才予发给样品，并做好账务记载。

(5) 转仓。货主单位为了业务方便或改变储存条件，需要将某批库存商品自甲库转移到乙库，这就是转仓的发货形式。仓库也必须根据货主单位开出的正式转仓单，方予办理转仓手续。

（三）货物出库的程序

1. 出库流程

（1）内部：领料人填写领料单→主管签字→凭单领料→核对品名、规格、数量并发料。

（2）外部：商务代表填写出库单→用户确认→收银→出库单送到装机处→装机人员领料→仓库发料→装机人员核对规格、数量并签字。

如无须装机：商务填写出库单→用户确认→收银→仓库发料→商务确认规格、数量无误后在领料人处签字；如是内部领料使用，由各部门开列领料单，经主管签字，凭三联单到仓库领料。

如是出售物品领料，商务代表将配置单送仓库，确认货物无误后，开列出库单并将收银后的出库单送装机人员；装机人员凭出库单至仓库领料，核对货物无误后，仓管和装机人员同时签字。

如有赠品，须在出库单上注明名称、规格、数量。

2. 货物出库的方式

货物出库的方式主要有三种：第一种，客户自提。是客户自己派人或派车来公司的库房提货。第二种，委托发货。自己去提货有困难的客户，他们会委托公司去找第三方物流公司提供送货服务。第三种，是仓储企业派自己的货车给客户送货的一种出库方式。提货的车到达仓库后，出示出库单据，在库房人员协调下，按规定做好数量记录，检斤人员按货位、品种、数量搬运货物装到车上。保管人员做好出库质量管理，严防撒漏、破损，做好数量、重量记录，制作出库检斤表，由复核人员核实品种、数量和提单，制作出仓库出门条。出库时交出库门卫，核实后放行。不同仓库在商品出库的操作程序上会有所不同，操作人员的分工也有粗有细，但就整个发货作业的过程而言，一般都是跟随着商品在库内的流向，或出库单的流转而构成各工种的衔接。

3. 出库程序

出库程序包括核单→复核→包装→点交→登账→清理等过程。出库采用何种方式，主要取决于收货人。

（1）核单备料。发放货物必须有正式的出库凭证，严禁无单或白条发料。保管员接到出库凭证后，应仔细核对，这就是出库业务的核单（验单）工作。首先要审核出库凭证的真实性；其次核对货物品名、型号、规格、单价、数量、收货单位、到站、银行账号；最后审核出库凭证的有效期等。如属自提货物，还须检查有无财务部门准许发货的签单。

在对货物调拨通知单所列项目进行核查之后，才能开始备料工作。出库商品应附有质量证明书或抄件、磅码单、装箱单等，机电设备等配件产品，其说明书及合格证应随货同到。备料时应本着"先进先出、易霉易坏先出、接近失效期先出"的原则，根据领料数量下堆备料或整堆发料。备料的计量实行"以收代发"，即利用入库检验时的一次清点数，不再重新过磅。备料后要及时变动料卡余额数量，填写实发数量和日期等。

(2) 复核。为防止差错，备料后应立即进行复核。出库的复核形式主要有专职复核、交叉复核和环环复核三种。除此之外，在发货作业的各道环节上，都贯穿着复核工作。例如，理货员核对单货，守护员（门卫）凭票放行，账务员（保管会计）核对账单（票）等。这些分散的复核形式，起到分头把关的作用，都有助于提高仓库发货业务的工作质量。复核的主要内容包括品种数量是否准确、货物质量是否完好、配套是否齐全、技术证件是否齐备、外观质量和包装是否完好等。复核后保管员和复核员应在"货物调拨通知单"上签名。

(3) 包装。出库的货物如果没有符合运输方式所要求的包装，应进行包装。根据货物外形特点，选用适宜包装材料，其重量和尺寸应便于装卸和搬运。出库货物包装，要求干燥、牢固，如有破损、潮湿、捆扎松散等不能保障商品在运输途中安全的，应负责加固整理，做到破包破箱不出门。此外，各类包装容器，外包装上有水湿、油迹、污损，均不许出门。另外，在包装中，严禁互相影响或性能互相抵触的货物混合包装。包装后，要写明收货单位、到站、发货号、本批总件数、发货单位等。

(4) 点交。货物经复核后，如果是本单位内部领料，则将货物当面点交给提货人，办清交接手续；如系送料或将货物调出本单位办理托运的，则与送料人员或运输部门办理交接手续，当面将货物交点清楚。交清后，提货人员应在出库凭证上签章。

(5) 登账。点交后，保管员应在出库单上填写实发数、发货日期等内容，并签名，然后将出库单连同有关证件资料，及时交货主，以使货主办理货款结算。保管员留存的一联出库凭证交实物明细账登记人员登记做账。

(6) 现场和档案的清理。现场清理包括清理库存货物、库房、场地、设备和工具等。档案清理是指对收发、保养、盈亏数量和垛位安排等情况进行分析。

在整个出库业务程序过程中，复核和点交是两个最为关键的环节。复核是防止差错的重要和必不可少的措施，而点交则是划清仓库和提货方两者责任的必要手段。

4. 退货手续

退货流程：商务填红字出库单→收银→装配→核对货单→办理退库手续→货物归还原位。领料后装机困难或客户要求等原因需要退货时，需用红字填写出库单冲账，并将货物包装完好如初，经核对无误后方能退库。

（四）出库中的问题处理

货物出库过程中出现的问题总是多方面的，应分别对待处理。

1. 出库凭证（提货单）的问题

(1) 凡出库凭证超过提货期限的，用户前来提货时，必须先办手续，按规定缴逾期仓储保管费后，方可发货。任何白条子，都不能作为发货凭证。提货时，用户发现规格差错时，保管员不得自行调换规格发货，必须通过制票员重新开票方可发货。

(2) 凡发现出库凭证有疑点，或者情况不清楚，以及出库凭证发现有假冒、复制、涂改等情况时，应及时与仓库保卫部门以及出具出库单的单位或部门联系，妥善处理。

(3) 物品进库未验收，或者期货未进库的出库凭证，一般暂缓发货，并通知货主，待货到并验收后再发货，提货期顺延，保管员不得代发代验。

(4) 如客户因各种原因将出库凭证遗失，客户应及时与仓库发货员和账务人员联系挂失；如果挂失时货已被提走，保管人员不承担责任，但要协助货主单位找回货物；如果货还没有提走，经保管人员和财务人员查实后，做好挂失登记，将原凭证作废，缓期发货。

2. 货数与实存数不符

若出现提货数量与商品实存数不符的情况（一般是实存数小于提货数），

应查明原因。一般情况下，造成这种问题的原因主要有：货物入库时，由于验收问题，增大了实收货物的签收数量，从而造成账面数大于实存数；仓库保管人员和发货人员在以前的发货过程中，因错发、串发等差错而形成实际商品库存量小于账面数；货主单位没有及时核减开出的提货数，造成库存账面数大于实际储存数，从而开出的提货单提货数量过大；仓储过程中造成的货物的毁损。

当遇到提货数量大于实际商品库存数量时，无论是何种原因造成的，都需要和仓库主管部门以及货主单位及时取得联系后再作处理。如属于入库时错账，则可以采用报出报入方法进行调整，即先按库存账面数开具商品出库单销账，然后再按实际库存数重新入库登账，并在入库单上签明情况。如果属于仓库保管员串发、错发而引起的，应由仓库方面负责解决库存数与提单数的差数。属于货主单位漏记账而多开出库数的，应由货主单位出具新的提货单，重新组织提货和发货。如果是仓储过程中的损耗，则需考虑该损耗数量是否在合理的范围之内，并与货主单位协商解决，合理范围内的损耗，应由货主单位承担，而超过合理范围之外的损耗，则应由仓储部门负责赔偿。

3. 串发货和错发货

所谓串发货和错发货，主要是指发货人员对货物种类规格不很熟悉的情况下，或者由于工作中的疏漏，把错误规格、数量的商品发出库的情况。如提货单开具某种货物的甲规格出库，而在发货时错把该种商品的乙规格发出，造成甲规格账面数小于实存数，乙规格账面数大于实存数。在这种情况下，如果货物尚未离库，应立即组织人力，重新发货。如果商品已经提出仓库，保管人员要根据实际库存情况，如实向本库主管部门和货主单位讲明串发、错发货的品名、规格、数量、提货单位等情况，会同货主单位和运输单位共同协商解决。一般在无直接经济损失的情况下由货主单位重新按实际发货数冲单（票）解决。如果形成直接经济损失，应按赔偿损失单据冲转调整保管账。

4. 包装破漏

包装破漏是指在发货过程中，因商品外包装破散、砂眼等现象引起的商品渗漏、裸露等问题。这些问题主要是储存过程中因堆垛挤压、发货装卸操作不慎等情况引起的，发货时应经过整理或更换包装，方可出库，否则造成的损失应由仓储部门承担。

5. 漏记账和错记账

漏记账是指在商品出库作业中，由于没有及时核销商品明细账而造成账面数量大于或少于实存数的现象。错记账是指在商品出库后核销明细账时没有按实际发货出库的货物名称、数量等登记，从而造成账实不相符的情况。无论是漏记账还是错记账，一经发现，除及时向有关领导如实汇报情况外，同时还应根据原出库凭证查明原因调整保管账，使之与实际库存保持一致。如果由于漏记和错记账给货主单位、运输单位和仓储部门造成了损失，应予赔偿，同时应追究相关人员的责任。

第四节　分拣配货作业

一、拣选式配货作业及管理

货物在从生产厂流向顾客的过程中，总是伴随着货物数量和货物集合状态的变化。因此，有必要将集装化的货物单元解体，重新分类，以集成新的供货单元。分拣作业就是根据顾客的订货要求，迅速、准确地将货物从其储位拣取出来，并按一定方式进行分类、集中，等待配装送货的作业过程。在配送作业的各环节中，分拣作业是非常重要的一环，它是整个配送作业系统的核心。在配送搬运成本中，分拣作业的搬运成本约占90%，分拣时间约占整个配送中心作业时间的30%～40%。因此，合理规划分拣作业系统，对提高配送中心的作业效率和服务水平具有决定性的影响。

从各国的物流实践来看，大体积、大批量需求的货物多采用直达、直送的供应方式，因此配送的主要对象是中小件的货物，即分拣多为多品种、小体积、小批量的物流作业。这就使得分拣作业的工艺十分复杂，特别是对于客户多、货物品种多、需求批量小、需求频率高、送达时间要求准的配送服务，分拣作业的速度和质量直接影响到整个配送中心的信誉和生存。

（一）拣选式配货作业

分拣作业过程包括四个环节：行走、拣取、搬运和分类。

拣货时，无论采用何种方法，拣货作业人员或机器必须接触并拣取货物。因此，形成了拣货过程中的人员行走或货物的运动。缩短人员或设备行走及货物的运动距离成为提高分拣作业效率的关键。

无论人员或机械拣取货物，都必须首先确认被拣货物的品名、规格、数量等内容是否与分拣信息传递的指示一致。在拣货信息被确认后，拣取过程由人工或自动化设备完成。在出货频率不是很高，且货物的体积小、批量小、搬运的重量在人力范围所及的情况下，可采用人工拣取方式；对于体积大、重量也大的货物可以利用叉车等搬运机械辅助作业，对于出库频率很高的货物应采用自动分拣系统。

为了提高分拣效率，配送中心或仓库是在收到多个客户的订单后，按批作业方式安排拣取。然后，根据不同的客户或送货路线分类集中；有些需要进行流通加工的货物还可根据加工方法进行分类，加工完毕后再按一定方式分类出货。分类完成后，货物经过查对、包装就可以出货、装运、送货。

从分拣作业的四个基本过程可以看出，分拣作业所消耗的时间主要包括以下四个方面：①形成拣货指令的订单信息处理过程所需的时间；②行走或货物运动的时间；③准确找到储位并确认所拣货物及其数量所需的时间；④拣取完毕，将货物分类集中的时间。

因此，提高分拣效率，主要应缩短以上四个作业时间。此外，为防止分拣错误的发生，提高物、账的相符率以及顾客的满意度，降低作业成本也是分拣作业管理的目标。

（二）拣选式配货作业管理

分拣作业系统的能力和成本取决于配送中心或仓库的组织管理。分拣作业管理内容包括储位管理、出货管理、拣选路径管理、补货管理、空箱和无货托盘的管理等。

1. 基于分拣作业的储位管理

分拣作业管理是一连串的“存”和“取”动作的组合。如何做到“存”和“取”的动作快速、有效，做到“好存好取”，这就要求对货物的储位进行有效管理。良好的储位管理可以减少出入库移动距离，缩短拣货作业时间，充分利用储存空间。基于分拣作业的储位管理方法很多，在这里，仅介绍以下几种储存方法。

（1）定位拣取储存。即每种货物都有固定的拣取货位，但储位可根据销售季节的变化和分类方法的变化而发生改变。储存时可按给定的拣取原则存放，比如，按顾客或按货物重量分类存放等。这种储存方法易于管理，补货费用也低。

(2) 随机拣取储存。即每一种货物的货位不是固定的，而是随机产生的。采用这种方法可实现储位的共同使用，最大限度地提高仓储空间的利用率，在此基础上考虑其他原则，一般可节约35%的移动、储存时间，增加30%的储存空间。

(3) 并排轮换拣取储存。即在拣货区，每种货物储存在两个并排的货位上，当其中的一个货位拣空后，再拣取备用货位上的货物。采用这种方法，在一个货位上的货物拣空后，拣取工作不会中断。但由于每种货物要占两处货位，货物拣取的距离加倍，会增加拣货移动的距离。为了解决移动距离增加的问题，又提出下面的一种方法。

(4) 备用轮换拣取储存。即在拣货区中，为每种货物准备一些备用货位，当拣取货位上的货物数量小于货架的安全存货后，将备用货位货架上的货物转移到拣货区。采用这种改进了的方法可方便补货作业的进行，备用货位的数量可以是原有货位的10%～20%。

(5) 备用区分离储存。即拣货备用区在拣货区的上方或者放在货道对面位置。采用这种方法不会增加拣货移动的距离和拣货区的面积。

(6) 就近储存。即为了减小拣选移动距离，当采用“人到货”拣选方式时，将货物存放在离货物集中点较近的地方；采用“货到人”方式时，将货物存放在离货物集中地进出口比较近的地方。配合其他储存原则，采用这种方法一般可缩短搬运路径的30%，系统的分拣能力可提高10%。

分拣的储位管理必须遵循一定的原则：①靠近出口原则，即刚到的货物放在离出口最近的空储位上。②周转率原则，即按货物在仓库中周转率来安排储位，周转率越高的货物离出口越近。③货物相关性原则，即相关性大的货物的订购是同时订购，并置于相邻储位。④货物同一性原则，即把同一种货物存放在同一保存位置。⑤货物类似原则，即把类似物品储存于相邻的储位。

2. 出货管理

如果一种货物放在不同的位置，应决定首先拣取哪一件，即所谓的出货管理。出货管理有以下几个原则。

（1）先入先出原则：即先入库的货物应先出库。这一原则特别适合于寿命周期短的商品。

（2）货位清空原则：即应优先从已拣选过的未空储货单元中拣取必要的数量出货。

（3）货物数量满足原则：即在多个储货单元中，应优先从储存数量大于出货数量的单元中出货。

（4）货位归并原则：即如果出货量大于储货单元中剩余的数量，应将剩余货物转移到邻近的储存同类货物的储货单元，然后出货。

储位管理对"货到人"拣取方式的运作效率有很大影响，但对"人到货"的方式影响有限。其中的货位归并原则非常适合于并排轮换拣取储存方式，这种方法的优点在于可缩短拣货时间并能同时完成包装物和托盘的清理工作，特别是在出货量很大的情况下。

3. 拣选路径管理

拣选路径管理是确定拣选的顺序和拣选路线，目的是为了能在较短的时间内，完成拣选工作。

对于"货到人"的拣选方式，路径选择并不重要，但对"人到货"的拣选方式，最短路径的确定就成了拣选路径管理的重要内容。最短路径的问题也即推销员问题，可通过运筹学的方法得到解决。如果每个订单的最短拣选路径的确定都要通过计算机运算，这对于实时系统来说是不切实际的，由此，产生了很多近似的方法。通过这些方法得到的结果不是最优，但与最优结果的偏差不是很大，一般在10%以内。下面介绍的就是采用近似方法所产生的结果。

（1）对于巷道式货架拣选路径，如果订单大，所需货种很多，可采用封闭式的路径，找到所需的货位，避开不需拣选货位所在的通道。

（2）死巷道式货架的拣选路径可采用两种方式：一种是在巷道中折返的方式；另一种是不在巷道中折返的方式。

巷道式货架拣选路径相对简单，巷道中只需设置单行道。死巷道货架的无折返拣选路径仅适合于出库频率不是很高的情况。

4. 补货管理

补货管理的目标是减少补货次数，满足配送需要。对于"货到人"的拣选方式，补货问题不是很严重，因为系统中出货单元的库存和备用单元的库存是分开的。补货不影响分拣，也不影响出货；但对于“人到货”的拣选方式，补货管理显得很重要。补货的管理可按下列原则进行。

(1) 并排轮换补货。即在拣货区，每种货至少安排两个货位，这两个货位或并排排列，或前后排列。只要拣货的货架空了，就进行补货。在补货时，拣货仍能正常进行。

(2) 备用轮换补货。即在拣货区，对每种货物安排足够的备用货位。当拣货货位上的货物数量小于货架的合理存货后，就用备用货位上的货物补充。在备用货位上的货物拣空以后，就安排补货。

(3) 即时补货。即当拣货货位上的货物数量少到一定安全数量后，就对该货位进行补货。

5. 空箱和无货托盘的管理

进行补货的前提是要清理货物拣取后所留下的空包装盒、空托盘和其他的装卸辅助材料。清理的方法有以下几种：

(1) 同时清理：即将货物从容器、包装盒、托盘取完后，在分拣进行的过程中，同时完成清废工作。

(2) 事后清理：即在货物从容器、包装盒、托盘取完后，将容器、包装盒、托盘放在拣货货架的旁边或货架底下，或就放在货架上。然后就此专门进行一次清废工作。

(3) 并行处理：即通过专门的清废机械系统进行。

由于这些物品是可循环利用的。因此，对分拣工作来说，还必须同时做好空箱、无货托盘的管理。具体的管理有以下内容：

①堆放管理：即为了节省空箱和无货托盘的存放空间，在分拣区，将空箱和无货托盘暂时堆放，在数量达到一定水平之后，将其运走。

②任务管理：即将空箱和无货托盘按配送任务需要，编码后，存放在任务处理中心的输送系统上。当其种类和数量满足配送任务的要求后，一次把它们送到配装送货处。

二、分货式配货作业

(一)“人到货”分拣方法

这是一种传统的分拣方法。这种方法是分拣货架不动，即货物不运动，通过人力拣取货物。在这种情况下，分拣货架是静止的，而分拣人员带着流动的集货货架或容器到分拣货架，即拣货区拣货，然后将货物送到静止的集货点。

这种作业系统构成简单，柔性化程度高，可以不用机械设备和计算机支持。但所需的作业面积较大、补货困难、劳动强度高。

（二）分布式的“人到货”分拣方法

这种分拣作业系统的分拣货架也是静止不动，但分货作业区被输送机分开。这种分拣方法还简称为“货到皮带”法。

分拣工作在输送机两边进行，拣选出的货物可由人直接送到输送机（集货点），或用载物器具集中后送到输送机（集货点），由输送机送到集货中心。因有输送机的帮助，分拣人员的行走距离短，劳动强度低，拣货的效率高，每小时每人可分拣约1000件货物。但输送机将拣货作业区分成两个部分，在分拣任务不是均匀分布在两边的货架时，不能调节两旁分拣人员的工作节奏，同时也造成系统的柔性差、补货困难、所需的作业面积变大等现象的发生。

三、分拣式配货作业

（一）“货到人”的分拣方法

这种作业方法是人不动，托盘（或分拣货架）带着货物来到分拣人员面前，再由不同的分拣人员拣选，拣出的货物集中在集货点的托盘上，然后由搬运车辆送走。

采用这种方法，分拣人员不用行走，分拣效率高、工作面积紧凑、补货容易、空箱和空托盘的清理也容易进行，也可以优化分拣人员的工作条件与环境。不足之处在于投资大，分拣周期长。这种分拣方法的应用系统称为小容量自动化仓储系统（Automatic Small Container Warehouse）。

（二）闭环“货到人”的分拣方法

闭环“货到人”分拣方法中载货托盘（即集货点）总是有序地放在地上或搁架上，处于固定位置。输送机将分拣货架（或托盘）送到集货区，拣货人员根据拣货单拣选货架中的货物，放到载货托盘上，然后移动分拣货架，再由其他的分拣人员拣选，最后通过另一条输送机，将拣空后的分拣货架

（拣选货架）送回。

这种方法的优点在于：拣选路径短、拣选效率高、系统柔性好、空箱和无货托盘的清理容易、所需作业面积小、劳动组织简单。其缺点是：为了解决分拣货架的出货和返回问题，仓库、输送机和控制系统的投资大，因顺序作业造成作业时间长等。

提高这种系统效率的关键，是要通过解决大规模分拣任务的批处理问题，减少移动的分拣货架的数量，缩短分拣作业的时间。

四、自动分拣式配货作业

自动化分拣系统的分拣作业与上面介绍的传统分拣系统有很大差别，可分为三大类：自动分拣机分拣、机器人分拣和自动分类输送机分拣。

（一）自动分拣机分拣系统

自动分拣机，一般称为盒装货物分拣机，是药品配送中心常用的一种自动化分拣设备。这种分拣机有两排倾斜的放置盒状货物的货架，架上的货物用人工按品种、规格分别分列堆码；货架的下方是皮带输送机；根据集货容器上条形码的扫描信息控制货架上每列货物的投放；投放的货物接装进集货容器，或落在皮带上后，再由皮带输送进入集货容器。自动分拣机分拣时货物的拣选是并行的，分拣效率每秒钟可达 2～5 件，皮带机的速度为 1m/s；在皮带机的出口处，还有一个称量装置，检查每个集货容器的总重是否与标准重量一致，避免分拣错误的发生。

自动分拣机分拣时，货架投料口处皮带机的转动受计算机控制，当某投料口接到计算机出货要求后，开始转动；通过皮带机附带的推杆，将货物推出。采用自动分拣机分拣时可实现分拣工作的自动化，分拣精度好，分拣效率高，可同时完成多张订单所要求的分拣货物。但只适合于尺寸较小的圆柱状、盒状货物分拣；对每一张订单所要求的货物数量有限制，否则货架会很长；补货只能通过人工进行，准确率要求也高；由于货物从货架出口调出需要时间，皮带机上集货容器之间的距离还要与所要求的货物的数量匹配。

（二）机器人分拣系统与装备

与自动分拣机分拣相比，机器人分拣具有很高的柔性。如果机器人分拣所需的拣选货物的储位和数量等信息是通过配送中心的计算机信息系统提供的，则货物的存放地点不能随意变动，活动货架也不可能应用；为了保证机器人作业的效率，包装的样式要统一，尺寸误差也不能过大。但如果采用了CCD，则机器人可通过传感系统了解货物储位和包装的变化，并向机器人控制系统发出指令，机器人就可自行变更预定的运动路线，系统可获得更大的灵活性。

系统的装卸机器人可停在任一货垛的任一件货物的上方拣取货物，并将其搬到AGV的托盘上。系统出货可通过两条辊子输送机送出，补货可通过另一台在机器人工作空间外运行的AGV进行。

（三）自动分拣系统

自动分拣系统是第二次世界大战后在美国、日本和欧洲的物流配送中心广泛采用的一种分拣系统。该系统的作业过程可以简述如下：当供应商或货主通知配送中心按订单发货时，自动分拣系统在最短的时间内可从庞大的存储系统中准确找到要出库的货物所在的位置，并按所需数量、品种、规格出库。自动分拣系统一般由识别装置、控制装置、分类装置、输送装置组成，需要自动存取系统（AS/RS）支持。

识别装置通过条形码扫描、色码扫描、重量检测、语音识别、高度检测及形状识别等方式，通过LAN、总线技术或RF技术将分拣要求传给控制装置。控制装置接收和处理分拣信号，控制输送装置、分类装置的动作，决定某一种货物的流向；分类装置根据控制装置发出的分拣信号，当与分拣信息匹配的货物通过该装置时，分类装置动作将分拣的货物导入相应的分拣岔道。

输送装置的主要组成部分是平带输送机和辊子输送机，其作用是将待拣的货物鱼贯通过分类装置，并将货物送到集货处。

各种自动分拣系统的差别仅在于所用的分类装置。此系统对不同种类的货物都有很好的适应性，甚至还可用于邮件分拣和过程控制。该系统对于托盘出货，使用巷道堆垛机在分拣货架取货，放到自动分类输送线上；对于人工拣取小件，小批量货物，则由人工取货置于货架前的传送带上进入自动分类输送机。自动分拣系统通过控制装置、识别装置、分类装置、输送装置完成分拣作业全过程。

第五节　现代保管技术

一、仓库温湿度保管

货物在储存期间的质量变化与货物储存环境密切相关。而在货物储存环境诸多因素中，仓库的温湿度最为重要。货物在储存期间发生的霉变、锈蚀、溶化、虫蛀、挥发等，都与温湿度密切相关。仓库温湿度的变化，直接受库外自然气候变化的影响。了解自然气候的变化规律，加强仓库温湿度管理，创造适合货物安全储存的温湿度条件，是货物养护的一项重要工作。

（一）温湿度的基本知识

货物在仓库储存过程中的各种变质现象，几乎都与空气温湿度有密切关系，仓储货物保管的中心环节就是控制好仓库的温湿度。由于货物的性质不同，其所适应的温湿度也不同。仓库温湿度的变化对储存商品的质量安全影响很大，而仓库温湿度往往又受自然气候变化的影响，这就需要仓库管理人员正确地控制和调节仓库温湿度，以确保储存货物的安全。

1. 空气温度

指空气的冷热程度，又叫气温，仓库温度的控制既要注意库房内外的温度，又要注意储存货物本身的温度。空气中的热量主要来自太阳的热量。因为空气的导热性很小，所以只有接近地面的气层温度较高，通过冷热空气的对流，使整个大气层的温度发生变化。一般地说，距地面越近气温越高，距地面越远气温越低。

常用的温度单位是摄氏温度、华氏温度和绝对温度，它们之间的换算关系为：

摄氏温度＝（华氏温度－32）×5÷9

华氏温度＝32＋（摄氏温度×9÷5）

绝对温度＝273＋摄氏温度

2. 空气湿度

指空气中水蒸气含量的多少，通常以绝对湿度、饱和湿度和相对湿度来表示。

（1）绝对湿度是指单位体积空气中，实际所含水蒸气的重量，即每立方米的空气中，含多少克的水汽量。

（2）饱和湿度指在一定气压、气温的条件下，单位体积空气中所含有的最大水蒸气重量。其单位与绝对湿度的单位相同。空气中的水蒸气超过饱和湿度时，剩余的水蒸气即凝成水珠附在冷物体上，这种现象称为"水凇"。饱和湿度随温度升高而增加，因为气温高，空气中能够容纳的水蒸气量就多，故饱和湿度就大。

（3）相对湿度指空气中实际含有水蒸气量与当时温度下饱和蒸汽量的百分比，即绝对湿度与相对湿度的百分比，它表示在一定温度下，空气中的水蒸气距离该温度时的饱和水蒸气量的程度。相对湿度越大，说明空气越潮湿；反之，则越干燥。在仓库温湿度管理中，检查库房的湿度大小，主要是观测相对湿度的大小。

绝对湿度、饱和湿度和相对湿度三者的关系，可用下式表示：

$$相对湿度=绝对湿度/饱和湿度\times 100\%$$

在温度不变的情况下，空气绝对湿度愈大，相对湿度愈高；绝对湿度愈小，相对湿度愈低。在空气中水蒸气含量不变的情况下，温度愈高，相对湿度愈小；温度愈低，相对湿度愈高。

3. 露点

在绝对湿度和气压不变的情况下，若气温降低，空气中容纳不了原气温时所含的水蒸气量，使空气中的水蒸气达到饱和状态，此时的温度称为露点。必须指出在气压一定时，露点的高低只与空气中的水汽含量有关，水汽含量越多露点也就越高。当含有水蒸气的热空气进入库房，遇到冷的物体，使冷物体周围的湿空气温度降到露点，则空气中的水蒸气就会凝结在冷物体表面，这对商品保管是不利的。

（二）空气温湿度的变化对货物质量的影响

大多数货物都含有水分，它们对温湿度的适应性是有一定限度的，如果长期超过或低于这个限度，商品质量就会发生变化。因此我们必须首先研究货物中的水分与空气温湿度的相互关系，并应用这些关系做好货物养护工作，保护货物质量的安全。

1. 货物的吸湿性

指货物吸着和放出水分的性质，它与货物养护有着密切关系。货物吸湿性的大小以及吸湿速度的快慢，都直接影响该货物含水量的增减，对货物质量的影响极大。

货物从空气中吸收水分，叫做吸湿；水分从货物体内向空间散发，叫做散湿；具有吸湿性能的货物，叫做吸湿性货物。货物吸湿性的大小，集中体现在吸湿点的高低上。当空气相对湿度高于货物的吸湿点时，货物便开始吸湿；低于吸湿点时，货物便开始散湿。不同货物，在同一温度下，吸湿点也不一样。吸湿点愈低的货物，吸湿性愈强，愈易吸湿；同一货物，在不同温度下，吸湿点也不相同。一般地说，温度愈高，吸湿点愈低；反之，吸湿点愈高。货物的吸湿点，是安全保管易吸湿货物的重要依据。只要储存环境的温湿度条件不超过货物的吸湿点，货物就不会因吸湿而发生变化，这对防止货物变质损失，具有重要的意义。

2. 货物的安全水分

是指吸湿性货物可以安全储存的最高含水量（也叫临界含水量）。货物在储存保管期间的含水量是有一定幅度要求的，如果超过了安全水分，就会影响货物质量。因此，在货物养护工作中，应该掌握各种货物的安全水分，要经常注意货物本身的实际含水量是否超过了这个安全界限。如果发现问题，就应采取措施，以保证货物质量的安全。

货物的安全水分，通常是指货物含水量的最高界限。如果超过这个界限，货物就不能保证安全。但是，在实际工作中，有些货物由于含水量过低，也会引起质量变化，如干缩、脆裂、风化、变形等。因此，商品的安全水分还应该有一个最低临界限，当货物中的水分降低到最低临界限以下时，也不能保证货物的安全。不同货物的安全水分不同，这是由各种货物的不同性质所决定的，而每种货物的安全水分，也是随着气温的变化而变化。气温高，安全水分就低；气温低，安全水分就高。

3. 货物的安全相对湿度与安全温度

吸湿性货物的含水量随着空气温湿度的变化而变化。货物在储存中，为了保证其质量的安全，都要求空气温湿度条件与之相适应，使货物的含水量不超过临界水分。

为了保证货物含水量在安全临界之内，就要控制储存环境的空气相对湿度在一定范围内，这个范围就是货物的安全相对湿度。各种货物的安全相对湿度，不是固定不变的，而是随着温度的变化而变化。在空气相对湿度高于货物安全相对湿度时，并不意味着货物会立即变质，但可以说已经超过了安全储存界限。长时间的持续，则容易引起货物质量的变化。所以在库存管理中要控制相对湿度在安全范围之内。

货物在保管中为了其质量安全，对储存环境所要求的温度界限，就是货物的安全温度，有最高界限与最低界限之分。但对一般货物只要求最高温度界限，而对于怕冻货物要求最低温度界限。货物的安全温度是指空气温度，它是从仓储工作实践摸索出来的一个温度范围的数据。在实际养护中，要掌握货物的安全温度，就要综合考虑货物及其包装等各方面因素来加以确定。

（三）仓库温湿度的调节与控制

仓库温湿度的变化，对储存货物的安全有着密切的关系，要保持货物质量稳定，控制与调节仓库温湿度，就成为当前条件下货物养护的一个重要措施。各种货物的性能不同，各个库房的建筑结构、设备条件也有差异，气候在不断地变化着，以及其他各种错综复杂的因素，所以在确定措施前应缜密考虑，认真分析，才能运用得当，收到预期的效果。研究并采取一些措施来控制仓库内温湿度的变化，对不适宜货物储存的温湿度要及时调节。控制与调节仓库环境的方法很多，密封、通风与吸潮相结合的方法，是控制与调节库内温湿度行之有效的方法。

1. 仓库的密封

仓库密封就是把整库、整垛或整件货物尽可能地密封起来，减少外界不良气候条件对它的影响，以达到商品安全储存的目的。密封能保持库内温湿度处于相对稳定状态，达到防潮、防热、防干裂、防冻、防溶化的目的，还可收到防霉、防火、防锈蚀、防老化等各方面的效果。

（1）密封储存时应注意的几点事项：

①检查。密封前要检查货物质量、温度和含水量是否正常，如发现生霉、生虫、发热、进水等现象就不能进行密封。若商品含水量超过安全范围及包装材料过潮，也不宜密封。

②时间。密封的时间要根据商品的性能和气候情况来决定。怕潮、怕溶化、易霉的货物，应选择在相对湿度较低的时节进行密封。

③材料。密封材料常用的有塑料薄膜、防潮纸、油毡纸、芦席等。密封

材料必须干燥清洁、无异味。应根据货物的性质和密封的目的，合理选择材料。

(2) 密封储存的形式有四种：

①整库密封：对储存量大、出入库动态性不大的商品宜采取整库密封。即将门窗缝隙用毡条或棉布条堵严，留做出入的门应加装隔潮门，门上要挂棉门帘。若密封库有易霉、怕虫蛀的货物，可在库内定期用药剂进行杀菌消毒，以防霉菌虫害滋生。

②按垛密封：对于一些怕潮易霉或易干裂的货物，可以用防潮效果好的材料，将货垛上下四周围起，进行整垛密封，以减少气候变化对商品的影响。

③货架/柜/橱密封：对出入库频繁、零星而又怕潮易霉、易干裂、易生虫、易锈蚀的货物，可以采用货架密封法。在储存时可在货架内放一容器，内装硅或氯化钙等吸湿剂，以保持架内干燥；若要防虫，还应在货架内放入适量的驱虫剂。

④按件/箱密封：主要是将货物的包装严密地进行封闭，一般适用于数量少、体积小的易霉、易锈蚀货物；多数易潮、生霉、溶化、生锈的货物，都适宜先用塑料袋按件包装，加热封口，或放在包装箱、包装桶或包装袋内。总之，要根据商品养护的需要，结合气候情况与储存条件，因地制宜，就地取材，灵活运用。

2. 通风

空气是从压力大的地方向压力小的地方流动，气压差越大，空气流动就越快。通风就是利用库内外空气温度不同而形成的气压差，使库内外空气形成对流，来达到调节库内温湿度的目的。库内外温度差距越大，空气流动就越快；若库外有风，借风的压力更能加速库内外空气的对流，但风力亦不能过大（风力超过5级灰尘较多）。正确地进行通风，不仅可以调节与改善库内的温湿度，还能及时地散发货物及包装的多余水分。按通风的目的不同，可分为利用通风降温、增温和利用通风散潮两种：

(1) 通风降温、增温：通风降温主要指对空气湿度要求不高，而对温度要求比较严格的一些怕热货物，如玻璃瓶或铁桶装的易挥发的化工原料、化学试剂和医药等的液体货物。这类货物在气温高的季节，只要库外温度低于库内时，就可以通风。对于一些怕冻货物，在冬季，只要库外温度高于库内也可以进行通风，以提高库内温度。

(2) 通风散湿：是指对易霉腐、溶化、锈蚀等的库存货物的通风。利用通风散潮来降低库内的相对湿度，首先应该对比库内外绝对湿度的高低，然后再考虑气温与相对湿度的高低。在分析研究比较复杂的库内外温湿度变化的情况下，决定是否通风：

①当库外空气的相对湿度和绝对湿度都低于库内时，可以通风；

②当库外温度和绝对湿度都低于库内，而相对湿度稍高时，也可以通风；

③库内外温度接近，库外相对湿度比库内低，或库内外的相对湿度接近，而库外温度较库内低时，都可以通风。因为在这两种情况下，库外的绝对湿度都比库内低。

通风方法有自然通风和机械通风。自然通风就是利用库房门窗、通风洞等，使库内外空气进行自然交换。当库外无风时，气流的自然交换主要靠库内外温差而产生的气压差进行的，需要开启上部和下部的通风口、门窗，进行空气的自然交换；当库外有风时，库内外空气的交换主要靠风的压力，此时应关闭库房迎风面上部出气口，开启背风面上部出气口。机械通风就是在库房上部装设排风扇，在库房下部装置进风扇，利用机械进行通风，以加速库房内外的空气交换，有的还在进风处安装空气过滤设备，以提高空气的洁净程度和降低空气的湿度或温度。

3. 吸潮

吸潮是与密封配合，用以降低库内空气湿度的一种有效方法。在梅雨季节或阴雨天，当库内湿度过大，又无适当通风时机的情况下，在密封库里常采用吸潮剂或去湿机吸潮，以降低库内的湿度。

吸潮剂的种类很多，常用的有生石灰、氯化钙、硅胶，除了以上几种吸潮剂外，还可以因地制宜，就地取材，如使用木炭、炉灰和干谷壳等进行吸潮。

近年来，仓库普遍使用空气去湿机吸潮，来降低空气的相对湿度。去湿机的工作原理是：室内潮湿空气经过滤器（吸尘泡沫塑料或金属网）到蒸发器，由于蒸发器的表面温度低于空气露点温度，空气中的水分就会凝结成水滴，流入接水盘，经水管排出，使空气中的含水量降低；被冷却干燥空气，经加热后，使其相对湿度降低，再由离心机送入室内，室内空气相对湿度便不断地下降，当达到所要求的相对湿度时，即可停机。空气去湿机吸潮，在温度为27℃，相对湿度为70％时，一般1小时可吸水3～4公斤。使用空气去湿机吸潮，不仅效率高、降湿快，而且体积小、重量轻、不污染商品。

二、金属的防锈与除锈

仓储货物的锈蚀一般是指金属制品的锈蚀，即金属制品的生锈和腐蚀，它是由于金属表面受到周围介质的化学作用或电化学作用而引起的破坏现象，它是一种自然现象，是仓储商品养护的主要内容之一。

造成金属锈蚀的原因有化学腐蚀（是指金属在干燥的气体或电解质存在的环境中，受到氧化物质的直接作用，腐蚀中没有电流产生，腐蚀物直接生成在发生反应的表面区域）、电化学腐蚀（是指在有电流的参与下的腐蚀）、大气腐蚀（是指金属在大气中的锈蚀现象）三类。其中大气腐蚀是最常见、最普遍的一种腐蚀，也是商品储存过程中最常见的一种腐蚀现象。

金属制品的防锈，主要是针对影响金属锈蚀的外界因素进行的。

（一）创造良好的储存条件

创造良好的储存条件，使产生或促进锈蚀的环境条件得到根除或最大限度地被抑制。如果储存条件不好，货物包装再好，仍然会锈蚀，因此，必须做到以下几个方面：

1. 认真选择储存场所。露天货场要尽可能远离工厂区，特别要远离化工厂；地势要高，不积水，要干燥通风；垛底垫高30～40厘米。仓库要通风、干燥、门窗严密，易于控制和调节库内温湿度。

2. 保持库房和货场干燥，其相对湿度应该在临界湿度（是指金属商品处于某一相对湿度以下时，即使长期放置于大气中也几乎不生锈，一旦超过这一相对湿度，其锈蚀速度会突然加快，这一相对湿度称为锈蚀的临界相对湿度）以下。要建立气象报告制度，利用自然气候和机械通风，或安放干燥剂，来调节控制温湿度。搞好排水系统，用煤渣或石块末垫平地层，增加透水性。

3. 保持库内外清洁，清除堆躲周围杂草，不使材料受到玷污和附着尘土。

4. 认真选择储存条件，对需要进库存放的材料必须入库；可存放在露天的材料，应根据保管要求，妥善堆垛，采取苫盖维护。金属不得与酸、碱、盐类以及气体、粉末等货物混存，做到分类设点，分批存放，间隔明显，防止接触发生腐蚀。

（二）密封法防锈蚀

1. 干燥空气封存法：也称控制相对湿度法。当空气相对湿度控制在35%时，金属则不易生锈，非金属也不易生霉。使空气干燥封存有三种方法：在密封装置内预先放置被保护物，直接充入干燥空气，同时吸出潮湿空气，然后密封容器；在密封装置内，预先放置干燥剂，一定时间后，迅速安放被保护物，继续干燥，达到平衡干燥度以后密封容器；在密封装置内，同时放置被保护物及干燥剂，然后密封容器。以上三种方法中，第一种最好，可用于精密零件较长期的防锈。方法二也较好，适用于一般零件的防锈。方法三比较简便，适用于一般对防锈要求不高的零件的储存防锈，或作为涂油封存的一种辅助措施。

2. 充氮封存法：氮气的化学性质比较稳定，在货物包装中，充入干燥的氮气，隔绝了水分、氧气等腐蚀性介质，从而达到使金属不易生锈、非金属不易老化的目的。

（三）涂油防锈

涂油是一种广泛应用的防锈方法。涂油可借油层的隔离作用，使水分和大气中的氧及其他有害气体，不易接触金属制品表面，从而防止货物锈蚀，或减缓金属锈蚀速度。防锈油是由油用油脂和缓蚀剂组成的，常用的防锈油配方有多种，例如凡士林、硬脂酸铝，多应用于刀具、板牙、轴承及汽车零件等。

（四）化学药剂除锈

这是借助于药物将锈蚀层除掉的一种先进的方法。化学药剂除锈不仅除锈速度快，效果好，而且不影响商品的尺寸和精度，仅对金属有微量溶解现象。但有些货物由于结构和外部形状等原因，不允许使用化学除锈法。化学除锈液一般由两部分组成：一部分是溶解锈蚀物，大多是采用无机酸，其中以磷酸使用得最多，因为它的腐蚀性较小；另一部分是对金属表面起钝化（保护）作用的铬酸等。

三、霉变和虫害的防治

（一）货物霉变的防治

1. 化学药剂防霉

防霉变最主要的方法是使用防霉腐剂。其基本原理是使微生物菌体蛋白凝固、沉淀、变性，或破坏酶系统使酶失去活性，而影响细胞呼吸和代谢，或改变细胞膜的通透性，使细胞破裂体。防霉腐剂低浓度能抑制微生物生长，高浓度就会使其死亡。有实际应用价值的防霉腐剂具有低毒、广谱、高效、使用方便和价格低廉等特点。低毒——安全性的条件；广谱——才能有较强的适应性；高效——用量才能减少，提高使用方便性，降低成本和避免改变商品理化性能；长效——才能确保商品长时间储存使用。防霉腐剂的使用方法主要有：

（1）加法。将一定比例的药剂直接加入材料或制品中去，如食品、化妆品等。

（2）渍法。将制品在一定温度和一定浓度的防霉剂溶液中浸渍一定时间后晾干。

（3）涂抹法。将一定浓度的防霉剂溶液用刷子等工具涂抹在制品表面。

（4）喷雾法。将一定浓度的防霉剂溶液用喷雾器均匀地喷洒在材料或制品表面。

（5）熏蒸法。将挥发性防霉剂（如硝基苯甲醛、环氧乙烷的粉末或片剂）置于密封包装内，通过防腐剂的挥发成分防止货物的霉变。

2. 气相防霉变

它是化学药品防霉腐方法之一。就是使用具有挥发性的防霉防腐剂，利用其挥发生成的气体，直接与霉腐微生物接触，杀死或抑制霉腐微生物的生长，以达到防霉腐的目的。有的在生产中将防霉腐剂直接加到货物上，对其外观与质量没有不良影响。为了提高防霉腐的效果，一般是在密封条件下进行，常用的气相防霉腐剂有多聚甲醛和环氧乙烷。

3. 气调防霉腐

它是生态防霉腐的形式之一。霉腐微生物与生物性货物的呼吸代谢都离不开空气、水分、温度这三个因素。只要有效的控制其中一个因素，就能达到防止商品发生霉腐的目的，如只要控制和调节空气中氧的浓度，可人为地造成一个低氧环境，使霉腐微生物生长繁殖受到抑制。气调防霉腐要在密封条件下，通过改变空气组成成分，以降低氧的浓度，造成低氧环境，来抑制霉腐微生物的生命活动与生物性货物的呼吸强度，从而达到防霉腐的目的。

4. 低温冷藏防霉腐

是通过控制和调节仓库内及货物本身的温度，使其低于霉腐微生物生长繁殖的最低界限，抑制酶的活性。一方面抑制生物性商品的呼吸、氧化过程，使其自身分解受阻；另一方面抑制霉腐微生物的代谢与生长繁殖，来达到防霉腐的目的。

低温冷藏防霉腐所需的温度与时间，应依具体货物而定，一般温度愈低，持续时间愈长，霉腐微生物的死亡率愈高。冷藏是适于含水量大、不耐冰冻的易腐商品，短时间的在零度左右的冷却储藏，如蔬菜、水果、鲜蛋、乳品、鲜肉的冷却防腐保鲜。具体方法可用自然冰或人造冰来降温储藏食品，也可在专用仓库中安装制冷设备建立冷库。

5. 干燥防霉腐

是生态防霉腐方法之一。它是通过减少仓库环境中的水分和货物本身的水分，使霉腐微生物得不到生长繁殖所需水分而达到防霉腐的目的。目前主要采用吸潮防潮和通风、晾晒降水等方法，条件允许的企业也可以采用烘干、微波烘干等方法。

6. 其他方法

利用紫外线、微波、红外线、辐射等方法。在实际工作中，还应加强对库存货物的管理。

（1）加强入库验收。易霉货物入库，首先应检验其包装是否潮湿，货物的含水量是否超过安全水分界限。易霉货物在保管期间应特别注意检查，加强保护。

（2）加强仓库温湿度管理。要根据货物的不同性能，正确运用密封、吸潮及通风相结合的方法，管好库内温湿度，特别是在梅雨季节，要将相对湿度控制在不适宜霉菌生长的范围内。

（3）选择合理的储存场所。易霉货物应尽量安排在空气流通、光线较强、比较干燥的库房，并应避免与含水量大的货物同储在一起。

(4) 对储存保管的货物要合理堆码，下垫隔潮板。商品堆垛不应靠墙、靠柱。

(5) 对货物进行密封处理。

(6) 做好日常的仓库清洁卫生。

(二) 虫害的防治

1. 仓库一般虫害的防治

仓库虫害不仅种类繁多，而且分布相当广泛，世界上已定名的有五百多种，在我国发现有近二百种，在仓储部门已发现的严重危害货物达三十多种。

其防治工作有以下几个方面：

(1) 做好环境卫生。虫害的防治工作主要是杜绝虫源，杜绝害虫生长繁殖的环境。为此，要做好库内外环境卫生，特别注意害虫喜藏匿和过冬之处，定期做好消毒工作。对储存易生虫货物的库房，在害虫繁殖期之前，可使用磷化铝、溴甲烷、硫酸氟等进行一次熏蒸，在库内墙角、走道、垛底、苫垫物料等喷洒杀虫药剂，如敌百虫、马拉酸磷等溶液。

(2) 药物防治：

①驱避剂：是利用易挥发并具有特殊气味和毒性的固体药物，使挥发出来的气体在货物周围经常保持一定的浓度，从而起到驱避毒杀仓库害虫的作用。常用的驱避剂药物有精萘、对二氯苯、樟脑精等。把它们放在严密的包装内防虫，适用于毛、麻、丝、棉织品、皮毛、皮革制品以及竹木制品等，但不适用于橡胶、人造革、食品等。

②熏蒸剂：对已经生虫的货物可用熏蒸剂熏蒸杀虫。熏蒸剂的蒸汽通过害虫的气门及气管进入体内，而引起中毒死亡。常用的有溴甲烷、磷化铝、环氧乙烷和硫磺等。熏蒸方法可根据商品数量的多少，结合仓库建筑条件，酌情采用整库密封熏蒸、帐幕密封熏蒸、小室密封熏蒸和密封箱、密封缸熏蒸等形式。

③气调充氮或二氧化碳：仓库害虫在缺氧条件下或在高浓度氮及二氧化碳中均不能生长繁殖。应定期检测氧浓度，宜控制在1%以下。

(3) 其他方法防治虫害：主要利用紫外线、微波、辐射、高温、低温、缺氧以及合成激素杀虫等。

2. 白蚁的防治

白蚁喜欢在温暖潮湿的条件下生活，因此南方地区多发生白蚁危害。白蚁的生长繁殖和群体发展速度都很快，在仓库中主要危害木制建筑和苫垫物料，同时也危害一些木制品、棉、麻、纸张等商品。其防治措施如下：

（1）预防方法。对库内的木制材料可涂刷一层灭蚁药剂防白蚁。

（2）检查方法。在白蚁活动繁殖期间，要加强检查库房木结构、苫垫物料、包装、易被白蚁危害的储存商品以及库外周围环境中树木等，是否有白蚁活动或危害的迹象，发现后采取措施及时杀灭。

（3）杀灭方法。常用方法为诱杀法，在白蚁活动处附近挖掘直径 50～100 厘米，深度为 30～40 厘米的土坑，坑内放置白蚁喜欢食用的松树枝、甘蔗渣、松花粉等饵料，然后将坑口用石棉或油毡盖好，等引诱来的白蚁较多时，即可用灭蚁药剂、沸水、火烧等方法杀灭，也可用诱杀箱、胃毒剂灭杀。

3. 鼠害的防治

鼠的种类很多，繁殖能力很强，性格机警狡猾，喜欢藏在阴暗隐蔽处，多在夜间活动，每天活动有规律性和一定的活动范围，食性广杂，但对新出现的食物不轻易取食，经过一段时间观察后才做试探性取食，发现食物不合适时，立即避食。

防鼠方法主要是断绝食物来源，拆除库内外一切可为鼠类隐蔽的场所，经常做好库内外环境卫生，使鼠类没有栖身和取食之处。储存易受鼠害的商品的库房通风孔应安装铁丝网，库门窗要严格密闭，不能留有可供鼠类出入的缝隙，库门要安装至少高 5 厘米的挡鼠板，发现库内有鼠洞或墙壁、地面有缝隙，应立即用石块、水泥堵严，并要定期检查鼠害情况和密度。

四、冷藏冷冻技术

（一）冷藏保管的原理

冷藏是指在保持低温的条件下储存物品的方法。由于在低温环境中，细菌等微生物大大降低繁殖速度，生物体的新陈代谢速度降低，能够延长有机体的保鲜时间，因而对鱼肉食品、水果、蔬菜及其他易腐烂物品都采用冷藏的方式仓储。另外，对于在低温时能凝固成固态的液体流质品，采取冷藏的方式有利于运输、作业和销售，也采用冷藏方式仓储。此外，在低温环境中一些混合物的化学反应速度降低，也采用冷藏方式储藏。

根据冷藏保管的温度控制的不同，分为冷藏和冷冻两种方式。冷藏是将温度控制在0～5℃进行保存，在该温度下水分不致冻结，不破坏食品的组织结构，具有保鲜的作用，但是微生物仍然还有一定的繁殖能力，因而保藏时间较短；冷冻则是将温度控制在0℃以下，使水分冻结，微生物停止繁殖，新陈代谢基本停止，从而实现防腐。冷冻保管又分为一般冷冻和速冻。一般冷冻采取逐步降温的方式降低温度，达到控制温度停止降温，如－200℃；速冻则是在很短的时间内将温度降到控制温度以下，如－600℃，使水分在短时间内完全冻结，然后逐步恢复到控制温度（不低于－200℃）。速冻一般不会破坏细胞组织结构，具有较好的保鲜作用。冷冻储藏能保持食品较长时间不腐烂变质。

（二）冷库的种类

冷库可以分为生产性冷库和周转性冷库。生产性冷库是指进行冷冻品生产的冷库，是生产的配套设施；周转性冷库则是维持冷货低温的流通仓库。冷库按控制的温度和制冷方式不同分为冷冻仓库、冷藏仓库、气调冷库和流动的冷藏车、冷藏集装箱等。固定的冷库由冷藏库房、冷冻库房、分发间、制冷设备机房等组成。库房采用可封闭式的隔热保冷结构，内装有冷却排管或冷风装置与制冷设备相接。库内装有温度、湿度测量设备，湿度控制设备、通风换气设备等，以及货位、货架、货物传输、作业设备等。

（三）冷库仓储管理

作为一种专业化的仓库，冷库具有较为特殊的布局和结构、用具，货物也较为特殊。对冷库的管理技术、专业水平要求较高。冷库存放的大多数为食品，管理不善不仅会造成货损事故，还会发生食物不安全事故，影响人体健康。

1. 冷库使用

冷库分为冷冻库、冷藏库，应按库房的设计用途使用，两者不能混用。库房改变用途时，必须按照所改变的用途进行制冷能力、保冷材料、设施设备改造，完全满足新的用途。

冷库要保持清洁、干燥，经常清洁、清除残留物和结冰，库内不得出现积水。冷库在投入使用后，除非进行空仓维修保养，否则必须保持制冷状态。即使没有存货，冷冻库也应保持在—50℃，冷藏库控温在露点以下。

要按照货物的类别和保管温度的不同分类使用库房。食品库不得存放其他货品，食品也不能存放在非食品库房。控制温度不同的货物不能存放在同一库房内。

2. 货物出入库

货物入库时，除了通常仓储所进行的查验、点数外，还要对送达货物的温度进行测定、查验货物内部状态，并进行详细的记录，对已霉变的货物不接受入库。货物入库前要进行预冷，保证货物均匀地降到需要的温度。未经预冷冻结的货物不得直接进入冷冻库，以免高温货物大量吸冷造成库内温度升高，影响库内其他冻货。

货物出库时应认真核对，由于冷库内大都储存相同的货物，要核对货物的标志、编号、货主人、批次等区别项目，防止错取、错发。对于出库时需要升温处理的货物，应按照作业规程进行加热升温，不得采用自然升温。

3. 冷货作业

为了减少冷耗，货物出入库作业应选择在气温较低的时间段进行，如早晨、傍晚、夜间。出入库作业时集中仓库内的作业力量，尽可能缩短作业时间。要使装运车辆离库门距离最近，缩短货物露天搬运距离；防止隔车搬运。在货物出入库中出现库温升温较快时，应停止作业，封库降温。出入库搬运应采用推车、叉车、输送带等机械搬运，采取托盘等成组作业，提高作业速度。作业中不得将货物散放在地坪，避免货物、货盘冲击地坪、内墙、冷管等，吊机悬挂重量不得超过设计负荷。

库内堆码应严格按照仓库规章进行。选择合适货位，将存期长的存放在库里端，存期短的货物存放在库门附近，易升温的货物接近冷风口或排管附近。根据货物或包装形状合理采用垂直叠垛或交叉叠垛，如对冷冻猪肉堆码时采用肉皮向下、头尾交错、腹背相连、长短对弯、码平码紧的方式堆码。货垛要求堆码整齐，货垛稳固，间距合适。货垛不能堵塞或者影响冷风的流动，避免出现冷风短路。堆垛完毕在垛头上悬挂货垛牌。

堆垛间距要求：①低温冷冻库货垛距顶棚 0.2 米；②高温冷藏库货垛距顶棚 0.3 米；③距顶排水管下侧 0.3 米；④距顶排水管横侧 0.3 米；⑤距未

装设墙冷排管的墙壁0.2米；⑥距冷风机周围1.5米。

拆垛作业时应从上往下取货，禁止在垛中抽取。取货时要注意防止因货物冻结粘连强行取货而扯坏包装。

4. 冷货保管

冷库内要保持清洁干净，地面、墙、顶棚、门框上无积水、结霜、挂冰，随有随扫除，特别是在作业以后，应及时清洁。制冷设备、管系上的结霜、结冰及时清除，以提高制冷功能。

定时和经常测试库内温湿度，严格按照货物保存所需的温度控制仓库内温度，尽可能减少温度波动，防止货物变质或者解冻变软发生倒垛。

按照货物所需要的通风要求，进行通风换气。通风换气的目的是为了保持库内有合适的氧分和湿度，冷库一般采用机械通风的方式进行通风换气，要根据货物保管的需要控制通风次数和通风时间，如冷藏库每天2～4次，每次换气量为冷藏间体积的1～2倍，或者使库内二氧化碳含量达到适合的范围。库藏通风意味着外部的空气进入库内，也将空气中的热量、湿度带入库内，因而要选择合适的时机通风换气。

当货物存期届满、接近保存期、出现性质变化、变质等时，应及时通知存货人处理。

（四）冷库安全

冷库虽然说不会发生爆炸、燃烧等恶性危险事故，但冷库的低温、封闭的库房对人员还是会产生伤害，低温会造成设备的材料强度、性能降低，需引起足够的重视。

1. 防止冻伤

进入库房的人员，必须进行必要的保温防护、穿戴手套、工作鞋。身体裸露部位不得接触冷冻库内的物品，包括货物、排管、货架、作业工具等。

2. 防止人员缺氧窒息

由于冷库特别是冷藏库内的植物和微生物的呼吸作用使二氧化碳浓度增加或者冷气泄漏入库内，会使得库房内氧气不足，容易造成人员窒息。人员在进入库房前，尤其是长期封闭的库房，需进行通风，排除可能的氧气不足。

3. 避免人员被封闭库内

库门应设专人看管，限制无关人员进库。人员入库，应在门外悬挂告示牌。作业工班需明确核查人数的责任承担人，在确定人员都出库后，才能摘除告示牌。

4. 妥善使用设备

库内作业应使用抗冷设备，且进行必要的保温防护。不使用会发生低温损害设备和用具。

五、其他保管技术

（一）食品的储存保管

食品是人类社会赖以生存的物质基础，因此，要了解食品储存质量变化的规律及其影响因素，保证食品质量，减少食品损耗，为社会提供优质的物质保证。

根据食品在储存过程中的质量变化规律和储存实践经验，其储存方法有以下几种：

1. 食品的冷冻保藏

食品的变质腐败主要是由于食品内酶所进行的生化过程和微生物生命活动所引起的破坏作用所致。酶的作用、微生物的繁殖以及食品内所进行的化学反应速度都受到温度的影响，所以，食品的冷冻保藏就是利用低温保藏食品，即降低食品的温度，并维持低温或冻结状态，以便阻止或延缓食品的腐败变质，从而达到较长时期地储存食品的目的。

2. 食品的罐藏

凡用密封容器包装并经高温杀菌的食品称为罐头食品。罐头食品可直接食用，它的食味虽稍逊于新鲜食品，但基本能保持原有的风味和营养价值。罐头食品不仅便于携带和运输，还便于储存，不易破损并耐藏，能常年供应市场，不受季节影响。

目前的罐藏容器有金属的和非金属的。罐头食品在储藏中会出现胀罐、由于瓶盖酸坏引起的黑变和发霉等腐败变质现象。因此储藏罐头食品时要注意以下几点：

（1）控制温度：罐头食品入库时与仓库温度的差值一般以 5～9℃为宜，如差值超过 11℃，容器表面就会出汗。另外，库温应尽量保持稳定，不能忽高忽低。

（2）防止光照：尤其是玻璃等透明罐头要防止光照。

（3）湿度控制：如果空气中湿度过高，与罐头表面接触时即会结露而引起罐头锈蚀，在转库或装卸时易发生这一现象。罐头食品的仓库应通风良好，必要时应将湿空气及时排掉，遇潮湿空气应关闭门窗。库内空气湿度以70％～75％最为适宜，堆放时要便于空气流通和检查作业。

（4）防止盐分侵入：沿海地区的空气中常会带有盐分，可促使罐头腐蚀。应采用密闭储藏法，以防海风盐分的侵入。

3. 食品的辐射保藏

食品辐射保藏就是利用射线的辐射能量，对新鲜肉类及其制品、水产品及其制品、蛋及其制品、粮食、水果、蔬菜、调味料以及其他加工产品进行杀菌、杀虫、抑制发芽、延迟后熟等处理，从而可以最大限度地减少食品的损失。辐射是一种较好的保藏食品的物理方法之一，辐射保藏的关键是辐射剂量和辐射时间。

4. 食品的干藏

食品的干藏原理是控制水分与微生物和酶之间的关系。大多数新鲜食品的水分活度在0.99以上，而微生物是适宜水分活度在0.75以上，因此如将食品脱水，使其水分活度下降到0以下，能生长的微生物为数极少。酶为食品所固有，它同样需要水分才具有活性，水分减少，其活性也会降低，但只有当干制品的水分降到1％以下时，酶的活性才会完全消失。

食品脱水干制，可在室温条件下长期保藏，以便延长食品的供应季节，平衡产销高峰，交流各地特产，储备供救急、救灾和战争备用的物资。

5. 食品的化学保藏

食品的化学保藏就是在食品生产和储运过程中使用化学制品来提高食品的耐藏性和尽量保持其原有品质的措施。其目的是保持品质和延长保藏时间。食品采用化学保藏法时，需要有严格的卫生要求，而且所用的防腐剂或添加剂必须对人体无毒害。化学保藏法只能作为辅助性的措施，需控制使用。化学保藏法使用的化学制品主要有防腐剂和抗氧化剂两种。

化学防腐剂用于对易腐食品的处理。防腐剂有二氧化硫、山梨酸、山梨酸钾、苯甲酸；抗菌素有金霉素、氯霉素和土霉素、枯草杆菌、乳酸链球菌等。可通过浸泡法、喷洒法、抗菌素冰块保藏法，以及家畜饲养法或注射法进行处理。

抗氧化剂主要用于防止食品异味和褐变。防止异味的抗氧化剂用于防止脂肪类食品异味，有酚类和天然物质如抗坏血酸和生育酚。防止褐变的抗氧化剂主要用于果蔬组织在切割、去皮、切片、磨碎后极易出现的酶性褐变现象，有抗坏血酸和二氧化硫。

6. 食品的气调储藏

果蔬在储藏期间的呼吸作用，消耗了果蔬组织中的养分，是果蔬衰老、品质下降的主要原因。影响呼吸的主要因素有温度、空气成分和湿度等。气调储藏是改变库内气体成分的含量，致使空气成分从本质上不同于正常空气条件下的储藏。一般比正常空气的含氧量低，二氧化碳和氮的含量高，再配合适宜的温度，可显著地抑制果蔬的呼吸和延缓变软、变质及其他衰老的进程，以达到延长储藏期限、减少干耗和腐烂，而获得好的品质。常用的气调储藏方法有：

(1) 自发或自然气调法：即将果蔬藏在一个密封仓库或容器中，在一定时间内，由于果蔬的呼吸作用使仓库或容器的含氧量减少、二氧化碳逐渐增加，当二者达到一定比例时，造成一个抑制果蔬呼吸的气体环境，从而达到延长果蔬储藏期的目的。这里需注意，每隔一定时间要重新换气，重新密封，以防止果蔬缺氧造成损失。

(2) 人工气调法：即人为地使封闭的空间的氧含量迅速降低，二氧化碳升高，几分钟至几小时内就进入稳定期。有充氮法（抽出大部分空气，再充入氮气）和气流法（把事先配制好的气体输入储藏室，代替室内的全部空气）两种。

(3) 混合法或半自然降氧法：实践表明，采用冲氮法把氧含量从21%降到10%比较容易，而从10%降到5%就要耗费前者约两倍的氮气。为了降低成本，可先充氮，把氧含量迅速降到10%左右，然后依靠果蔬的呼吸来消耗氧气，直至降到规定的空气组成范围后，再根据气体成分的变化而调节控制。

7. 食品的减压保藏法

减压保藏是气调储藏的进一步发展。它把储藏场所的气压降低，形成一定的真空度。减压储藏中的重要问题是在减压条件下组织极易蒸腾而干萎，因此必须保持较高的湿度，一般在95%以上。而湿度高又会加重病害，所以减压储藏必须配合使用消毒防腐剂；另一个问题就是经减压储藏的产品风味不好，但放置一段时间又有所恢复。当前减压储藏库的造价高，生产上还未应用，但由于它能克服气调储藏中的许多缺点，因此，仍不失为果蔬储藏中一种先进而理想的方式。

8. 食品的电磁处理保藏法

（1）高频磁场处理。食品放在或通过电磁线圈的磁场中，使其受到磁力线的影响。

（2）高压电场处理。食品放在或通过由两个金属极板组成的高压电场中，可使食品受到电场的直接作用或高压放电形成离子空间的作用，或是放电形成臭氧的作用等。

（3）离子空气和臭氧处理。是用高压放电形成的离子空气和臭氧直接处理食品。据研究，负离子空气对一些果蔬有抑制生理活性的效应，正离子空气则带有促进作用；臭氧是强氧化剂，除消毒防腐作用之外，还有其他生理效应。

应用电磁处理进行果蔬储藏，其保鲜效果十分明显，但目前还处于实验研究阶段，今后将会得到广泛应用。

（二）危险品的安全储存

1. 危险品的特性

危险品是指在流通中，由于本身具有的燃烧、爆炸、腐蚀、毒害及放射线等性能，或因摩擦、震动、撞击、暴晒或温湿度等外界因素的影响，能够发生燃烧、爆炸或人畜中毒、表皮灼伤，以至危及生命，造成财产损失等危险性的货物。主要有化工原料、化学试剂及部分医药、农业杀虫剂、杀菌剂等。

化学危险货物按不同危险属性分为十类：爆炸性货物、氧化剂、压缩气体和液化气体、自燃货物、遇水燃烧货物、易燃液体、易燃固体、毒害性物品、腐蚀品、放射性物品。

（1）爆炸性货物

此类货物化学性质活泼，对机械力、电、热等很敏感。在外界作用下（如受热、撞击摩擦、震动或其他因素激发等），能发生剧烈的化学反应，瞬间产生大量的气体和热量，使周围压力急剧上升，发生爆炸，对周围环境造成破坏。其特性有三：①爆炸性。是一切爆炸物的主要特性。这类物质都具有化学不稳定性，在一定外因的作用下，能以很快的速度发生剧烈的氧化还原反应，同时产生大量的气体和热量，形成冲击波，以致对周围造成机械性的破坏。②吸湿性。很多爆炸性货物都具有较强的吸湿性，多数炸药随着水分含量的增加而降低爆炸能力，甚至失去爆炸性。但这些商品的水分充分蒸发后，仍可恢复原来的爆炸性，吸湿和干燥的反复进行，会使药体硬化结块，降低质量。已结块的炸药，不得用铁工具粉碎，以防发生爆炸，因此，储存爆炸商品的库房要经常保持干燥。③条件性。爆炸性是由其本身的组成和性质决定的，但是也要具备必要的外界条件，如热的作用、机械作用、接触明火、日光的作用、金属的作用、强酸作用等，才会爆炸。因此，掌握了影响爆炸物爆炸的外界条件，就可以在储存过程中保证安全。

（2）氧化剂

此类物质具有强烈的氧化性，在不同条件下，遇酸、碱、受热、受潮或接触有机物、还原剂即能分解放氧，发生氧化还原反应，引起燃烧。其特性有五方面：①氧化性：就是具有较强的得电子能力。②遇热分解：有遇热分解、燃烧、爆炸的危险。③吸水性：大多数盐类都具有不同程度的吸水性。它们在潮湿环境里很容易从空气中吸收水分，甚至溶化、流失。④化学敏感性：氧化剂与还原剂、有机物、易燃物等接触时，有的能立即发生不同程度的化学反应，甚至爆炸与燃烧，或因外界因素的作用而引起燃烧、爆炸。⑤遇酸分解：特别是碱性氧化剂，遇酸后能发生剧烈反应，引起燃烧或爆炸。氧化剂还有其他的特性，如一定的毒性、腐蚀性、使人中毒与灼伤等。

（3）压缩气体和液化气体

此类货物系指压缩、液化或加压溶解的气体储存于耐压容器中。在具备一定的受热、撞击或剧烈震动的条件下，容器的内压力容易膨胀引起介质泄漏，甚至使容器破裂爆炸，从而导致燃烧、爆炸、中毒、窒息等事故。

其特性有：剧毒性、易燃性、助燃性、爆破性等。

（4）自燃货物

货物发生氧化的过程中，不但放出大量的热，而且发出强烈的光，这种化学现象叫燃烧。货物开始燃烧的最低温度称为该物质的燃烧点。燃烧点越低的商品越容易引起燃烧，危险性也就越大。

其特性有：①自燃性即货物不需明火接触而自身燃烧的特性；②条件性：是指其燃烧是有条件的，如温湿度、有无助燃物等。

(5) 遇水燃烧货物

遇水或潮湿空气能分解产生可燃气体，并放出热量而引起燃烧或爆炸的货物叫遇水燃烧货物。其特性是遇水后能发生剧烈的化学反应，放出可燃性气体，当达到其燃点时立即燃烧以致爆炸。此类货物在储存中，绝对不能接触水蒸气、水等。

(6) 易燃液体

凡在常温下以液体状态存在，遇火容易引起燃烧，其闪点（易燃液体挥发出来的蒸汽，在一定温度条件下接触火源，即能发出闪电似的火花，但不能继续燃烧，发生闪光的最低温度叫闪点）在 45℃以下的物品叫易燃液体。如豆油、花生油、乙醚、汽油、酒精等。

其特性有：易燃性、挥发性、高度的流动扩散性、爆炸性、与氧化性强酸及氧化剂作用。此外，多数易燃液体都有不同程度的毒性。

(7) 易燃固体

物质以固体形态存在，本身燃点较低，遇明火或受热、受撞击、摩擦、接触氧化剂或强酸后，发生剧烈的氧化反应，产生热量，达到该物质的燃点时，便迅速发生猛烈的燃烧，这类物品叫易燃固体物品。如赤磷及含磷的化合物、硝基化合物等。

其特性是燃烧性等。

(8) 毒害性物品

本类物品被误服、吸入或皮肤黏膜接触进入肌体后，积累到一定的量，能与体液或组织发生生物化学作用或生物物理学变化，扰乱或破坏肌体的正常生理功能，引起暂时性或持久性的病理状态，甚至危及生命。

毒物对人体的影响，由于人的体质和生理状况不同（如年龄、体质、性别等），对接触同样性质、同样剂量的毒物，其感受是不一样的。青壮年一般对毒物感受性较小，儿童和老年人则大些。

其特性有：有毒性、挥发性、燃烧性、溶解性等。

(9) 腐蚀品

本类物品能灼伤人体组织，并对金属等商品造成损坏。其散发的粉尘、烟雾、蒸汽，强烈刺激眼睛和呼吸道，吸入会中毒。如无机酸性腐蚀商品、有机酸性腐蚀物品、碱性腐蚀物品等。

其特性有：腐蚀性、毒害性、易燃性、氧化性、遇水分解性等。

（10）放射性物品

本类物品能自发不断地放出人体感觉器官不能察觉到的射线，具有不同的穿透能力，能杀伤细胞，破坏人体组织，长时间或大剂量照射，会引起伤残甚至死亡。其中有些物品还具有易燃、毒害、腐蚀等性质。

以上是对各种危险品的简单介绍，我们必须了解它们各个不同方面的特点和危险性，采取相应有效的措施，才能在储存过程中保证安全。

2. 危险品仓库的种类及建筑要求

危险品仓库，一般占地面积较大。在布局上，应区别各类物品的不同性能，以"安全第一"为原则，搞好区域规划。按照储存商品的类别和性能，充分利用地形、地物，合理划分各类物品的存放地区；并按地势标高和气象资料设置必要的防雷网；要按安全需要，科学布置消防系统。危险品仓库在库区布局上要按公安部建筑设计防火规范的要求，预留符合规定的防火安全距离。

（1）爆炸性货物仓库

要专库专用，最好是利用山势、洼地作为屏障。建地下式库时要有1/3～2/3的高度设在地面以下，外露墙壁用土培成45度斜坡，库顶要用轻质不燃材料覆盖。如建地上式库，应与四周保持足够的安全距离，并在周围筑堤（堤基离库墙1～3米，堤顶宽度不小于1米，且高出屋檐1.5米以上），采用轻质隔热库顶。每幢建筑面积在100平方米以内，通风良好，四壁为防水层，地坪用沥青抹平。为了防止日光照射，库房门窗安装不透明玻璃或用白色涂料涂刷，库内照明可安装电灯（最好安防爆式电灯），电源开关应设在库房外避雨的地方；无电源的地方，可用电池照明，绝对不可用明火灯具。

（2）氧化剂仓库

储存氧化剂的库房以隔热、降温为主。库顶宜用绝热材料，库内需加顶棚，地坪宜用空心砖砌筑，以保持干燥。门窗要严实，既便于密闭，又方便开启通风。

（3）压缩气体或压缩液体仓库

要专库专用，库间距离不少于20米。用耐火材料建造，墙壁坚固并具有绝热性，库顶为轻质不燃材料。门窗应向外开启，库内高度不低于 3.25 米。若存于普通砖木结构库房，库内要通风、干燥、防潮、防热，地面光滑，采用防爆式照明。窗户应使用磨砂玻璃或涂成白色。易燃易爆气体库房，应有避雷装置。库与生活区距离应不少于 50 米，在储存气体的库房周围不能堆放任何可燃材料。

(4) 自燃货物仓库

一级自燃货物（不含黄磷和桐油配料制品）必须存于阴凉、干燥、通风的库房，且有防热、隔热设施，如双墙、双顶或库内墙壁、屋顶加隔热层。库房不宜过大，和邻库须有一定的安全距离。

二级自燃货物（桐油配料制品）在一般情况下，它的氧化速度是比较缓慢的，危害性也比较小，但要存于防热防潮的库房。

(5) 遇水易燃货物仓库

要求库房地势高且干燥，排水畅通，不渗不漏，便于控制温湿度。其中，电石要专库储存。

(6) 易燃液体仓库

库房要远离生活区，用水方便，库间要有足够的消防车通道，消火栓的分布要周密合理。库房宜采用钢筋混凝土结构，门窗向外开启。低沸点商品，宜存于低温库房或窑洞、地窖中，用防爆灯在库外通过玻璃窗向库内照明。库内外墙壁上不能安装任何电器设备。库内应安装排毒净化设备，以排除易燃液体放出的有毒气体。

(7) 易燃固体货物仓库

库房要阴凉、干燥、通风，有隔热、防热措施。一级品中的赛璐路、硝化棉和赤磷及二级品中的火柴，要专库储存。

(8) 毒害性货物仓库

毒害性货物可存于普通砖木结构库房，地坪要抹光，门窗要严密、遮光，能分解散发毒性气体，要专库独立隔离储存，通风良好，并设气体净化装置。有条件的库房可安装机械通风排毒设备，以保持库内空气清洁。门窗玻璃宜涂成白色，以防日光直接照射。

(9) 腐蚀性货物仓库

库顶最好是水泥的平顶结构，里面涂耐酸漆，以防腐蚀。地坪可以用一般的水泥地面。对于木结构的屋架、门窗和各个结构部位的铁附件，都应涂上耐酸漆或比较耐酸的油漆，以防酸性货物挥发出来的气体或蒸汽腐蚀库房建筑结构。库内不宜安装电灯，在建筑上必须考虑库房的采光，也可以采取在库外向库内照明的方法。

对易燃、易挥发、易沉淀的腐蚀商品要储存于冬暖夏凉的库房；遇水分解发烟的卤化物的库房，必须干燥和通风良好；碱性腐蚀货物可以存放在地势较高的一般库房；酸性与碱性腐蚀商品，由于它们性质相互抵触，要将它们分库存放。

(10) 放射性货物仓库

应建特型库，最好是地下式的，库房建筑宜用混凝土结构，墙壁厚度应不少于50厘米，房顶、四壁、地坪要用拌有重晶石粉的混凝土抹平。地坪表面要光滑，以便冲洗残存的放射性灰尘，四壁、天花板、门窗应用铅板衬制或覆盖，库内要有下水道和专用渗井。

3. 危险品的安全储存管理

危险品分为十大类，它们各有自己的特点，但也有共同的危险性，总体上说，大都具有怕热、怕摩擦、怕水及有腐蚀性等危险特性。因此危险品仓库的设置必须远离四周其他建筑物，危险品仓库的建筑形式多种多样，要根据危险品的不同性能来建造和选择适宜的储存场所。同时危险品在装卸、搬运、堆码及管理、养护等方面，必须采取科学的方法，危险品仓库管理一般要求做到以下几点：

(1) 货物出入库管理

货物出库时，提货车辆和提货人员一般不得进入存货区，而是由仓库搬运人员将应发货物送到货区外的发货场。柴油车及无安全装置的车辆不得进库区，提货车辆装运抵触性货物的，不得进入库区拼车装运。商品出库时包装完整，重量正确，并标有符合货物品名和危险性质的明显标记。

货物入库时，必须防止不合格和不符合安全储存要求的货物混运进库，这是把好危险货物储存安全的第一关。商品入库要检查其包装、衬垫、封口等，符合安全储存要求，方准运入库。

(2) 分区分类储存

易爆、易燃、助燃、毒害、腐蚀、放射等类货物性质各异，互相影响或抵触的，必须分区隔离储存，即使是同类货物，虽然其性质互不抵触，但也应视其危险性的大小和剧缓程度进行分类存储。

根据仓库建筑、设备和水源与消防条件，适当划分各类危险品的货区和货位，区与区、仓与仓、垛与垛之间，要有一定的安全间距。划定的货区、货段和货位，应进行货位编号。

危险品在储存过程中，要定期检查与观测，并记录清楚。要根据商品的特性，加强温湿度的控制与调节。

(3) 堆码苫垫

危险品应以库房储存为主，堆码不宜过高过大，货垛之间要留出足够宽的走道，墙距亦应较宽。一般堆垛高度为：液体商品以不超过 2 米、固体货物以不超过 3 米为宜。

库房存放怕潮货物，垛底应适当垫高，露天存放更应垫高防水。同时，应根据货物性质选择适宜的苫盖物料。如硫磺等腐蚀性货物，不宜用苫布盖，以用苇席盖为妥。储存危险品用过的苫垫物料，需要调剂使用时，要经刷洗干净后再用。

(4) 安全装运

危险品的装卸、搬运，必须轻装轻卸，使用不发生火花的工具（用铜制的或包铜的器具），禁止滚、摔、碰、撞、重压、震动、摩擦和倾斜。对怕热、怕潮的危险品，在装运时应采取必要措施。装卸场地和道路必须平坦、畅通；如在夜间装卸，必须有足够亮度的安全照明设施。在装卸、搬运操作中，应根据商品性质和操作要求，穿戴合适的防护服具。腐蚀性货物仓库附近应设水池或冲洗设备，预防操作中万一包装破裂、身体沾染时，便于迅速浸入水中及时冲洗解救。

第六节 库存控制

一、定量订货法

(一) 定量订货法原理

所谓定量订货法，就是预先确定一个订货点和订货批量，随时检查库存，当库存下降到订货点时就发出订货，订货批量取经济订货批量。

其原理如图 5-2 所示，假设实施订货点控制技术之前，已确定好了订货点为 Q_K，订货量为 Q^*。其中 Q_K 由两部分构成，一部分是安全库存 Q_S，另一部分是提前期平均需求量 $\overline{D}_L$，$Q_S=Q_K-\overline{D}_L$ 或 $Q_K=Q_S+\overline{D}_L$。在系统开始运转时，从 0 时刻开始，每天检查库存，假设在第一个周期，随着销售的进行，库存量以 R_1 的速度下降，当库存下降到 Q_K 时，就发出订货，订货批量为 Q^*。随后进入订货进货提前期 T_{K1}。提前期 T_{K1} 结束时，消耗的库存物资数量为 D_{L1}，使库存水平下降到最低。这时所订货物批量 Q^* 到达，实际库存量一下上升了一个 Q^*，达到高库存，然后进入第二个周期的销售。假设第二个周期的销售速率为 R_2，库存下降到 Q_K 时，又发出订货，订货批量为 Q^*。随后进入第二个订货进货提前期 T_{K2}。提前期 T_{K2} 结束时，消耗的库存物资数量为 D_{L2}，使库存水平又下降到最低。这时所订货物批量 Q^* 到达，实际库存量一下又上升了一个 Q^*，又达到高库存，然后进入第三个周期的销售。这样不断循环下去。这里假设是随机型，也就是假设 $R_1\neq R_2\neq R_3\neq\cdots$，$T_{K1}\neq T_{K2}\neq T_{K3}\neq\cdots$，因而提前期销售量 $D_{L1}\neq D_{L2}\neq D_{L3}\neq\cdots$，各个提前期需求量进行平均就是 $\overline{D}_L$。

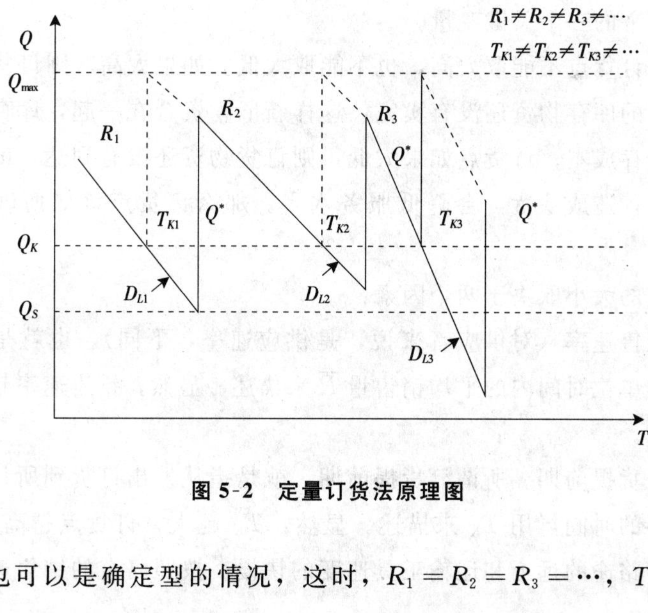

图 5-2　定量订货法原理图

当然也可以是确定型的情况，这时，$R_1=R_2=R_3=\cdots$，$T_{K1}=T_{K2}=$

$T_{K3}=\cdots$，因而提前期销售量 $D_{L1}=D_{L2}=D_{L3}=\cdots$，各个提前期需求量进行平均就是 D_L。

在整个库存中的所有的需求量都得到满足，没有出现缺货，都是由订货点库存量满足的。其中 T_{K1}、T_{K2}期间还没有动用安全库存，而 T_{K3}期间动用了安全库存 Q_S，库存满足率达到了 100%。但是如果安全库存设得太小的话，则 T_{K3}期间的库存曲线就会下降到横坐标以下，也就是会出现缺货。而且 Q_S 越小，缺货量就越大。因此，设定安全库存量的作用就是为了降低缺货率，提高库存满足率。

由于控制了订货点 Q_K 和订货批量 Q^*，使得整个系统的库存水平得到了控制。最高库存量 Q_{max}不超过 Q_K+Q^*。

以上就是定量订货法原理，这个订货策略，其核心就是要解决三个问题。第一就是要确定订货点；第二就是要确定订货批量；第三就是要确定如何实施。下面分别进行研究。

（二）定量订货法控制参数的确定

1. 订货点的确定

订货点就是发出订货的时机。在定量订货法中，是把发出订货时仓库里该品种还保有的实际库存量叫做订货点。订货点是一个决策变量，它是直接控制库存水平的一个关键变量。

显然，订货点不能取太高，也不能取太低。如果太高，则订货物资订回来了，原有的库存物资还没有卖完，这样新旧物资合在一起，库存量就太大了，增加库存成本；订货点如果太低，则订货物资还没有到达，旧的物资就已经卖完了，造成缺货，会降低服务水平。那么订货点该如何确定才能合适呢？

订货点的大小取决于两个因素：

（1）销售速率（对供应者来说，是供应速率，下同）。也就是销售速率的快慢，用单位时间内的平均销售量 $\overline{R}$ 来描述。显然，销售速率越高，订货点应该越高。

（2）订货提前期。所谓订货提前期，就是指从发出订货到所订货物运回入库所需要的时间，用 T_K 来描述。显然，T_K 越大，订货点越高。T_K 的大小，取决于路途的远近和运输工具速度的快慢。按照已有的销售速率在订货提前期内将有一定的销售量，我们把这个销售量叫做订货提前期销售量，或简称订货提前期需求量，用 D_L 表示，显然有：

$$“D_L” = “R” \times “T_K”$$

这里之所以都加上引号是表示这里只是概念意义，因为它们各自可能都是随机变量或确定变量，在数值上具体表达式可能不同。

由上式提前期需求量 D_L 与订货提前期 T_K 以及销售速率 R 的关系，我们可以看出，订货点合适的大小应当取为刚好等于提前期需求量。即 $Q_K = D_L = R \times T_K$。在这种情况下，既能满足需要又可以使库存量降到最低，是一种理想的状态。

但这种情况是一个概念性的计算方法，针对具体的模型，各自有具体的表达形式。在正态需求的情况下，有：

$$\begin{aligned} Q_K &= \overline{D}_L + Q_S = \overline{D}_L + \alpha \times \sigma_D \\ &= \overline{R} \times \overline{T}_K + \alpha \times \sqrt{\overline{T}_K \times \sigma_R^2 + \overline{R}^2 \times \sigma_T^2} \end{aligned} \tag{5-1}$$

我们称 Q_S 为安全库存量。它是在平均提前期需求量 $\overline{D}_L$ 之上附加的一个保险裕量。它在数值上等于标准偏差 σ_D 的“个数”。这个“个数”就是安全系数 α。α 越大，则安全库存量 Q_S 也越大。安全系数究竟取多大，要由缺货率 q，或者库存满足率 p 来确定。所谓缺货率，也就是缺货水平，即实际上发生的提前期需求量 D_L 超过某一个额定库存量 Q_K 的累积概率，用 q 表示：

$$q = P\ \{D_L > Q_K\}$$

而库存满足率，也就是由库存物资现货供应满足用户的程度，也称服务率，或服务水平，记为 p。它在数值上等于实际发生的提前期需求量小于等于额定库存量 Q_K 的累积概率：

$$p = P\ \{D_L \leqslant Q_K\}$$

而且有：

$$p + q = 1$$

也就是说，缺货率和库存满足率是互补的，知道一个，也就知道另一个。它们又是和安全系数一一对应的。而安全系数又和安全库存量一一对应。所以安全系数 α、缺货率 q、库存满足率 p 和安全库存量 Q_S 都是一一对应的，知道 α，或者 q、p 都可以知道 Q_S。人们把这种对应关系整理成一个表，叫做安全系数表，如表 5-2 所示。

表 5-2 **主要安全系数表**

α	0.0	0.13	0.26	0.39	0.54
p	0.5	0.55	0.6	0.65	0.70
q	0.5	0.45	0.4	0.35	0.30
α	0.68	0.84	1.00	1.04	1.28
p	0.75	0.80	0.84	0.85	0.90
q	0.25	0.20	0.16	0.15	0.10
α	1.65	1.75	1.88	2.00	2.05
p	0.95	0.96	0.97	0.977	0.98
q	0.05	0.04	0.03	0.023	0.02
α	2.33	2.40	3.00	3.08	3.09
p	0.99	0.992	0.9987	0.9999	1.0000
q	0.01	0.008	0.0013	0.0001	0.0000

这样，如果知道 q 或 p，就可以由安全库存系数表查出 α，根据安全系数 α 和标准偏差 σ_D，就可以由式（5-1）求出相应的安全库存量 Q_S。

在式（5-1）中，$\overline{D}_L$ 和 σ_D 是订货提前期需求量 D_L 的平均值和标准偏差，$\overline{R}$ 和 σ_R、$\overline{T}_K$ 和 σ_T 分别是需求速率 R 和订货提前期 T_K 的平均值和标准偏差。

根据式（5-1）就可以求出在正态分布下的订货点。

式（5-1）可以简单地理解为订货点是由两部分组成的：一部分是平均的提前期需求量，另一部分是安全库存量。安全库存量也可以简单地用日平均需求量乘以安全天数来简单的计算。

在非正态分布的需求情况下，$Q_K = D_{L\,|\,p=\{D_L \leqslant Q_K\}=p}$

也就是非正态分布下的订货点就等于订货提前期需求量小于等于订货点的累积概率等于给定的服务率 p 时的那个提前期需求量。

2. 订货批量的确定

所谓订货批量，就是一次订货所订的物资数量。订货批量也是不能随意确定的。因为订货批量的高低，直接影响库存量的高低，也直接影响物资的供应满足程度。订货批量太大，虽然可以较充分地满足用户需要，但将使库存量过高，成本升高；订货批量太小，库存量虽然可以降下来，但不一定能保证满足用户需要。所以订货批量也要合适。决定订货批量的大小主要考虑下面两个因素：

（1）需求速率 $\overline{R}$ 的高低。需求速率越高，说明用户的需求量越大，当然订货批量也应该大，这是容易理解的。

（2）经营费用的高低。费用的高低，对订货批量有影响，在确定订货批量时，需要综合考虑发生的各种费用，根据使总费用最省的原则来确定经济订货批量 Q^*。

不同的模型中，考虑的库存费用种类不一样，所以订货批量的大小也不一样。例如在不允许缺货、瞬时到货的模型中的经济订货批量 Q^* 可以表示为：

$$Q^*=\sqrt{\frac{2c_0R}{c_1}} \tag{5-2}$$

它取决于单次订货费用 c_0 和单位物资单位时间的保管费用 c_1，还取决于单位时间内的需求量 R。

在随机型的模型中，订货批量也都可以采用公式（5-2）计算。

3. 实施的步骤

定量订货法的实施步骤是很简单的，可以分为以下三步：

（1）按照前面所说的办法确定订货点和订货批量；

（2）库存管理人员或销售人员每天检查库存；

（3）当库存量下降到订货点时，就发出订货。订货量取一个经济订货批量。

应用定量订货法时还要注意它的运用环境条件。不是什么情况下都可以运用定量订货法的。定量订货法应用的前提条件是：

（1）它只适用于订货不受限制的情况。即什么时候订货就能订到货，想到哪里订货就到哪里订到货。也就是说，它只适用于物资资源供应充足、供大于求、自由流通的市场。

（2）它的直接运用只适用于单一品种的情况。如果要实行几个品种的联合采购，则要进行灵活的处理才行。

（3）它不但适用于确定型需求，也适用于随机型需求。对于不同的需求类型，可以导出具体的运用形式，但它们的应用原理都是相同的。

(4) 它一般多用于C类物资，品种多且价值低廉，实行固定批量订货的物资。

下面举例说明。

例 5—1：已知某公司过去六个月的销售量分别为 10、16、14、20、16、14（吨），如果它们服从正态分布，订货提前期为 1 个月，单次订货费用 c_0 为 75 元，单位物资单位时间的保管费用 $c_1=10$ 元/吨·月，预计今后一段时间将继续以其趋势销售，要求库存满足率为 84%。如果实行定量订货法，则应该怎样操作？

这里，需求速率是一个随机变量，订货提前期是一个常量，为了计算订货点，先要对 R 和 T_K 进行处理。

R 的平均值：$\overline{R}=\dfrac{\sum_{i=1}^{6}R_i}{6}=15$（吨）

R 的标准差：$\sigma_R=\sqrt{\dfrac{\sum_{i=1}^{6}(R_i-\overline{R})^2}{6}}=3$

所以 R 服从以 15 为平均值、3 为标准偏差的正态分布：

$$R\sim N\ (15,\ 3)$$

订货周期是常数：$T_K=1$。再由库存满足率 $p=84\%$，查安全系数表得 $\alpha=1$。

所以订货点：$Q_K=\overline{D}_L+Q_S=\overline{D}_L+\alpha\times\sigma_D=\overline{R}\times T_k+\alpha\times\sqrt{T_K}\times\sigma_R$

$$=15\times1+1\times\sqrt{1}\times3=18\ (\text{吨})$$

经济订货批量：$Q^*=\sqrt{\dfrac{2c_0\overline{R}}{c_1}}=\sqrt{\dfrac{2\times75\times15}{10}}=15$（吨）

所以具体实施定量订货法，就是随时检查库存，当库存量下降到 18 吨时，就发出订货，订货批量取 15 吨。当然，在实际工作中，不一定要那么精确，可以根据实际情况作一些必要的调整。

例 5—2：某公司面对的提前期需求量的概率分布如表 5-3 所示，如要求库存满足率不小于 85%，则订货点应取多少，安全库存应设置为多少？

首先，根据表中给出的概率表，求出累积概率。写于 p 所在的列中。这个累积概率就是各个提前期需求量的库存满足率。由表中查出累积概率 p 不小于 85%所对应的提前期需求量 D_L 就可以取为订货点 Q_K。

表 5-3

D_L	P（D_L）	p
30	0.025	0.025
40	0.100	0.125
50	0.200	0.325
60	0.350	0.675
70	0.200	0.85
80	0.100	0.875
90	0.025	1.000
Σ	1.000	

由于 $Q_K=D_{L\mid p\{D_L\leqslant Q_K\}=0.85}=70$，所以订货点应取 70。

最后求安全库存量，由于 $\overline{D}_L=\sum D_L\times P(D_L)=60$，则由 $Q_K=\overline{D}_L+Q_S$ 得：$Q_S=Q_K-\overline{D}_L=70-60=10$，即安全库存量为 10。

二、定期订货法

（一）定期订货法的原理

定期订货法的原理，是预先确定一个订货周期 T^* 和一个最高库存量 Q_{max}，周期性检查库存，发出订货。订货批量的大小应使订货后的“名义”库存量达到额定的最高库存量 Q_{max}。定期订货法的运行模型如图 5-3 所示。

在系统运行以前，先确定好订货周期，假设为 T，也确定好仓库库存控制的最高库存量，假设为 Q_{max}。库存销售按正常规律进行。假设在时间轴的 0 点开始运行定期订货法，这时检查库存量，库存水平在 1 点，库存量假设为 Q_{K1}，则发出订货，订货量取 Q_{K1} 与 Q_{max} 的差值，即第一次的订货量 $Q_1=Q_{max}-Q_{K1}$。随后进入第一个订货提前期 T_{K1}，提前期结束，所订 Q_1 的货物到达，实际库存一下升高 Q_1，达到高库存。然后进入第二个周期的销售。

销售仍然按正常进行，销售过程中可以不管库存量的变化。待经过一个周期 T，到了按订货周期该订货的日子，又检查库存量，假设这时（2点）现库存量为 Q_{K2}，就又发出订货量 Q_2，Q_2 的大小等于 Q_{K2} 与 Q_{max} 的差值。随后进入第二个订货提前期 T_{K2}，T_{K2} 结束，所订 Q_2 的货物到达，实际库存又一下升高 Q_2，达到高库存。随后进入第三个销售周期。到了下一个订货日，又检查库存、发出订货。这样循环下去。

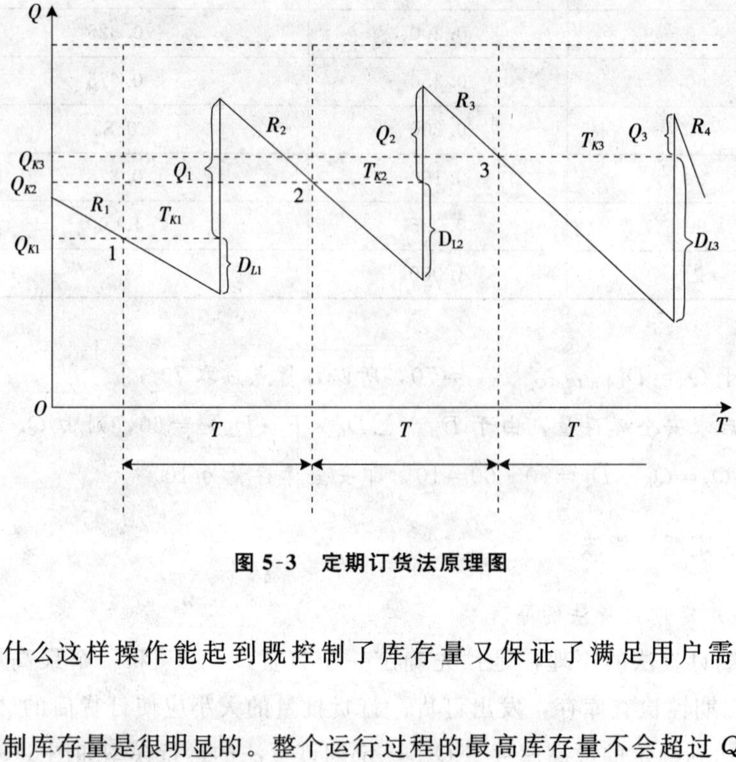

图 5-3　定期订货法原理图

为什么这样操作能起到既控制了库存量又保证了满足用户需要的目的呢？

控制库存量是很明显的。整个运行过程的最高库存量不会超过 Q_{max}。实际上刚订货时，包括订货量在内的"名义"库存量最高就是 Q_{max}，待经过一个订货提前期销售，所订货物实际到达，实际最高库存量比 Q_{max} 还少一个提前期平均需求量，等于 $Q_{max}-\overline{D}_L$。所以 Q_{max} 实际上就是最高库存量的控制线，它是定期订货法用以控制库存量的一个关键性的控制参数。

定期订货法如何保证用户需求的满足程度呢？定期订货法在保证用户需求满足程度方面的方法原理是与定量订货法不同的。定量订货法是以提前期用户需求量为依据，制定的策略的目的是保证提前期内用户需求量的满足，它的决策参数 Q_K 就是只能按一定满足程度来保证满足提前期内用户的需求量。定期订货法不是以满足提前期内用户的需求量为目的的，而是以满足订货周期内的需求量再加上满足提前期内用户的需求量为目的的，即是以满足 $T+T_K$ 期间的用户总需求量为目的的。它是根据 $T+T_K$ 期间的用户总需求量为依据来确定 Q_{max} 的。因为 $T+T_K$ 期间的总需求量也是随机变化的，所以也是一个随机变量。其值也是由两部分构成的，一部分是 $T+T_K$ 期间的平均需求量，另外一部分是为预防随机性延误而设置的安全库存量。而安全库存量的大小也是根据一定的库存满足率而设置的。库存满足率越高，则安全库存量也越多，Q_{max} 也越大，库存满足程度也越高。

（二）定期订货法控制参数的确定

1. 订货周期的确定

定期订货法中，订货周期决定了订货时机，它也就是定期订货法的订货点。订货周期，就是订货间隔期。它与定量订货法的订货间隔期不同，定量订货法的订货间隔期互相可能不等，定期订货法的订货间隔期都是相同的。订货间隔期的长短，直接决定了最高库存量的大小，也就是决定了仓库水平的高低，因而决定了库存费用的大小。所以订货周期不能太长，太长就会使库存水平过高；也不能太短，太短会使订货批次过多，增加订货费用。

在一般情况下，可以用经济订货周期作为定期订货法的订货周期，即：

$$T^{*}=\sqrt{\frac{2c_0}{c_1 R}}$$

式中变量的含义与经济批量公式中的一样。

实际上，订货周期也可以根据具体情况进行调整。例如：（1）根据自然日历习惯，例如以月、季、年等；（2）根据企业的生产周期或供应周期等。

2. 最高库存量的确定

前面已经说到，定期订货法的最高库存量应该以满足 $T+T_K$ 期间的需求量为依据。也就是说，我们可以取最高库存量等于 $T+T_K$ 期间的总需求量。如果我们用 D_{T+T_K} 来描述 $T+T_K$ 期间的需求量，则有：

$$Q_{max}=\text{“}D_{T+T_K}\text{”}$$

因为 D_{T+T_K} 一般也是随机变量，所以也存在一个“分布”问题。和定量订货法中的 D_L 一样，我们也把它分为正态分布和其他分布两类。

对于正态分布，最高库存量等于平均 D_{T+T_K} 加上安全库存 Q_S：

$$Q_{\max}=\overline{D_{T+T_K}}+Q_S=\overline{D_{T+T_K}}+\alpha\times\sigma_D$$

这是用 D_{T+T_K} 来描述的式子。和定量订货法中的 D_L 一样，D_{T+T_K} 也可以用 R 和 T_K 来描述。则可以写成：

$$Q_{\max}=\overline{R}\times（T+\overline{T}_K）+\alpha\times\sqrt{（\overline{T}_K+T）\times\sigma_R^2+\overline{R}^2\times\sigma_T^2}$$

它们都和 D_L 的情况相似，只是用 $T+T_K$ 代替了 T_K 而已。

对于非正态分布，$Q_{\max}$ 的求法也类似于定量订货法中的 Q_K 的求法，$Q_{\max}$ 等于某一个 D_{T+T_K} 值，在这个 D_{T+T_K} 点，其累积概率不小于给定的库存满足率：

$$Q_{\max}=D_{T+T_K}\mid_{P\{D_{T+T_K}\leqslant Q_{\max}\}=p}$$

根据给定的库存满足了 p，到给定的 D_{T+T_K} 的累积概率分布表中去查对应的 D_{T+T_K}，就可以得出 $Q_{\max}$。

3. 订货量的确定

定期订货法没有固定不变的订货批量，每个周期的订货量的大小都是由当时的实际库存量的大小确定的，等于当时的实际库存量与最高库存量的差值。这里所谓的“实际库存量”，严格地说，是指检查库存时实际具有的能够用于销售供应的全部物资的数量。也就是说，它不仅包括当时的存于仓库的物资数量 Q_K，也包括已订货而未到的物资数量 I 和已经售出而尚未发货的物资数量 B。Q_K、I、B 都是由订货时检查库存而实际得到的数据，每次检查的值可能不一样，所以每次的订货量也不一样。第 i 次检查库存发出订货的数量 Q_i 可以表示为：

$$Q_i=Q_{\max}-Q_{k_i}-I_i+B_i$$

4. 如何实施

定期订货法具体实施时，首先要如前所说，进行需求分析、经验方式分析、控制方法分析等。在确定要用定期订货法时，就要分析确定决策参数 $Q_{\max}$ 和 T。然后在具体运行时，每隔一个订货周期 T 检查库存，发出订货。每次订货量的大小都是使得订货后的名义库存量达到 $Q_{\max}$。

定期订货法应用的前提条件是：

(1) 它的直接运用只适用于单一品种的情况。但是稍加处理，也可以用于几个品种的联合采购。

(2) 它不但适用于随机型需求，也适用于确定型需求。对于不同的需求类型，可以导出具体的运用形式，但它们的应用原理都是相同的。

(3) 它一般多用于A类物资，即品种少而价值高，比较重要的物资。

下面举例说明。

例5—3： 某公司为实施定期订货法策略对其某个商品的销售量进行了分析研究。发现用户需求服从正态分布。过去9个月的销售量分别是：11、13、12、15、14、16、18、17、19（吨/月）。它们如果组织资源进货，则订货提前期为1个月，一次订货费为30元，1吨物资一个月的保管费为1元。如果要求库存满足率达到90%，根据这些情况应当如何制定定期订货法策略？在实施定期订货法策略后，第一次订货检查时，发现现有库存量为21吨，已订未到物资为5吨，已经售出但尚未提货的物资为3吨，问第一次订货时应该订多少？

由已知可以得到如下信息：$R\sim(\overline{R},\sigma_R)$，$T_K=1$（月），为常数。$c_0=30$元，$c_1=1$元/吨·月，$p=0.9$。第一次检查结果：$Q_{K_i}=21$吨，$I_i=5$吨，$B_i=3$吨。$(i=1)$

要计算定期订货法策略和第一次订货量，先求需求速率的平均值和标准偏差：

$$\overline{R}=\frac{\sum_{i=1}^{9}R_i}{9}=15\ (\text{吨/月})$$

$$\sigma_R=\sqrt{\frac{\sum_{i=1}^{9}(R_i-\overline{R})^2}{9}}=1.8$$

再求订货周期T：$T^*=\sqrt{\dfrac{2c_0}{c_1\overline{R}}}=2$（月）

由于$p=0.9$时，查表可得$\alpha=1.28$，所以：

$$Q_{\max}=\overline{R}\times(T+\overline{T}_K)+\alpha\times\sqrt{(\overline{T}_K+T)}\times\sigma_R^2+\overline{R}^2\times\sigma_T^2$$

因为$T=2$，所以$\sigma_T=0$，则得：

$$Q_{\max}=15\times(2+1)+1.28\times\sqrt{3}\times1.8\approx49\ (\text{吨})$$

因此确定具体的定期订货法策略时，设置订货周期T为2个月，最高库存量$Q_{\max}$设为49吨，周期性地检查库存，发出订货。订货量的大小，使得订货后的名义库存量达到$Q_{\max}$，所以第一次检查库存发出订货量为：$Q_i=$

$Q_{\max} - Q_{K_i} - I_i + B_i = 49 - 21 - 5 + 3 = 26$（吨）

三、库存模拟法

（一）MRP 介绍

MRP 英文全称为 Material Requirements Planning，译为“物料需求计划”。它是一种工业制造企业内的物料计划管理模式，根据产品结构各层次物品的从属和数量关系，以每个物品为计划对象，以完工日期为时间基准倒排计划，按提前期长短区别各个物品下达计划时间的先后顺序。

1. MRP 的提出——相关需求理论

对企业而言，它们的产品需求是具有相关性的。所谓相关性，是指对一种产品的需求和对另一种产品的需求是相互联系的。在库存理论中，多周转期需求可分为两类：独立需求和相关需求。所谓独立需求，是指需求变化独立仅涉及该产品，其需求的数量和时间与其他商品无关。一般面向消费市场的产成品库存属于独立需求库存，对这类库存物资适用于采用订货点法进行库存控制。所谓相关需求，是指需求的数量和时间与其他变量存在一定的相互关系，可以通过一定数学关系式推断出来。一般地，制造产成品的原材料或零部件库存属于相关需求库存。比如汽车企业生产汽车，生产多少辆即产品需求的波动受市场影响，而不受其他库存的影响，这类库存问题属于独立需求库存，往往通过预测分析，建立库存模型，如订货点模型来进行有效管理。而生产一辆汽车所需的零部件是固定的，比如一辆汽车需四个轮胎，它们之间的关系是确定的，生产 100 辆汽车就需要 400 个轮胎，这类库存问题属于相关需求库存问题。用传统的订货点法来处理制造过程中的这类相关需求问题有很大的盲目性，会造成大量原材料及在产品库存。具体说有以下几个缺点：

（1）盲目性

对需求不了解，盲目地维持一定的库存会造成资金积压。比如，对某零部件需求可能会出现如表 5-4 所示的三种情况。按传统的经济批量（EOQ）订货技术，可以计算出经济订货批量，假定为 90 件。第一种情况中，第一周仅需 30 件，若一次订货 90 件，则余下 60 件还需存放 3 周，到第四周再消耗 30 件，余下 30 件还需存放 4 周；第二种情况中，90 件的订货量在前三周就是多余的库存；第三种情况中，从第二周起剩余的60件被存放9周。靠经常维持库存来保证需要是由于对需求的数量和时间不进行控制所致，易因盲目性造成浪费。

表5-4　　某零部件需求表

周　次	1	2	3	4	5	6	7	8	9	10
情形一	30	0	0	30	0	0	0	30	0	0
情形二	0	0	0	30	0	0	60	0	0	0
情形三	30	0	0	0	0	0	0	0	0	60

（2）高库存与低服务水平

由于对需求的不了解，只有靠维持高库存来提高服务水平，这样会造成很大浪费。传统的订货点法使得低库存与高服务水平两者不可兼得，服务水平越高，库存越高，当服务水平达到95%以上时，再提高服务水平，则库存量上升很快。从理论上讲，若服务水平达到100%，则库存量必然趋于无穷大。

（3）形成"块状"需求

采用订货点法的条件是需求为均匀的。但是，在制造过程中形成的需求一般都是非均匀的：不需要时为零，一旦需要就是一批。采用订货点法则加剧了这种需求的不均匀性。

由上所述可看出，传统订货点法是用于处理独立需求问题的，它不能令人满意地解决生产系统内发生的相关需求问题。MRP可以精确地确定组件的需求数量与时间，消除了盲目性，实现了低库存与高服务水平的并存。

2. MRP的原理

MRP的目标是围绕物料转换组织制造资源，实现按需要的准时生产。它是按反工艺顺序来确定零部件、毛坯直至原材料的需要数量和时间的。由于现代产品结构的复杂性，如汽车由两万多个零部件构成，用手工方法不能在短期内确定如此多的零部件及制造资源需要的数量和时间。20世纪60年代，美国生产管理与计算机专家Oliver. W. Wight首先提出MRP，IBM公司首先在计算机上实现了MRP处理。

MRP的基本原理是，由主生产进度计划（Master Production Schedule,

MPS)、主产品结构文件（Bill of Materials，BOM）和产品库存文件（Production Ventory File）逐个地求出主产品所有零部件的生产时间和生产数量。其中，如果零部件靠企业内部生产，需根据各自生产时间长短来提前安排投产时间，形成零部件投产计划；如果零部件需外购，则要根据各自的订货提前期确定提前发出各自订货的时间、订货数量，形成采购计划。按照这个投产计划进行生产和按照采购计划进行采购，就可以实现所有零部件的出产计划，从而不仅能够保证产品的交货期，而且还能够降低原材料的库存，减少流动资金的占用。MRP 的逻辑原理如图 5-4 所示。

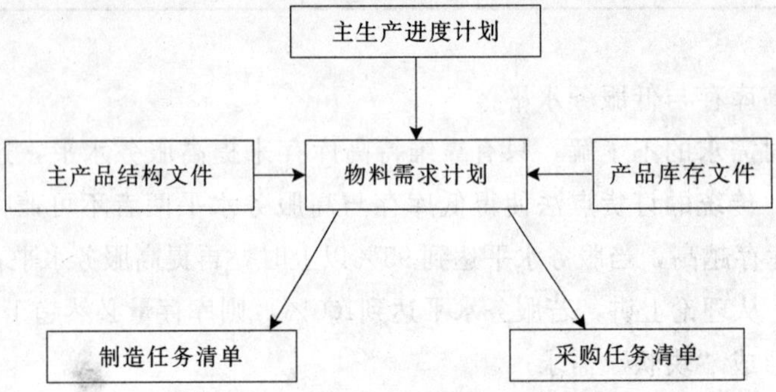

图 5-4　MRP 的逻辑原理

由图 5-4 看到，MRP 的基础文件包括：

(1) 主产品结构文件（BOM）。主要反映主产品的层次结构、所有零部件的结构关系和数量组成。根据这个文件，可以确定主产品及其各个零部件的需要数量、需要时间和它们相互间的装配关系。

(2) 主生产进度计划（MPS）。主要描述主产品及其结构文件 BOM 决定的零部件的生产进度，表现为各时间段内的生产量、生产时间、生产数量或装配时间、装配数量。

(3) 产品库存文件。包括主产品和其所有的零部件的库存量，已订未到量和已分配还没提走的数量。

MRP 技术在库存管理中的应用主要是通过 MRP 处理生成的采购任务清单来实现控制库存的目的。

（二）MRP 系统的运行

1. MRP 的输入

MRP 的输入有三个文件：

（1）主生产进度计划（MPS）

它是 MRP 系统最主要的输入信息，也是 MRP 系统的主要依据。其来自于企业的年度计划，在 MRP 中用 52 周来表示。其基本原则是，主产品出产进度计划覆盖的时间周期要不少于其组成零部件中具有的最长的生产周期。否则，这样的主产品出产进度计划不能进行 MRP 系统的运行，因此是无效的。

例如，有某产品出产计划表，如表 5-5 所示。

表 5-5　某产品出产计划表

时期/周	1	2	3	4	5	6	7	8
产量/（件/周）	25	15	20		60		15	

（2）主产品结构文件（BOM）

主产品结构一般用树形结构表示，最上层是 0 级，即主产品级，然后是一级，逐级往下分解，最末一级为 n 级，一般是最初级的原材料或者外购件。每一层有三个参数：零部件名称；组成零部件的数量；相应的提前期，包括生产提前期和订货提前期。

（3）库存文件（也叫库存状态文件）

它包含各个品种在系统运行提前期初库存量的静态资料，但它主要提供并记录 MRP 运行过程中实际库存量的动态变化过程。主要参数包括：

总需求量：指主产品及其零部件在每一周的需要量。其中主产品的总需要量与主生产进度计划一致，而主产品零部件的总需要量根据主产品出产进度计划和主产品的结构文件推算而得出。

计划到货量：指已经确定在指定时间到达的货物数量。它不包括本次 MRP 运行生成的生产任务单和采购任务单中的产品。这些产品由“计划接受订货量”来记录。

库存量：指每个周末库存物资的数量。

库存量=本周初库存量+本周到货量-本周需要量

=上周周末库存量+本周到货量-本周需要量

2. MRP 的输出

MRP 的输出有三个文件：

(1) 净需求量

它是指系统需要外界在给定的时间内提供的给定的物料的数量。这是物资资源配置需要回答的主要问题。不是所有零部件每一周都有净需求的，只有缺货的周才发生净需求量。所谓“缺货”，就是本期期初库存量（上期期末库存量）加上本期计划到货量小于本期的总需求量。

本周净需求量=本周总需求量-本周计划到货量-本周周初库存量

在 MRP 的实际运行中，不是所有的负库存都是净需求量。净需求量可以这样简单地确定：在现有库存量一栏中第一个出现负库存量的周，其净需求量就等于其负库存量的绝对值。

在其后连续出现的负库存量各周中，各周的净需求量等于其本周的负库存量减去前一周的负库存量差的绝对值。

(2) 计划接受订货量

它是指为满足净需求量的要求，应该计划从外界接受订货的数量和时间。

计划接受订货量=净需求量

(3) 计划发出订货量

它是指发出采购订货单进行采购或发出生产任务单进行生产的数量和时间，它在数量上等于计划接受订货量，时间上比计划接受订货量提前一个提前期。

因为 MRP 输出的参数是直接由 MRP 输入的库存文件参数计算出来的，为直观起见，我们把 MRP 输入与 MRP 库存文件连在一起，边计算边输出结果。

第七节 现代自动化立体仓库

一、现代自动化立体仓库的特点与分类

（一）自动化立体仓库的特点

1. 自动化立体仓库的优点

（1）仓库作业全部实现机械化和自动化，一方面，能够大大节省人力，减少劳动力费用的支出；另一方面，能够大大提高作业效率。

（2）采用高层货架、立体储存，能有效地利用空间，减少占地面积，降低土地购置费用。事实上，国外自动化立体仓库能够得到快速发展，地价昂贵是一个很重要的原因。

（3）采用托盘或货箱储存货物，货物的破损率显著降低。

（4）货位集中，便于控制与管理，特别是使用电子计算机，不但能够实现作业过程的自动控制，而且能够进行信息处理。

2. 自动化立体仓库的缺点

（1）结构复杂，配套设备多，需要的基建和设备投资高。

（2）货架安装精度要求高，施工比较困难，而且施工周期长。

（3）储存货物的品种受到一定限制，对长大笨重货物以及要求特殊保管条件的货物，必须单独设立储存系统。

（4）对仓库管理和技术人员要求较高，必须经过专门培训才能胜任。

（5）工艺要求高，包括建库前的工艺设计和投产使用中按工艺设计进行作业。

（6）弹性较小，难以应付储存高峰的需求。流通业在实际运作时，常常会有淡旺季或高低峰以及顾客紧急的需求，而自动化设备数目固定，运行速度可调整范围不大，因此，其作业弹性不大，而对传统设备只要采用“人海战术”就可以应付这种紧急需求。

（7）必须注意设备的保管保养并与设备提供商保持长久联系。自动化仓库的高架吊车、自动控制系统等都是先进的技术性设备，由于维护要求高，必须依赖供应商，以便在系统出现故障时能提供及时的技术支援。

(8) 由于自动化立体仓库要充分发挥其经济效益，就必须与采购管理系统、配送管理系统、销售管理系统等咨询系统相结合，但是这些管理咨询系统的建设需要大量投资。

因此，在选择建设自动化立体仓库时，必须综合考虑自动化立体仓库在整个企业中的营运策略地位和设置自动化立体仓库的目的，不能为了自动化而自动化，而后再详细斟酌建设自动化立体仓库所带来的正面和负面影响。最后，还要考虑采取相应的补救措施。所以，在实际建设中必须进行详细的方案规划，进行综合测评，最终确定建设方案。

（二）自动化立体仓库的分类

自动化立体仓库至今已经被广泛运用在企业物流自动化领域，其功能范围从原料的订购、收料、储存过程，到半成品的储存、缓和各流程的不平衡流量，并能够自动控制衔接，使流程平衡顺畅，进而联结至生产线末端的自动分类、包装、堆栈系统，完全达到全自动入库、自动出货，从而构成生产自动化体系。

自动化立体仓库可以按照储存物品的特性、自动化立体仓库的建筑形式及设备形式等进行分类。

1. 按照储存物品的特性进行分类

(1) 常温自动化立体仓库系统：常温仓储系统温度一般限制在 5～40℃，相对湿度限制在 90%以下。而室内相对湿度在 90%以上的地区，或者冬天产生露霜较为严重的地区，就必须特别防范。一般常温仓储系统为防止夏天产生高温导致仓储的物品变质，除了必须要有通风系统外，其屋顶、墙壁都需要覆盖隔热、防火材料。

(2) 低温自动化立体仓库系统：该系统又包括恒温空调仓储系统、冷藏仓储系统、冷冻仓储系统等。

①恒温空调仓储系统对于温湿度的要求是低温、低湿度，依照其存放物品对温湿度的要求而设计。除了内部空气不与外界直接对流外，其余系统考虑大致与常温仓储系统相当。由于要求温度均匀，所以其空调配置、管理与分布及其空间的利用，必须妥善规划。

②冷藏仓储系统的温度必须在低温 0～5℃之间，主要用做蔬菜和水果的储存。与恒温空调系统相类似，要求较高的相对湿度控制。

③冷冻仓储系统，一般而言在−35～−2℃急速冷冻。但是由于钢材在−20℃以下会有脆化现象，机械性质会急剧变化，所以冷冻自动仓库的钢架必须考虑使用低温材料以及低温焊材（焊接式钢架）。当然，高架吊车以及周边配电系统也应该考虑环境冷冻因素。而其基础除了需要考虑一般冷冻仓库地板所需要的结冻断热因素外，由于必须高负荷承载，所以其地下隔热层的设计也应该慎重考虑。

(3) 防爆型自动仓储系统：主要以存放具有挥发性或易于燃爆的物品为主，所以其系统中使用的电气电控照明等设备，必须考虑其功能，按照不同的防爆等级来设计，因此会有不同的造价。

2. 按照自动化立体仓库建筑形式进行分类

按照建筑形式划分可以将自动化立体仓库分为自立式钢架仓储系统、一体式钢架仓储系统。

(1) 自立式钢架仓储系统：在现有的厂房或新建筑物内，独立安装仓储系统，所以其钢架与建筑物是各自分离的结构体。钢架设计必须能够承受负载重量以及由于地震所造成的短期负载，而风力计算则由建筑物承担。自立式仓储系统可视为设备安装在建筑物内，自立式钢架仓储系统一般以15米高度以下较为经济，因为当高于15米时，建筑物内部必须挑空结构，且地板负荷会超过地耐力，需要进行基础补强，所以不经济。不过在地质不佳地区，即使是15米以下的自立式仓库，也可能需要打桩，因此，不可未经过确认就轻易安装。自立式钢架仓储系统，其结构体与建筑物可以分开施工，且钢架安装都可以在室内进行，不受外部气候影响，所以施工期较短。根据仓储系统的规模大小不同，一般而言，现场施工试车平均在3～5个月即可完成。

(2) 一体式钢架仓储系统：是指钢架与建筑物结构是一体的，其钢架除了承受本身储存品的负荷以外，还必须承受仓顶重量，以及风力、地震等外力所产生的应力。一体式钢架自动仓库的高度一般在15米以上，目前国外的高架吊车已经有40米高的。对于高层的一体式仓储系统需要考虑避雷系统，但是如果仓库外表的材质是铝锌铜板时，避雷系统的铜线必须隔离保护，否则一旦让雨水将铜离子与锌板反应，屋顶会很快被侵蚀而漏水。

3. 按照自动化立体仓库设备形式进行分类

按照自动化立体仓库设备形式来划分，自动仓储系统可以分为单位负载式自动化立体仓库、开放式钢架、封闭式钢架、推回式钢架、重力式钢架、水平式钢架子母车系统等。

二、现代自动化立体仓库的构成

自动化立体仓库从建筑形式上看，可分为整体式和分离式两种。整体式是库房货架合一的仓库结构形式，仓库建筑物与高层货架相互连接，形成一个不可分割的整体。分离式仓库是库架分离的仓库结构形式，货架单独安装在仓库建筑物内。无论哪种形式，高层货架都是主体。

高层货架有各种类型。按照建筑材料不同，可分为钢结构货架、钢筋混凝土结构货架等；按照货架的结构特点，可分为固定式货架和可根据实际需要组装、拆卸的组合式货架；按照货架的高度分，低于5米的为低层货架，5～15米的为中层货架，15米以上的为高层货架。

目前，国外自动化立体仓库的发展趋势之一是由整体式向分离式发展，因为整体式自动化立体仓库的建筑物与货架是固定的，一经建成便很难更改，应变能力差，而且整体不分离式投资高，施工周期长。

三、现代自动化立体仓库的设计

(一) 设计的准备工作

需求分析（准备阶段）是第一阶段，在这一阶段里要提出问题，确定设计目标，并确定设计标准。设计主要包括以下内容：

1. 立体仓库是企业物流系统的子系统，必须要了解企业整个物流系统对子系统的要求和物流系统总体设计的布置图，以便对仓储的子系统进行总体设计。要调查过去进出库房或料场物品的种类、数量及规律，以便预测未来，进行仓库容量的计算和分析。

2. 立体仓库是机械、结构、电气、土建等多专业的工程，这些专业在立体仓库的总体设计中互相交叉，互相制约。因此，在设计时对各专业必须兼顾，例如，机械的运动精度要根据结构制作精度和土建的沉降精度而选定。

3. 要了解企业对仓储系统的投资、人员配置等计划，以确定仓储系统的规模和机械化、自动化的程度。

4. 调查库内储存的货物的品名、特征（例如易碎、怕光、怕潮等）、外形及尺寸、单件重量、平均库存量、最大库存量、每日进出库数量、入库和出库频率等。

5. 了解建库现场条件，包括气象、地形、地质条件、地面承载能力、风及雪载荷、地震情况以及其他环境影响。

6. 调查了解与仓储系统有关的其他方面的条件。例如，入库货物的来源，连接库场的交通情况，进出库门的数目，包装形式，搬运方法，出库货物的去向和运输工具等。

（二）自动化立体仓库的总体规划

1. 库场的选择与规划

仓库和料场的选择和布置对仓储系统的基建投资、物流费用、生产管理、劳动条件、环境保护等都有着重要意义，这是首先要考虑的。根据企业物流系统的总体设计对仓储系统的要求，可采用分级评分法来确定仓储系统在整个物流系统中的位置。仓储系统可能有多个立体仓库和货场，还有其他单位和设施，它们之间是相互联系、相互制约的，这就要求合理地确定仓储系统区在所有单位的相互几何位置关系，并画出平面布置图。

2. 仓库形式和作业方式

在调查分析入库货物品种的基础上，确定仓库形式。一般采用单元货格式仓库，对于品种单一或很少，而批量较大的仓库则可以采用重力式货架仓库或者其他形式的贯通式仓库；对于有特殊要求的货物，可以采用如冷藏、防潮、恒温等设施的仓库。根据出库工艺要求，即以整单元出库为主，还是以零星货物出库为主，以此来决定要不要采用拣选作业。

为了提高出入库的搬运效率，应尽量少采用单作业方式（即单入库或单出库），而多采用复合作业方式（即迂回或回程也进行搬运作业）。还可以采用一次搬运两个货物单元的作业方式，就是仓储系统中堆垛机的台上设两副货叉，这两副货叉可以分别伸缩，也可以同时伸缩，以存取两个货物单元。也可把货架设计成两个货物单元的深度，堆垛机的货台也相应增宽一倍，货叉增长一倍，货叉伸出一半时可叉取一个货物单元，全部伸出后可同时叉取两个货物单元。

在立体仓库中，采用“自由货位”的方式，货物可就近入库，特别是进出频繁的货物或很大、很重的货物，应尽可能接近到货和发货地点作业，这样既缩短了进出库时间，又节省了搬运费用。

仓储系统使用的搬运机械设备有许多种，它们各有特点。该系统总体设计时，要根据仓库的规模、货物的品种、出入库频率等选择最合适的机械设备，并确定其主要参数；要根据出入库率确定各个机构的工作速度；对于起重、装卸和堆垛等机械设备，根据货物单元的重量选定起重量；对于输送机，则根据货物单元尺寸选择输送机的宽度，并恰当地选定输送机速度。

3. 货物单元的形式和货格尺寸设计

根据调查和统计结果，列出所有可能的货物单元形式和规格，并进行合理的选择。

立体仓库是以单元化搬运为前提的，所以确定货物单元的形式、尺寸及重量是一个重要的问题。它不仅影响仓库的投资，而且对整个物流和仓储系统的配备、设施以及有关因素都有极为重要的影响。因此，为了合理确定货物单元的形式、尺寸和重量，需要对所有入库的货物采用ABC分类法进行分析，选择最为经济合理的方案。对于少数形状和尺寸比较特殊以及很重的货物，可以单独处理。例如，汽车上的前桥、后桥、车身等大件，形状大，难以形成单元，就不一定非要与其零部件同入一个立体仓库。它们的储存问题可以用推式悬挂输送机或者其他方式单独处理。

在立体仓库设计中，根据货物单元恰当地确定货格尺寸是很重要的内容。它直接关系到仓库的面积和空间利用率，也关系到仓库能否顺利地存取货物。在确定货物单元时，应尽量采用标准推荐的尺寸，以利与其他物料搬运和运输机具相匹配。标准推荐货物单元的长、宽尺寸为：800mm×1000mm；800mm×1200mm；1000mm×1200mm。

在货物单元尺寸确定后，货格尺寸取决于在货物单元四周需留出的净空尺寸和货架构件的有关尺寸。对于自动化仓库，这些净空尺寸的确定更要认真考虑，包括货架、堆垛机运行轨道、仓库地坪的施工、安装精度以及搬运机械的停止精度等。这些都要根据实际情况和有关经验数据来确定。

4. 确定库存量和仓库总体尺寸

立体仓库的设计规模主要取决于其库存量，即同一时间内储存在仓库内的货物单元数。所以，了解和推算出库存量是建立合理的仓库系统，特别是立体仓库的重要参数。

如果已经给出库存量，适当考虑发展的需要，就可以直接应用这个参数。如果没有给出，就要根据过去几年进出仓库和货场的数量及规律，通过预测技术来确定库容量。

仓库内采用存储和搬运机械的数量取决于仓库的最大出入库频率（一般以每小时出库和入库的货物单元数计算）。在总体设计开始阶段，仓库货架尺寸和搬运机械速度都未最后选定，作为初步估算，可以考虑每台堆垛机每小时平均出库或入库 30～40 个货物单元。

用这个数字除以最大出入库频率就可以初步确定需多少搬运机械。在单元货格式仓库内，一般是每个巷道安装一台起重机。所以，起重机台数也就是巷道数。但如果仓库储存量比较大，而要求的出入库频率并不高，则按上述方法确定的起重机台数和货架巷道数比较少，使得每个巷道所拥有的货位数显得太大，因而货架的高度和长度偏大，造成经济上的不合理。一般认为，一个巷道的货位数以不超过 1500～2000 个为宜。

如果采用的巷道堆垛机数量比巷道少，可以采用能走弯道的堆垛机，从一个巷道转移到另一巷道工作。或者在仓库巷道的一端设转移台车，按需要将堆垛起重机从一个巷道转入另一巷道工作。由于采用转移台车要增加仓库长度，所以，一般认为有 3 个以上巷道的仓库才值得用这种方案。在确定了巷道之后，大体上立体仓库的总体宽度就可以确定了。巷道的宽度应保证搬运机械能安全地在巷道内高速穿行。一般地，巷道宽度为搬运机械总宽度加 150～400 毫米，无轨搬运机械取大值。

代表立体仓库技术水平的一个主要参数是仓库高度。从技术上比较容易实现和经济上比较合理的角度来看，一般不宜设计得过高。而以 10～20 米的高度为宜。仓库的高度和长度之间没有一定的比例关系，一般在 0.15～0.4 之间（德国采用这样比例的占 80%）。同样，宽度和高度之间也没有固定的比例关系，一般在 0.4～1.2 之间（在德国占 80%）。

设库存量为 N 个货物单元，巷道数为 A，货架高度方向可设 B 层，则每一排货架在水平方向应具有的列数 D 为：

$$D=\frac{N}{2AB}$$

根据每排货架的列数 D 及货格横向尺寸可确定货架总长度 L。

已知货架总长度 L，又知仓库的宽度和高度，再根据实际需要，考虑办公室、操纵控制室、搬运机械的转弯以及其他辅助设施等，就可以确定仓库的总体尺寸了。

在确定仓库总体尺寸和货架结构尺寸的同时，还要参照国内外仓库和仓储机械设计标准，遵照执行。

5. 出入库搬运周期及出入库能力验算

立体仓库的出、入库搬运周期，一般讲，主要取决于巷道堆垛起重机的作业循环时间。堆垛机的出入库搬运分为单一作业和复合作业两种。从原始位置出发到指定货位完成一次取货或存货后重新回到原始位置待命为一个单一作业循环；从原始位置出发到某货位完成一次存货之后又到另一货位取货，然后返回到原始位置为一个复合作业循环。巷道堆垛机出入库搬运周期的验算除按照合同规定的要求进行外，再没有明确规定。

为了提高出入库效率，在有条件的场合，可以采用一次搬运两个货物单元的作业方式。一种方案是在这种仓库里用的起重机货台上有两副货叉。这两副货叉可以分别单独伸缩，也可以同时伸缩以存取两个货物单元。这样就提高了出、入库效率。采用这种方案，货架本身不必作特殊设计，但起重机的长度增大了，仓库端部的面积利用率差些。另一种方案是把货架设计成两个货物单元的深度，起重机的货台也相应增宽一倍，货叉增长一倍。货叉伸出一半时可叉取一个货物单元；全部伸出后，可同时叉取两个货物单元。采用这种方式还可以使货物堆存密度提高10%～20%。

6. 自动化主体仓库的总体布置

确定了高层货架的总体尺寸之后，便可进一步根据仓库作业的要求进行总体布置。这种布置主要解决两个问题：

(1) 高货架区和作业区的衔接方式

确定仓库进出货物同外界的连接以及立体仓库本身都是一个小的物流系统。无轨的高架叉车、堆垛机（巷道式、桥式、拣选式等）可以与其他搬运机械配套衔接，也可以直接从库外作业到高层货架存取，往往直接存取应用较多，这样不用中间倒运，灵活方便，一机多用，特别适于拣选作业，但对很高的货架和大而重的货物搬运则不太适用。对于采用巷道式堆垛机的仓库，巷道式堆垛机只能在高架区的巷道内运行，所以仓库里还需要各种搬运设备与之配套作业。对于桥式堆垛机，如果仓库宽度太宽，不适合安装标准主梁时，那么桥式堆垛机的工作范围就不能覆盖整个仓库，也需要用各种搬运设备与之配套作业。这样才能把入库作业区、出库作业区（包括检验、拣选、包装、发运等作业）与高层货架区联结起来，构成一个完整的物流系统。究竟采用什么搬运设备，组成怎样的搬运系统，这就是总体设计中要解决的问题。大体上说，高层货架区与作业区之间可以有以下4种衔接方式。

①叉车——出、入库台方式：采用这种方式时，在高层货架的端部设立入库台和出库台。入库时，用叉车将货物单元从入库作业区运到入库台，由高架区内的堆垛机取走送入货格。出库时，由堆垛机从货格内取出货物单元，放到出库台上，由叉车取走送到出库作业区。

②自动导引小车——出、入库台方式：这种方式与前一种方式相似，只是用自动导引小车代替了叉车。下面是这种方式的一个例子，它是英国某纸厂的成品库。库高13米，有8个巷道，9100个货格位置。共采用两台巷道式堆垛起重机，配一台起重机转移台车做立体库区内的存取作业。入库时，装有成品纸的托盘，由叉车放到货箱停放站上，并在经过尺寸检验后到达入库台。自动导引小车上有伸缩货叉。位于控制室内的操作人员为托盘选定一个货格，按下按钮以后，自动导引小车即来到入库台前，叉取托盘，送到相应的巷道口上，叉车伸出货叉将托盘送到出、入库台上。在这个过程的同时，起重机由转移台车移到该巷道，并在巷道口等待，等候小车将托盘转交给出、入库台，起重机即将其运走入库。出库时，自动导引小车从出、入库台叉取货物送到出库台，由辊子输送机送走。

③自动导引小车——输送机方式：成品化纤在托盘码垛机上码成托盘，由无人驾驶自动导引小车叉取，并在运送到预定入库的巷道前，转载给输送机。输送机采用往复式移动台车，将托盘送到入库货位，由堆垛机取走入库，出车时相反运行。

④叉车（或升降机）——连续输送机方式：对于出、入库频率高，或要求每天按品种、数量和时间有计划地发货的仓库，需要采用连续输送机实现连续的出、入库。采用这种方式，在高层货架区搬运货物用的堆垛机是一种间隙作业机械，每个周期1～3分钟，只能搬运一件单元货物。为保证一定的出入库频率，就需设置若干台堆垛机。这样，数台堆垛机与一套入库连续输送机和一套出库连续输送机系统相配合，组成一个完整的物流。这就要求

解决好在工作节拍上的衔接问题。

同样，在入库作业区，往入库连续输送机上放置货物的叉车以及在出库连续输送机系统中的升降机也都是间隙作业机械，同样有一个与连续输送机之间协调工作节拍的问题。解决这个问题的途径是使连续输送机具有积放的功能，即可在连续输送机上积聚一定的数量，并按前方的需要一件件放行。它们在与起重机、叉车和升降机衔接的地方以及沿线各段都有一定的积存货位。常用的连续输送机有辊式输送机、链式输送机和带式输送机。这样，便能保持单元货物连续不断地运送，从而提高仓库的工作效率。

(2) 货物单元出、入高层货架的形式

①贯通式：货物从巷道的一端入库，从另一端出库。这种方式总体布置比较简单，便于管理操作和维护保养。但是，对于每一个货物单元来说，要完成它的入库和出库全过程，堆垛机需要穿过整个巷道。

②同端出入式：这是货物入库和出库在巷道的同一端的布置形式。这种布置由于采用就近入库的原则，能缩短出、入库周期，提高搬运效率。特别是在仓库存货不满，而且采用自由货位储存时，优点更为明显。此时，可以挑选距离入库、出库口较近的货位存放货物，缩短搬运路程，提高出入库效率。此外，入库作业区和出库作业区可以合在一起，便于集中管理。除非整个工艺流程要求入库区与出库区拉开距离，一般应优先采用同端出入式布置。

③用叉车或其他工业车辆：通过出、入库台与巷道堆垛机进行衔接时，出、入库布置在同一侧，公用出入库台是没有问题的。但对于用连续输送机与巷道堆垛机衔接的方式，如果将出、入库布置在货架同一端，则必须使输送机能正反转（这会影响到整个系统的工作效率）或者将出库和入库台分别布置在上下两个高层上，并增设提升机，这就使系统显得复杂。究竟采用哪一种布置，应该根据工程具体情况比较决定。

④旁流式：货物从仓库的一端（或侧面）入库，从侧面（或一端）出库。这种方式是在货架中间分开，设立通道，同侧门相通。这样减少了货格即减少了库存量。但是，至少有4个门可同时组织两条路线搬运，提高了搬运效率，方便了不同方向的出、入库。

究竟采用哪一种布置方式，应视仓库在整个企业物流中的位置而定。

（三）自动化立体仓库各项指标的计算

1. 立体仓库面积和通过能力计算

立体仓库总面积可由下式计算：

$$A=\frac{m_Q}{qa}$$

式中　A——立体仓库所需总面积，单位为平方米；

a——立体仓库面积利用率，为堆货面积与总面积之比；

m_Q——立体仓库货物的堆存量，单位为吨；

g——立体仓库单位面积上的货物堆存量，单位为吨/平方米。

M_Q 的计算公式：$m_Q=\frac{HK}{30}t$

式中　H——通过立体仓库的月最大货物存取量，单位为吨；

K——设计最大入库百分数；

30——每月按 30 天计；

t——货物在立体仓库中平均库存期（天），根据统计的各种货物历年平均库存周期分析确定。

立体仓库总面积也可以由下述几个部分确定：

$$A=f_1+f_2+f_3+f_4$$

式中　f_1——存放货物有效存放面积，单位为平方米，$f_1=\frac{m_Q}{q}$；

f_2——入库验货场地面积，单位为平方米；

f_3——出库发货场地面积，单位为平方米；

f_4——通道（人行道、车行道）面积，单位为平方米。

车行道及人行道占用面积大小，应根据仓库的布置确定；通道宽度取决于货物及运输工具的外形尺寸。

验货场地和发货场地的面积，根据货物的种类、验收和发货的具体要求及设施而定。

已知立体仓库面积，可按下式计算出立体仓库的通过能力：

$$p=\frac{30Aqa}{tb}$$

式中，b——立体仓库货物的月不平衡系数。此系数与货运量、货源、运输工具的衔接、水文气象及生产管理有关。应参照同类仓库正常情况下不少于连续 3 年的统计资料来分析确定，一般情况下，运量越大，不平衡系数越小。q、a、t 意义同前。

2. 仓库机械及人员数量计算

一般情况下，立体仓库的装卸机械数量，应在同一调配原则下，根据物流工艺流程按下式计算：

$$N=\sum_{i=1}^{k}\frac{E_i}{720kd}$$

式中 N——装卸机械数量，单位为台；

E_i——仓库为完成月最大吞吐量，要求各类机械分别完成的操作量，单位为吨；

d——机械利用率，为机械工作台时占日历台时的百分比，一班制取 0.15～0.20；两班制取 0.30～0.35；三班制取 0.40～0.50。电动机械取大值，内燃机械取小值；

k——仓库内用于装卸存取的机械设备种类数。

一般情况下，各种货物按月平均操作量多个作业区的库场所需的装卸工人数，可按下式计算：

$$N_n=\frac{(1.45\sim1.55)}{30e}\sum\frac{Q_2}{H}$$

式中 N_n——装卸工人数；

1.45～1.55——考虑工人轮休、缺勤及立体仓库作业不均衡应增加的系数；

Q_2——各种货物平均月操作量，单位为吨/月；

e——纯装卸工时利用率，为每工日实际进行装卸存取作业工时数与每工日名义工时数的比值，一班制取 0.80～0.85；两班制取 0.75～0.80；三班制取 0.70～0.75；

H——各种货物按不同操作过程作业时的工班效率（操作吨/工班）。应根据各作业线设计的小时生产率乘以 8 小时，求得作业线工班生产量，再除以该作业线固定的配工人数。

对于 1～2 个作业区的专线、成组运输及大宗货物的专用库场，其装卸存取工人数应按设计物流流程各环节固定配工，以作业线为基础进行计算。

$$N_m=(1.2\sim1.3)\ n_3n_4n_5$$

式中　1.2～1.3——考虑工人轮休、缺勤应增加的系数；

n_3——每昼夜装卸或存取作业班次数；

n_4——立体库作业线数；

n_5——每条作业线配备的工人数。

自动化立体仓库中确定仓储机械的数量是很重要的，上述计算主要是确定型的，即已知条件是固定的。但是有时物流量是随机的，以上所述的内容无法适用。

对于自动化仓库随机物流问题，仓库系统的作业设计可以采用排队论来计算自动化仓库所需设备数量。根据实际情况研究物流系统属于哪种模型，可通过排队论理论和公式求解。在求解过程中，着重经济分析，寻找物流系统的优化。一般情况下，提高服务水平，即增加立体仓库机械设备的数量和提高机械使用性能，自然会降低物料的积压和排队费用，但常常增加了自动化立体仓库的建设成本。

第六章　物流配送管理与作业

第一节　概　述

一、配送的概念

配送的英语原词为 Delivery，但不能将它简单地理解为交货、运送。和“配送”相近的词汇还有：分送、投送、输送、供应、供给、发放等，从配送的实际形态上看，这些词汇都不能对配送做出满意的标注。

从配送活动的实施过程上看，配送包括两个方面的活动：“配”是对货物进行集中、分拣和组配，“送”是以各种不同的方式将货物送达指定地点或用户手中。可以对配送归纳出以下几个特点：

第一，配送不是一般概念的送货，也不是生产企业推销产品时直接从事的销售性送货，而是从物流节点至用户的一种特殊送货形式。从送货的功能上看，其特殊性表现在：①从事送货的是专职流通企业，而不是生产企业；②配送是“中转”型送货，而一般传统意义上的送货，尤其是从工厂至用户的送货往往是直达型；③一般送货是生产企业生产什么就送什么，有什么就送什么，而配送则是需要什么送什么，是以用户为驱动源的。

第二，配送不是一般的运输和输送，而是运输与其他活动共同构成的结合体。虽然配送活动离不开运输，但在整个运输过程中它是处于“二次运输”、“支线运输”、“末端运输”的位置，即是最终资源配置，是接近顾客的配置，是从物流节点至用户的终端运输。

第三，配送不是供应和供给，它不是广义概念的组织资源订货、签约、进货、结算及对物资处理分配的供应，而是以供应者送货到用户的形式进行供应。从服务方式上看，配送是一种“门到门”的服务，可以将货物从物流节点一直送到用户的仓库、营业现场、车间乃至生产线的起点。

第四，配送不是消极的送货发货，而是在全面配货的基础上，充分按照用户的要求进行服务，它是将“配”和“送”有机地结合起来，完全按照用户要求的数量、种类、时间等进行分货、配货、配装等工作。

第五，配送是一项有计划的活动。配送需要根据客户的需要，以及从事配送的企业的能力，有计划地进行送货活动，以满足客户预订的需要。

二、配送的分类

配送作为一种现代流通组织形式，具有集商流、物流于一身的职能。但由于配送者、主体、配送对象、服务对象，以及流通环境的不同等，配送可以按不同的标志进行不同的分类。

（一）按实施配送的节点不同进行分类

1. 配送中心配送。这种配送的组织者是配送中心，规模大，有一套配套的实施配送的设施、设备和装备等。配送中心配送专业性较强，和用户一般有固定的配送关系，配送设施及工艺是为用户专门设计的。所以，配送中心配送具有能力强、配送品种多、数量大等特点。但由于服务对象固定，其灵活机动性较差，而且由于规模大，要有一套配套设施、设备，使其投资较高，这就决定了配送中心的建设和发展会受到一定的限制。

2. 仓库配送。它一般是以仓库为据点进行的配送，也可以是以原仓库在保持储存保管功能前提下，增加一部分配送职能，或经过对原仓库的改造，使其成为专业的配送中心。

3. 商店配送。这种配送的组织者是商业或物资的门市网点。商店配送形式是除自身日常的零售业务外，按用户的要求将商店经营的品种配齐，或代用户外订外购一部分本店平时不经营的商品，等本店经营的品种配齐后一起送达用户，因此，在某种意义上讲，它是一种销售配送形式。连销商店配送也是商店配送中的一种形式，它分为两种情况：一种是独立成立专门从事为连销商店服务的配送企业，这种形式除主要承担连销商店配送任务外，还兼有为其他用户服务的职能；另一种是存在于连销商店内的配送，它不承担其他用户的配送，其任务是服务于连销经营。

4. 生产企业配送。配送业务的组织者是生产企业。一般认为这类生产企业是具有生产地方性较强的产品的特点，如食品、饮料、百货等。

（二）按配送货物的种类和数量的多少进行分类

1. 单（少）品种大批量配送。这种配送适用于那些需要量大、品种单一或少品种的生产企业。由于这种配送品种单一、数量多，可以实行整车运输，有利于车辆满载和采用大吨位车辆运送。

2. 多品种小批量配送。由于这种配送的特点是用户所需的物品数量不大、品种多，因此在配送时，要按用户的要求，将所需的各种货物配备齐全，凑整装车后送达用户。

3. 配套成套配送。这种配送的特点是用户所需的物品是成套性的。例如，装配性的生产企业为生产某种整机产品，需要许多零部件，需要将所需的全部零部件配齐，按生产节奏定时送达生产企业，生产企业随即将此成套零部件送入生产线装配产品。

（三）按配送时间和数量的多少进行分类

1. 定时配送。这种配送是按规定的时间间隔进行配送，每次配送的品种、数量可按计划执行，也可以在配送之前以商定的联络方式通知配送时间和数量。它可以区分为日配送和准时—看板方式配送。

2. 定量配送。它是指按规定的批量在一个指定的时间范围内进行配送。这种配送方式由于配送数量固定，备货较为简单，可以通过与用户的协商，按托盘、集装箱及车辆的装载能力确定配送数量，这样可以提高配送效率。

3. 定时定量配送。这种方式是按照规定的配送时间和配送数量进行配送，兼有定时配送和定量配送的特点，要求配送管理水平较高。

4. 定时定路线配送。它是在规定的运行路线上制定到达时间表，按运行时间表进行配送，用户可按规定路线站和规定时间接货，或提出其他配送要求。

5. 即时配送。这种配送是完全按用户提出的配送时间和数量随即进行配送，它是一种灵活性很高的应急配送方式。采用这种方式的物品，用户可以实现保险储备为零的零库存，即以即时配送代替了保险储备。

（四）按经营形式不同进行分类

1. 销售配送。这种配送主体是销售企业，或销售企业作为销售战略措施，即所谓的促销配送型。这种配送的对象一般是不固定的，用户也不固定，配送对象和用户取决于市场的占有情况，因此，配送的随机性较强，大部分商店配送就属于这一类。

2. 供应配送。用户为了自己的供应需要采取的配送方式，它往往是由用户或用户集团组建的配送据点，集中组织大批量进货，然后向本企业或企业集团内若干企业配送。商业中的连销商店广泛采用这种方式。这种方式可以提高供应水平和供应能力，可以通过大批量进货取得价格折扣的优惠，达到降低供应成本的目的。

3. 销售—供应一体化配送。这种配送方式是销售企业对那些基本固定的用户及其所需的物品，在进行销售的同时还承担着用户有计划的供应职能，既是销售者，同时又是用户的供应代理人。这种配送有利于形成稳定的供需关系，有利于采取先进的计划手段和技术，有利于保持流通渠道的稳定等。

4. 代存代供配送。这种配送是用户把属于自己的货物委托配送企业代存、代供，或委托代订，然后组织对本身的配送。这种配送的特点是货物所有权不发生变化，所发生的只是货物的位置转移，配送企业仅从代存、代供中获取收益，而不能获得商业利润。

（五）按加工程度的不同进行分类

1. 加工配送。这种配送是与流通加工相结合，在配送据点设置流通加工，或是流通加工与配送据点组建一体化实施配送业务。流通加工与配送的结合，可以使流通加工更具有针对性，并且配送企业不但可以依靠送货服务、销售经营取得收益，还可以通过流通加工增值取得收益。

2. 集疏配送。这种配送只改变产品数量组成形式，而不改变产品本身的物理、化学性质并与干线运输相配合的配送方式，如大批量进货后小批量多批次发货，或零星集货后形成一定批量再送货等。

（六）按配送企业专业化程度进行分类

1. 综合配送。这种配送的特点是配送的种类较多，且来源渠道不同，但在一个配送据点中组织对用户的配送，因此综合性强。同时，由于综合性配送的特点，决定了它可以减少用户为组织所需全部商品进货的负担，只需和少数配送企业联系，便可以解决多种需求。

2. 专业配送。它是按产品性质和状态划分专业领域的配送方式。这种配送方式由于自身的特点，可以优化配送设施，合理配备配送机械、车辆，并能制定适用合理的工艺流程，以提高配送效率。诸如中小件杂货配送，金属材料配送，燃料煤、水泥、木材、平板玻璃、化工产品、生鲜食品等的配送，都属于专业配送。

（七）共同配送

共同配送是为了提高物流效益，对许多用户一起配送，以追求配送合理化为目的的一种配送形式。共同配送可分为以下几种形式：

1. 由一个配送企业综合各用户的要求，在配送时间、数量、次数、路线等方面的安排上，在用户可以接受的前提下，做出全面规划和合理计划，以便实现配送的优化。

2. 由一辆配送车辆混载多货主货物的配送，是一种较为简单易行的共同配送方式。

3. 在用户集中的地区，由于交通拥挤，各用户单独配置接货场或处置场有困难，而设置的多用户联合配送的接收点或处置点。

4. 在同一城市或同一地区中有数个不同的配送企业，各配送企业可以共同利用配送中心、配送机械装备或设施，对不同配送企业的用户共同实行配送。

三、配送的作用

在发达国家，配送不但广为实行，而且已成为企业经营活动的重要组成部分，对优化经济结构、节约社会劳动及充分发挥物流功能起到了巨大的作用。具体表现在：

（一）推行配送有利于物流运动实现合理化

配送不仅能够促使流通形成专业化、社会化，更重要的是，它能以其特有的运动形态和优势调整流通结构，使物流运动达到规模经济，并以规模优势取得较低的运输成本，通过配送可以减少车辆空驶，提高运输效率和经济效益，并能减少对空气的污染。

（二）完善了运输和整个物流系统

20 世纪下半叶以来，由于科学技术的进步，运输工具的改善，使得干线运输在多种运输方式中都达到了较高的水平，长距离、大批量的运输实现了低成本化。但是，在干线运输完成之后需要支线运输和小搬运来完成末端运输，这种支线运输及小搬运成了物流过程的一个薄弱环节。采用配送方式，将支线运输和小搬运活动统一起来，发挥灵活性、适应性和服务性的特点，使运输过程得以优化和完善。

（三）提高了末端物流的效益

采用配送方式，通过增大经济批量来达到经济地进货，又通过将各种商品的用户集中在一起统一进行发货，代替分别向不同用户小批量发货来达到经济地发货，使末端物流经济效益得到提高。

（四）通过集中库存使企业实现低库存或零库存

在采用准时化配送方式之后，生产企业可以依靠配送中心的准时化配送进行准时化生产，而不需保持自己的库存或较小地保持库存。这样生产企业就可以实现“零库存”，可极大地降低库存占用资金，从而改善企业的财务状况。实行集中库存后，其库存总量会大大地低于各企业的分散库存之总量，同时也增加了调节能力，提高了社会经济效益。此外，集中库存还可以发挥规模经济优势，使单位存货成本下降。

（五）简化事务，方便用户

采用配送方式，用户只需向一处提出订货就能达到向多处采购的目的，因而极大地减轻了用户的工作量和负担，也节省了订货等一系列事务开支。

（六）提高供应保证程度

生产企业自己保持库存来维持生产，由于受库存费用的制约，提高供应的保证程度很难，保证供应和降低库存成本存在二律背反问题。采取配送方式，由于配送中心的集中存货可以调节企业间的供需关系，同时库存量更大，降低了企业断货、缺货、影响生产的风险。

（七）配送为电子商务的发展提供了基础和支持

从商务角度来看，电子商务的发展需要具备两个重要的条件：一是货款的支付，二是货物的配送。网上购物无论如何方便快捷，如何减少流通环节，唯一不能减少的就是货物配送，配送服务如不能相匹配，则网上购物就不能发挥其方便快捷的优势。

第二节　配送作业流程

一、配送的基本环节

配送是根据客户的订货要求，在配送中心或物流节点进行货物的集结与组配，以最适合的方式将货物送达客户的全过程。配送包括以下环节：

（一）集货

集货是将分散的或小批量的货物集中起来，以便进行运输、配送的作业。集货是配送的准备工作或基础工作，它通常包括制订进货计划、组织货源、储存保管等基本业务。专业化流通机构组织货源时，集货工作可以由配送机构组织订货、购货、结算，同时承担进货验收、储存等其他物流活动，也就是在配送机构实现商流与物流合一。比如商业性批发配送机构的连锁超市配送中心，也可以由配送机构只代理供方或需方货物的入库、验收、储存等物流活动，而采购、结算等商流活动则由供需双方直接完成，即商流与物流分离的模式。由传统仓库发展而来的仓储配送中心即属于这一类。

（二）分拣

它是将货物按品名、规格、出入库先后顺序进行分门别类的作业。

分拣是配送不同于一般形式的送货以及其他物流形式的重要的功能要素，也是配送成败的一项重要的支持性工作。它是完善送货、支持送货的准备性工作，是不同配送企业在送货时进行竞争和提高自身经济效益的必然延伸。所以，也可以说，分拣是送货向高级形式发展的必然，有了分拣作业才能大大提高送货服务水平。

（三）配货

配货是指使用各种拣选设备和传输装置，将存放的货物，按客户的要求分拣出来，配备齐全，送入指定发货区（地点）。它与分拣作业不可分割，二者一起构成了一项完整的作业。通过分拣配货可达到按客户要求进行高水平送货的目的。

（四）配装

在单个客户配送数量不能达到车辆的有效载运负荷时，就存在如何集中不同客户的配送货物，进行搭配装载以便充分利用运能、运力的问题，这就需要配装。配送有别于一般性的送货还体现于，通过配装可以大大提高送货水平及降低送货成本，同时还能缓解交通流量过大造成的交通堵塞，减少运次，降低空气污染。所以，配装也是配送系统中具有现代特点的功能要素之一。

（五）配送运输

配送运输属于运输中的末端运输、支线运输。它和一般运输形态的主要区别在于：配送运输是较短距离、较小规模、较高频度的运输形式，一般使用汽车作为运输工具。与干线运输的另一个区别是配送运输的路线选择问题是一般干线运输所没有的。干线运输的干线一般是唯一的运输路线，不可选择，而配送运输由于配送客户多、地点分散，一般集中在城市内或城郊，且城市交通路线又较为复杂，存在空间和时间上的峰谷交替，如何组合最佳路线，如何使配装和路线选择有效搭配成为配送运输的工作难点，也是配送运输的特点。对于较为复杂的配送运输，需用数学模型规划整合来取得较好的运输效果。

（六）送达服务

将配好的货物运输到客户处还不算配送工作的结束，这是因为送达货物和客户接收货物往往还会出现不协调，使配送前功尽弃。因此，要圆满地实现运到货的移交，并有效地、方便地处理相关手续并完成结算，还应当讲究卸货地点、卸货方式等。送达服务也是配送独具的特色。

（七）配送加工

配送加工是流通加工的一种，是按照客户的要求所进行的流通加工。在配送活动中，有时需要根据用户的要求或对于配送对象来说，为便于流通和消费，改进商品质量，促进商品销售，需对商品进行套裁、简单组装、分装、贴标签、包装等加工活动。配送加工这一功能要素在配送中不具有普遍性，但往往具有重要的意义。通过配送加工，可以大大提高客户的满意度。配送加工一般取决于客户的要求，加工目的较为单一。

二、配送的基本作业

在自动化物流配送中心的运转中，不论是机械化的物流系统，还是自动化或智能化的物流系统，如果没有正确有效的作业方法配合，那么不论多么先进的系统和设备，也未必能取得最佳经济效益。为此，本章将介绍物流配送中心的基本作业流程（如图 6-1 所示）。从供应货车到仓库的码头，确认货物“进货”作业的开始，便依序将货品“储存”入库。为了良好地管理在库品，需定期或不定期地进行“盘点”检查。当收到用户订单后，首先将订单按其性质进行“订单处理”，之后根据处理后的订单信息，进行从仓库中取出用户所需货品的“拣选”作业。拣选完成后一旦发现拣选区所剩余的存货量过低时，则必须由储存区进行“补货”作业。如果储存区的存货量低于规定标准时，便向供应商采购订货。从仓库拣选出的货物经过整理之后即可准备“发货”，等到一切发货准备就绪，司机便可将货品装在配送车上，便向各用户进行“配送”交货作业。另外，在所有作业进行中，可发现只要涉及物的流动作业，其间的过程就一定有“搬运”的作业。所以“搬运”也是重要的作业。

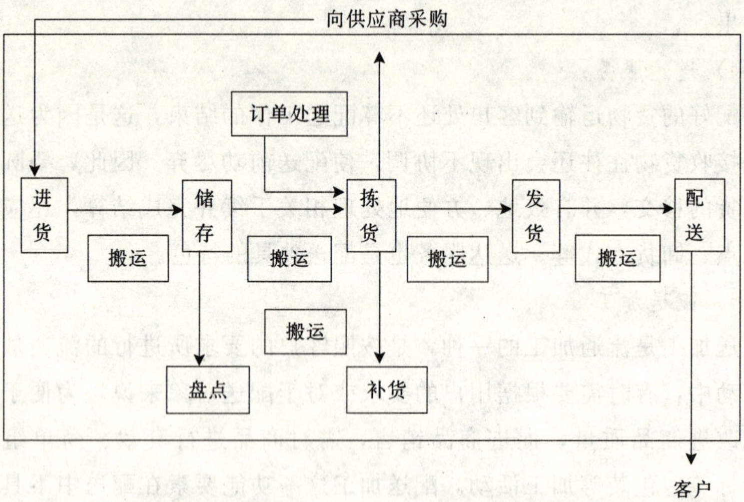

图 6-1　物流配送中心的基本作业流程

综合上述作业过程，可归纳为以下九项作业，即：①进货作业；②搬运作业；③储存作业；④盘点作业；⑤订单处理作业；⑥拣货作业；⑦补货作业；⑧发货作业；⑨配送作业。

三、配送的一般流程

图 6-1 所示的是配送中心的典型流程，其主要特点是：有较大的储存场所，分货、拣选、配货场所及装备较大，理货、分类、配货、配装的功能要求较强，流通加工功能相对较弱。

采用这种流程的配送中心有：以中、小件杂货配送为代表的配送中心，固体化工产品的配送中心，没有保质期的食品配送中心，由于货种多，为保证配送，配送中心需要一定的储存量，属于有储存功能的配送中心。其流程如图 6-2 所示。

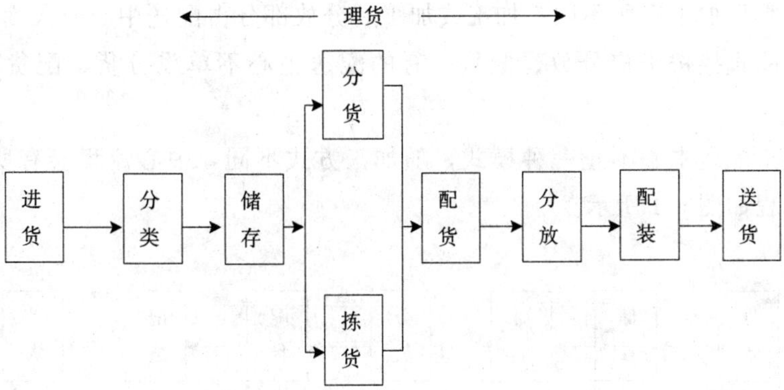

图 6-2 配送中心的一般流程

四、配送的特殊流程

（一）不带储存库的配送中心流程

这种流程的特点是：配送中心无大量储存，只有满足一时配送之需的备货暂存。暂存地点设在配货场地中，在配送中心不单设储存区。采用这种流程的配送中心以配送为专职职能，将大面积储存场所转移到中心以外。其流程如图 6-3 所示。

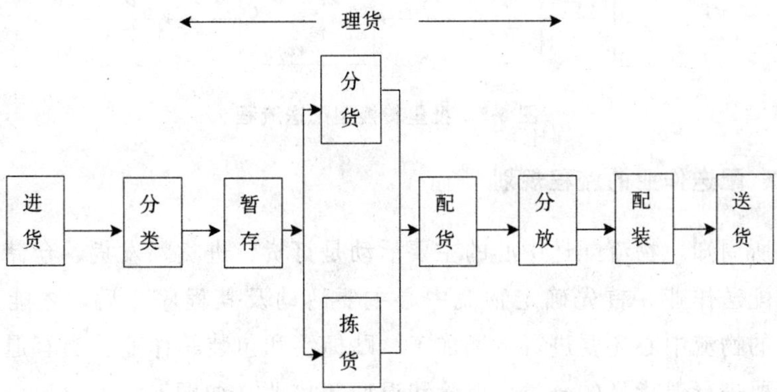

图 6-3 不带储存库的配送中心流程

（二）加工配送型配送中心流程

这种流程的特点是：进货商品大批量、单（少）品种、分类工作不多或基本上无须分类；储存后进行的加工，一般按用户要求进行，和生产企业的标准、系列加工有所不同；加工或加工后分放部分占配送中心较大面积；加工后产品直接按用户分放、配货，有的配送中心不单设分货、配货或拣选环节。

加工配送中心不止一种模式，随加工方式不同，中心流程会有所区别。典型流程如图 6-4 所示。

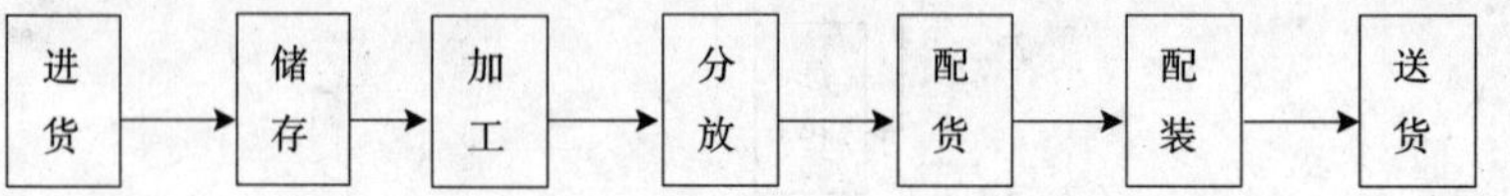

图 6-4 加工配送型配送中心流程

（三）批量转换型配送流程

这种流程的特点是：流程十分简单，基本不存在分类、拣选、分货、配货、配装等工序；进货批量大、品种单一，但发货时需转换成小批量；由于大量进货，储存能力较强，储存工序及装货工序是主要工序。采用这种流程的配送中心包括不需要在再加工的煤炭、水泥、油料等产品的配送中心，其流程如图 6-5 所示。

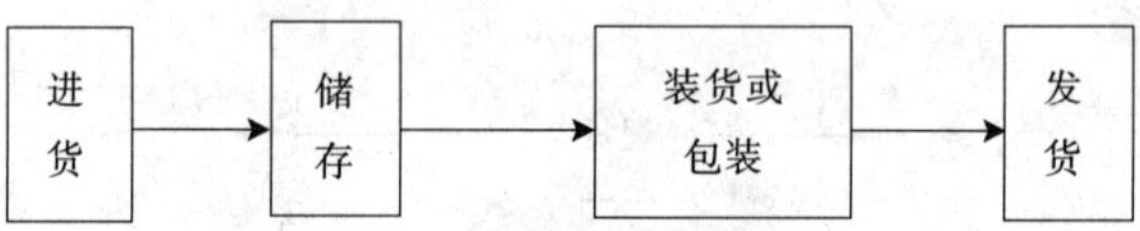

图 6-5 批量转换型配送流程

五、配送作业的流程规划

众所周知，物流配送中心的主要活动是订货、进货、发货、仓储、订单拣货和配送作业。首先确定物流中心主要活动及其程序之后，才能规划设计。有的物流中心还要进行流通加工、贴标签和包装等作业。当有退货作业时，还要进行退货品的分类、保管和退回等作业。如图 6-6 所示为一般物流中心的作业流程。

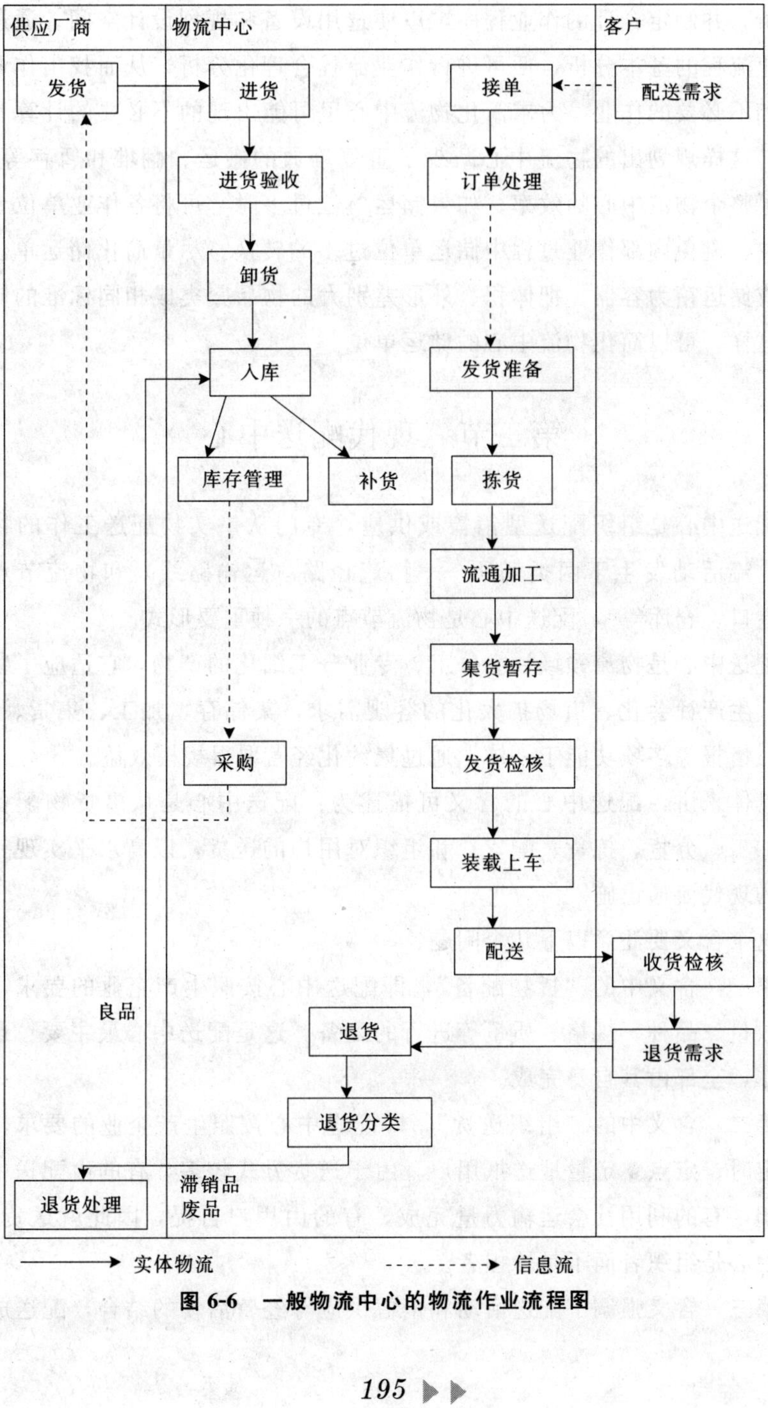

图 6-6 一般物流中心的物流作业流程图

在经过基本资料分析和基本条件设定之后，便可针对物流中心特性进一步分析，并制定合理的作业程序，以便选用设备和规划设计空间。通过对各项作业流程的基本分析，便可进行作业流程合理化分析，从而找出作业中不合理和不必要的作业，力求简化物流中心里可能出现的不必要的计算和处理单位。这样规划出的物流中心减少了重复堆放的搬运、翻堆和暂存等工作，提高了整个物流中心的效率。如果储运单位过多时，可将各作业单位予以分类合并，避免内部作业过程中储运单位过多的转换。尽量简化储运单位，以托盘或储运箱为容器。把体积、外形差别大的物品归类成相同标准的储运单位。这样，可以简化物流中心的储运单位。

第三节　现代配送中心

配送中心是组织配送型销售或供应，专门从事实物配送工作的物流节点。物流活动发生于两类场所——物流径路（运输路线）和物流节点（车站、港口、仓库等），配送中心是物流节点的一种重要形式。

配送中心是物流领域社会分工、专业分工细化的产物，它适应了物流合理化、生产社会化、市场扩大化的客观需求，集储存、加工、集货、分货、装运、情报等多项功能于一体，通过集约化经营取得规模效益。

具体来讲，配送中心的含义可描述为：配送中心是从事货物配备（集货、加工、分货、拣货、配货）和组织对用户的送货，以高水平实现销售或供应的现代流通设施。

这个含义要注意以下几个问题：

第一，含义中的“货物配备”，即配送中心按照生产企业的要求，对货物的数量、品种、规格、质量等进行的配备。这是配送中心最主要、最独特的工作，全部由其自身完成。

第二，含义中的“组织送货”，即配送中心按照生产企业的要求，组织货物定时、定点、定量地送抵用户。由于送货方式较多，有的由配送中心自行承担，有的利用社会运输力量完成，有的由用户自提，因此就送货而言，配送中心是组织者而不是承担者。

第三，含义强调了配送活动和销售供应等经营活动的结合，配送成为经营的一种手段，以此排除了这是单纯物流活动的看法。

第四，含义强调配送中心为“现代流通设施”，着意于和以前的流通设施诸如商场、贸易中心、仓库等相区别。这个流通设施以现代装备和工艺为基础，不但处理商流，而且处理物流、信息流，是集商流、物流、信息流于一身的全功能流通设施。

一、配送中心的类别

按照不同标准，配送中心可以分为以下几种类型：

（一）专业配送中心

专业配送中心大体上有两个含义：第一个含义是配送对象、配送技术属于某一专业范畴，在某一专业范畴有一定的综合性，综合这一专业的多种物资进行配送，如多数制造业的销售配送中心，我国目前在石家庄、上海等地建的配送中心大多采用这一形式。专业配送中心的第二个含义是以配送为专业化职能，基本不从事经营的服务型配送中心。

（二）柔性配送中心

这是在某种程度上与第二种专业配送中心对立的配送中心。这种配送中心不向固定化、专业化方向发展，能够随时变化，对用户要求有很强的适应性，不固定供需关系，不断发展配送用户和改变配送用户。

（三）供应配送中心

这是专门为某个或某些用户（例如联营商店、联合公司）组织供应的配送中心，如为大型联营超级市场组织供应的配送中心、代替零件加工厂送货的零件配送中心。

（四）销售配送中心

这是以销售经营为目的、以配送为手段的配送中心。销售配送中心大体有三种类型：第一种是生产企业将本身产品直接销售给消费者的配送中心，在国外这种配送中心很多；第二种是流通企业作为本身经营的一种方式，建立配送中心以扩大销售，我国目前拟建的配送中心大多属于这种类型；第三种是流通企业和生产企业联合的协作性配送中心。比较起来看，国外和我国的发展趋势，都以销售配送中心为主要发展方向。

（五）城市配送中心

这是以城市范围为配送范围的配送中心。城市范围一般处于汽车运输的经济里程，汽车配送可直接送抵最终用户。由于运距短、反应能力强，这种配送中心往往和零售经营相结合，在从事多品种、少批量、多用户的配送上占有优势。

（六）大区域型配送中心

这是以较强的辐射能力和库存准备，向相当广大的一个区域进行配送的配送中心。这种配送中心规模较大，用户和配送批量也较大，配送目的地既包括下一级的城市配送中心，也包括营业所、商店、批发商和企业用户；零星配送虽有从事，但不是主体形式。该类型配送中心在国外十分普遍。

（七）储存型配送中心

这是有很强储存功能的配送中心。一般来讲，买方市场下，企业产品销售需要有较大库存支持；卖方市场下，企业原材料、零部件供应需要有较大库存支持；大范围配送也需要较大库存支持。我国目前拟建的配送中心都采用集中库存形式，库存量较大，多为储存型。

（八）流通型配送中心

这是基本上没有长期储存功能，仅以暂存或随进随出方式进行配货、送货的配送中心。这种配送中心的典型方式是，大量货物整进并按一定批量零出，采用大型分货机，进货时直接进入分货机传送带，分送到各用户货位或直接分送到配送汽车上，货物在配送中心里仅做少许停滞。

（九）加工配送中心

从提高原材料利用率、提高运输效率、方便用户等多重目的出发，许多材料都需要配送中心的加工职能。但是加工配送中心的实例目前见到的不多。

二、配送中心的作用

配送中心是专业从事货物配送活动的物流场所或经济组织，它是集加工、理货、送货等多种职能于一体的物流节点，也可以说，配送中心是集货中心、分货中心、加工中心功能的综合。因此，配送中心具有以下一些作用：

（一）存储功能

配送中心的服务对象是生产企业和商业网点，如连锁店和超市，其主要职能就是按照用户的要求及时将各种配装好的货物送交到用户手中，满足生产需要和消费需要。为了顺利有序地完成向用户配送货物的任务，更好地发挥保障生产和消费需要的作用，通常，配送中心都建有现代化的仓储设施，如仓库、堆场等，存储一定量的商品，形成对配送的资源保证。某些区域性大型配送中心和开展“代理交货”配送业务的配送中心，不但要在配送货物的过程中存储货物，而且它所存储的货物数量更大，品种更多。如中海北方物流有限分公司在大连就拥有 10 万平方米并配备了国内一流仓储设备的现代化物流配送仓库。

（二）分拣功能

作为物流节点的配送中心，其客户是为数众多的企业或零售商，在这些众多的客户中，彼此之间存在着很大的差别，它们不仅各自经营性质、产业性质不同，而且经营规模和经营管理水平也不一样。面对这样一个复杂的用户群，为满足不同用户的不同需求，有效地组织配送活动，配送中心必须采取适当的方式对组织来的货物进行分拣，然后按照配送计划组织配货和分装，强大的分拣能力是配送中心实现按客户要求组织送货的基础，也是配送中心发挥其分拣中心作用的保证，分拣功能是配送中心的重要功能之一。

（三）集散功能

在一个大的物流系统中，配送中心凭借其特殊的地位和其拥有的各种先进设备、完善的物流管理信息系统能够实现将分散于各个生产企业的产品集中在一起，通过分拣、配货、配装等环节向多家用户进行发送。同时，配送中心也可以把各个用户所需要的多种货物有效地组合或配装在一起，形成经济、合理的批量，来实现高效率、低成本的物流。另外，配送中心在建设选址时也充分考虑了其集散功能，一般选择商品流通发达、交通较为便利的中心城市或地区，以便充分发挥配送中心作为货物或商品集散地的功能，如中海北方物流有限公司按照统一标准在东北各主要城市设立了 6 个二级配送中心，形成了以大连为基地、辐射东北三省的梯次仓储配送格局。配送中心集散功能如图 6-7 所示。

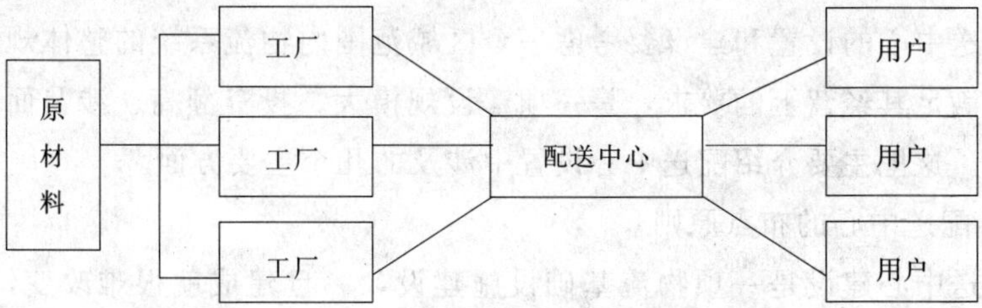

图 6-7　配送中心集散示意图

（四）衔接功能

通过开展货物配送活动，配送中心能把各种生产资料和生活资料直接送到用户手中，可以起到连接生产与消费的功能，是衔接供需两个市场的一种表现。另外，通过发货和储存，配送中心又起到了调节市场需求，平衡供求关系的作用。现代化的配送中心如同一个“蓄水池”，不断地进货、送货，快速地周转有效解决了产销不平衡，缓解了供需矛盾，在产、销之间建立起一个缓冲平台，这是配送中心衔接供需两个市场的另一个表现。可以说，现代化的配送中心通过储存和发散货物功能的发挥，体现出了其衔接生产与消费、供应与需求的功能，使供需双方实现了无缝连接。

（五）流通加工功能

配送加工虽不是普遍的，但往往是有着重要作用的功能要素，主要是通过配送加工，可以大大提高客户的满意度。国内外许多配送中心都很重视提升自己的配送加工能力，通过按照客户的要求开展配送加工可以使配送的效率和满意度提高，配送加工有别于一般的流通加工，它一般取决于客户的要求，销售型配送中心有时也根据市场需求来进行简单的配送加工。

（六）信息处理

配送中心连接着物流干线和配送，直接面对着产品的供需双方，因而不仅是实物的连接，更重要的是信息的传递和处理，包括在配送中心的信息生成和交换。

三、配送中心的选址与布局

（一）配送中心的选址

配送中心是一种物流节点，它不是具有单一储藏功能的仓库，而是发挥配送职能的流通仓库，配送中心的目的是降低运输成本，减少销售机会的损失。配送中心的设置和建设要考虑一个区域范围内物流系统的整体规划，同时还要满足其经营上的要求，是一项建设规模大、投资额高、涉及面广的系统工程。这里主要介绍配送中心设置中涉及的几个主要方面。

1. 配送中心的布点原则

配送中心建设是一项物流基础设施建设，一旦建成就很难改变，因此，配送中心的布点不能有丝毫的随意性，应在一定设计原则下进行布点。

（1）适应性原则

配送中心布点必须与国家及省市的经济发展方针、政策相适应，与我国物流资源分布和需求分布相适应；同时还要与一个地区或区域的经济发展特征和主产品特征相适应；既要考虑配送中心本身经营运作上的可行性，又要与区域物流系统规划相适应。

（2）协调性原则

配送中心布点要将国家的物流网络作为一个大系统来考虑，要确立自身在网络中的位置，并与整个系统相协调。同时在配送中心的规模、设施与设备的选择、生产作业能力、配送商品的特性等方面要保持协调性、一致性。

（3）经济性原则

配送中心布点中的费用主要包括建设费用和经营费用两大部分。前者涉及的面广，一次性投入较大，比如规划设计费用、使用费用、基本建设材料费用、人工费用、设施与设备的选择与安装费用等；后者主要是配送中心建成后，经营配送中心所需的费用，比如运输费用，设备、设施使用费用和维护费用等。配送中心布局时，既要充分考虑各种技术、经济因素，进行功能比较，又要进行价值分析；既要考虑企业效益，又要兼顾社会效益，总的原则是求得综合成本最低。

（4）前瞻性原则

配送中心建设是一项长期投资，所以，配送中心布点要有全局观念和长远考虑，要有前瞻性。应结合国家物流系统的长期规划和现实状况，以及国家经济长期发展规划来考虑，既要符合目前需要，又要考虑日后发展的可能。应立足当前，放眼未来。

2. 配送中心布点的影响因素

（1）自然环境因素，包括：①气象条件；②地质条件；③水文条件；④地形条件。

（2）经营环境因素，包括：①产业政策；②主要商品特性；③物流费用；④服务水平。

（3）基础设施状况，包括：①道路、交通条件；②公共设施状况。

（4）其他因素，如：①国土资源利用；②环境保护要求。

3. 配送中心选址的方法

如果一个配送中心为多个用户配送货物最小的位置如图 6-8 所示。

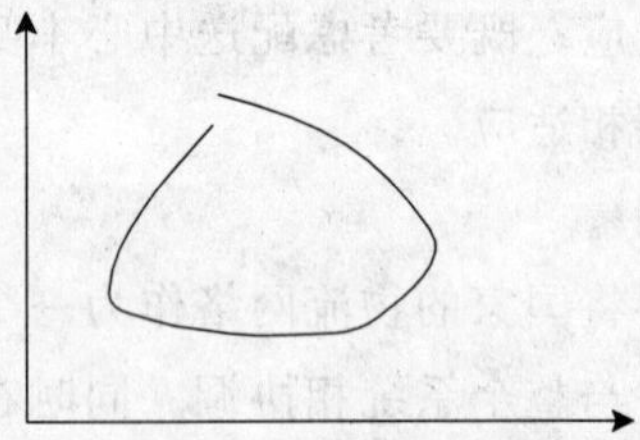

图 6-8　单一配送中心与多个用户分布图

图 6-8 中，假设有 n 个用户，分布在不同的坐标点为（x，y）上，配送中心的坐标为（x，y），那么从配送中心到多个用户的运输费总额为：

$$H=\sum_{i=1}^{n}C_i \tag{6-1}$$

式中　H ——从配送中心到所有用户的运输费用总和；

C_i ——配送中心到第 i 个用户的运输费用；

n ——用户个数。

另设：a_i ——从配送中心到第 i 个用户每单位运量、单位距离的运输费用；

ω_i——从配送中心到第 i 个用户的运量；

d_i——从配送中心到第 i 个用户的直线距离。

则

$$C_i=a_i\omega_i d_i \tag{6-2}$$

其中：

$$d_i=\sqrt{(x_0-x_i)^2+(y_0-y_i)^2}$$

那么：

$$\begin{aligned} H&=\sum_{i=1}^{n}C_i \\ &=\sum_{i=1}^{n}a_i\omega_i d_i \\ &=\sum a_i\omega_i\sqrt{(x_0-x_i)^2+(y_0-y_i)^2} \end{aligned} \tag{6-3}$$

为求得运输总费用最小，将（6-3）分别对 x_0、y_0 求偏导，然后令偏导等于零，可得到配送中心的最佳地址坐标（x^*，y^*）的数学模型。

令

$$\frac{\partial H}{\partial x_0}=\sum_{i=1}^{n}a_i\omega_i(x_0-x_i)/d_i \tag{6-4}$$

$$\frac{\partial H}{\partial y_0}=\sum_{i=1}^{n}a_i\omega_i(y_0-y_i)/d_i \tag{6-5}$$

得

$$x_0^* = \frac{\sum_{i=1}^{n} a_i \omega_i x_i / d_i}{\sum_{i=1}^{n} a_i \omega_i / d_i} \tag{6-6}$$

$$y_0^* = \frac{\sum_{i=1}^{n} a_i \omega_i y_i / d_i}{\sum_{i=1}^{n}} \tag{6-7}$$

上式中因仍含有未知数 x_0、y_0 的项 d_i，所以一次不能求得 x_0^*，y_0^*。通常采用迭代计算法求得最终解。迭代法计算如下：

(1) 先将区域 N 内所有用户的几何重心点坐标（x_0^0，y_0^0）作为初始地点。

(2) 将（x_0^0，y_0^0）代入式（6－3）中计算出与（x_{00}，y_{00}）相对应的运输总费用 H_0。

(3) 将（x_{00}，y_{00}）代入式（6－6）、（6－7）中计算出改善的配送中心地点（x'_0，y'_0）。

(4) 利用式（6－3）计算出与（x'_0，y'_0）相对应的运输总费用 H_1。

(5) 比较 H_0 与 H_1，若 $H_1 \geqslant H_0$，则（x_0，y_0）为最优解，计算完毕；若 $H_1 < H_0$，则返回第（3）步计算，将（x'_0，y'_0）代入式（6-6）、式(6-7)中计算出另一改善的配送中心地点（x_0^2，y_0^2），反复迭代，直至 $H_{k+1} \geqslant H_k$，求出最优解（x_0^k，y_0^k）为止。

此外，也可以用从供应商到配送中心的运输总费用作成本函数模型来确定配送中心位置，这时只要将供应商作为用户即可。另外，在实际选址中，直线距离和道路运距有一定差距，可用修正系数加以修正。

4．配送中心规模的确定

配送中心规模大小受业务量、业务性质、内容和作业要求的影响较大，一般要根据以下几个方面来确定：

(1) 物流量预测（吐吞量预测）。预测时要根据历年经营的大量原始数据分析，以这个企业发展的规划和目标为依据进行。要考虑商品库存的周转率、最大库存水平，通常以备齐全部配送品种为前提，根据商品数量品种的 ABC 分类法，使 A 类商品备齐率为 100%，B 类为 95%，C 类为 90%，由此确定配送中心的平均储存量和最高储存量。

(2) 确定单位面积作业量的定额。根据经验，配送中心各作业的单位面积作业量定额如下表所示。

配送中心各作业的单位面积作业量

作业法名称	单位面积作业量
收检货作业区	0.2～0.3
分拣作业区	0.2～0.3
储存作业区	0.7～0.9
理货配货作业区	0.2～0.3

根据预测吐吞和各作业区单位面积作业量定额可大致估算出配送中心的作业面积。

(3) 配送中心的占地面积。

一般辅助生产建筑面积为配送中心作业面积的5%～8%，办公、生活用建筑面积为配送中心作业面积的5%左右，这样，配送中心的总建筑面积就可大致确定出来，再根据城建规划部门的有关规定可基本估算出总的占用面积。

(二) 配送中心的布局

在完成各作业程序、作业区域以及主要物流设备和周边设施等的规划之后，便可进行空间区域的布置规划和作业区域的区块布置工作以及标示各作业区域的面积和界限范围。

现在就区域布置规划的主要程序进行说明。其主要内容有：

1. 活动关系的分析

在各类作业区域之间可能存在的活动关系如下：①程序上的关系，即建立在物料流和信息流之间的关系。②组织上的关系，即建立在各部门组织之间的关系。③功能上的关系，即因为区域之间因功能需要而形成的关系。④环境上的关系，即考虑到操作环境和安全需要而保持的关系。

对上述各种关系程度加以分析之后，可作为区域布置规划的参考。在物流中心的布置规划中，可分为物流作业区域、辅助作业区域和厂区活动区三大部分。在进行布置规划时首先应对规划区域特性和活动相关性分类之后，再进行活动关系的分析。

对于物流作业区域则以物流作业流程为主。为此，必须进行物料搬运分析和物料的始点和终点之间的流量分析，从而了解各区域之间物流量规模的大小及程度。

物料搬运分析是以每个独立的物流作业为分析单元的，如一般物流作业、运货作业、盘点移仓作业等。所谓物流量分析是在各项物流作业活动中对物料从某一区域到另一区域的物料流量大小进行研究。在此必须说明，为了便于研究物流流量，必须把不同搬运单位的货物转换成相同的搬运单位。

辅助作业区域是辅助性的区域，必须考虑信息流和有关组织、功能、环境等方面相配合的区域。按重要程度把这些相关区域分为不同级别。在区域之间必须考虑人员往返接触程度、文件传递频率、组织管理上的关系、是否共用设备和相同的空间区域和是否进行类似性的活动等因素。如果区域间关系程度较大时，区域间布置应尽量相邻或接近，如发货区和称重区应相邻。而关系程度低的区域则不宜接近，如库存区和司机休息室。

2. 作业空间规划

作业空间规划在整个物流中心规划设计中占有重要的地位。这一规划是否得当将直接影响到运营成本、空间投资与效益。在规划空间时，应首先根据作业流量、作业活动特性、设备型号、建筑物特性、成本和效率等因素，确定满足作业要求的空间大小、长度、宽度和高度。在完成物流设备和周边设备规划并选定各项设备型号和数量之后，便可进行各作业区内的设备规划工作。通过对各区域的分析，可估计各区域的面积，根据各部门区域性质不同，要求作业空间的标准也不同。最后，根据整个物流中心的实际和发展情况作适当调整。

在规划作业空间时，除了估计设备的基本使用面积外，还要估计操作、活动、物料暂存作业空间和通道面积等。

（1）通道空间的布置规划。通道的正确安排和宽度设计将直接影响物流效率。一般在规划布置厂房时首先设计通道位置和宽度。影响通道位置和宽度的因素有：通道形式、搬运设备的型号、尺寸、能力和旋转半径、储存货物尺寸、到进出口和装卸区的距离、储存的批量尺寸、防火墙位置、行列空间、服务区和设备的位置、地板负载能力、电梯和斜道位置以及出入方便性等。

物流中心的通道分为厂区通道和厂内通道两种。厂区通道将对车辆和人员的进出、车辆回转、上下货等动线有影响。而厂房内通道包括以下几种：

①工作通道，这是物流仓储作业和出入厂房作业的通道，包括主通道和辅助通道。主通道连接房的进出口和各作业区，道路最宽；辅助通道连接主通道和各作业区内的通道，一般是平行或垂直于主通道。

②员工进出特殊区的人行道。

③电梯通道，出入电梯的通道，距主通道 3～4.5 米。

④其他各种性质的通道，这是公共设施、防火设备或紧急逃生所需要的进出道路。

在空间分配时最主要的应该考虑通道设置和宽度。良好道路的设计应该注意如下几个因素：①流量经济性，即让厂房通道的人和物的移动形成路径。②空间经济性，即要慎重设计空间大小，有效发挥空间的效益。③设计顺序，首先设计主通道和出入厂门的位置，之后设计出入厂门和作业区间的通道，最后设计服务设施和参观走道。④大规模厂房的空间经济性，即在一个 6 米的厂房内应有一条宽 1.2～2 米的通道，约占有效地板空间的 25%～30%。一个 180 米宽的厂房应有 3 条宽 3.6 米的通道，只占空间的 6%。再加上一些次要通道，也只占 10%～12%左右。由此可见，大厂房在通道设计方面可实现最大的空间性。⑤危险条件，即在设计通道时要宽畅，当遇危险时以便逃生。⑥楼层间的交通，电梯是楼层间的主要交通工具。电梯位置不能妨碍主要通道的交通。

此外，不同储区的布置其通道空间比例也不一样。就一般物流中心的作业特性而言，采用中枢通道式。只要通道穿过厂房中央，就可有效利用空间。

关于通道宽度设计，根据不同作业区域、人员或车辆行走速度、单位时间通行人数、搬运物品体积等因素而定。就人员行走通道为例，设人员通过速度 v（km/h），单位时间（min）通过人数为 n，两人前后最短距离 d（m），平均每人身宽 w（m），则每人在通道上所占空间为 $d \times w$（m^2），为此通道宽度 W 公式如下：

$$W = d \times w \times \frac{n}{v}$$

（2）进行货区的作业空间规划。

①进出货平台的规划。众所周知，货物在进货时可能需要拆装、理货、检查或暂存以待车装载配送。为此在进出货平台上应留空间作为缓冲区。为

了使平台与车辆高度能满足装卸货的顺利进行，进出货平台需要连接设备。为此，这种连接设备需要 1～2.5 米的空间。若使用固定式连接设备时需1.5～3.5米的空间。为使车辆及人员畅通进出，在暂存区和连接设备之间应有出入通道。

②进出货码头配置形式的设计。关于出入码头设计可根据作业性质、厂房形式以及仓库内物流动线来决定码头的安排形式。为使物料顺畅进出仓库，进货码头与发货码头的相对位置是很重要的。两者位置合适与否将直接影响进出货效率的高低。两者位置关系有以下几种：

第一种，进出货共同码头。这种形式可提高空间和设备利用率，但管理困难。特别是进出货高峰时间，容易造成进出或相互影响的不良效果。这种形式适合于进出货时间错开的仓库。

第二种，进出货区分开使用码头，两者相邻管理。这种设计方案使进出货空间分开，不会使进出货互相影响，但是空间利用率低。这种设计适用于厂房空间较大，进出货容易互相影响的仓库。

第三种，进出货区分别使用码头，两者不相邻。这是进出货作业完全独立的两码头，不但空间分开而且设备也独立。优点是进货与动线更加畅通迅速，但设备利用率较低。这种设计适用于厂房空间不足的情况。

第四种，多个进出货码头。这种设计方案适用于进出货频繁且空间足够的仓库。

③码头的设计形式。码头形式有锯齿形和直线形两种。锯齿形的优点是车辆旋转纵深较浅，但缺点是占用仓库内部空间较大。直线形优点在于占用仓库内部空间小，缺点是车辆旋转纵深较大，且需要较大外部空间。

究竟选用哪种形式的停车码头，可根据土地和建筑物的价格而定。如果土地费用远低于仓库造价时，选直线形为最佳。

在设计进出货空间时，除考虑效率和空间之外，还应该考虑安全问题。尤其是设计车辆和码头之间的连接部分时必须考虑到如何防止大风吹入仓库内部和雨水进入仓库。此外，还应该避免库内空调的冷暖气外溢和能源损失。为此停车码头有以下三种形式：

第一种，内围式。把码头围在厂房内，进出车辆可直接入厂装卸货。其优点在于安全、不怕风吹雨打以及冷暖气不怕外溢。

第二种，齐平式。月台与仓库外边齐平，优点是整个月台仍在仓库内，可避免能源浪费。此种形式造价低，目前被广泛采用。

第三种，开放式。月台全部突出在厂房之外，月台上的货物完全没有遮掩，库内冷暖气更易外溢。

④月台数量计算。为了计算月台数量，首先应准确掌握有关进出货的历史资料、高峰时段的车数和每车装卸货需要的时间。此外，还应该考虑到将来厂房的扩大发展。为了使设备顺利进出码头，必须考虑每一个停车月台门面尺寸。一般物流中心月台门高为 2.44 米，门宽为 2.75 米。

(3) 仓储区的作业空间规划。在规划仓储区空间时首先应考虑如下的因素：货品尺寸和数量，托盘尺寸和货架空间，设备的型号、尺寸、能力和旋转半径，走廊宽度、位置和需要空间，柱间距离，建筑尺寸与形式，出货及搬运位置，补货或服务设施的位置（防火墙、灭火器、排水口）以及作业原则（经济性、单元化负载、货品不落地、减少搬运次数和距离、有效利用空间）。总之，不论仓储区如何布置，应先求出存货所占空间大小、货品尺寸及数量、堆放方式、托盘尺寸和货架储位空间。

①托盘平置堆放。当大量发货时，把托盘放在地板上平置堆放为宜。此时应考虑托盘数量、尺寸和通道。设托盘尺寸为 $P\times P$，通过货品尺寸和托盘尺寸计算每个托盘平均可堆放 N 箱货品。若平均存货量为 Q，则需要空间 D 为：

$$D=\frac{Q}{N}\ (P\times P)$$

在考虑实际仓储所需空间时还应考虑到高层叉车存取作业所需空间。此外，中枢形通道约占全部面积的 30%～35%。为此，实际仓储所需空间 A 计算如下：

$$A=\frac{D}{(1-35\%)}=1.5D$$

设料框尺寸为 $P\times P$，由货物尺寸和料框尺寸算出每个托盘平均可堆放 N 箱货品，料框在仓库中可堆放 L 层，平均存货量 Q，则存货空间 D 为：

$$D=\frac{Q}{L\times N}\ (P\times P)$$

当计算实际仓储所需空间时，还要考虑到高层叉车存取作业所需空间，采用一般的中枢形通道，则通道约占全部面积的 35%～40%，所以实际仓储需要空间 A 为：

$$A=\frac{D}{(1-40\%)}=1.67D$$

②使用托盘货架储存。当使用托盘货架储存货品时，在计算存货空间时除了考虑货品尺寸和数量、托盘尺寸、货架形式和层数之外，还要考虑相应的通道空间。设货架为上层，每个托盘可堆放 N 箱，平均存货量约为 Q，则存货需要的托盘占地 P 为：

$$P=\frac{Q}{L\cdot N}$$

由于货架具有区块特性，即每个区块由两排货架和通道组成。实际仓储区空间包括存取通道和仓库区块空间（由托盘占地空间换算）。在计算货架的货位空间时，应以一个货位为计算基础。

③利用轻型货架储存。对尺寸不大的小量多品种货物采用轻型货架储存。如以箱为储存单位时，在计算空间时应考虑货品尺寸、数量、货架形式及层数、货架的储位空间等因素。设货架为 L 层，每个货位面积为 $a\cdot b$，每货位堆放 m 箱，平均存货量 Q，则存货空间 D 为：

$$D=\frac{Q}{L\cdot m}(a\cdot b)$$

（4）拣货区作业空间规划。拣货作业是物流中心内最费时的工作。如能最佳布置拣货方式必将提高整个物流中心的效率。常见的拣货方式如下：

①储存和拣货区共用托盘货架。体积大、发货量也大的物品适合这种模式。一般是托盘货架第一层（地面层）为拣货区，第二、三层为库存区。当拣货结束后再由库存区向拣货区补货。

在空间计算时首先考虑拣货区的货物品项总数，因为品项数的多少将影响地面上的托盘空间。实际空间多少取决于品项总数和库存量所需的托盘数。因为实际库存单位为托盘单位，所以，不足一个托盘的品项仍按一个托盘来估计。为此，库存空间应适当放大，一般放大 1.3 倍为宜。

②储存和拣货区共用的零星拣货方式：

a. 流动货架拣货方式。这种方式适用于进出货量较小，体积不大或外形不规则货品的拣货工作。因为进货→保管→拣货→发货都是单向物流动线，可配合入、出库的输送机作业。让流动货架来实现储存和拣货的保管功能。这可达到先入先出的管理效果。在进货区把货物直接从车上卸到入库输送机上，入库输送机自动把货物送到储存和拣货区。这种方式的拣货效率较高。拣取完的货物立即被放在出库输送机上，自动把货物送到发货区。

拣取单位可分为箱拣货和单品拣货两种。箱拣货方式可配合加贴条形码标签作业进行输送带的分类作业。单品拣货配合拆箱作业，并可利用储运箱为拣货用户的装载单位进行集货，再通过输送带分送到发货区。当然储运箱应具有如条形码、发货单卡等之类的识别功能。

流动货架优点在于：仅在拣货区通道上行走便可方便拣货，使用出库输送机提高效率，出入库输送机分开可同时进行出入库作业。

对规模较大的物流中心可采用多列流动货架进行平行作业。之后，再用合流输送机把各线拣发货物集中。

b. 一般货架拣货方式。这种方式用单面开放式货架进行拣货作业，但入库和出库是在同一侧。为此，可共用一条入库输送机来进行补货和拣货作业。虽然节省空间，但是必须注意入库和出库时间必须错开，以免造成作业混乱。

c. 积层式货架的作业方式。在拣货作业时，拣取位置不宜超过 1.8 米，否则操作困难。如利用有限空间进行大量拣货作业，可用积层式货架区。下层为大型货架，为箱拣取。上层为轻量小型货架，用于单品拣取。这样可充分利用仓储空间。

③储存与拣货区分开的零星拣货方式。这种方式是储存与拣货区不是同一个货架，通过补货作业把货品由库存区送到拣货区。这种方式适合于进出货量中等的情况。

如果作业是多品种、小批量的单品发货方式，则可在拣货区出库输送机两侧增设无动力拣货输送机，这种方式的优点是拣货员拣取货物是利用拣货输送机，一边推着空储运箱一边按拣货方向在流动货架前边走边拣货。当拣货完毕便把储运箱移到动力输送机上。这种方式工作方便、效率较高。

④分段拣货的少量拣货方式。当拣货区内拣货品项过多时，使得流动货架的拣货路线很长，则可考虑接力棒式的分段拣货方式。如果订单品项分布都落在同一分区中，则可跳过其他分区，缩短拣货行走距离、避免绕行整个拣货区。

⑤U 形多品种、小批量拣货补货方式。为减少拣货人员或要兼顾输送机

两侧货架的拣取作业时，可采用U形拣货路径和输送机方式。

(5) 集货区的规划。在物流中心的作业中，当货物经过拣取出库后要进行集货、清点、检查和准备装车等作业。由于拣货方式和装载容器的单位不同，在发货前的暂存和准备工作需要有一定的集货空间。各种集货作业的拣货类型如下：

①单一订单拣取：以单一订单用户为单元，拣取后的发货单元可能是储位箱、笼车、台车或托盘。集货区以此为单位规划暂存区以待发货。

②订单分区拣货：以单一订单用户为主，根据拣货单把储存区分成几个区，拣取之后的发货单元可能同时包括储运箱、笼车或托盘等组合。为此，可能有另外的装拼、组合或贴标、注记等工作。这样有利于装车送货员识别不同用户的货品。这种方式要求有较大的集货空间。在设计时可分为主要用户和次要用户的集货区。

③订单批量拣取：这是多张订单批量拣取的作业方式。这种方式在拣取后需要进行分类作业。为此需要有分类输送设备或者人工分类的作业空间。

a. 分类输送设备：当发货量大、品项包装或装载类型相似时，可采用分类输送设备。按批量拣取的货物按用户分类之后的发货单元，可能是以单品为主。之后在合并点再把单元装在储运箱、笼车或托盘等负载单位上。这种集货区空间设计和单一订单拣取方式相同。

b. 人工分类：人工分类适合于发货的用户少且货物种类及物性变化较大的物品。拣取货品以单品为主，经过批量拣取后再进行人工分类，并按车次的发货暂存区进行合并。为此，需要有行走通道和发货码头前的暂存空间。

一般集货区货位设计以地区堆放为主，同时考虑发货装载顺序和动线畅通性，在空间允许条件下以单排为宜。否则容易造成装车时在集货区反复查找货物及搬运工作，降低装载作业效率。

另外，在规划集货区空间时还要考虑每天平均发货订单、发货车次和出车路线，以及每天拣货和出车工作时序安排等因素。例如，有的工作是一天发货两次或夜间配合，拣货时段则在白天上班时间完成，在不同发车时序要求下需要集货空间配合工作，方便车辆达到物流中心后立即可以进行货物清点和装载作业，减少车辆等待时间。

有时也可以把集货区和发货暂存区放在一起，但是发货暂存区常作装载工作之用。如果拣出的货物需要等待较长时间才能装车，则有必要把发货码头和发货暂存区分开。

（6）行政区的规划。行政区的规划主要是指非直接从事生产、物流、仓储或流通加工部门的规划。如办公室、会议室、福利休闲设施等。

（7）厂区规划。除了厂房内的物流、仓储和行政区外，厂区还包括停车场、警卫室、环境美化区等。

①大门和门卫室。配合厂区对外出入大门和外连道路形式进行规划。如果出入共用一个大门时，警卫室设置在大门一侧，并可进行出入车辆管理。如果出入口相邻并位于厂区同侧时，出入道路较大，可把出入动线分开，警卫室设于出入口中间，分别进行出入车辆管理。若出入口位于厂区同侧时，可分别设立警卫室，严格执行一边进厂一边出厂的出入管理制度。这种情况适用于进出货时段重合、进出车辆频繁的情况。

②停车场。一个现代化的物流中心对停车场的设计是十分重视的。停车种类主要是进货车辆、来宾用车辆和职员用车。根据物流中心的现实和发展情况、车辆类型估计车数，停车角度可分为90°、60°和45°三种。停车位应和车辆行走车道相关。不同角度下的车辆进出所需车道宽度是不一样的。一般情况下多采用90°和60°的车位形式。现在分别说明如下：

a. 60°停车场其优点是车辆进出方便、车道宽度较小。但车位深度较深，统一列可停车数较少。

b. 90°停车场设计，这种车位设计使车辆进出困难，要求车道宽度较大、车位深度和车长一样，统一列可停车数较多。

③运输车辆回车空间。在设计停车场时，必须对进出物流中心的车辆型号和尺寸进行分析，并留停车和回车的空间。

④车辆停泊与绿化空间。把停车场周围的围墙边设计为绿化区，以美化环境。

3. 各区域位置的设计

在完成各作业区域面积计算和基本规划之后，必须决定各部门区域的相互位置。方法是按各作业区域的计算面积大小和长宽比例做成缩小的模块，并根据生产流程和相关部门的关系来设计相互位置。

在分析区域性的基础上设几个作业区域间物流动线形式。以下为几种物流动线形式：

（1）直线式：适合于出入口在厂房两侧、作业流程简单、规模较小的物流作业，无论订单大小和拣货品项多少，均要通过厂房全程。

（2）双直线式：适合于出入口在厂房两侧，作业流程相似但有两种不同进出货形态。

（3）锯齿形：通常适用于多排并列的库存货架区内。

（4）U形：适合于出入口在厂房同侧，根据进出频率大小安排靠近进出口端的储区，缩短拣货搬运路线。

（5）分流式：适用于批量拣货的分流作业。

（6）集中式：适用于因储区特性把订单分割在不同区域拣货后再进行集货的作业。

在进行各区域位置安排时，第一步决定物流中心对外的连接道路形式。第二步决定物流中心厂房空间范围、大小和长宽比例。第三步决定物流中心内由进货到发货的主要物流动线形式，如U形、双排型之类。第四步是根据作业流程顺序安排各区域位置。物流作业区域是由进货作业开始进行布置，根据物料流程前后关系顺次安排相关位置。其中作业区域中如有面积较大、长宽比不易变动的区域时，应首先安排在建筑平面中，如自动化立体仓库、分类输送机等作业区。之后再插入面积较小的长宽比例容易调整的区域，如理货区和暂存区之类。第五步是决定行政办公区和物流仓储区的关系。一般物流中心行政办公区是集中式布置。为了提高空间利用率，多采用多楼层办公方案。

4. 物流动线分析

在区域布置阶段，没有指出各项设备的规格型号和尺寸，但是基本确定了各种设备类型。根据这些设备性能，注意分析各区之间和区域内的物流动线是否流畅。

首先根据厂房装卸货的出入形式、厂房内物流动线形式以及各区域相对位置，设计厂房内的主要通道；其次是进行物流设备方向和面积的规划。在此规划过程中需要考虑作业空间和区域内的通道情况；最后是分析各区域之间物流动线形式，绘制物流动线图，进一步研究物流动线的合理性和流畅性。

综上所述，在物流中心系统规划基本完成之后，必须对这个规划进行评估。评估内容如下：

(1) 经济性方面。这方面评估内容包括土地面积、库房建筑面积、机械设备成本、人力成本以及耗能等方面。

(2) 技术性方面。这方面包括自动化程度、设备可靠性和设备维护保养等三方面。所谓自动化程度是指搬运省力化、出入库系统自动化、拣货系统自动化和信息处理自动化。所谓设备可靠性是指当发生任何故障时仍可进行配置作业，当主要系统发生故障时，可迅速修复或有备用系统代替等。所谓设备维护保养是指定期有人保养设备。

(3) 系统作业方面。这方面内容包括有储位柔性程度、系统作业柔性程度、系统扩充性、人员安全性和人员素质等。所谓储位柔性是指存取空间可否调整、储位可否按需要弹性应用和储位是否限定存放特性货物等。所谓系统作业柔性是指系统是否易于改变，系统作业的原则、程序和方法是否可以变更。所谓系统扩充性是指当系统扩充时是否改变原有布置形式和现有建筑、原有设备是否能用、是否改变现有作业方式以及是否增加土地等。所谓人员安全性是指仓库货架稳定性如何，人员和搬运设备、路径之间是否交错和频繁接触，自高处向下搬运货物是否潜在危及人员安全因素，电气设备是否有不安全隐患，通道是否畅通，遇难时可否安全逃生等。

五、配送中心设备的配置

一个完整的物流配送中心包含的设施相当广泛，基本上可分为三类：

(一) 物流作业区域设施

物流中心内的主要作业活动，基本上均与物流仓库、搬运和拣取等作业有关。为此，规划的重点是对物流设备的规划设计和选用。不同功能的物流设备要求与之相适应的厂房布置与面积。在系统规划阶段，由于厂房布置尚未定形，物流设备规划主要以要求的功能、数量和选用型号等内容为主。在详细规划设计阶段，必须进行设备的详细规格、设施配置等内容的设计。在自动化物流系统中主要系统设备包括自动仓库设备、钢架结构分析、物流管理系统、堆卸托盘设备、监控设备、控制系统、通信网络系统、识别系统、无人搬运车设备、堆垛设备、输送设备和分级分类设备。现在就物流作业区的主要物流设备说明如下：

1. 容器设施

容器设施包括搬运、储存、拣取和配送用的容器。如纸箱、托盘、铁箱、塑料箱等。在各项作业流程及储运单位规划结束后，则可进行容器的规划。部分以单品发货为主的发货类型，如品种多，体积、长度和外形等差异较大的货物，可利用储运箱等容器把储运单位统一化，达到单元负载的原则，从而简化储运作业。

2. 储存设备

储存设备包括自动仓储设备（如单元负载式、水平旋转式、垂直旋转式、轻负载式等自动仓库）、重型货架（如普通重型货架、直入式钢架、重型流动棚架等）和多品种少量储存设备（如轻型货架、轻型流动货架和移动式储柜等）。

3. 订单拣取设备

订单拣取设备包括一般型订单拣取设备（如计算机辅助拣货台车）和自动化订单拣取设备等。一般说来，拣货区和仓储分区存放，再由仓储补货到拣货区，也有把拣货区和仓储规划在同一个区的，但以分层方式处理。此时，在不同的拣货要求条件下，所需要的拣货区保管设备和拣货台车等搬运设备，因按各订单拣取和批量拣取有差异，为此应加以分析后确定。

当拣货区和仓储区分区规划时，作业方式为由仓储区补货到拣货区，拣货量为中等水平，发货频率较高。这种情况适用于零散发货和拆箱拣货。

当拣货区和仓储区在同一区而分层规划时，作业方式为由上层仓储区补货到下层拣货区，拣货量大，发货频率为中等。这种情况适用于整箱发货。

当拣货区和仓储区在同一区时，没有另设仓储区，直接在储位上拣货，拣货量较小，发货频率较低。这种情况适用于少量的零星发货。

4. 物料搬运设备

包括自动化的搬运设备（如无人搬运车、驱动式搬运台车）、机械化搬运设备（如堆垛机、液压拖板车）、输送带设备、分类输送设备、堆卸托盘设备和垂直搬运设备等。规划时配合仓储和拣取设备，估计每天进发货的搬运、拣货和补货次数，从而选择适用的搬运设备。

5. 流通加工设备

流通加工设备包括裹包集包设备、外包装配合设备、印贴条形码标签设备、拆箱设备和称重设备等。随着物流中心服务项目的多元化的开展和用户要求的提高，物流中心进行二次包装、裹包和贴标签等加工作业也日益增加。随着国际物流的发展，由国际物流转运后再分装和简易加工的业务越来越多，从而使物流作业的附加值大为增加。

6. 物流周边配合设备

这包括楼层流通设备、装卸货平台、装卸载设施、容器暂存设施和废料处理设施等。根据物流中心实际需要来选定。

有关物流作业区域的功能和需求规划之后，可以根据各区域特性，规划设计所需设备型号、功能和数量。

（二）辅助作业区域设施

在物流中心的运营过程中，除了主要的物流设备之外，还需要辅助作业区域的配合。物流中心内主要的周边设施如下：

1. 办公设备，如办公桌椅、文件保管设备、休闲娱乐设施等。

2. 计算机及其周边设施，如信息系统设施、主计算机、网络设施及其相关周边设施等。

3. 劳务设施，如洗手间、娱乐室、休息室、餐厅、司机休息室、医务室等。

（三）厂房建筑周边设施

在规划物流中心时，必须考虑到交通、水电、动力、土建、空调、安全和消防等与厂房建筑相关的周边设施条件。

第七章 采购管理

第一节 概 述

一、采购概念

（一）采购的含义

采购就是购买生产和生活所需的物资，其过程包括提出采购需求、选定供应商、谈妥价格、确定交货及相关条件、签订合同并按要求收货付款的过程。

采购包括两个基本意思：一是“采”，二是“购”。因此，从学术的角度说，采购比购买的含义更广泛、更复杂。采购主要包含以下一些基本含义：

1. 所有采购都是从资源市场获取资源的过程

无论是生活，还是生产，采购对于他们的意义，就在于能为他们解决他们所需要，但是自己又缺乏的资源问题。这些资源，包括生活资料，也包括生产资料；包括物资资源（例如原材料、设备、工具等），也包括非物资资源（例如信息、软件、技术、文化用品等）。能够提供这些资源的供应商，形成了一个资源市场。而为了从资源市场获取这些资源，都是通过采购的方式。也就是说，采购的基本功能，就是帮助人们从资源市场获取他们所需要的各种资源。

2. 采购既是一个商流过程，也是一个物流过程

采购的基本作用，就是将资源从资源市场的供应者手中转移到用户手中的过程。在这个过程中，一是要实现将资源的所有权从供应者手中转移到用户手中，二是要实现将资源的物质实体从供应者手中转移到用户手中。前者是一个商流过程，主要通过商品交易、等价交换来实现商品所有权的转移。后者是一个物流过程，主要通过运输、储存、包装、装卸、流通加工等手段

来实现商品空间位置和时间位置的转移，是商品实实在在地到达用户手中。采购过程，实际上是这两个方面的完整结合，缺一不可。只有这两个方面都完全实现了，采购过程才算完成了。因此，采购过程实际上是商流过程与物流过程的统一。

3. 采购是一种经济活动

采购是企业经济活动的主要组成部分。所谓经济活动，就是要遵循经济规律，追求经济效益。在整个采购活动过程中，一方面，通过采购，获取了资源，保证了企业的正常生产的顺利进行，这是采购的效益。另一方面，在采购过程中，也会发生各种费用，这就是采购成本。我们要追求采购经济效益的最大化，就要不断降低采购成本，以最小的成本去获取最大的效益。而要做到这一点，关键的关键，就是要努力追求科学采购。科学采购是实现企业经济利益最大化的基本利润源泉。

（二）企业采购与消费市场采购

企业采购不同于消费市场采购，消费品市场采购活动往往是个人行为，而工业采购主体通常是企业、机关等单位或机构。二者无论是在采购的目的、动机，还是采购决策与特点等方面都存在着明显的区别。此外，企业采购与消费品采购还有一个主要的区别在于企业采购是供应商与企业之间相互依靠的过程，因而在供应商与采购商（企业）之间往往会发展成长期的合作关系。

消费品采购与企业采购的区别见表 7-1。

表 7-1　　消费品采购与企业采购的区别

	企业采购	消费品采购
采购目的	保证生产	满足个人需求
采购动机	主要出于理性考虑	带有个人喜好或冲动
采购功能	专业职能、企业行为	消费者个人行为
采购决策	多人参与、程序化过程	个人决定
产品与市场知识	系统、宽广	零散、有限
采购量	大	小
采购需求	由生产及发展驱动、波动性强	由生活所需导向、通常较稳定
采购市场价格	弹性有限	弹性相对较大
顾客	数量有限、往往地域性集中	数量很多、地域上分散

（三）工业、制造企业采购特点

通常，工业企业或制造业依据其生产环境或制造环境可分为按库存生产、按订单生产以及按订单设计生产三类。对于不同的生产环境，企业所采取的生产组织方式不同，相应的运作管理也不同。

1. 对于按库存生产的企业一般采取流水作业，货物成批采购，标准化程度较高，采购功能相对简单，采购的商务化比重大。

2. 对于按订单生产的企业，生产组织灵活迅速，生产设备一般按机群或工艺布局，采购要求较高，针对原材料、零部件等不同的物料应采取不同的采购及供应商管理方式。

3. 对于按订单设计生产的企业，生产往往要求现场作业，采购通常是在接受订单并确定设计以后开始，采购具有技术性强的特点。

表 7-2 概括了不同生产环境对应的生产及采购特点。

表 7-2　　不同生产环境对应的生产及采购特点

生产环境	按库存生产	按订单生产	按订单设计生产
作业方式	流水线	机群式或按工艺特点	现场作业
生产特点	产品导向	工艺导向	项目或设计导向
产品特点	数量大、标准化程度高	品种多、质量要求高	单件小批量、设计要求高
竞争优势	低成本、及时交货	高质量、按时交货	专有技术及制造安装
采购特点	成批、标准化采购	分类采购与管理	技术性采购

（四）采购分类

1. 按照价格分类

（1）招标采购。货物采购的所有条件（如物资名称、规格、品质要求、数量、交货期、付款条件、处罚规则、投标押金、投标资格等）详细列明，刊登公告。投标厂商按公告的条件，在规定的时间内，交纳投标押金，参加投标。招标采购的开标按规定必须至少三家以上厂商从事报价投标方得开标，开标后原则上以报价最低的厂商得标，但得标的报价仍高过标底时，采购人员有权宣布流标，或征得监办人员的同意，以议价方式办理。

（2）询价现购。采购人员选取信用可靠的厂商将采购条件讲明，并询问价格或寄发询价单并促请对方报价，比较后现价采购。

（3）比价采购。采购人员请数家厂商提供价格，从中加以比价后，决定厂商进行采购。

（4）议价采购。采购人员与厂商经讨价还价后，议定价格进行采购，一般来说，询价、比价和议价是结合使用的，很少单独进行。

（5）定价收购。购买物资数量巨大，非几家厂商所能全部提供的，如纺织厂订购棉花、糖厂订购甘蔗等，或当市场上该物资匮乏时，则定价现款收购。

（6）公开市场采购。采购人员在公开交易或拍卖时随机机动地采购，因此大宗采购物资时，价格变动频繁。

2. 按采购主体分类

我们从逻辑上把采购按采购主体分类，则可以形成一个采购主体类型体系，如图 7-1 所示。

- 物资采购(按采购主体分)
  - 个人采购
  - 集团采购
    - 家庭采购
    - 企业采购
      - 流通企业采购
      - 生产企业采购
    - 政府采购
    - 事业单位采购
    - 军队采购

图 7-1　采购主体类型

（1）个人采购，是指个人生活用品的采购。一般是单一品种、单次、单一决策、随机发生的。带有很大的主观性和随意性。即使采购失误，也只影响个人，造成的损失不致太大。

（2）集团采购，一般是两个以上的人共用的用品的采购。一般是多品种、大批量、大金额的、多批次甚至持续进行的，直接关系到多个人的集团利益，所以，往往由集团决策。一旦采购决策失误，将对集团造成损失，所以集团采购一般要非常慎重、非常严格、非常科学，因而也非常受到重视。家庭采购，可以算是集团采购。但典型的集团采购，主要是指企业采购、政府采购、事业单位采购、军队采购等。这些不同类型的采购，有一些共同点，但各自又有各自不同的特点。其中，企业采购是关系到国民经济的主体部分，当然是大多数人更加关注的。根据企业类型不同，又分成流通企业采购和生产企业采购，流通企业主要是从事商品流通工作的，包括物资企业、商业企业，它们又分别包括批发企业、零售企业等。生产企业主要是从事商品生产的企业。生产企业和流通企业在采购模式上有共同点，也有互相不同的特点。

3. 按照采购方法分类

货物采购按采购方法可以分成传统采购和科学采购两大类。科学采购又包括订货点采购技术、MRP 采购技术、准时化采购技术、供应链采购和电子商务采购技术等，如图 7-2 所示。

- 物资采购(按采购方法分)
  - 传统采购
  - 科学采购
    - 订货点采购
    - MRP 采购
    - 准时化采购
    - 供应链采购
    - 电子商务采购

图 7-2　采购方法类型

(1) 传统采购。企业的传统采购一般模式是，每个月的月末，企业各个单位报下个月的采购申请单，报下个月需要采购的货物的品种数量，然后采购科把这些表汇总，制订出统一的采购计划，并于下个月实行采购计划。采购回来的货物存放于企业的仓库中，满足下个月对各个单位的物资供应。这种采购，以各个单位的采购申请单为依据，以填充库存为目的，管理比较简单、粗糙，市场响应不灵敏、库存量大，资金积压多、库存风险大。

（2）科学采购。

①订货点采购是紧密根据需求的变化和订货提前期的长短，精确确定订货点、订货批量或订货周期、最高库存水准等，建立起连续的订货启动、操作机制和库存控制机制，达到既满足需求又使得库存总成本最小的目的。这种采购模式以需求分析为依据，以填充库存为目的，采用一些科学方法，兼顾满足需求和库存成本控制，原理比较科学，操作比较简单。但是由于市场的随机因素多，使得该方法同样具有库存量大、市场响应不灵敏的缺陷。

②MRP 采购主要应用于生产企业。它是生产企业根据主生产计划和主产品的结构以及库存情况逐步推导出生产主产品所需要的零部件、原材料等的生产计划和采购计划的过程。这个采购计划规定了采购的品种、数量、采购时间和采购回来的时间，计划比较精细、严格。它也是以需求分析为依据、以满足库存为目的。它的市场响应灵敏度及库存水平都比以上方法有所进步。

③JIT 采购，也称准时化采购，是一种完全以满足需求为依据的采购方法。它对采购的要求，就是要供应商恰好在用户需要的时候，将合适的品种、合适的数量送到用户需求的地点。它是以需求为依据、改造采购过程和采购方式，使它们完全适合于需求的品种、需求的时间和需求的数量，做到既灵敏响应需求的变化，又使得库存向零库存趋近。这是一种比较科学、比较理想的采购模式。

④供应链采购是一种供应链机制下的采购模式。在供应链机制下，采购不再由采购者操作，而是由供应商操作了。采购者只需要把自己的需求规律信息即库存信息向供应商连续及时传递，供应商自己根据自己产品的消耗情况及时地、连续地、小批量地补充库存，保证采购者既满足需要又使总库存量最小。供应链采购对信息系统、供应商操作要求都比较高。它也是一种科学的、理想的采购模式。

⑤电子商务采购也就是网上采购，是在电子商务环境下的采购模式。它的基本特点是，在网上寻找供应商、寻找品种、网上洽谈贸易、网上订货甚至在网上支付货款，但是在网下送货进货。这种模式的好处，扩大了采购市场的范围，缩短了供需距离，简化了采购手续、减少了采购时间，减小了采购成本，提高了工作效率，是一种很有前途的采购模式。但是它要依赖于电

子商务的发展和物流配送水平的提高。而这两者几乎要取决于整个国民经济水平和科技进步的水平。我国现在已经有不少企业以及政府采购采用了网上采购的方式，但是要把网上采购真正搞好，还需要一些时日。

（五）采购的原则

经人们长期地摸索与总结，提出了“5R”原则用以指导采购活动，取得了良好的效果。通俗地讲，采购就是在适当的时候以适当的价格从适当的供应商处买回所需数量商品的活动。

采购必须要围绕“价”、“质”、“量”、“地”、“时”等基本要素来开展工作。

1. 适价（Right Price）

价格永远是采购活动中关注的焦点，现在的企业老板们对采购最关心的一点就是采购部今年能节省多少采购资金，所以作为一个采购人员不得不把相当多的时间与精力放在跟供应商的“砍价”上。货物的价格与该货物的种类、是否为长期购买、是否为大量购买，及与市场当时的供求关系有关，同时与采购者对该货物的市场状况是否熟悉也有关系，如果采购者未能把握市场脉搏，供应商在报价时就有可能“蒙”你，这就要求采购者要时常了解该行业的最新市况，尽可能多地获取相关资料。适价原则即是从品质的角度保证同等品质情况下不高于同类物资的价格。

一个合适的价格往往要经过以下几个环节的努力才能获得：

（1）多渠道获得报价。这不仅要求现有供应商报价，还应该要求一些新供应商报价。与某些现有供应商的合作可能已达数年之久，但它们的报价未必优惠。获得多渠道的报价后，就会对该物料的市价有一个大体的了解。并可与企业内部事先作出的估价进行比较。

（2）比价。俗话说“货比三家”，一般的家庭主妇在日常购物时都懂得这一招，但是作为一个专业采购人员所要考虑的东西远比家庭主妇在这点上所想的要多，因为专业采购所买的东西可能是一台价值几百万元的设备或年采购金额达千万元的电子零件，这就要求必须谨慎行事。由于供应商的报价单中所包含的条件往往不同，故采购人员必须将不同供应商报价中的条件转化成一致后才能比较，只有这样才能得到真实可信的比较结果。

（3）议价。经过比价环节后，筛选出价格最适当的二至三个报价（注意：是适当价格，不是最低价格），然后进行议价环节。随着进一步的深入沟通，不仅可以将详细的采购要求传达给供应商，而且还可进一步“杀价”，供应商的第一次报价往往含有“水分”。但是，如果货物为卖方市场，即使是面对面地与供应商议价，最后所取得的实际成绩也可能比预期的要低。

(4) 定价。经过上述三个环节后，双方均可接受的价格便作为日后的正式采购价，一般需保持两至三个供应商的报价。这两三个供应商的价格可能相同，也可能不同。

2. 适质（Right Quality）

一个不重视品质的企业在今天激烈的市场竞争中根本无法立足，一个优秀的采购人员不仅要做一个精明的商人，同时也要在一定程度上扮演品质管理人员的角色。在日常的采购作业中要安排部分时间去推动供应商完善品质体系及改善、稳定货物品质。

货物品质达不到使用要求的严重后果是显而易见的。

(1) 货物品质不良，往往导致企业内部相关人员花费大量的时间与精力去处理，会增加大量的管理费用；

(2) 货物品质不良，往往在重检、挑选上花费额外的时间与精力，造成检验费用增加；

(3) 货物品质不良，导致生产线返工增多，降低生产效率；

(4) 因货物品质不良而导致生产计划推迟进行，有可能引起不能按承诺的时间向客户交货，会降低客户对企业的信任度；

(5) 若因货物品质不良引起客户退货，有可能令企业蒙受严重损失，如从市场上召回产品、报废库存品等，严重的还会丢失客户。

3. 适时（Right Time）

企业已安排好的生产计划若因原材料未能如期到达往往会引起企业内部混乱，即会产生“停工待料”，产品不能按计划出货会引起客户强烈不满。若原材料提前太多时间买回来放在仓库里“等”着生产，又会造成库存过多，大量积压采购资金，这是企业老板们很忌讳的事情，故采购人员要扮演协调者与监督者的角色去促使供应商按预定时间交货。若企业实施 JIT 采购，交货时机就更显重要。

4. 适量（Right Quantity）

采购量多，价格就便宜，但不是采购越多越好，资金的周转率、仓库储存的成本都直接影响采购成本，应根据资金的周转率、储存成本、货物需求计划等综合计算出最经济的采购量。

采购量的大小决定生产与销售的顺畅与资金的调度。货物采购量过大造成过高的存货储备成本与资金积压，货物采购量过小，则采购成本提高，因此适当的采购量（即适量）是非常必要的。

5. 适地（Right Place）

天时不如地利，企业往往容易在与距离较近的供应商的合作中取得主动权，企业在选择 JIT 试点供应商时亦必须选择近距离供应商来实施。供应商离自己企业越近，运输费用就越低，机动性就越高，协调沟通就越方便，成本自然就越低了。同时也有助于紧急订购时的时间安排。

做过采购的人员都有这样的体会，就是在实际的采购作业中很难将上述“5R”面面俱到，往往只能侧重其中最为关心的一两个方面。上述的几个方面有时还会存在“效益背反”的情况，即过分强调“5R”中的一方面时就要牺牲其他方面来作为补偿。例如，若过分强调品质，供应商就不能以市场最低价供货，因为供应商在品质控制上投入了很多精力，它必然会把部分这方面的成本转嫁到它的客户身上。这就要求采购人员必须综观全局，准确地把握企业对所购货物各方面的要求，以便在与供应商谈判时提出合理要求，从而争取有更多机会获得供应商合理报价。总之，只有综合考虑才能实现最佳采购，这需要采购者在长期的实际操作中积累经验。

二、采购管理

（一）采购管理与采购的区别

所谓采购管理，就是指为保障企业物资供应而对企业采购进货活动进行的管理活动。为了深入理解采购管理的含义，我们探讨一下采购管理与采购的联系和区别。

采购管理是对整个企业采购活动的计划、组织、指挥、协调和控制活动，是管理活动，是面向整个企业的，不但面向企业全体采购员，而且也面向企业组织其他人员（进行有关采购的协调配合工作），一般由企业的采购部门来承担。其使命就是要保证整个企业的物资供应，其权力是可以调动整个企业的资源。

而相对来说，采购只是指具体的采购业务活动，是作业活动，一般是由采购人员承担的工作，只涉及采购人员个人，其使命就是完成采购主管布置的具体采购任务，其权力只能调动采购主管分配的有限资源。可见，采购管理与采购是有区别的。

（二）采购管理的作用

货物采购要实现与资源市场的纽带作用，就要建立与资源市场的友好和有效的关系。可以说，资源市场也是企业的生命线。它不但是企业的物料来源，也是资源市场信息的来源。作为货物来源，它是通过我们的货物采购人员的采购活动为企业生产适时地提供原材料、设备和工具，保障企业生产得以顺利进行；作为信息来源，也是通过货物采购人员的采购活动，与资源市场广泛接触，了解资源市场的产品信息、技术水平信息、发展动态信息、运输信息等，这些信息对企业都是非常重要的。总体而言，采购管理可以发挥以下强大的作用：

1. 对制定最优的采购策略本身提供支持。企业可以利用这些信息选择最好的供应商、最好的产品和最好的运输路线、运输方式，进行最有效率的采购。

2. 资源市场中资源的发展变化动态、技术动态信息等，对企业随时制定和调整产品策略、对企业生产决策提供有力的支持。企业应当根据资源的发展变化来随时调整其产品策略和生产策略。

3. 有利于与供应商建立起一种比较友好的关系，为企业的货物采购和企业生产提供一种比较宽松的、高效率的外部环境条件。现在出现的一种供应链思想，其核心就是要建立起企业与供应商之间的高效率的运作体系，因此，货物采购的一个重要职能，就是要通过货物采购人员建立起与资源市场的各个供应商之间的友好、宽松、有效的供应链关系。

（三）采购管理的目标

1. 总目标

采购管理的总目标可用一句话表述为：以最低的总成本为企业提供满足其需要的货物和服务。总目标的实现不仅仅是采购部门的事情，它需要整个企业的共同努力。但在某一时期，企业可能专注于一个具体的目标。

2. 子目标

采购总目标可以具体分解为以下子目标：

（1）为企业提供所需的物料和服务。这是采购管理最基本的目标。最初，采购部门就是为此目标而设的。提供不间断的物料和服务，以便使整个组织正常运转，这是采购部门的第一要务。原材料和零部件的缺货，将导致由于必须支出的固定成本而带来的运营成本的增加以及无法向顾客兑现做出的交货承诺，这将对企业造成极大的损失。例如，没有外购的轮胎，汽车制造商不可能制造出完整的汽车；没有外购的燃料，航空公司不可能保证其航班按航运时刻表飞行；没有外购的手术器械，医院也不可能进行手术。

（2）力争最低的成本。在一家典型的企业中，企业采购部门的活动消耗的资金最大。除此之外，企业采购活动的经济杠杆效用也非常明显。尽管“价格购买者”这个词由于意味着其在采购时所关注的唯一因素是价格而一般被人理解为贬义词，但是当确保质量、发送和服务方面的要求得到满足时，采购部门还是应该全力以赴地以最低的价格获得所需物料和服务。

（3）使存货和损失降到最低限度。保证货物供应不间断的一个方法是保持大量的库存。而保持库存必然占用资金，这些资金再不能用于其他方面。保持库存的成本一般每年要占库存商品价值的20%～50%，如果采购部门可以用价值1000万元的库存（而不是原来的2000万元）来保证企业的正常运作，那么1000万元库存的减少不仅意味着多了1000万元的流动资本，而且也意味着节省了200万～500万元的存货费用。

（4）保持并提高自己的产品或服务。为了生产产品或提供服务，每一种物料的投入都要达到一定的质量要求，否则最终产品或服务将达不到期望的要求或是其生产成本远远超过可以接受的程度。纠正低质量物料投入生产的内部成本的数额可能是巨大的。例如，一个质量较低的弹簧安装到柴油机的刹车系统上，其成本仅仅是93美分。但是，如果在这台机车使用过程中，这个有缺陷的弹簧出了毛病，那么必须进行拆卸来重装弹簧。再考虑到机车在订货方面的损失，总成本可能达上万美元。

（四）采购管理的内容与过程

企业采购管理的基本任务有三个：

1. 要保证企业所需的各种物资的供应；

2. 要从资源市场获取各种信息，为企业物资采购和生产决策提供信息支持；

3. 要与资源市场供应商建立起友好且有效的关系，为企业营造一个宽松有效的资源环境。

其中第 1 项是最重要、最基本的任务。如果这一项搞不好，就不能称之为采购管理。

为了实现采购管理的基本职能，采购管理需要有一系列的业务内容和业务模式。采购管理的基本内容和模式，如图 7-3 所示。

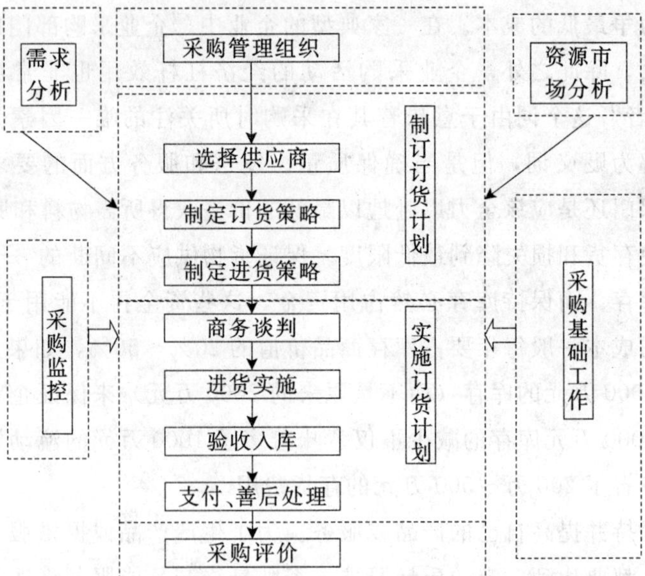

图 7-3　采购管理内容和模式

（五）采购管理的重要性

企业的基本职能是为社会提供产品和服务。这个基本职能可以分解成产品销售、产品生产和货物采购三个子职能。在这三个职能中，按重要性排序，产品销售最重要，在市场经济中，没有销售，就是没有市场，没有市场则一切都免谈。只有有了市场需要，再根据市场需要来设计产品或服务，才能进行产品生产。产品生产确定以后，才能根据产品生产的需要来设计策划产品采购。

货物采购的重要性虽然排在队列的最后，但并不意味着它不重要。其重要性表现在以下几个方面：

1. 货物采购为企业保障供应、维持正常生产、降低缺货风险创造条件。很显然，物资供应是产品生产的前提条件，生产所需要的原材料、设备和工具都要由货物采购来提供；没有采购就没有生产条件，没有物资供应就不可能进行生产。

2. 货物采购供应的物资的质量好坏直接决定着本企业产品质量的好坏。能不能生产出合格的产品，取决于货物采购所提供的原材料以及设备工具的质量的好坏。

3. 货物采购的成本构成了物资生产成本的主体部分，其中包括采购费用、购买费用、进货费用、仓储费用、流动资金占用费用以及管理费用等。货物采购的成本太高，将会大大降低产品生产的经济效益，甚至亏损，致使产品生产成为没有意义的事情。

4. 货物采购是企业和资源市场的关系接口，是企业外部供应链的操作点。只有通过货物采购部门人员与供应商的接触和业务交流，才能把企业与供应商们联结起来，形成一种相互支持、相互配合的关系。在条件成熟以后，可以组织成一种供应链关系，那样就会使企业在管理方面、效益方面都登上一个崭新的台阶。

5. 货物采购是企业与市场的信息接口。货物采购人员虽然直接和资源市场打交道，但是资源市场和销售市场是交融混杂在一起的，都处在大市场之中。所以，货物采购人员也是和市场打交道的，对市场信息比较容易获得，是企业的市场信息接口，可以为企业及时提供各种各样的市场信息，供企业进行管理决策。

6. 货物采购是企业科学管理的开端。企业原材料供应是直接和生产相联系的。原材料供应模式往往会在很大程度上影响生产模式。例如，如果实行准时采购制度，则企业的生产方式就会改成看板方式，则企业的生产流程、搬运方式都要做很大的变革。再如，如果要实行供应链采购，则需要实行供应商掌握库存、多频次小批量补充货物的方式，这也将大大改变企业的生产方式和搬运方式。所以如果货物采购提供一种科学的货物采购供应模式，必然会要求生产方式、物料搬运方式都作相应的变动，合在一起共同构成一种科学管理模式。而且这种科学管理模式是从货物采购供应作为开端而运作起来的。

三、采购管理与库存控制

（一）库存的分类

采购管理一个重要的原则，就是要实行库存控制。所谓库存控制，就是对库存量的控制。在生产企业，企业为了生产的需要，总需要有一部分原材料处在生产准备状态，也就是处在一种暂时等待状态，这些原材料从开始进入等待状态起，到离开等待状态（进入生产、消费或者下一个流通阶段之前）为止的阶段，就是库存货物。这种库存，有几种情况：

1. 原材料库存

原材料是从市场上采购回来准备用于生产，但是还没有用到生产上之前的暂时等待阶段。

2. 在制品库存

在制品是在生产过程各个工序之间的临时储存的工件、物料等，上个工序加工完了，应该到下一个工序，但是下一个工序还没有空出来，不能进入下一个工序的加工，不得不存放到仓库里或者就存放在工位旁。所有各个工序都可能有在制品库存，一般都存放在在制品仓库中。这种在制品库存能够衔接上下工序，保障上下工序都能顺利进行。

3. 产成品库存

企业的产成品生产出来以后，应该推向市场、供应给用户。但并不是每件产成品一生产出来就能推向市场的，总要形成一定的批量以后，才一起推向市场。有的时候，市场上暂时没有需求，那就需要等待更长的时间。这种从生产出来起，直到推向市场之前的阶段的产成品，就是产成品库存。产成品库存衔接供需，保障生产和销售都能顺利进行。

4. 流通库存

在流通企业，货物采购进来是为了销售出去。但是为了保证连续不断顺利地销售，需要有一部分货物处在暂时等待状态。例如，我们采购进来了一批货物，但是这一批货物不是一下子就全部销售出去，可能要持续一段时间。没有销售出去的货物，就只能暂时存放在仓库里，等待销售。流通企业里这种暂时处在等待销售状态的物资，就是流通企业的库存，或者叫流通库存。这种流通库存在不同的流通企业中都有，例如，批发企业库存、零售企业库存等，都是流通库存。这种流通库存的作用，就是可以保障后续销售的持续进行，保障流通活动的圆滑化。

5. 周转库存

在生产企业和流通企业中为准备生产和销售而有意识暂时存放的库存，都叫周转库存。这种库存的特点，一是暂时存放；二是存放的目的是为了准备生产或销售，是为了衔接供需，缓冲供需之间在时间上的矛盾，保障供需各方都能顺利进行。

6. 安全库存

是为了应付一些不确定性情况而有意识储备的库存，一般叫做安全库存。例如，国家为预防灾荒、战争等不确定因素的发生而进行的粮食储备、钢材储备、麻袋储备等，就是一种安全储备。生产企业和流通企业中为预防一些随机性、偶然性因素的发生，也需要设立一些安全库存。安全库存的特点是一般存放期长，长期保存。存放的目的，是为了应付紧急的、意外的需求。一旦发生意外的、紧急的需求，可以从安全库存中予以满足。事后又将安全库存补足到额定水平。所以，安全库存要经常保持到额定值不变。例如，国家为预防洪水，平时有意识地储存一定量的麻袋。这些麻袋平时一般是不动用的，是一种防洪安全储备，只有到了发洪水灾害时，才紧急动用，保证防洪需要。防洪完毕，需重新补足额定储备。

（二）库存控制的内容

因为库存都意味着资金的积压，而且要占用仓库进行存放，还要花费人力、物力、财力进行保管，这些都要增加费用、增加成本。所以库存量越高、库存时间越长，库存费用也就越大。所以从经济效益考虑，人们都希望降低库存。库存越小，费用就越小。但是库存又不能太小，太小则容易产生缺货，影响生产或销售。所以，在理论和实践上，根据企业具体的情况，都有一个最佳库存水平。在这个最合适的库存量水平上，既能够满意地满足货物需求，保障供应，又可以使库存总费用节省。因此无论是生产企业还是流通企业，都在为追求这个最佳库存水平而千方百计地工作。所有这些为追求最佳库存水平而进行的工作，都是库存控制工作。

这里要说明的是，所谓库存控制，主要是对周转库存而言的。安全库存虽然也有一个库存控制的问题，但那只是一次性地计算出安全库存量的额定值就可以了。平时只要维护这个额定值，另外不需要进行什么工作。而周转库存就不同了，它的订货、进货、库存、销售的全过程都需要纳入到库存控制的机制中去。因此，从平时看，库存控制工作主要大量反映在周转库存中。而库存控制对周转库存效益的影响是特别显著的。它可以满足一定库存需求情况下，显著降低库存水平。

（三）采购管理与库存控制的关系

为了达到库存控制的目的，首先需要分析需求，掌握需求规律，然后根据需求规律制定合适的订货策略和进货策略。然后根据订货策略和进货策略进行操作、实施。库存控制是一项系统工程，它涉及物资进、销、存各个方面。其中尤其对订货、进货提出了更高要求。

货物采购管理工作就是直接进行货物进、销、存的管理工作，因此，货物采购管理当然要把库存控制作为自己的工作准则和基本工作。所谓工作准则，就是制定和实施货物采购工作的基本依据和工作好坏的判别标准。货物采购工作的好坏，就看你能不能实现以最小的库存水平来保障生产企业的原材料供应。所谓基本工作，也就是要把货物采购工作的每一个步骤、每一步具体工作都看成是库存控制的具体工作，都要自觉地为库存控制作贡献。也就是要把库存控制的思想融化到我们每一个具体的工作、具体的行动中去。这样，可以说，货物采购管理部门是企业库存控制的核心和“司令部”。它应该在企业的库存控制中起决定性的作用。企业库存控制的水平和科学化的程度，主要取决于货物采购部门的工作效果。

第二节　采购管理组织

一、采购管理组织设置的原则

采购管理组织，是采购管理最基本的组成部分，为了搞好企业复杂繁多的采购管理工作，需要有一个合理的管理机制和一个精干的管理组织机构，要有一些能干的管理人员和操作人员。

采购管理部门应该依据以下原则进行设置：

（一）部门设置应同企业的性质和规模相适应

采购机构的设置同企业的性质、产品、规模等有直接的关系。比如石油企业的原材料一般需要一些专业人员采购，并往往直接向最高领导汇报；小公司可能仅仅设置一个简单的供应部门负责原材料的采购，而大型企业或跨国公司则常设有集团采购部或中央采购中心负责采购。

（二）部门设置应同企业采购目标、方针相适应

比如说企业产品质量不好，而影响产品质量的因素主要是原材料，则改进供应商原材料质量的责任主要在采购部门，那么采购部门就应该配备相应的品质工程师，或者赋予采购部门以相应的职责使其指挥相关部门的人员参与原材料质量的改进。

（三）部门设置应同企业的管理水平相适应

如果企业导入了 MRP 或 JIT 系统，那么采购的需求计划、订单开立、收货跟单均可通过计算机按 MRP 或 JIT 系统操作控制，其采购机构的设置显然有别于手工作坊式的企业。

（四）采购管理机制

采购管理具有巨大的潜在作用，相对于提高销售额的努力，付出较少的时间和精力就能获得巨大的效益。但这仅仅是一种可能性，并不一定会发生，其发生的条件就是高层管理者的重视。尽管一些企业的高层就是从采购工作做起的，但这一情况非常不普遍，在中国更是少之又少。研究报告表明，采购部门的经理最常用的头衔是副总裁（31%），紧接着是主任（30%）。可以相信，把采购主管提高到公司高层的位置，再配备高素质的员工并给予正常的权利，采购部门必将发挥巨大的作用。

二、采购部门的设置

虽然说，集中企业采购权于一个部门是采购管理发展的趋势，但要根据企业的具体情况来决定采购部门的设置，主要是企业的规模和产品的多少。但是，无论采购部门如何设置，都必须在企业中拥有较高的地位，最好能向

最高领导直接汇报工作，因为这是保证采购部门发挥作用的必要条件。

第一，如果企业规模较小，产品结构较单一（典型的例子就是单一的工厂或企业，分公司距离较近的大公司也可以），设置单一的采购部门并直接向总经理汇报工作较好（如图 7-4 所示）。

图 7-4　企业采购部门设置形式之一

第二，一些企业的规模较大，如大型的跨国公司或国内的大型国有企业，还有一些企业业务较多、管理繁杂。这样的企业可以设置独立的采购部门体系，并向分管采购的副总经理汇报工作。这样不仅满足了采购集中化的要求，也方便了公司的管理（如图 7-5 所示）。

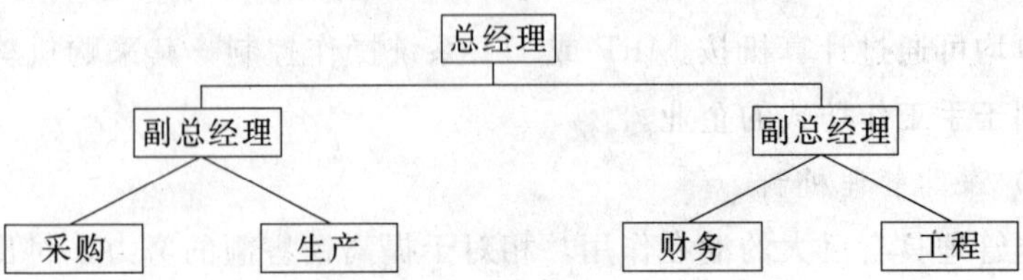

图 7-5　企业采购部门设置形式之二

第三，对于一些规模大、产品种类多、原材料需求差异性大、各子公司的地理位置距离远的企业，可采用集中分散的采购设置模式。在公司总部设采购部，负责总公司采购战略和计划的制订，协调各子公司之间的采购行动，避免恶意竞争，集中采购总公司共性化的产品和服务，实现采购总成本最低。同时，在各子公司或某一地理区域分设采购部，这样便于各子公司满足个性化的需求，保持同供应商之间的密切联系，以此促进公司的发展（如图 7-6 所示）。

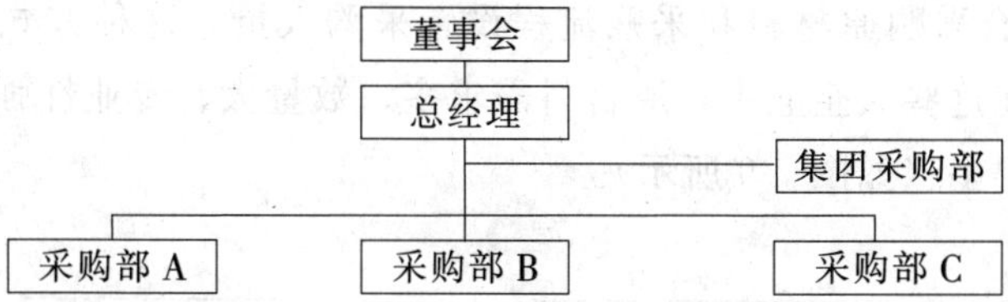

图 7-6　企业采购部门设置形式之三

第四，采购管理部门人员设置。当明确了采购部在公司中的设置后，下面就要考虑采购部内部人员的设置。采购部内部岗位责任的设置一般有 3 种方式：

（1）根据采购原材料设置，不同的采购原材料配备不同的采购人员。这适合原材料需求种类多、专业性强的企业，如大型的汽车厂、石化厂。在这些企业中，几乎每一种原材料都有自己物理或化学方面的要求，如果没有专业的知识和技能，不可能完成采购任务，因此不同的原材料采购需要配备不同的采购人员（如图 7-7 所示）。

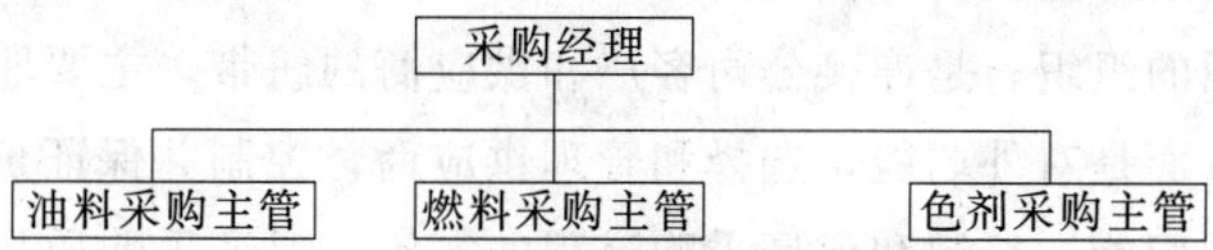

图 7-7　某石化厂的采购部门设置

（2）根据采购流程设置，采购的不同环节设置不同的采购人员。这样便于采购人员更好地熟悉业务，例如招标、谈判等技能，同时，有利于各个环节之间相互监督，避免浪费和腐败现象，减少内部审计成本，还有利于培养大家的团队合作精神。但这要求内部更好地协调和合作，否则会造成采购效率低下，管理混乱（如图 7-8 所示）。

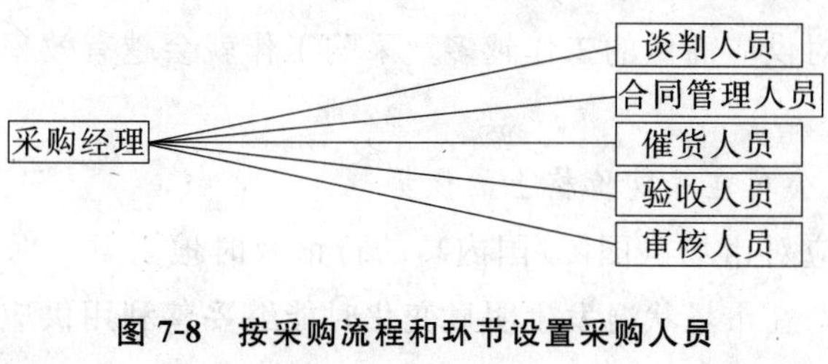

图 7-8　按采购流程和环节设置采购人员

（3）综合采购原材料和采购流程设置采购人员。这种方式主要适合一些大企业。在这些大企业中，原材料需求多、数量大、专业性强，采购组织也相应复杂得多（如图 7-9 所示）。

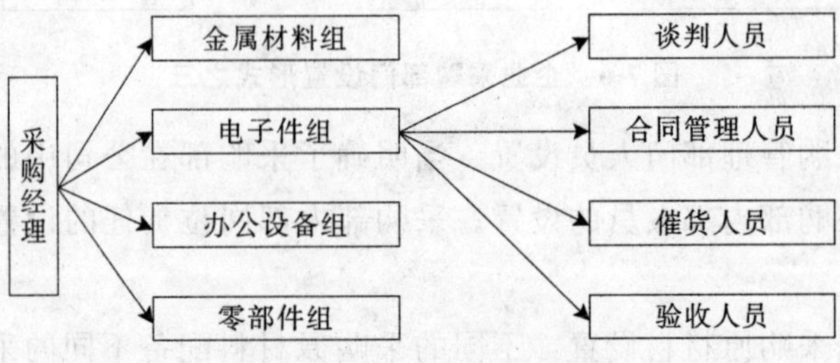

图 7-9 综合采购原材料和采购流程设置采购人员

三、采购管理部门的职责

要想发挥采购的集中管理优势，首先要坚持采购职能的中心化。“中心化”意味着采购部是公司对供应商的唯一窗口。同时采购也是能对公司客户产生极大作用的组织，是连接公司客户和供应商的纽带。主要职能表现为两个方面：一方面是对外职能，选择和管理供应商，控制并保证价格优势；另一方面是对内职能，控制和保证采购流程的实施，保证采购质量和交货周期能够满足公司生产和市场的需要。

采购中心化并不是什么都管，采购部门的主要职责必须明确，主要有以下职责：

（一）供应商的选择与评价

这一任务包括供应商的筛选、鉴别、评价、认证、培养、审核、考察、评审、资料备案等具体工作。它是采购工作的起点和重点，没有对供应商的了解和管理，没有专业性的对行业的了解，供应商的产品和服务就很难满足企业的需要。对供应商做的工作越多，采购工作就会越有效率，管理问题就会少一些。

（二）保证公司在采购价格上的优势

采购部门应对市场（国际/国内）的行情及时地了解，保证公司在采购价格上的优势，在市场状况发生明显变化时能够妥善利用供应商的资源，采取适当战略降低风险和取得竞争优势。

（三）制定采购制度和设计合理的采购流程

采购部门应制定符合本公司规章制度同时满足质量控制和财务制度的采购控制流程，确保公司的采购活动能够满足来自生产部门、市场部门、公司内部的各种采购要求。

（四）提高采购效率

采购部门应通过不懈的努力，降低采购运作的成本，提高采购效率，提高内部/外部的客户满意度。

（五）控制采购风险

采购部门应通过人员培训和组织调整，控制采购的合同风险和法律风险，杜绝来自公司内外的对采购流程的侵犯，提高采购部门的纯洁性。

第三节 供应商管理与选择

一、概 述

（一）供应商管理概述

供应商，是指可以为企业生产提供原材料、设备、工具及其他资源的企业。供应商可以是生产企业，也可以是流通企业。企业要维持正常生产，就必须要有一批可靠的供应商为企业提供各种各样的物资供应。因此供应商对企业的物资供应起着非常重要的作用，采购管理就是直接和供应商打交道而从供应商那里获得各种物资。因此采购管理的一个重要工作，就是要搞好供应商管理。

所谓供应商管理，就是对供应商的了解、选择、开发、使用和控制等综合性的管理工作的总称。其中，了解是基础，选择、开发、控制是手段，使用是目的。供应商管理的目的，就是要建立起一个稳定可靠的供应商队伍，为企业生产提供可靠的物资供应。

（二）进行供应商管理的意义

供应商，是一种客观存在，而且自然地构成了企业的外部环境的组成部分，它必然间接或直接地对企业造成影响。因为任何供应商，不管是已经与企业有直接关系还是没有直接关系，它都是资源市场的组成部分。

企业的采购，都只能从这个资源市场中获取物资。所以企业采购物资的质量水平、价格水平都必然受到资源市场每个成员的共同影响。

供应商的一个特点，就是它们都是一个与购买者独立的利益主体，而且是一个以追求利益最大化为目的的利益主体。按传统的观念，供应商和购买者是利益互相冲突的矛盾对立体。对购买者来说，原材料供应没有可靠的保证、产品质量没有保障、采购成本太高，这些都直接影响企业生产成本和效益。

为了创造出一种良好的供应商关系局面，克服传统的供应商关系观念，企业有必要非常注重供应商的管理工作，通过多个方面持续努力，去了解、选择、开发供应商，合理使用和控制供应商，建立起一支可靠的供应商队伍，为企业生产提供稳定可靠的物资供应保障。

（三）供应商管理的基本环节

搞好供应商管理应主要抓好以下几个基本环节：①供应商调查；②资源市场调查；③供应商开发；④供应商考核；⑤供应商选择；⑥供应商使用；⑦供应商激励与控制。

二、供应商调查与开发

（一）供应商调查

供应商管理的首要工作，就是要了解供应商、了解资源市场。要了解供应商的情况，就是要进行供应商调查。

供应商调查，在不同的阶段有不同的要求。供应商调查可以分成三种，第一种是初步供应商调查，第二种是资源市场调查，第三种是深入供应商调查。

1. 初步供应商调查

所谓初步供应商调查，是对供应商的基本情况的调查。主要是了解供应商的名称、地址、生产能力、能提供什么产品，能提供多少，价格如何，质量如何，市场份额有多大，运输进货条件如何。

(1) 初步供应商调查的目的。初步供应商调查的目的，是为了了解供应商的一般情况。而了解供应商的一般情况的目的，一是为选择最佳供应商做准备，二是为了了解掌握整个资源市场的情况，因为许多供应商基本情况的汇总就是整个资源市场的基本情况。

（2）初步供应商调查的特点。一是调查内容浅，只要了解一些简单的、基本的情况；二是调查面广，最好能够对资源市场中所有各个供应商都有所调查、有所了解，从而能够掌握资源市场的基本状况。

（3）初步供应商调查的方法。初步供应商调查的基本方法，一般可以采用访问调查法，通过访问有关人员而获得信息。例如，可以访问供应商单位市场部有关人员，或者访问有关用户，或者有关市场主管人员，或者其他的知情人士。通过访问建立起供应商卡片（如表 7-3 所示）。

表 7-3　　供应商卡片

<table>
<tr><td rowspan="6">公司基本情况</td><td>名称</td><td colspan="5"></td></tr>
<tr><td>地址</td><td colspan="5"></td></tr>
<tr><td>营业执照号</td><td colspan="2"></td><td>注册资本</td><td colspan="2"></td></tr>
<tr><td>联系人</td><td colspan="2"></td><td>部门、职务</td><td colspan="2"></td></tr>
<tr><td>电话</td><td colspan="2"></td><td>传真</td><td colspan="2"></td></tr>
<tr><td>E-mail</td><td colspan="2"></td><td>信用度</td><td colspan="2"></td></tr>
<tr><td rowspan="2">产品情况</td><td>产品名</td><td>规格</td><td>价格</td><td>质量</td><td>可供量</td><td>市场份额</td></tr>
<tr><td></td><td></td><td></td><td></td><td></td><td></td></tr>
<tr><td>运输方式</td><td></td><td>运输时间</td><td colspan="2"></td><td>运输费用</td><td></td></tr>
<tr><td>备注</td><td colspan="6"></td></tr>
</table>

表 7—3 也可以作为调查表的形式，由供应商填写。

供应商卡片是采购管理的基础工作。在采购工作中，经常要选择供应商，就可以利用供应商卡片来进行选择。当然，供应商卡片也要根据情况的变化，经常进行维护、修改和更新。

在实行了计算机信息管理的企业中，供应商管理应当纳入计算机管理之中。把供应商卡片的内容输入到计算机中去，利用数据库进行操作、修改和利用。

在初步供应商调查的基础上，要利用供应商初步调查的资料进行供应商分析。初步供应商分析的主要目的，是比较各个供应商的优势和劣势，选择适合于企业需要的供应商。

(4) 供应商分析的主要内容。

①产品的品种、规格和质量水平是否符合企业需要，价格水平如何。只有产品的品种、规格、质量水平都适合于企业，才算得上企业的可能供应商，才有必要进行下面的分析。

②企业的实力、规模如何，产品的生产能力如何，技术水平如何，管理水平如何，企业的信用度如何。

企业的信用度，是指企业对客户、对银行等的诚信程度。表现为供应商对自己的承诺和义务认证履行的程度，特别是在产品质量保证、按时交货、往来账目处理等方面能够以诚相待、一丝不苟地履行自己的责任和义务。

对信用度的调查，在初步调查阶段，可以采用访问制，从大众中得出一个大概的、定性的结论。在详细调查阶段，可以通过大量的业务往来统计分析供应商的信用程度，这是可以得到定量结果的。

③产品是竞争性商品还是垄断性商品。如果是竞争性商品，则调查供应商的竞争态势如何、产品的销售情况如何、市场份额如何、产品的价格水平是否合适。

④供应商相对于本企业的地理交通情况如何，并进行运输方式分析、运输时间分析、运输费用分析，看运输成本是否合适。

在进行以上分析的基础上，为选定供应商提供决策支持。

2. 资源市场调查

(1) 资源市场调查的内容。初步供应商调查是资源市场调查的内容之一，但资源市场调查不仅指供应商调查，资源市场还应包括以下一些基本内容：

①资源市场的规模、容量、性质。

②资源市场的环境如何，例如市场的管理制度、法制建设、市场的规范化程度、市场的经济环境、政治环境等外部条件如何，市场的发展前景

如何。

③资源市场中各个供应商的情况如何，也就是指前面进行的初步供应商调查所得到的情况如何。把众多的供应商的调查资料进行分析，就可以得出资源市场自身的基本情况，例如，资源市场的生产能力、技术水平、管理水平、可供资源量、质量水平、价格水平、需求状况以及竞争性质等。

（2）资源市场分析的内容。

①要确定资源市场是紧缺型市场还是富余型市场，是垄断性市场还是竞争性市场。对于垄断性市场，企业将来应当采用垄断性采购策略；对于竞争性市场，企业应当采用竞争性采购策略，例如，采用投标招标制、一商多角制等。

②要确定资源市场是成长型市场还是没落型市场。如果是没落型市场，则要趁早准备替换产品，不要等到产品被淘汰了再去开发新产品。

③要确定资源市场总的水平，并根据整个市场水平来选择合适的供应商。要选择在资源市场中处于领先水平的供应商、选择产品质量优而价格低的供应商。

3. 深入供应商调查

深入供应商调查，是指对经过初步调查后，准备发展为自己的供应商的企业进行的更加深入仔细的考察活动。这种考察，是深入到供应商企业的生产线、各个生产工艺、质量检验环节甚至管理部门，对现有的设备工艺、生产技术、管理技术等进行考察，看看所采购的产品能不能满足本企业所应具备的生产工艺条件、质量保证体系和管理规范要求。有的甚至要根据所采购的产品的生产要求，进行资源重组，并进行样品试制，试制成功以后，才算考察合格。只有通过这样深入的供应商调查，才能发现可靠的供应商，建立起比较稳定的货物采购供需关系。

进行深入的供应商调查，需要花费较多的时间和精力，调查的成本高。并不是所有的供应商都必须有的。它只是在以下情况下才需要：

（1）准备发展成紧密关系的供应商；

（2）寻找关键零部件产品的供应商。

除以上两种情况以外，对于一般关系的供应商，或者是非关键产品的供应商，一般可以不必进行深入的调查。只要进行简单初步的调查就可以了。

（二）供应商开发

供应商管理的一个重要任务就是要供应商开发。所谓供应商开发就是从无到有地寻找新的供应商，建立起适合于企业需要的供应商队伍。一批适合于企业需要的供应商是企业的宝贵资源。供应商企业适时适地为企业提供原材料，保证企业生产和流通的顺利进行，这是企业最大的需要。

供应商开发是一个很重要的工作，同时也是一个庞大复杂的系统，需要精心策划、认真组织。

1. 供应商信息的来源

要开发供应商，首先，就必须扩大供应商来源，供应商愈多，选择供应商的机会就愈大。供应商的主要信息来源有：①国内外采购指南；②国内外产品发布会；③国内外新闻传播媒体（报纸、刊物、广播电台、电视、网络）；④国内外产品展销会；⑤政府组织的各类商品订货会；⑥国内外行业协会——会员名录、产业公报；⑦国内外企业协会；⑧国内外各种厂商联谊会或同业工会；⑨国内外政府相关统计调查报告或刊物；⑩其他各类出版物的厂商名录；⑪整体性的媒体招商广告；⑫厂商介绍；⑬供应商自行找上门。

2. 供应商开发的操作流程

新供应商的开发工作应有计划地进行并应在预定的日期之前开发成功。本部分将根据新供应商开发的一般步骤按先后顺序来进行阐述。

(1) 明确需求。这里所说的需求主要包含以下几方面：

①要求何时开发成功；②需要何种原材料或零部件；③年/月需求量为多少；④欲开发什么性质的企业作为供应商；⑤要求供应商有什么样的生产能力、品质水平；⑥要求是本地供应商，还是远近皆可等。

弄清楚上述问题后在寻找供应商时就会目标明确得多，从而少做无用功。

(2) 编制供应商开发进度表。最好按供应商开发的步骤编制一份时间进度表，这样不仅可使新供应商开发的具体工作明确化而且也可尽量减少计划日期被拖延的可能性。表7-4是一份“供应商开发进度表”样本。

表 7-4　　　　　　　　　　**供应商开发进度表**

项目负责人：　　　　　　　　日期：

序号	开发步骤	进度日期											
		WK1	WK2	WK3	WK4	WK5	WK6	WK7	WK8	WK9	WK10	WK11	WK12
1	寻找新供应商资料	→											
2	取得联系并初步会谈		→										
3	初步访厂			→									
4	报价			→									
5	工厂审核及整改				→	→							
6	制作样品						→	→					
7	评估样品								→				
8	小批量试产									→	→		
9	中批量试产											→	→

（3）寻找新供应商资料。明确对新供应商的需求后，便可依照编制的进度表进行开发的具体工作，寻找新供应商的资料或信息是第一步。

获得所需信息的方式有很多，例如，访问国际互联网、查找电话簿（黄页）、参加各种展览会、通过别人介绍等，可参阅上述供应商调查的相关内容。

一般来说，通过各种方式获得的供应商会有好几家，可根据企业对欲开发的新供应商的各方面要求进行初步筛选，留下 3～5 家供应商供进一步接触。

（4）初步联系。应使用适当的联系方法去跟供应商取得联系。一般来说，第一次尽可能采用电话联系，应跟供应商的相关业务人员清楚表达跟他们联系的目的、自己的需求并初步了解该供应商的产品。如果不是特别情况，不要第一次联系就叫供应商报价。

跟供应商电话联系取得初步的信息后，应根据筛选出的供应商所在地的远近来采取不同的行动。可以要求距离较近的供应商来企业面谈；如果是远距离供应商，草率地叫供应商赶过来显然是不合适的，合适的做法是叫供应商用快递寄些资料和样品过来，从供应商的资料/样品可以在一定程度上了解它的实力。另外，还有一种方式，就是通过访问供应商的网页去了解供应商。

无论是远是近，要求供应商填写一份“供应商调查问卷”是必要的。供应商调查问卷，可根据调查对象来编制，使之了解供应商的基本情况。

(5) 初步访厂。这一步骤不一定进行，如果方便且有必要的话，由采购人员在对供应商正式审厂之前去“踩踩点”还是有益的。因为越来越多企业的供应商开发工作是由一个包括工程、品管人员在内的开发团队去完成，如果采购人员不提前对供应商的工厂有一个初步了解，万一供应商的实际生产现场很差，采购人员毫无疑问会遭到开发团队内其他部门人员的抱怨甚至是责难，他们会认为采购人员在浪费他们的宝贵时间。

初步访厂主要是看一看供应商的生产区与办公区，如生产线的生产情况、生产设备、仓库、检验及测量仪器、5S 状况等，也可能会初步查一查供应商的财务状况。目的是要得到一个关于该供应商的初步总体印象，这种结果是不精确的，但它影响到采购人员决定对该供应商是否有必要采取下一步行动。

(6) 报价。在初步掌握供应商的一些基本情况后，作为采购人员很想知道的就是供应商能以什么样的价位提供物料，此时再要求供应商报价就比较合适，因为供应商对它的潜在客户也有了一定的了解。要求供应商报价前，最好发一份询价单（RFQ）给所有要报价的供应商，以便让供应商进一步得到该物料的一些基本情况，并可让供应商以相同的报价条件（币别、价格术语、交货地、付款条件等）来报价格，这样对采购人员比价非常有利，从而对采购人员的还盘提供方便。

(7) 正式工厂审核（Audit)。在与供应商议价后，一般可获得采购方基本满意的价格。如果购买的是关键物料，除特殊情况外都要安排正式的工厂审核，以利采购方更准确、更详细地掌握供应商的工程技术能力、品质保证能力、财务状况等基本信息。采购方的审核人员一般由采购人员、品管人员、工程技术人员等组成。

在供应商开发的全过程中，有两个环节最耗费时间：第一个是工厂审核过程中发现有问题时反复整改及来回审核；第二个是反复提供样品。对这两方面的问题双方应积极配合，用最短的时间逾越难关。

在进行工厂审核时，可采用下列三种方式：①审核程序、记录、报表等；②生产现场查看；③对供应商相关人员提问审核。

(8) 样品认证（First Article)。要求供应商提供适当数量的样品供检验、装配以确定供应商的产品是否可被接受，是新供应商开发全过程中的一个重要环节。

如果采购方所需的是通用性产品，供应商能很快提供出样品给采购方试用；如果采购方所需的产品是非通用性产品，则送样过程要复杂些。

供应商在提供样品时，应根据产品类别提交下列全部或部分资料：①材质证明；②安全（安规）证明；③检验报告（一般包括：外观、尺寸、功能等项目)；④符合证明书（Certificate of Confirmation，COC)。

采购人员收到供应商提供的样品后，一般需将供应商名称及样品的一些基本信息填入一份“样品认证表”（First Article Form）中，随样品一起送给品管部、工程部等进行相关检测、试验及装配等评估。一些大企业中，专门设有“样品评估小组”来评审样品。需对供应商改善后的样品进行再次评估。一般来说，同一产品的送样次数不宜超过三次。

(9) 批量试产。样品通过评审，并不代表该供应商能批量供货，采购方应向供应商索要或订购适当数量的物料来进行批量试产（Batch Trial-produce)，只有较大数量的样品能通过评估，样品评估这个环节才算真正结束。

(10) 正式接纳为合格供应商。如果对新供应商的工厂审核及样品评估均达到采购方的要求，那么该供应商便可接纳为合格供应商，它将被加入到合格供应商清单中去（Approved Vendor List，AVL)。

(11) 订单转移。一般来说，开发新供应商有两个原因：第一，现有供应商的综合服务水平不能满足企业的要求，需开发新供应商去取代现有供应商或给现有供应商施加压力；第二，企业不断开发新产品，现有供应商不能提供新产品所需的原材料或零部件，或现有供应商的产能不够。

如果目前有供应商在供货，当新供应商开发成功后就要考虑订单如何分配的问题，一般来说，新供应商的订单以逐步增加为宜，以避免新供应商在磨合期中产生的问题影响企业的正常生产。当新供应商供货时间超过三个月时，就可将新老供应商在各方面进行比较，综合服务水平高的供应商应得到较多或绝大部分订单。

（12）开发新供应商流程图（见图 7-10）。

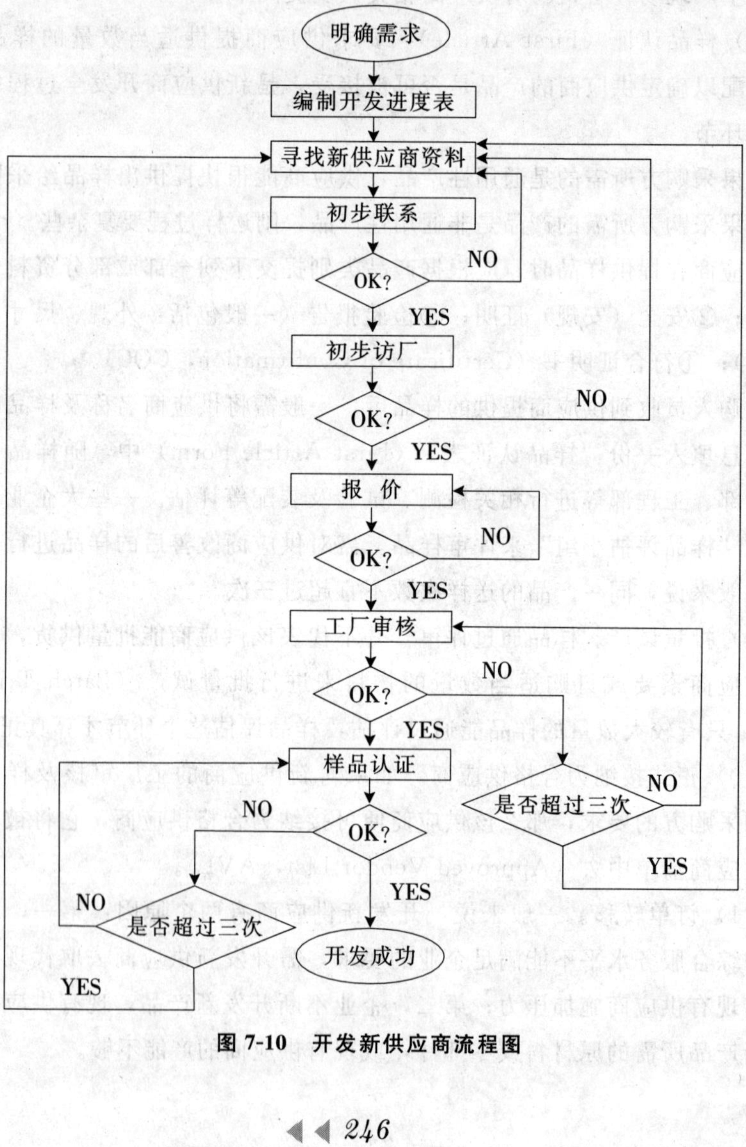

图 7-10 开发新供应商流程图

三、供应商考核

这里的供应商考核主要是指供应商签订正式合同以后正式运作期间对供应商整个运作活动的全面考核。这种考核应当比试运作期间更全面。这个期间主要应从以下几个方面对供应商进行考核：

（一）产品质量

产品质量是最重要的因素，在开始运作的一段时间内，主要加强对产品质量的检查。检查可分为两种：一种是全检，一种是抽检。全检工作量太大，一般采用抽检的方法。质量的好坏可以用质量合格率来描述。如果在一次交货中一共抽检了 n 件，其中有 m 件是合格的，则质量合格率为 p，其公式为：

$$p=\frac{m}{n}\times100\%$$

显然，质量合格率 p 越高越好。如果在 N 次的交货中，每次的产品合格率 p 都不一样，则可以用平均合格率 $\overline{p}$ 来描述：

$$\overline{p}=\frac{\sum_{i=1}^{N}P_i}{N}$$

有些情况下，企业采取对不合格产品退货的措施。这时质量合格率也可以用退货率来描述。所谓退货率，是指退货量占采购进货量的比率。如果采购进货 n 次（或件、个），其中退货 r 次（或件、个），则退货率可以用公式表示为：

$$\text{退货率}=\frac{r}{n}\times100\%$$

显然，退货率越高，表明其产品质量越差。

（二）交货期

交货期也是一个很重要的考核指标参数。考察交货期主要是考察供应商的准时交货率。准时交货率可以用准时交货的次数与总交货次数之比来衡量：

$$\text{交货准时率}=\frac{\text{准时交货的次数}}{\text{总交货次数}}\times100\%$$

（三）交货量

考察交货量主要是考核按时交货量，按时交货量可以用按时交货量率来评价。按时交货量率是指给定交货期内的实际交货量与期内应当完成交货量的比率：

$$按时交货量率=\frac{期内实际完成交货量}{期内应完成交货量}\times 100\%$$

也可以用未按时交货量率来描述：

$$未按时交货量率：=\frac{期内实际未完成交货量}{期内应完成交货量}\times 100\%$$

$$=1-按时交货量率$$

如果每期的交货量率不同，则可以求出各个交货期的平均按时交货量率：

$$平均按时交货量率=\frac{\sum 按时交货量率}{N}$$

考核总的供货满足率可以用总供货满足率或总缺货率来描述：

$$总供货满足率=\frac{期内实际完成供货量}{期内应当完成供货总量}\times 100\%$$

$$总缺货率=\frac{期内实际未完成供货量}{期内应当完成供货总量}\times 100\%$$

$$=1-总供货满足率$$

（四）工作质量

考核工作质量，可以用交货差错率和交货破损率来描述：

$$交货差错率=\frac{期内交货差错量}{期内交货总量}\times 100\%$$

$$交货破损率=\frac{期内交货破损量}{期内交货总量}\times 100\%$$

（五）价格

考核供应商的价格水平，可以和市场同档次产品的平均价和最低价进行比较，分别用市场平均价格比率和市场最低价格比率来表示：

$$平均价格比率=\frac{供应商的供货价格-市场平均价}{市场平均价}\times 100\%$$

$$最低价格比率=\frac{供应商的供货价格-市场最低价}{市场最低价}\times 100\%$$

（六）进货费用水平

考核供应商的进货费用水平，可以用进货费用节约率来考核：

$$进货费用节约率=\frac{本期进货费用-上期进货费用}{上期进货费用}\times 100\%$$

（七）信用度

信用度主要考核供应商履行自己的承诺、以诚待人、不故意拖账、欠账的程度。信用度可以用公式来描述：

$$信用度=\frac{期内失信的次数}{期内交往总次数}\times 100\%$$

（八）配合度

主要考核供应商的协调精神。在和供应商相处过程中，常常因为环境的变化或具体情况的变化，需要把工作任务进行调整变更，这种变更可能会导致供应商的工作方式的变更，甚至导致供应商要作出一点牺牲。这时可以考察供应商在这些方面积极配合的程度。另外，如工作出现了困难或者发生了问题，可能有时也需要供应商配合才能解决。在这样的时候，都可以看出供应商的配合程度。

供应商的配合度，主要靠人们的主观评分来考核。主要找与供应商相处的有关人员，让他们根据这个方面的体验对供应商评分。特别典型的，可能会有上报或投诉的情况。这时可以把上报或投诉的情况也作为评分依据之一。

四、供应商选择

（一）供应商选择概述

供应商选择是供应商管理的目的，是最重要的一项工作。选择一批好的供应商，不但对企业的正常生产起着决定作用，而且对企业的发展也非常重要。因此，我们要不惜花大力气采用各种方法选择好供应商。

实际上，供应商选择融合在供应商开发的全过程中。供应商开发的过程包括了几次供应商的选择过程：在众多的供应商中，每个品种要选择5～10个供应商进入初步调查。初步调查以后，要选择1～3个供应商，进入深入调查；深入调查之后又要做一次选择，初步确定1～2个供应商。初步确定的供应商进入试运行，又要进行试运行的考核和选择，确定最后的供应商结果。

一个好的供应商需要具备以下条件：

1．企业生产能力强

表现在：产量高、规模大、生产历史长、经验丰富、生产设备好。

2. 企业技术水平高

表现在：生产技术先进、设计能力和开发能力强、生产设备先进、产品的技术含量高、达到国内先进水平。

3. 企业管理水平高

表现在：有一个坚强有力的领导班子，尤其是要有一个有魄力、有能力、有管理水平的领导；要有一个高水平的生产管理系统；还要有一个有力的、具体落实的质量管理保障体系。

4. 企业服务水平高

表现在：能对顾客高度负责、主动热诚认真服务，并且售后服务制度完备、服务能力强。

（二）选择供应商的原则

许多成功企业的实践经验表明，做到目标明确、深入细致地调查研究，全面了解每个候选供应商的情况，综合平衡、择优选用是开发新供应商的基本要点。一般来说，开发新供应商应遵循以下几方面的原则：

1. 目标定位原则

这个原则要求新供应商评审人员应当注重对供应商进行考察的广度和深度，应依据所采购商品的品质特性、采购数量和品质保证要求去选择供应商，使建立的采购渠道能够保证品质要求，减少采购风险，并有利于自己的产品打入目标市场，让客户对企业生产的产品充满信心。

2. 优势互补原则

即开发的供应商应当在经营方向和技术能力方面符合企业预期的要求水平，供应商在某些领域应具有比采购方更强的优势，在日后的配合中能在一定程度上优势互补。尤其在建立关键、重要零部件的采购渠道时，更需对供应商的生产能力、技术水平、优势所在、长期供货能力等方面有一个清楚的把握。

只有那些在经营理念和技术水平符合或达到规定要求的供应商才能成为企业生产经营和日后发展的忠实和坚强的合作伙伴。

3. 择优录用原则

在相同的报价及相同的交货承诺下，毫无疑问要选择那些企业形象好，可以给世界驰名企业供货的厂家作为供应商。信誉好的企业能更好地兑现许下的承诺。

4. 共同发展原则

如今市场竞争越来越激烈，如果供应商不以全力配合企业的发展规划，企业在实际运作中必然会受到影响。若供应商能以荣辱与共的精神来支持企业的发展，把双方的利益捆绑在一起，这样就能对市场的风云变幻做出更快速、更有效的反应，并能以更具竞争力的价位争夺更大的市场份额。

（三）供应商选择方法

选择供应商的方法，要根据具体情况采用合适的方法。常用的方法主要有两类：一是考核选择，二是招标选择。

1. 考核选择

所谓考核选择，就是在对供应商充分调查了解的基础上，再进行认真考核、分析比较而选择供应商的方法。

(1) 调查了解供应商。供应商调查可以分为初步供应商调查和深入供应商调查。每个阶段的调查对象都有一个供应商选择的问题，而且选择的目的和依据是不同的。

初步供应商调查对象的选择非常简单，选择的基本依据就是其产品的品种规格、质量价格水平、生产能力、地理位置、运输条件等。在这些条件合适的供应商当中选择几个，就是我们初步供应商调查的对象。

深入供应商调查对象的选择，一是根据企业自己产品的ABC分类确定的产品重要程度，二是根据供应商企业的生产能力水平的实际情况。对于企业的关键产品、重要产品，要认真地选择供应商。这些产品，或者是价值高，或者是精度高，或者是性能优越，或者是技术先进，或者是稀缺品，或者是企业产品的关键的、核心的零部件等。要对这些产品的供应商进行深入研究考察考核，选择真正能够满足企业要求的供应商。

深入供应商调查对象的选择标准主要是企业的实力、产品的生产能力、技术水平、质量保障体系和管理水平等。

(2) 考察考核供应商。初步确定的供应商还要进入试运行阶段进行考察考核，试运行阶段的考察考核更实际、更全面、更严格。在运作过程中，就要进行所有各个评价指标的考核评估，包括产品质量合格率、按时交货率、按时交货量率、交货差错率、交货破损率、价格水平、进货费用水平、信用度、配合度等的考核和评估。在单项考核评估的基础上，还要进行综合评估。综合评估就是把以上各个指标进行加权平均计算而得的一个综合成绩。可以用下式计算：

$$S=\frac{\sum\omega_i P_i}{\sum W_i}\times 100\%$$

式中，S 为综合指标；P_i 为第 i 个指标；ω_i 为第 i 个指标的权数，由人们根据各个指标的相对重要性而主观设定。我们把各个选定的单项考核指标值与相应的权数值相乘再相加除以总权数，就可以算出综合成绩值 S。S 可以作为供应商表现的综合描述。一般情况下，这个值越高的供应商表现越好。

(3) 考核选择供应商。通过试运作阶段，得出各个供应商的综合评估成绩，基本上就可以最后地确定哪些供应商可以入选，哪些供应商被淘汰了。一般试运作阶段达到优秀级的应该入选；一般或较差级的供应商，应予以淘汰；对于良好级的供应商，可以根据情况，将其列入候补名单。候补名单中的成员可以根据情况处理，可以入选，也可以落选。

现在一些企业为了制造供应商之间的竞争机制，创造了一些做法，就是故意选 2 个或 3 个供应商，称做 AB 角或 ABC 角。A 角作为主供应商，分配较大的供应量；B 角（或再加上 C 角）作为副供应商，分配较小的供应量。综合成绩为优的中选供应商担任 A 角，候补供应商担任 B 角。在运行一段时间以后，如果 A 角的表现有所退步而 B 角的表现有所进步的话，则可以把 B 角提升为 A 角，而把原来的 A 角降为 B 角。这样无形中就造成了 A 角和 B 角之间的竞争，促使他们竞相改进产品和服务，使得采购企业获得更大的好处。

从以上可以看出，考核选择供应商是一个较长时间的深入细致的工作。当供应商选定之后，应当终止试运作期，签订正式的供应商关系合同，进入正式运作期后，就开始了比较稳定正常的物资供需关系运作。

2. 招标选择

招标选择的主要工作，一是要准备一份合适的招标书，二是要建立一个合适的评标小组和评标规则，三是要组织好整个招标投标活动。

招标活动的另一个关键环节就是要组织好评标。评标就意味着具体选择供应商。能不能选择一个好的供应商，关键就看评标活动的具体操作。要搞好评标活动，一是要组织一个好的评标小组，二是要拟定一个好的评标规则，三是要组织好评标活动。

在招标活动中，广大供应商的主要工作，一是起草自己的投标书参与投标竞争，二是参加招标会，进行自己的投标说明和辩论。评标小组根据各个供应商的标书以及他们的投标陈述，进行质询、分析和评比，最后得出中标的供应商。这样就最后选定了供应商。

五、供应商使用、激励与控制

（一）供应商使用

进入供应商使用的第一个工作，就是要与供应商签订一份正式的合同。这份合同既是宣告双方合作关系的开始，也是一份双方承担责任与义务的责任状，也是将来双方合作关系的规范书。协议生效后，它就成为直接约束双方的法律性文件，双方都必须遵守。

在供应商使用的初期，采购企业的采购部门，应当和供应商协调，建立起供应商运作的机制，相互在业务衔接、作业规范等方面建立起一个合作框架。在这个框架的基础上，各自按时按质按量完成自己应当承担的工作。在日后供应商使用的整个期间，供应商当然尽职尽责，完成企业规定的物资供应工作。采购企业的采购管理部门应当按合同的规定，严格考核检查供应商执行合同、完成物资供应任务的情况。既充分使用、发挥供应商的积极性，又进行科学的激励和控制，保证供应商的物资供应工作顺利健康地进行。

（二）供应商激励与控制

供应商激励和控制的目的，一是要努力充分发挥供应商的积极性和主动性，努力搞好自己所承担的物资供应工作，保证采购企业的生产生活正常进行；二是要防止供应商企业的不轨行为，预防一切对企业、对社会的不确定性损失。

对供应商的激励与控制应当注意以下一些方面的工作。

1. 逐渐建立起一种稳定可靠的关系

企业应当和供应商签订一个较长时间的业务合同关系，例如 1～3 年。

时间不宜太短，太短了让供应商不太放心，不可能全心全意为搞好企业的物资供应工作而倾注全力；但是合同时间也不能太长。一方面是因为将来可能会发生变化，例如市场变化导致产量变化，甚至产品变化、组织机构变化等；另一方面，也是为了防止供应商产生一劳永逸、“铁饭碗”的思想而放松对业务的竞争进取精神。

为了促使供应商加强竞争进取，就要使供应商有危机感。所以合同时间一般以一年比较合适，如果合适，第二年继续，可以再续签。第二年不合适，则合同终止。这样签合同，就是既要让供应商感到放心，可以有一段较长时间的稳定工作；又要让供应商感到有危机感，不要放松竞争进取精神。

2. 有意识地引入竞争机制

有意识地在供应商之间引入竞争机制，促使供应商之间在产品质量、服务质量和价格水平方面不断优化而努力。例如，在几个供应量比较大的品种中，每个品种可以实行AB角制或ABC角制。所谓AB角制，就是一个品种设两个供应商，一个A角，作为主供应商，承担50%～80%的供应量，一个B角，作为副供应商，承担20%～50%的供应量。在运行过程中，对供应商的运作过程进行结构评分，一个季度或半年评比一次，如果主供应商的月平均分数比副供应商的月平均分数低10%以上，就可以把主供应商降级成副供应商，同时把副供应商升级成主供应商。ABC角制则实行三个角色的制度，原理与AB角制一样，同样也是一种激励和控制的方式。

3. 与供应商建立相互信任的关系

当供应商经考核转为正式供应商之后，一个重要的措施，就是应当将验货收货逐渐转为免检收货。免检，这是对供应商的最高荣誉，也可以显示出企业对供应商的高度信任。免检，当然不是不负责任地随意给出，应当稳妥地进行。既要积极地推进免检考核的进程，又要确保产品质量。一般免检考核要经历三个月左右的时间，在免检考核期间内，起初要进行严格的全检或抽检。如果全检或抽检的结果，不合格品率很小，则可以降低抽检的频次，直到不合格率几乎降到零。这个时候，要组织供应商，稳定生产工艺和管理条件，保持住零不合格率。如果真能保持住零不合格率一段时间，这时就可以实行免检了。

免检期间，也不是绝对地免检，还要不时地随机抽检一下。抽检的结果如果满意，则继续免检。一旦发现了问题，就要增加抽检频次，进一步加大抽检的强度，甚至取消免检。通过这种方式，也可以激励和控制供应商。

4. 建立相应的监督控制措施

在建立起信任关系的基础上，也要建立起比较得力的、相应的监督控制措施。根据情况的不同，可以分别采用以下一些措施：

（1）对一些非常重要的供应商，或是当问题比较严重时，可以向供应商单位派常驻代表。常驻代表的作用，就是沟通信息、技术指导、监督检查等。对于那些不太重要的供应商，或者问题不那么严重的单位，则视情况分别采用定期或不定期到工厂进行监督检查，或者设监督点对关键工序或特殊工序进行监督检查，或者要求供应商报告生产条件情况、提供制程管制上的检验记录，通过分析评议等实行监督控制。

（2）加强成品检验和进货检验，做好检验记录，退还不合格品，甚至追究赔款或罚款，督促供应商改进。

（3）组织本企业管理技术人员对供应商进行辅导，提出产品技术规范要求，使其提高产品质量水平或企业服务水平。

第四节　招标采购

一、招标文件

招标文件是供应商准备投标文件和参加投标的依据，同时也是评标的重要依据，因为评标是按照招标文件规定的评标标准和方法进行的。此外，招标文件是签订合同所遵循的依据，招标文件的大部分内容要列入合同之中。因此，准备招标文件是非常关键的环节，它直接影响到采购的质量和进度。招标文件至少应包括以下内容：

（一）招标通告（略）

（二）投标须知

即具体制定投标的规则，使投标商在投标时有所遵循。投标须知的主要内容包括：①资金来源；②如果没有进行资格预审的，要提出投标商的资格要求；③货物原产地要求；④招标文件和投标文件的澄清程序；⑤投标文件的内容要求；⑥投标语言，尤其是国际性招标，由于有时参与竞标的供应商来自世界各地，必须对投标语言做出规定；⑦投标价格和货币规定。对投标报价的范围做出规定，即报价应包括哪些方面，统一报价口径便于评标时计算和比较最低评标价；⑧修改和撤销投标的规定；⑨标书格式和投标保证金的要求；⑩评标的标准和程序；⑪国内优惠的规定；⑫投标程序；⑬投标有效期；⑭投标截止日期；⑮开标的时间、地点等。

（三）合同条款

合同条款包括一般合同条款和特殊合同条款，具体内容如表 7-5 所示。

表 7-5　合同条款的内容

一般合同条款	特殊合同条款
·买卖双方的权利和义务 ·运输、保险、验收程序 ·价格调整程序 ·付款条件、程序以及支付货币规定 ·履约保证金的数量、货币及支付方式 ·不可抗力因素 ·延误赔偿和处罚程序 ·合同中止程序 ·解决争端的程序和方法 ·合同适用法律的规定 ·有关税收的规定等	·交货条件 ·履约保证金的具体金额和提交方式 ·验收和测试的具体程序 ·保险的具体要求 ·付款方式和货币要求 ·解决争端的具体规定 ·零配件和售后服务的具体要求 ·对一般合同条款的增减等

（四）技术规格

技术规格是招标文件和合同文件的重要组成部分，它规定所购货物、设备的性能和标准。技术规格也是评标的关键依据之一，如果技术规格制定得不明确或不全面，就会增加采购风险，不仅会影响采购质量，也会增加评标难度，甚至导致废标。

货物采购技术规格一般采用国际或国内公认的标准，除不能准确或清楚地说明拟招标项目的特点外，各项技术规格均不得要求或标明某一特定的商标、名称、专利、设计、原产地或生产厂家，不得有针对某一潜在供应商或排斥某一潜在供应商的内容。

（五）投标书的编制要求

投标书是投标供应商对其投标内容的书面声明，包括投标文件构成、投标保证金、总投标价和投标书的有效期等内容。投标书中的总投标价应分别以数字和文字表示。投标书的有效期是指投标有效期，是让投标商确认在此期限内受其投标书的约束，该期限应与投标须知中规定的期限相一致。

（六）投标保证金

交纳投标保证金的目的是为了防止投标商在投标有效期内任意撤回其投标，或中标后不签订合同或不交纳履约保证金，使采购实体蒙受损失。

投标保证金可采用现金、支票、不可撤销的信用证、银行保函、保险公司或证券公司出具的担保书等方式交纳。投标保证金的金额不宜过高，可以确定为投标价的一定比例，一般为投标价的1%～5%，也可以定一个固定数额。由于按比例确定投标保证金的做法很容易导致报价泄露，即通过一个投标商交纳的投标保证金的数额可以推算其投标报价，因而，确定固定投标保证金的做法较为理想，有利于保护各投标商的利益。国际性招标采购的投标保证金的有效期一般为投标有效期加上30天。

如果投标商有下列行为之一的，应没收其投标保证金：投标商在投标有效期内撤回投标；投标商在收到中标通知书后，不按规定签订合同或不交纳履约保证金；投标商在投标有效期内有违规违纪行为等。

在下列情况下投标保证金应及时退还给投标商：中标商按规定签订合同并交纳履约保证金；没有违规违纪的未中标投标商。

（七）供货一览表、报价表和工程量清单

供货一览表应包括采购商品品名、数量、交货时间和地点等。

在国境内提供的货物和在国境外提供的货物在报价时要分开填写。在报价表中，境内提供的货物要填写商品品名、商品简介、原产地、数量、出厂单价、出厂价境内增值部分占的比例、总价、中标后应缴纳的税费等。境外提供的货物要填写商品品名、商品简介、原产地、数量、离岸价单价及离岸港、到岸价单价及到岸港、到岸价总价等。

二、投标、开标程序与方法

（一）投　标

招标阶段的工作完成以后，采购就进入投标、开标阶段。标书发售后至投标前，要根据实际情况合理确定投标准备时间。投标准备时间确定得是否合理，会直接影响招标的结果。尤其是土建工程投标涉及的问题很多，投标商要准备工程概算，编制施工计划，考察项目现场，寻找合作伙伴和分包单位。如果投标准备时间太短，投标商就无法完成或不能很好地完成各项准备工作，投标文件的质量就不会十分理想，直接影响到后面的评标工作。

在正式投标前，采购单位需要做一些必要的服务工作。一是对大型工程或复杂设备组织召开标前会和现场考察；二是按投标商的要求澄清招标文件，澄清答复文件要发给所有购买招标文件的供应商。

采购单位或招标单位只接受在规定的投标截止日期前由供应商提交的投标文件，截止期后送到的投标文件拒收，并取消这类供应商的资格。在收到投标文件后，要签收或通知供应商投标文件已经收到。在开标以前，所有的投标文件都必须密封，妥善保管。投标文件的内容应与招标文件的要求相一致。

（二）开　标

开标应按招标通告中规定的时间、地点公开进行，并邀请投标商或其委派的代表参加。开标前，应以公开的方式检查投标文件的密封情况，当众宣读供应商名称、有无撤标情况、提交投标保证金的方式是否符合要求、投标项目的主要内容、投标价格以及其他有价值的内容。开标时，对于投标文件中含义不明确的地方，允许投标商做简要解释，但所做的解释不能超过投标文件记载的范围或实质性地改变投标文件的内容。以电传、电报方式投标的，不予开标。

开标要做开标记录，其内容包括项目名称、招标号、刊登招标通告的日期、发售招标文件的日期、购买招标文件单位的名称、投标商的名称及报价、截标后收到标书的处理情况等。

在有些情况下，可以暂缓或推迟开标时间，如招标文件发售后对原招标文件做了变更或补充；开标前，发现有足以影响采购公正性的违法或不正当行为；采购单位接到质疑或诉讼；出现突发事故；变更或取消采购计划等。

（三）评标、评标方法与程序

1. 评标

评标的目的是根据招标文件中确定的标准和方法，对每个投标商的标书进行评价和比较，以评出最低投标价的投标商。评标必须以招标文件为依据，不得采用招标文件规定以外的标准和方法进行评标，凡是评标中需要考虑的因素都必须写入招标文件之中。

2. 评标方法

评标方法很多，具体评标方法取决于采购单位对采购对象的要求，货物采购和工程采购的评标方法有所不同。

货物采购常用的评标方法有 4 种：

（1）以最低评标价为基础的评标方法。在采购简单的商品、半成品、原材料以及其他性能质量相同或容易进行比较的货物时，价格可以作为评标考虑的唯一因素。以价格为尺度时，不是指最低报价，而是指最低评标价。最低评标价有其价格计算标准，即成本加利润。其中，利润为合理利润，成本也有其特定的计算口径。

①如果采购的货物是从国外进口的，报价应以包括成本、保险、运费的到岸价（CIF）为基础。

②如果采购的货物是国内生产的，报价应以出厂价为基础。

出厂价应包括生产、供应货物而从国内外购买的原材料和零配件所支付的费用以及各种税款，但不包括货物售出后所征收的销售性或与其类似的税款。如果提供的货物是国内投标商早已从国外进口、现已在境内的，应报仓库交货价或展室价，该价应包括进口货物时所交付的进口关税，但不包括销售性税款。

（2）综合评标法，是指以价格另加其他因素为基础的评标方法。在采购耐用货物如车辆、发动机以及其他设备时，可采用这种评标方法。在采用综合评标法时，评标中除考虑价格因素外，还应考虑下列因素：

①内陆运费和保险费。在计算内陆运费、保险费及其他费用时，可采用下列任一做法：第一，可按照铁路（公路）运输、保险公司以及其他部门发布的费用标准，计算货物运抵最终目的地将要发生的运费、保险费以及其他

费用，然后把这些费用加在投标报价上；第二，让投标商分别报出货物运抵最终目的地所要发生的运费、保险费以及其他费用，这部分费用要用当地货币来报，同时还要对所报的各种费用进行核对。

②交货期。在确定交货期时，可根据不同的情况采用下列办法：第一，可以按招标文件中规定的具体交货时间为基准交货时间，早于基准交货时间的，评标时也不给予优惠，若迟于基准交货时间，每迟交一个标准时间（1天、1周、10天或1个月等），可按报价的一定百分比换算为成本，然后再加在报价上；第二，如果根据招标文件的规定，货物在合同签字并开出信用证后若干日（月）内交货，对迟于规定时间，但又在可接受的时间范围内的，可按每日（月）一定的百分比乘以投标报价再乘以迟交货的日（月）数，或者按每日（月）一定金额乘以迟交货的时间来计算，评标时将这一金额加在报价上。

③付款条件。投标商必须按照合同条款中规定的付款条件来报价，对于不符合规定的投标，可视为非响应性投标予以拒绝。但对于采购大型成套设备可以允许投标商有不同的付款要求，提出有选择性的付款计划，这一选择性的付款计划只有在得到投标商愿意降低投标价的基础上才能考虑。如果投标商的付款要求偏离招标文件的规定不是很大，尚属可接受的范围，在这种情况下，可根据偏离条件将采购单位增加的费用，按标书中规定的贴现率算出其净现值并加在报价上，供评标时考虑。

④零配件的供应和售后服务情况。如果投标商已在境内建立了零配件和售后服务的供应网点，评标时可以在报价之外不另加费用。但是如果投标商没有提供上述招标文件中规定的有关服务，而需由采购单位自行安排和解决的，在评标时可考虑将所要增加的费用加在报价上。

⑤货物的性能、生产能力以及配套性和兼容性。如果投标商所投设备的性能、生产能力没有达到技术规格要求的基准参数，凡每种技术参数比基准参数低的，将在报价基础上增加若干金额，以反映设备在寿命周期内额外增加的燃料、动力、运营的成本。

⑥技术服务和培训费用等。投标商在标书中应报出设备安装、调试等方面的技术服务费用以及有关培训费，这些费用应加在报价上一并供评标时考虑。

(3) 以寿命周期成本为基础的评标方法。采购整套厂房、生产线或设备、车辆等在运行期内的各项后续费用（零配件、油料、燃料、维修等）很高的设备时，可采用以寿命周期成本为基础的评标方法。

在计算寿命周期内成本时，可以根据实际情况，评标时在标书报价的基础上加上一定运行期年限的各项费用，再减去一定年限后设备的残值，即扣除这几年折旧费后的设备剩余值。在计算各项费用或残值时，都应按标书中规定的贴现率折算成净现值。

(4) 打分法。评标时通常要考虑多种因素，为了既便于综合考虑，又利于比较，可以按这些因素的重要性确定其在评标时所占的比例，对每个因素打分。打分法考虑的因素包括：①投标价格；②内陆运费、保险费及其他费用；③交货期；④偏离合同条款规定的付款条件；⑤备件价格及售后服务；⑥设备性能、质量、生产能力；⑦技术服务和培训。

采用打分法评标时，首先确定每种因素所占的分值。通常来说，分值在每个因素的分配比例为：投标价 60～70 分；零配件 10 分；技术性能、维修、运行费 5～10 分；售后服务 5 分；标准备件等 5～10 分；总分 100 分。

如果采用打分法评标，考虑的因素、分值的分配以及打分标准均应在招标文件中明确规定。

打分法有利有弊。利在于综合考虑，方便易行，能从难以用金额表示的各个投标中选择最好的投标；弊在于难以合理确定不同技术性能的有关分值和每一性能应得的分数，有时会忽视一些重要的指标。

3. 评标程序

(1) 初步评标。初步评标工作比较简单，但却是非常重要的一步。初步评标的内容包括供应商资格是否符合要求，投标文件是否完整，是否按规定方式提交投标保证金，投标文件是否基本上符合招标文件的要求，有无计算上的错误等。如果供应商资格不符合规定，或投标文件未做出实质性的反应，都应作为无效投标处理，不得允许投标供应商通过修改投标文件或撤销不合要求的部分而使其投标具有响应性。

经初步评标，凡是确定为基本上符合要求的投标，下一步要核定投标中有没有计算和累计方面的错误。在修改计算错误时，要遵循两条原则：如果数字表示的金额与文字表示的金额有出入，要以文字表示的金额为准；如果价格和数量的乘积与总价不一致，要以单价为准。但是如果采购单位认为有明显的小数点错误，此时要以标书的总价为准，并修改单价。如果投标商不接受根据上述修改方法而调整的投标价，可拒绝其投标并没收其投标保证金。

(2) 详细评标。在完成初步评标以后，下一步就进入详细评定和比较阶段。只有在初评中确定为基本合格的投标，才有资格进入详细评定和比较阶段。具体的评标方法取决于招标文件中的规定，并按评标价的高低，由低到高，评定出各投标的排列次序。

在评标时，当出现最低评标价远远高于标底或缺乏竞争性等情况时，应废除全部投标。

（四）编写并上报评标报告

评标工作结束后，采购单位要编写评标报告，上报采购主管部门。评标报告包括以下内容：①广告刊登的时间、购买招标文件的单位名称；②开标日期；③投标商名单；④投标报价以及调整后的价格（包括重大计算错误的修改）；⑤价格评比基础；⑥评标的原则、标准和方法；⑦授标建议。

（五）资格后审

如果在投标前没有进行资格预审，在评标后则需要对最低评标价的投标商进行资格后审。如果审定结果认为他有资格、有能力承担合同任务，则应把合同授予他；如果认为他不符合要求，则应对下一个评标价最低的投标商进行类似的审查。

（六）授标与合同签订

合同授予最低评标价投标商，并要求在投标有效期内进行。决标后，在向中标投标商发中标通知书时，也要通知其他没有中标的投标商，并及时退还投标保证金。

第五节　现代采购管理

一、JIT采购管理

（一）JIT采购的原理

当年，丰田公司的大野耐一创造JIT生产方式，是在美国参观超级市场时受超级市场供货方式的启发而萌生的想法。美国超级市场除了商店货架上的货物之外，是不另外设仓库、另设库存的。商场每天晚上都根据当天的销售量来预计第二天的销售量而向供应商发出订货。第二天清早供应商按指定的数量送货到商场，有的供应商一天还分两次送货，基本上按照用户需要的品种、需要的数量，在需要的时候，送到需要的地点。所以每天的送货刚好满足了用户的需要，没有多余、没有库存，也没有浪费。大野耐一就想到要把这种模式运用到生产中去，因而产生了准时化生产。

实际上，超级市场模式，本来就是一种采购供应的模式。有一个供应商、有一个用户，双方形成了一个供需“节”（如图 7-11 所示）。

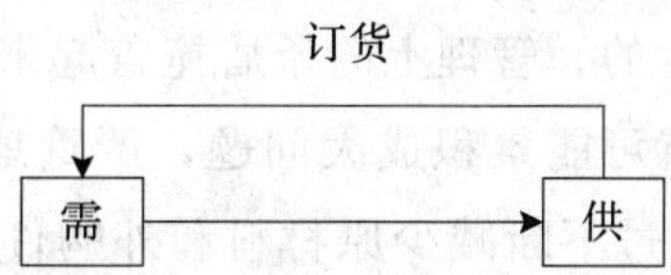

图 7-11　供需节

采购方向供应商发出订货，供应商应当根据需方的订货，送货到需方。具体在超级市场模式下，超级市场是需方，供应商给超级市场进行准时化供购模式，能够起到以下几个作用：

第一，它的采购送货是直接送到需求点上；

第二，用户需要什么，就送什么，品种规格符合客户需要；

第三，用户需要什么质量，就送什么质量，品种质量符合客户需要，杜绝次品和废品；

第四，用户需要多少，就送多少，不少送，也不多送；

第五，用户什么时候需要，就什么时候送货，不晚送，也不早送，非常准时；

第六，用户在什么地点需要，就送到什么地点。

这几条，既做到了很好地满足用户的需求，又使得用户的库存量最小，用户不需要设库存，只在货架上（或在生产线边）有一点临时的存放，一天销售完毕（一天工作完，生产线停止时），这些临时存放就消失，库存完全为零，真正实现了零库存。

这样的采购模式，就是 JIT 采购模式。以上几条，既是 JIT 采购的原理，又是 JIT 采购的特点。

(二) JIT 采购的优点

依据 JIT 采购的原理，一个企业中的所有活动只有当需要进行的时候才接受服务，才是最合算的。即只有在需要的时候，把需要的品质和数量，提供到所需要的地点，才是最节省、最有效率的。因此，JIT 采购是一种最节省、最有效率的采购模式。

传统采购为了保证企业生产经营的正常进行和应付物资采购过程中的各种不确定性（如市场价格变化、物资短缺、运输条件约束等），常常产生大量的原材料和外购件库存。而 JIT 则认为，过高的库存不仅增加了库存成本，而且还将许多生产上的、管理上的矛盾掩盖起来，使问题得不到及时解决，日积月累，小问题就可能累积成大问题，严重地影响企业的生产效率。因此，JIT 采购也可以通过不断减少原材料和外购件的库存来暴露生产过程中隐藏的问题，从解决深层次的问题上来提高生产效率。

JIT 采购是一种理想的物资采购方式。它设置了一个最高标准，一种极限目标，即原材料和外购件的库存为零，缺陷为零。同时，为了尽可能地实现这样的目标，JIT 采购提供了一个不断改进的有效途径，即降低原材料和外购件库存—暴露货物采购问题—采取措施解决问题—降低原材料和外购件库存。

在企业货物采购过程中，存有大量的不增加产品价值的活动，如订货、修改订货、收货、装卸、开票、质量检验、点数、入库以及转运等，把大量时间、精力、资金花在这些活动上，是一种浪费。JIT 采购模式由于大大地精简了采购作业流程，因此消除了这些浪费，极大地提高了工作效率。

进一步地减少并最终消除原材料和外购件库存，不仅取决于企业内部，而且取决于供应商的管理水平。JIT 采购模式不仅对企业内部的科学管理提出了严格的要求，而且也对供应商的管理水平提出了更高、更严格的要求。JIT 采购不仅是一种采购方式，也是一种科学的管理模式，JIT 采购模式的运作，客观上将在用户企业和供应商企业中铸造一种科学管理模式。这将大大提高用户企业和供应商企业的科学管理水平。

由于 JIT 采购只有当企业需要什么样的货物就能供给什么样的货物，什么时间要就能什么时间供应，需要多少就能供给多少时，企业的原材料和外购件库存才能降到最低水平。在这个意义上讲，JIT 采购最能适应市场需求的变化，使企业能够具有真正的柔性。

（三）JIT 采购的作用

JIT 采购是关于货物采购的一种全新的思路，企业实施 JIT 采购具有重要的意义。根据资料统计，JIT 采购在以下几个方面已经取得了令人满意的成果：

1. 大幅度减少原材料和外购件的库存

根据国外一些实施 JIT 采购策略企业的测算，JIT 采购可以使原材料和外购件的库存降低 40%～85%。原材料和外购件库存的降低，有利于减少流动资金的占用，加速流动资金的周转，同时也有利于节省原材料和外购件库存占用的空间，从而降低库存成本。

2. 提高采购货物的质量

一般来说，实施 JIT 采购，可以使购买的原材料和外购件的质量提高 2～3倍。而且，原材料和外购件质量的提高，又会引致质量成本的降低。据估计，推行 JIT 采购可使质量成本减少 26%～63%。

3. 降低原材料和外购件的采购价格

由于供应商和制造商的密切合作以及内部规模效益与长期订货，再加上消除了采购过程中的一些浪费（如订货手续、装卸环节、检验手续等），就使得购买的原材料和外购件的价格得以降低。例如，生产复印机的美国施乐（Xerox）公司，通过实施 JIT 采购策略，使其采购货物的价格下降了 40%～50%。

此外，推行 JIT 采购策略，不仅缩短了交货时间，节约了采购过程所需资源（包括人力、资金、设备等），而且提高了企业的劳动生产率，增强了企业的适应能力。

（四）JIT 采购的实施条件

成功实施 JIT 采购策略，需要具备一定的前提条件，我们认为下面的这些条件是实施 JIT 采购最为基本的条件。

1. 距离越近越好

供应商和用户企业的空间距离越小越好。太远了，操作不方便，发挥不了 JIT 采购的优越性，很难实现零库存。

2. 制造商和供应商建立互利合作的战略伙伴关系

JIT 采购策略的推行，有赖于制造商和供应商之间建立起长期的、互利合作的新型关系，相互信任，相互支持，共同获益。

3. 注重基础设施的建设

良好的交通运输和通信条件是实施 JIT 采购策略的重要保证，企业间通用标准的基础设施建设，对 JIT 采购的推行也至关重要。所以，要想成功实施 JIT 采购策略，制造商和供应商都应注重基础设施的建设。诚然，这些条件的改善，不仅仅取决于制造商和供应商的努力，各级政府也须加大投入。

4. 强调供应商的参与

JIT 采购不只是企业货物采购部门的事，它也离不开供应商的积极参与。供应商的参与，不仅体现在准时、按质按量供应制造商所需的原材料和外购件上，而且体现在积极参与制造商的产品开发设计过程中。与此同时，制造商有义务帮助供应商改善产品质量，提高劳动生产率，降低供货成本。

5. 建立实施 JIT 采购策略的组织

企业领导必须从战略高度来认识 JIT 采购的意义，并建立相应的企业组织来保证该采购策略的成功实施。这一组织的构成，不仅应有企业的货物采购部门，还应包括产品设计部门、生产部门、质量部门、财务部门等。其任务是，提出实施方案，具体组织实施，对实施效果进行评价，并进行连续不断的改进。

6. 制造商向供应商提供综合的、稳定的生产计划和作业数据

综合的、稳定的生产计划和作业数据可以使供应商及早准备，精心安排其生产，确保准时、按质按量交货。否则，供应商就不得不求助于缓冲库存，从而增加其供货成本。有些供应商在制造商工厂附近建立仓库以满足制造商的 JIT 采购要求，实质上这不是真正的 JIT 采购，而只是负担的转移。

7. 着重教育与培训

通过教育和培训，使制造商和供应商充分认识到实施 JIT 采购的意义，并使他们掌握 JIT 采购的技术和标准，以便对 JIT 采购进行不断的改进。

8. 加强信息技术的应用

JIT 采购是建立在有效信息交换的基础上的，信息技术的应用可以保证制造商和供应商之间的信息交换。因此，制造商和供应商都必须加强对信息技术，特别是电子数据交换（EDI）技术的应用投资，以便更加有效地推行 JIT 采购策略。

（五）JIT采购的实施步骤

1.JIT采购方法

前面分析了JIT采购法的特点和优点，从中我们可以看到，JIT采购方法和传统的采购方法的一些显著差别，要实施JIT采购法，以下四点是十分重要的：

（1）看板管理是JIT采购最实用有效的手段；

（2）选择最佳的供应商，并对供应商进行有效的管理是JIT采购成功的基石；

（3）供应商与用户的紧密合作是JIT采购成功的钥匙；

（4）卓有成效的采购过程、严格的质量控制是JIT采购成功的保证。

2.JIT采购步骤

在实施JIT采购时，大体上可以遵从下面的步骤：

（1）创建JIT采购班组。JIT采购班组的作用，就是全面处理JIT有关事宜。一是要制定JIT采购的操作规程，协调企业内部各有关部门的运作、协调企业与供应商之间的运作。JIT采购班组除了采购科有关人员之外，还要由本企业以及供应商企业的生产管理人员、技术人员、搬运人员等共同组成。一般应成立两个班组，一个是专门处理供应商事务的班组，该班组的任务是培训和指导供应商的JIT采购操作、衔接供应商与本企业的操作流程、认定和评估供应商的信誉与能力、与供应商谈判签订准时化订货合同、向供应商发放免检签证等。另外一个班组是专门协调本企业各个部门的JIT采购操作、制定作业流程、指导和培训操作人员，并且进行操作检验、监督和评估。这些班组人员，对JIT采购的方法应有充分的了解和认识，必要时要进行培训。

（2）制订计划，确保JIT采购策略有计划有步骤地实施。要制定采购策略，以及改进当前采购方式的措施，尽量减少供应商的数量、对供应商进行评价、向供应商发放签证等内容。在这个过程中，要与供应商一起商定JIT采购的目标和有关措施，保持经常性的信息沟通。

（3）精选少数几家供应商建立伙伴关系。供应商和制造商之间互利的伙伴关系，意味着双方之间充满了一种紧密合作、主动交流、相互信赖的和谐气氛，共同承担长期协作的义务。在这种关系的基础上，发展共同的目标，分享共同的利益。

（4）进行试点工作。先从某种产品或某条生产线的试点开始，进行准时零部件或原材料的准时化供应试点。在试点过程中，取得企业各个部门的支持是很重要的，特别是生产部门的支持。通过试点，总结经验，为正式的JIT采购实施打下基础。

（5）搞好供应商的培训，确定共同目标。JIT采购是供需双方共同的业务活动，单靠采购部门的努力是不够的，需要供应商的配合，只有供应商也对JIT采购的策略和运作方法有了认识和理解，才能获得供应商的支持和配合，因此，需要对供应商进行教育培训。通过培训，大家取得一致的目标，相互之间就能够很好地协调做好采购的准时化工作。

（6）给供应商颁发产品免检证书。在实施JIT采购策略时，核发免检证书是非常关键的一步。颁发免检证书的前提是供应商的产品100％合格。为此，核发免检证书时，要求供应商提供最新的、正确的、完整的产品质量文件，包括设计蓝图、规格、检验程序以及其他必要的关键内容。

（7）实现配合节拍进度的交货方式。向供应商采购的原材料和外购件，其目标是要实现这样的交货方式：当你正好需要某货件时，该货件就运抵卸货月台，并随之直接运至生产线，生产线拉动它所需的原材料，并在制造产品时使用该原材料。

（8）继续改进，扩大成果。JIT采购是一个不断完善和改进的过程，需要在实施过程中不断总结经验教训，从降低运输成本、提供交货的准确性、提高产品的质量、降低供应商库存等各个方面进行改进，不断提高JIT采购的运作绩效。

二、MRP采购管理

（一）MRP采购原理

订货点方法是用于处理独立需求问题的，它不能令人满意地解决生产系统内发生的相关需求问题。而且，订货点方法不适于订货型生产（MTO）企业。于是，人们提出了MRP。它可以精确地确定对组件的需求数量与时间，消除了盲目性，实现了低库存与高服务水平的并存。

MRP应用的目的之一是进行库存的控制和管理。按需求的类型可以将库存问题分成两种，独立性需求和相关性需求。独立性需求和相关性需求的概念是美国的J. A. 奥列基博士（Dr. Joseph A. Orlicky）提出的，同时他还指出订货点法只适用于独立性需求的物资。

独立性需求是指即将被消费者消费或使用的制成品的库存，如自行车生产企业的自行车的库存。制成品需求的波动受市场条件的影响，而不受其他库存品的影响。这类库存问题往往建立在对外部需求预测的基础上，通过一些库存模型的分析，制定相应的库存政策来对库存进行管理，如什么时候订货、订多少、如何对库存品进行分类等。

相关性需求库存是指将被用来制造最终产品的材料或零部件的库存。这些物料的需求彼此之间具有一定的相互关系。这些物料的需求不需要预测，只有通过相互之间的关系来进行计算。

MRP 基本的原理是，由主生产进度计划（MPS）和主产品的层次结构逐层逐个地求出主产品所有零部件的出产时间、出产数量。把这个计划叫做物料需求计划。其中，如果零部件靠企业内部生产，需要根据各自的生产时间长短来提前安排投产时间，形成零部件投产计划；如果零部件需要从企业外部采购，则要根据各自的订货提前期来确定提前发出各自订货的时间、采购的数量，形成采购计划。确定按照这些投产计划进行生产和按照采购计划进行采购，就可以实现所有零部件的出产计划，从而不仅能够保证产品的交货期，而且还能够降低原材料的库存，减少流动资金的占用。MRP 的逻辑原理如图 7-12 所示。

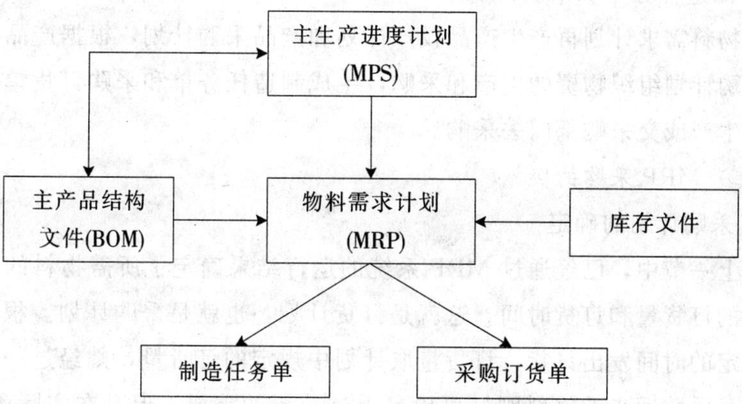

图 7-12　MRP 逻辑原理图

由图 7-12 可以看出，物料需求计划 MRP 是根据主生产进度计划（MPS）、主产品的结构文件（BOM）和库存文件而形成的。

1. 主产品

主产品就是企业用以供应市场需求的产成品。例如，汽车制造厂生产的汽车、电视机厂生产的电视机，都是各自企业的主产品。

2. 主产品的结构文件 BOM（Bill of Materials）

主产品的结构文件 BOM 主要反映出主产品的层次结构、所有零部件的结构关系和数量组成。根据这个文件，可以确定主产品及其各个零部件的需要数量、需要时间和它们相互间的装配关系。

3. 主生产进度计划 MPS（Master Production Schedule）

主生产进度计划 MPS，主要描述主产品及由此结构文件 BOM 决定的零部件的出产进度，表现为各时间段内的生产量，有出产时间、出产数量或装配时间、装配数量等。

4. 产品库存文件

产品库存文件，包括主产品和其所有的零部件的库存量、已订未到量和已分配但还没有提走的数量。制订物料需求计划的一个指导思想，就是要尽可能减少库存。产品优先从库存原材料中供应，仓库中有的，就不再安排生产和采购；仓库中有但数量不够的，只安排不够的那一部分数量投产或采购。

5. 制造任务单和采购订货单

由物料需求计划再产生产品投产计划和产品采购计划，根据产品投产计划和采购计划组织物资的生产和采购，生成制造任务单和采购订货单，交制造部门生产或交采购部门去采购。

（二）MRP 采购的实施

1. 采购计划的确定

在上一节中，已经通过 MRP 系统的运行结果确定了所需物料的计划发出订货的订货量和订货时间，这就是订货计划，也就是采购计划。根据这个计划规定的时间发出订货，订货量取计划中规定的订货量，则经过一个采购提前期，采购回来的物料刚好可以赶上这一周的需要。但是在实际生活中，执行这样的采购计划可能会有一定困难。这主要是没有一个固定的订货批量，订货量时大时小，无论是包装还是运输，都不太方便，有些甚至不能实现。因为供应商的商品通常都是整箱整包地包装好了的，一般不拆散零卖，要买就得买一个包装单元。也就是说，采购的数量要受供应商包装单元的约束。同样，运输要受运输单元的约束。采购数量最好是一个整数，是包装单元的整数倍，采购数量应当按固定订货批量进行采购。这样我们就要使用按固定订货批量处理的 MRP 计算模型。

按固定订货批量处理的 MRP 计算模型的原理，如表 7-6 所示。

表 7-6　　　　采购计划的确定计算表

项目：E（1级） 订货点：60 订货批量：150 提前期：3 周		周次							
		1	2	3	4	5	6	7	8
总需要量		60	40	60	40	60	40	60	40
计划到货量			150						
库存量	100	40	150	90	50	140	100	40	150
净需要量					150				150
计划接受订货					150				
计划发出订货			150						

在表 7—6 中，产品 E 设定了固定订货批量为 150，订货点为 60，订货提前期为 3 周。它在第 2 周有一个 150 的在途到货，计划期期前库存量为 100。根据各周需求量的情况，可以计算出各周的订货后库存量。所谓订货后库存量，是指把本周计划订货到货量考虑进来，用于销售之后还剩下的库存量，即：

本周订货后库存量＝上周订货后库存量＋本周在途到货量＋本周计划接受订货量－本周需求量

其中，本周计划接受订货量则是这样确定的：判断上周的订货后库存量加上本周的计划在途到货量再减去本周需求量是否小于等于 0。如果小于等于 0，则就把计划接受订货量等于一个订货批量，否则计划接受订货量就等于 0。

求出了计划接受订货量之后，就可以得出计划发出订货量。计划发出订货量就等于计划接受订货量提前一个订货提前期而得到。例如第5周有一个150的计划接受订货量，把它提前一个订货提前期3周，即在第2周就有一个150的计划发出订货量。这意味着，应当在第2周就出发去采购一个批量150，则经过一个订货提前期，即到第5周，这个150的订货批量就能运进自备仓库，来参加对于第5周需求量的满足。同理，对应第8周的计划接受订货量150，应该在第5周发出一个150的计划发出订货量。

2. MRP采购的注意事项

一般的采购活动都有以下几个步骤：资源调查、供应商认证；询价及洽商；生成请购单；下达采购单；采购单跟踪；验收入库；结算。

实施MRP采购除了具有上述步骤外，还必须有一定的基础条件，最为重要的基础条件有两点：一是企业实施了MRP管理系统，二是企业有良好的供应商管理。

如果企业没有实施MRP系统，就谈不上进行MRP采购，不运行MRP系统，物料的需求计划就不可能由相关性需求转换成独立性需求，没有MRP系统生成的计划订货量，MRP采购就失去了依据，如果手工计算，那计算量可想而知，对于复杂产品的物料相关性需求靠手工计算根本就是不可能的。而若采用订货点方法进行采购，必然造成零部件配不齐或者原材料的大量库存，占用大量的流动资金。因此，可以说MRP系统与MRP采购是相辅相成的，如果企业采用了MRP系统，则它对需要购买的物料必然实行MRP采购管理才能使它的MRP系统得到良好的运行；而企业若实行MRP采购管理，则必然是企业实行了MRP管理，否则MRP采购就如同空中楼阁，失去了基础。

实施MRP采购管理必须要有良好的供应商管理作为基础。在MRP采购中，购货的时间性要求比较严格，如果没有严格的时间要求，那么MRP采购也就失去了意义。如果没有良好的供应商管理，不能与供应商建立起稳定的客户关系，则供货的时间性要求很难保证。

除了上面的这些基础条件外，MRP采购同一般采购管理还有一点不同，就是物料采购确定或者物料到达后，需要及时更新数据库，这里不仅仅包括库存记录，而且还有在途的物料和已发订货单数量和计划到货量。这些数据都会添加到 MRP 系统中，作为下次运行 MRP 系统的基础数据。

（三）MRP 采购的特点

通过前面对 MRP 采购的介绍，我们不难发现 MRP 采购有以下几个特点：

1. 需求的相关性

同订货点方法不同，MRP 采购是针对具有相关性需求货物的采购方法，不但需求本身之间相关，需求和资源、需求的品种数量需求时间也相关。

2. 需求的确定性

MRP 采购计划是根据主生产进度计划、主产品的结构文件、库存文件和各种零部件的生产时间或订货进货时间精确计算出来的，其需要的时间、数量都是确切规定好了的，而且不能够改变。

3. 计划的精细性

MRP 采购计划有充分的根据，从主产品到零部件，从需求数量到需求时间，从出产先后到装配关系都作了明确的规定，无一遗漏或偏差。不折不扣地按照这个计划进行，能够保证主产品出产计划的如期实现。

4. 计算的复杂性

MRP 采购计划要根据主生产进度计划、主产品结构文件、库存文件、生产时间和采购时间把主产品的所有零部件的需要数量、需要时间、先后关系等准确计算出来，其计算量是非常庞大的。特别是当主产品复杂、零部件数量特别多时，如果用人工计算，简直望尘莫及。借助计算机，使得这个工作才有了可以进行的可能性。

MRP 采购的优越性是很明显的，由于进行了精确的计划和计算，使得所有需要采购的货物能够按时按量到达需要它的地方，一般不会产生超量的原材料库存。事实上对于采购品从经济订货批量考虑，没有必要一定要追求零库存，这样可以大大节约订货费用和各种手续费用，从而降低生产成本。通过对使用 MRP 的企业调查显示，这些企业库存水平平均降低 20%～40%，与此同时减少零部件缺货 80%；改进了对用户的服务，服务水平可以达到 95%。这就很好地解决了库存量与服务水平这两者之间的矛盾，改变了以往那种两者不可兼得的局面。

MRP 采购除了能经济有效地采购企业所需的物料外，还有利于促进企业提高管理水平。因为实行 MRP 采购，必然是企业采用了 MRP 系统，而 MRP 系统输入的信息多、操作规范、时间观念强，这些都要求企业加强系统化、信息化、规范化管理，提高企业素质和管理水平。

三、供应链采购管理

（一）供应链采购管理的原理和特点

供应链采购是指供应链内部企业之间的采购。供应链内部的需求企业向供应商企业采购订货，供应商企业将货物供应给需求企业。

供应链采购与传统的采购相比，货价供需关系没变，采购的概念没变，但是，由于供应链各个企业之间是一种战略伙伴关系，采购是在一种非常友好合作的环境中进行的，所以采购的观念和采购的操作都发生了很大变化，如表 7-7 所示。

表 7-7　供应链采购与传统采购的区别

项目	供应链采购	传统采购
基本性质	基于需求的采购	基于库存的采购
	供应方主动型、需求方无采购操作的采购方式	需求方主动型、需求方全采购操作的采购方式
	合作型采购	对抗型采购
采购环境	友好合作环境	对抗性竞争环境
信息关系	信息传输、信息共享	信息不通、信息保密
库存关系	供应商掌握库存	需求方掌握库存
	需求方可以不设仓库、零库存	需求方设立仓库、高库存
送货方式	供应商小批量多频次连续补充货物	大批量少频次进货
双方关系	供需双方关系友好	供需双方关系敌对
	责任共担、利益共享、协调性配合	责任自负、利益独享、互斥性竞争
货检工作	免检	严格检查

由表 7-7 可以看出，供应链采购有以下特点：

1. 从采购性质看

（1）供应链采购是一种基于需求的采购。需要多少就采购多少，什么时候需要就什么时候采购。采购回来的货物直接送需求点进入消费。供应链采购在这一点上，与 JIT 采购相同，而与传统采购迥然不同。传统采购则是基于库存的采购，采购回来的货物直接进入库存，等待消费。

（2）供应链采购是一种供应商主动型采购。由于供应链需求者的需求信息能随时传送给供应商，所以供应商能够随时掌握用户需求信息，能够根据需求状况、变化趋势，及时调整生产计划、及时补充货物，主动跟踪用户需求，主动适时适量地满足用户需要。由于双方是一种友好合作的利益共同体，如果需求方的产品质量不好、销售不出去的话，供应商自己也会遭受损失，所以，供应商会主动关心产品质量，自觉把好质量关，保证需求方的产品质量。因此需求方完全可以不用操心采购的事情，只要到时候支付货款就行了。所以，对需求方来说，这是一种无采购操作的采购方式。供应链采购看起来好像是供应商的事情而不是需求方的事情了。

而传统采购则必须靠用户自己主动承担全部采购任务。因为，他的需求信息供应商不知道、供应商的信息他也不知道，所以他必须自己主动去采购。这需要花费很多时间去调查供应商、调查产品、调查价格，然后选择供应商并和供应商洽谈、签订合同，然后还要联系进货，还要费时费力地进行严格的货检。对于需求方来说，这是一种全采购操作的采购方式。而供应商则完全处于一种被动、无关的地位。

（3）供应链采购是一种合作型采购。双方为了使产品能在市场上占有一席之地、获得更大的经济效益，分别从不同的角度互相配合、各尽其力，所以在采购上也是互相协调配合，提高采购工作的效率、最大限度地降低采购成本、最好地保证供应。

而传统采购是一种对抗型采购。由于双方是一种对抗性竞争关系，所以贸易双方互相保密，唯我主义、只顾自己获取利益，甚至还互相算计对方，因此贸易谈判、货物检验等都非常吃力。双方不是互相配合，而是互相不负责任，甚至是互相坑害，常常是以次充好、低价高卖，赚一笔是一笔。所以需求方必须时时小心、处处小心，有时甚至是防不胜防。这样花在采购上的人员、时间、精力、费用确实很高。

2. 从采购环境看

供应链采购是一种友好合作的环境，而传统采购是一种利益互斥、对抗性竞争环境。这是两种采购制度的根本区别。由于采购环境不同，才导致了许多观念上、操作上的不同，形成了各自的优点和缺点。供应链采购的根本特征就是有一种友好合作的供应链的采购环境。这是它根本的特点，也是它最大的优点。

3. 从信息关系看

供应链采购一个重要的特点就是供应链企业之间实现了信息连通、信息共享。供应商能随时掌握用户的需求信息，掌握用户需求变化的情况，能够根据用户需求情况和需求变化情况，主动调整自已的生产计划和送货计划。供应链各个企业可以通过计算机网络进行信息沟通和业务活动。这样足不出户，就可以很方便地利用计算机网络协调活动，进行相互之间的业务处理活动。例如发订货单、发发货单、支付货款等。当然，信息传输、信息共享，首先要求每个企业内部的业务数据要信息化、电子化，也就是要用计算机处理各种业务数据、存储业务数据，没有企业内部的信息网络，也就不可能实现企业之间的数据传递和数据共享。因此，供应链采购的基础就是要实现企业的信息化、企业间的信息共享，也就是要建立企业内部网络 Intranet、企业外部网络 Extranet，并且和因特网 Internet 连通，建立起企业管理信息系统。

4. 从库存关系看

供应链采购是由供应商管理用户的库存，用户没有库存，即零库存。这意味着，用户无须设库存、无须关心库存。这样做，有很多好处：

第一，用户零库存，可以大大节省费用、降低成本、专心致志地搞好工作，发挥核心竞争力，提高效率。因而可以提高企业的经济效益，也可以提高供应链的整体效益。第二，供应商掌握库存自主权，可以根据需求变动情况，适时地调整生产计划和送货计划，既避免了盲目生产造成的浪费，也可以避免库存积压、库存过高所造成的浪费以及风险。同时由于这种机制把供应商的责任（产品质量好坏）与利益（销售利润的多少）相联系，因此，加强了供应商的责任心，自觉提高了用户满足水平和服务水平。因此，供需双方都获得了效益。而传统的采购由于卖方设置仓库、管理库存，很容易一方面造成库存过高积压，另一方面又可能缺货、不能保证供应，同时还造成精力分散、工作低效率。服务水平、工作效率、经济效益都会受到严重影响。

5. 从送货方式看

供应链采购是由供应商负责送货，而且是连续小批量多频次地送货。这种送货机制可以大大降低库存，实现零库存。因为它送货的目的，是直接满足需要，需要多少就送多少，什么时候需要就什么时候送。不多送，也不早送。这样就没有多的库存，可以降低库存费用；又保证满足需要，不缺货；可以根据需求的变化，随时调整生产计划，可以不多生产、不早生产，因而节省了原材料费用和加工费用；同时由于紧紧跟踪市场需求的变化，所以能够灵活适应市场变化、避免库存风险。而传统采购是大批量少频次地订货进货，所以库存量大、费用高、风险大。

6. 从双方关系看

供应链采购活动中，买方企业和卖方企业是一种友好合作的战略伙伴关系，互相协调、互相配合、互相支持，所以有利于各个方面工作的顺利开展，从而提高工作效率、实现“双赢”。而传统采购中，买方与卖方是一种对抗性的买卖关系，一个赢，另一个必然输。所以互相防备、互相封锁、互相不信任、不配合、甚至互相坑害，所以办什么事都很困难，工作效率较低。

7. 从货检工作看

由于传统采购是一种对抗关系，所以货物常常会以次充好，甚至假冒伪劣、缺斤少量，所以买方进行货检的力度大，工作量大，成本高。而供应链采购，由于供应商自己责任与利润相连，所以自我约束、保证质量，所以可以免检。这样大大节约了费用，降低了成本，保证了质量。

从以上的比较可以看出，供应链采购与传统的采购相比，无论在观念上、做法上都有很大区别，有革命性的变化。供应链采购具有显著的优越性。

（二）供应链采购实施

1. 转变观念

从以上的分析可以看出，供应链采购确实是一种有魅力的采购方式。但是要实施供应链采购，却不是一件容易的事情。可以说，供应链采购，是对传统采购方式的一场革命，无论在观念上，还是在做法上都发生了革命性的变化。具体说来，要实现几个转变。

(1) 从为库存而采购到为需要而采购。传统的采购是为库存而采购，采购回来的货物主要用以填充库存。由于库存掩盖了需求的真实情况，它不能真实、精确地反映需求的变化，反而以其具体的存在数量麻痹着人们的思想，掩盖了各个环节的矛盾，使我们发现不了问题。因此，我们常常一方面造成超量库存，增加了库存成本；另一方面，又不能完全满足需要，产生缺货，影响生产，还把生产活动、采购活动当中一些不合理性、浪费性、低效率的环节掩盖起来，不知不觉地降低生产效率、增加生产成本、降低经济效益。但是由于长期进行着传统的采购工作，对此习以为常，已经感觉不出这些问题的存在。所以我们现在要实现供应链采购就要下力气改变这种做法，转变为为需求而采购，采购回来的货物不是放到仓库里，而是直接用来满足需要，放到消费点进行使用消费。这样做，采购回来的货物直接反映真实的需求，为了真实的需求而采购，不但最大地提高了采购的效率、降低了库存、实现了节约，还充分排除了生产活动、采购活动中的不合理性、浪费性和低效率的根基，使各个环节合理化、效率化。

(2) 从采购管理向外部资源管理转变。传统的采购管理完全是企业内部的事情，立足于企业内部，千方百计使自己从采购中获取效益。但是立足于企业内部搞采购，要去选择供应商、选择产品、选择价格、贸易谈判、选择进货方式、督促进货、直到货物检验等，难度大、工作量大。长期以来，企业人员都认为这是应该做的，能够采购回来，就感到很满足。殊不知，这些既费钱费力费时间，又效率低的工作，企业本来是完全不必要做的，可以由供应商代替，而且做得比自己更好。但是，这种观点若仍只着眼于企业内部是建立不起来的，一定要着眼于企业外部、着眼于供应链管理，才能建立起来。

供应链采购的实质，就是充分利用企业外部的资源和供应商自己的作用来实现企业采购的工作。让供应商自己对自己的产品负责，对货价的供应负责。实现无采购操作的采购，大大节省了一大堆烦琐、费力的采购实物工作，这样既降低了成本，又提高了效率，实现了“双赢”。

(3) 从一般买卖关系向战略伙伴关系转变。传统的采购活动中，买方和卖方是一种对抗性的买卖关系。现在实行供应链采购，要把与供应商的对抗关系转变成一种战略伙伴关系，要转很大的思想弯子。但是只有把供应商看成是自己的合作伙伴，建立起友好合作关系，才能够实现供应链采购。只有转变了思想，才能够在行动上扎扎实实地为建立友好合作关系而行动。

建立友好合作关系，需要做大量的工作，包括一些基础工作。例如建立信息系统、实现信息共享、信息沟通，实现责任共担、利益共享等，就要落实到经常性的工作中去，要采取实际的步骤，切切实实地实现“双赢”。

(4) 从买方主动型向卖方主动型转变。传统的采购是买方主动型，实现供应链采购，需要转变成供应商主动型。由供应商主动替我们供应货物。就采购本身而言，供需双方都有利益：买方获得货物，保障生产；卖方销售货物，获得利润。所以既然买方可以主动，则卖方当然也完全可以主动。而这两个主动比较起来，卖方的主动更富有效率和效益。因为它不但为买方节省了采购业务，而且也为自己主动调整生产计划和送货计划实现了最大的节约，真正实现了供需双方的“双赢”。

从买方主动向卖方主动的观念转变，不光是买方的事，也是卖方的事。买方要转变观念，卖方也要转变观念，只有这样才能实现供应链采购。

2. 基础建设

(1) 信息基础建设。为了实现供应链采购，我们要建立起企业内部网Intranet、企业外部网 Extranet，并且和因特网 Internet 相连；我们还要开发管理信息系统，建立自己的电子商务网站，建设信息传输系统；还要进行标准化、信息化的基础建设，例如 POS 系统、EDI 系统或其他数据传输系统、各种编码系统等。

(2) 供应链系统基础建设。我们要通过扎实稳妥的工作，逐步建立起供应链系统。这就要求我们努力加强业务的联系，加强供应链企业的沟通，逐渐形成供应链各个企业的业务协调和紧密关系。要逐渐建设责任共担、利益共享机制。另外还要促进各个企业的内部基础建设，实现信息化、规范化、有关业务协调化，为建立一个完善的供应链做准备。在条件成熟以后，及时地建成供应链，实行供应链管理操作。

(3) 物流基础建设。包括供应链各个企业内部和企业之间的物流基础建设，如仓库布点、仓库管理、运输通道、运输工具、搬运工具、货箱设计、物流网络等，还包括一些物流技术，如条形码系统、自动识别、计量技术、标准化技术等。

（4）采购基础建设。如供应商管理库存、连续补充货物、数据共享机制、自动订货机制、准时化采购机制、付款机制、效益评估和利益分配机制、安全机制等。

通过这些基础建设，形成一定的规范，就有可能建立起一个完善的供应链系统，实现供应链采购。

四、电子商务采购管理

（一）电子商务采购的优越性

国际互联网 Internet，贯通全世界，具有信息传递快、信息量大、成本低、范围广、公开化、透明化的特点，并且操作简易，这些优点使得它迅速普及并成为全球规模最大、用户最多的网络。人们利用互联网，传送信息、浏览各个网站、发布广告、开展电子商务活动。这种优越环境条件的出现，为采购提供了新的途径和方式，出现了电子商务采购。电子商务采购的优越性是：

1. 范围广

电子商务可以面向 Internet 所涉及的所有范围。因为 Internet 是无国界的，所以范围可以遍及全世界。这种范围的扩大，也就是竞争性的扩大，有利于政府采购在更大的范围内选择更好的产品和更优的供应商，从而既降低了购买费用，又提高了商品质量和功能，提高了服务水平。

2. 透明度高

电子商务采购的公开性、透明度更高，有利于防止暗箱操作、行贿受贿和腐败，增加整个操作过程的公正和公平性。

3. 节约资金

由于电子商务采购大都采用竞争性投标，所以可以大大降低采购价格，节约采购资金。

4. 提高效率

电子商务采购由于在网上发布公告，与供应商的通信联系以及供应商的投标书的传送都通过网络进行，而因特网上的信息传输成本低、速度快、效率高，所以可以大大降低操作成本而提高效率。

5. 沟通信息

电子商务采购更有利于有关信息的沟通。例如通过自己的采购网站介绍自己，打宣传广告、招商引资，使得各个供应商更加了解自己，给自己带来更多的商机；通过在网上进行采购，还可以更多、更全面地了解供应商的信息，可以进入供应商的网站，全面了解供应商的情况，从而为选择供应商提供更全面的决策支持。

6. 程序标准化

电子商务采购可以实现采购程序的标准化，因而可以规范采购行为和采购市场，有利于建立一种比较良好的经济环境和社会环境。

电子商务采购的巨大优越性，已经为越来越多的人所认识，特别是受到了包括我国政府在内的各国政府的广泛重视。正是由于这些原因，我国政府从 1998 年开始了电子商务政府采购的探索，现在已经取得了相当的进展。

当然，通过 Internet 网络进行采购工作具有一定的适用范围，如一些技术性要求较高和一些特殊的设备，是不适合通过 Internet 网络来进行采购的。一般是大宗货物、广泛通用性货物，才适合在网上进行采购。

（二）国外电子商务采购制度

目前，许多西方国家的政府采购制度中都有采购信息的公布要求，即要求采购信息要提前在政府公报或全国性的报刊杂志（日报、周报或月刊）上公布，有的国家还有专门的政府采购信息报或刊物，但小额商品采购一般不发布采购信息。采购信息的内容主要包括：对所需商品或服务的简要描述，交货日期，联系地点和姓名，截止日期等。具体的招标文件，可以亲自前往索取，或通过普通邮件或电子邮件传送。

例如美国的福特汽车公司将其采购部门转移到网上之后，每年通过网上进行的交易金额达到 800 亿美元。不仅如此，由于福特公司的零部件供应商数目多达 3 万多家，他们每年的销售总额在 3000 亿美元左右，通过福特公司建立的网站，这些公司之间可以互通有无，建立业务联系，由此而带来的商机可以说是无法估量的。同时，福特公司还表示，欢迎其他汽车厂商加入福特公司建立网站。福特公司建立的网站将向通过它所达成的每笔交易收取一定的手续费，此外，广告收入也将成为它的主要利润来源。预计一年后其年经营收入即可达到10亿美元，在4年之内，这一数字将上升到50亿美元。

据预计，通用汽车公司的网站，其年经营收入与福特公司的网站基本持平。但与福特公司网站有所不同的是，通用公司的网站将不“招揽”其他汽车制造商加入，通用公司称此举的目的在于保持对网站的绝对控制。而对他们的主营业务汽车制造来说，网络的开放性和全球性让他们可以密切跟踪交易的每个步骤，更容易货比三家，挑选性能和价格最佳的产品。据估计，仅此一项，这两家公司每年就能够节省20%左右的成本。

通用电气的电子商务采购实行得更早，早在1996年，通用电气公司的信息服务部就开发了一个采购系统（TPN)，使通用公司当天就可以收到供应商的电子标书。使用该系统以后，给公司带来了明显的经济效益。比如解放了采购部员工的烦琐工作，采购范围扩大，采购成本降低等。到2000年，通用电气公司所有的采购都已通过网络进行，采购零部件和MRO产品总额达50亿美元，仅此一项就为公司节约6亿～7亿美元。

发达国家政府采购额一般占GDP（国内生产总值）的10%～20%，我国是发展中国家，政府采购额应占GDP的10%左右。1997年，我国的GDP为74772亿元，每年应有7000多亿元的采购规模，每天平均约达20亿元。若按10%计算，每天可节约资金约两亿元，每年可节约资金700多亿元。

基于以上事实及借鉴国外经验，在我国的政府采购中引进Internet网络是可行并具有一定意义的。一个简单的思路就是：当政府所采购的商品具有采购数额少，但采购活动又频繁的特点时，我们可以通过Internet网络，经销商根据自己的情况报价竞投，最后由政府采购部门根据竞投情况做出最佳的取舍选择。

这样的做法，更有利于竞投活动的公开、公平，并使之具有较高的透明度，同时，工商、司法、公证等监督部门也省去了许多不必要的麻烦，只需在办公室安装一台电脑，即可进行监督工作。

（三）电子商务采购的步骤

电子商务采购一般包括以下几个步骤：

1. 网上采购策划；

2. 建立网站；

3. 发布招标书或招标公告；

4. 收集投标书；

5. 评标；

6. 中标公告；

7. 采购实施。

（四）电子商务采购的方式

电子商务采购可以采用以下几种方式：

1. 将采购的全套业务移至网上；

2. 将采购的部分业务移至网上，实行网上、网下相结合；

3. 只发布招标公告。

五、政府采购

所谓政府采购，也称公共采购，是指各级政府为了开展日常政府活动或建设公共工程、为公众提供公共服务的需要，在财政的监督下，以法定的方式、方法和程序，利用国家财政性资金或政府借款，从市场购买商品、工程及服务的行为。政府采购的优越性、作用、实施方法可参见其他采购管理的专著或教材。

第八章　物流信息系统管理

第一节　物流信息系统的内容与作用

一、物流信息系统的内容

（一）物流信息系统

为了实现现代物流管理的目的，物流企业必须利用信息技术，建立完善的物流信息系统。物流信息系统（LIS）作为企业信息系统中的一类，可以理解为通过对与物流相关信息的加工处理来达到对物流、资金流的有效控制和管理，并为企业提供信息分析和决策支持的人机系统。它具有实时化、网络化、系统化、规模化、专业化、集成化、智能化等特点。物流信息系统以物流信息传递的标准化和实时化、存储的数字化、物流信息处理的计算机化等为基本内容。

从现代管理思想与理念以及全球经济的要求来看，一个有核心竞争力的物流企业必须实施信息系统。从年亏损 200 多万元转变为年赢利 1000 多万元的沈阳公路主枢纽集团来看，其成功之处就在于找准了运输业引进高新技术的切入点，首先开发了“货源信息交易系统”，并通过这套系统建立了全国货源信息网；中国宝供物流企业集团公司正是因为信息技术的应用，在物流业率先引进和使用了先进的物流信息系统，使其将“为客户提供优质高效的服务”的愿望变成了现实，具有了竞争优势。

成功的实例表明，物流信息系统的应用可为传统的运输企业带来实效：降低空载率；提高对在途车辆的监控能力，有效保障货物安全；网上货运信息发布及网上下单，增加商业机会；无时空限制的客户查询功能，有效地满足客户对货物在运情况的跟踪监控，提高业务量；对各种资源的合理综合利用，降低运营成本。对传统仓储企业带来的实效表现在：提高配送能力和发货准确率；减少库存和短缺损耗；降低劳动力成本，提高仓库空间利用率，提高生产力。

（二）物流信息系统中的信息技术

信息技术（IT）泛指能拓展人的信息处理能力的技术。从目前来看信息技术主要包括传感技术、计算机技术、通信技术、控制技术等，它替代或辅助人们完成了对信息的检测、识别、变换、存储、传递、计算、提取、控制和利用。

传感技术扩展了人的感觉器官能力，主要完成对信息的识别、搜集等。例如在企业货物管理中，货物入库时，将入库的货物搬到磅秤上、保管员抄磅秤数，然后将数据输入计算机中已经成为历史，现在有了汽车磅，当装载入库货物的汽车上了汽车磅后，入库数量一次被采集、输入计算机，从而既提高了数据的准确性、及时性，又减轻了工人的劳动强度。

计算机技术以高速的计算能力以及“海量”的存储能力扩展人的大脑能力，包括计算、记忆能力，完成信息的加工、存储、检索、分析等。由于计算机的特点，使以前难以，甚至无法解决的问题得以解决。如在库存信息处理方面，对时常需要的库存数据、图表，计算机很快给出结果，使在及时补充库存、调整库存货物种类、减少冗余库存、合理安排运输路线和装运量、节约资源等方面都能得以有效的改进和提高。

通信技术则扩展人的神经系统能力，实现信息的传递。过去人们传递信息主要依靠口头书信、电话电报等方式。目前，国际互联网数据传输率最大的光纤主干网，其传输率可高达2500Mb/s，相当于每秒传送110000页文本的信息量。例如以资金周转为例，在我国使用传统方法进行资金流通结算，国内一般需要一个星期，国际一般需要半个月左右，实现网络化后，国内国际的资金流通结算均可在24小时内完成。

信息技术发展和应用的一个重要标志是国际互联网（Internet）的形成、发展和应用。它能使各地互联的计算机充分共享资源（硬件、软件和数据），其商业化应用为拓展人的信息处理能力创造了一个世界范围内的虚拟空间。在企业内部，通过局域网的建设，企业的人、财、物、产、供、销等各部门之间都可以实现信息共享。这样可以降低企业内部沟通的时间和成本，使决策者能做出相对于全盘的统筹规划；在外部环境，网络技术把整个世界都展现在人们眼前，对整个企业工作流程进行全程动态实时跟踪，随时掌握最新的业务情况，所需的货物产品信息、客户情况、对手动态、行业动态、最新的政策法规及其他各方面的信息。这使整个企业运营快速高效、信息全面详尽，增加了企业对突发事件的反应能力。

根据物流的功能以及特点，物流信息技术主要包括条形码及射频技术、计算机网络技术、多媒体技术、地理信息技术、全球定位技术、自动化仓库管理技术、智能标签技术、信息交换技术、电子数据交换技术、数据库技术、数据仓库技术、数据挖掘技术、Web 技术等。在这些信息技术的支撑下，形成了以移动通信、资源管理、监控调度管理、自动化仓储管理、业务管理、客户服务管理、财务处理等多种业务集成的一体化现代物流信息系统。

在我国物流运作中，已经开始使用信息技术。例如杰合伟业公司的城市物流配送管理系统，是一款专门针对物流活动特点设计的产品。它综合运用了商业智能、地理信息系统、全球定位系统以及配送优化调度技术、动态监控技术、智能交通技术、仓储优化配置技术，实现对物流配送过程数据全面的管理和分析挖掘，可以优化配送运作流程和配送体系结构，实现客户资源管理、配送调度优化、配送作业监控、库存及财务管理、企业绩效管理等多项功能。

1. 条形码技术

条形码技术是 20 世纪在计算机应用中产生和发展起来的一种自动识别技术，是集条形码理论、光电技术、计算机技术、通信技术、条形码印制技术于一体的综合性技术。

条形码技术是物流自动跟踪的最有力工具，被广泛应用。条形码技术具有制作简单、信息收集速度快、准确率高、信息量大、成本低和条形码设备方便易用等优点，所以从生产到销售的流通转移过程中，条形码技术起到了准确识别物品信息和快速跟踪物品历程的重要作用，它是整个物流信息管理工作的基础。条形码技术在物流的数据采集、快速响应、运输的应用方面极大地促进了物流业的发展。

2. 多媒体技术

多媒体技术通常被解释为通过计算机将文字、图像、声音和影视集成为一个具有人机交互功能和可编程环境的技术，其中图像包括图形、图像、动画、视频等，声音包括语音、音乐、音像效果等。目前，多媒体技术在各个领域发挥着引人注目的作用。

多媒体技术主要涉及图像处理、声音处理、超文本处理、多媒体数据库、多媒体通信等。

3. 地理信息系统

地理信息系统（GIS）是人类在生产实践活动中，为描述和处理相关地理信息而逐渐产生的软件系统。它以计算机为工具，对具有地理特征的空间数据进行处理，能以一个空间信息为主线，将其他各种与其有关的空间位置信息结合起来。它的诞生改变了传统的数据处理方式，使信息处理由数值领域步入空间领域。GIS 用途十分广泛，例如交通、能源、农林、水利、测绘、地矿、环境、航空、国土资源综合利用等。

4. 全球定位系统

全球定位系统（GPS）的原始思维理念是将参考的定位坐标系搬到天际上去，可在任何时候、任何地方提供全球范围内的三维位置、三维速度和时间信息服务。使用 GPS，可以利用卫星对物流及车辆运行情况进行实时监控，可以实现物流调度的即时接单和即时排单，以及车辆动态实时调度管理。同时，客户经授权后也可以通过互联网随时监控运送自己货物车辆的具体位置。如果货物运输需要临时变更线路，也可以随时指挥调动，大大降低货物的空载率，做到资源的最佳配置。

5. 电子数据交换

电子数据交换（EDI）是按照协议的标准结构格式，将标准的经济信息，通过电子数据通信网络在商业伙伴的电子计算机系统之间进行交换和自动处理。

EDI 的基础是信息，这些信息可以由人工输入计算机，但更好的方法是通过扫描条形码获取数据，速度快、准确率高。物流技术中的条形码包含了物流过程所需的多种信息，与 EDI 相结合，方能确保物流信息的及时可得性。

6. 数据管理技术

数据库技术将信息系统中大量的数据按一定的模型组织起来，提供存储、维护、检索数据的功能，使信息系统可方便、及时、准确地从数据库中获得所需的信息，并依此作为行为和决策的依据。现代物流信息量大而复杂，如果没有数据库技术的有效支持，物流信息系统将根本无法运作，更不用说为企业提供信息分析和决策帮助了。

数据仓库技术（DW）是一个面向主题、集成化、稳定的、包含历史数据的数据集合，它用于支持经营管理中的决策制定过程。与数据库比较，数据仓库中的信息是经过系统加工、汇总和整理的全局信息，而不是简单的原始信息；同时系统记录的是企业从过去某一时点到目前的各个阶段的实时动态信息，而不仅是关于企业当时或某一时点的静态信息。因此，数据仓库的根本任务是将信息加以整理归纳，并及时提供给相应的管理决策人员，支持决策过程，对企业的发展历程和未来趋势做出定量分析和预测。

7. 数据挖掘技术

信息技术的迅速发展，使数据资源日益丰富。但是，“数据丰富而知识贫乏”的问题至今还很严重。数据挖掘（DM）也随之产生。DM是一个从大型数据库浩瀚的数据中，抽取隐含的、从前未知的、潜在有用的信息或关系的过程。

8. Web技术

Web技术是网络社会中具有突破性变革的技术，是Internet上最受欢迎、最为流行的技术。采用超文本、超媒体的方式进行信息的存储与传递，能把各种信息资源有机地结合起来，具有图文并茂的信息集成能力及超文本链接能力的信息检索服务程序。Web页面的描述由标志语言发展为可扩展的标志语言，使得Internet上可以方便地定义行业的语义。

二、物流信息系统的构成

（一）物流信息系统的组成要素

从系统的观点出发，构成物流企业信息系统的主要组成要素有硬件、软件、数据库和数据仓库、相关人员以及企业管理制度与规范等。

1. 硬件

硬件包括计算机、必要的通信设施等，例如计算机主机、外存、打印机、服务器、通信电缆、通信设施，它是物流信息系统的物理设备、硬件资源，是实现物流信息系统的基础，它构成系统运行的硬件平台。

2. 软件

在物流信息系统中，软件一般包括系统软件、实用软件和应用软件。

系统软件主要有操作系统（DOS）、网络操作系统（NOS）等，它控制、协调硬件资源，是物流信息系统必不可少的软件。

实用软件的种类很多，对于物流信息系统，主要有数据库管理系统（DBMS）、计算机语言、各种开发工具、国际互联网上的浏览器、群件等，主要用于开发应用软件、管理数据资源、实现通信等。

应用软件是面向问题的软件，与物流企业业务运作相关，实现辅助企业管理的功能。不同的企业可以根据应用的要求来开发或购买软件。

通常，系统软件和实用软件由计算机厂商或专门的软件公司开发，它们构成物流信息系统开发和运行的软件平台，企业可在市场上配置和选购。系统软件种类较少，目前操作系统主要有磁盘操作系统（例如 MS DOS）、GUI 操作系统（例如 Windows 2000、Window XP、UNIX、Linux 等）。实用软件的特点是品种多、新软件产生的频率高、版本更新快，因此用户的选择余地较大。在市场上也有应用软件可供选购，例如财务软件、进销存软件等。

3. 数据库与数据仓库

数据库与数据仓库用来存放与应用相关的数据，是实现辅助企业管理和支持决策的数据基础，目前大量的数据存放在数据库中。

随着国际互联网的深入应用以及计算机安全技术、网络技术、通信技术等的发展，以及市场专业化分工与协作的深入，物流企业封闭式的经营模式将不断打破，企业以及其客户之间将更密切地共享信息，因此企业数据库的设计将面临采取集中、部分集中、分布式管理的决策。

随着物流信息系统应用的深入，采用数据挖掘技术的数据仓库也应运而生。

4. 相关人员

系统的开发涉及多方面的人员，有专业人员，有领导，还有终端用户，例如企业高层的领导、信息主管、中层管理人员、业务主管、业务人员，系统分析员、系统设计员、程序设计员、系统维护人员等是从事企业物流信息资源管理的专业人员。不同的人员在物流信息系统开发过程中起着不同的作用。

随着数据库存储越来越多的企业运作相关数据（内部、外部），为满足企业决策的需要，信息分析人员将成为企业急需的人才。

5. 企业管理制度与规范

物流企业管理思想和理念、管理制度与规范流程、岗位制度是物流信息系统成功开发和运行的管理基础和保障，是构造物流信息系统模型的主要参考依据，制约着系统硬件平台的结构、系统计算模式、应用软件的功能。

（二）物流信息系统的总体结构

不同的物流企业，当采取不同的管理理念时，其物流信息系统的应用软件会不同。以机械制造业为例，管理理念由库存控制、制造资源管理发展到企业资源管理，其业务层的企业信息系统应用软件随之发生了从 MRP、MRPⅡ到 ERP 的变化，从注重内部效率的提高到注重客户服务，其业务层的企业信息系统应用软件从以财务为中心发展到以客户为中心。

物流信息系统的总体结构包括：①应用软件；②实用软件；③系统软件；④数据库；⑤管理思想与理念、管理制度及规范；⑥硬件。

三、物流信息系统的作用

物流管理信息系统（LMIS）是利用信息技术，通过信息流，将各种物流活动与某个一体化过程连接在一起的通道。物流系统中的相互衔接是通过信息予以沟通的，基本资源的调度也是通过信息共享来实现的，因此，组织物流活动必须以信息为基本。为了使物流活动正常而有规律地进行，必须保证物流信息畅通。物流信息的网络化就是要将物流信息通过现代信息技术使其在企业内、企业间乃至全球达到共享的一种方式。

物流信息已经从“点”发展到“面”，以网络方式将物流企业的各部门、各物流企业、物流企业与生产企业和商业企业等连在一起，实现了社会性的各部门、各企业之间低成本的数据高速共享；从平面应用发展到立体应用，企业物流更好地与信息流和资金流综合，统一加工消除了部门间的冗余，实现了信息的可追溯性。

随着信息技术的发展，信息正日益被认为是一种战略资源，企业信息系统的作用与日俱增。从早期的数据管理，到现在的信息管理，以及正在发展的知识管理，企业信息系统使企业面临一次又一次的创新。

由于人工智能技术的深入、数据挖掘技术的发展、群件技术的运用、知识网络的建立，知识的采集、获取、整理、分析有了强有力的技术手段。企业知识管理系统和专家系统的建立标志着企业进入知识管理的阶段，知识管理是信息管理的新的更高的发展。

数据管理阶段信息技术应用的特点表现在计算机仅被当做打印机、笔记本，只是简单地用于事后记录数据。

信息管理阶段中信息系统的作用主要在于对信息的组织和利用，侧重于信息的搜集、分析、整理与传递、企业业务流程控制等方面。

知识管理阶段则是对包括信息在内的所有智力资本进行综合决策并实施管理，它的核心是强调知识创新。知识管理的功能已由对信息物理属性的管理转变为对符合战略要求的决策支持；由基于内部的管理演化为兼顾内部与外部的管理；由以物为本的管理转变为以人为本的管理。知识管理阶段是信息管理阶段在广度上的拓展和进一步深化。与知识管理相比，信息管理只是其中的一部分。知识管理的目标是力图能够将最恰当的知识在最恰当的时间传递给最恰当的人，以便使他们能够作出最好的决策。企业管理只有到达知识管理的阶段，才可能最充分发挥企业员工的聪明才智，极大地提高企业的核心竞争力。

四、物流信息系统的层次与网络

物流是物品从供应地向接收地的实体流动过程，是运输、储存、装卸、包装、流通加工、配送、信息处理等几个基本功能的有机结合。当前，国内对物流的研究，已从物流理论、物流技术等方面进行了大量的探讨和实践；然而，在具体的实践过程中，物流业却存在极大的地区性差异。有的发展迅速，如深圳特区、上海已把物流定位为21世纪支柱产业。但是，也有的从认识和实践上尚未引起有关部门足够的重视，相当一部分地区的现状令人堪忧。

物资流通是支持社会扩大再生产的血脉，是一个跨行业、多部门、各种运动形式交集的活动。这些活动要求有一个有效的、完备的物流基础条件的支撑，这个基础条件即为物流信息网络平台。它涉及铁道、水运、公路、航空、仓库、场站、管理体制、信息水平等相关因素。对区域物流信息网络平台的构建，依靠市场的自发行为是不够的，将会造成重复、无序及资源浪费，需要地方政府及早统筹规划，依靠政策、管理和制度系统化地统筹构建一个协调发展、物畅其流的区域物流信息网络平台。

（一）区域物流信息网络平台构成要素及构建的原则

区域物流信息网络平台是物流的载体，是一个包括诸多因素的复杂网络体系，其建设需要从以下三个方面进行统筹规划、协调发展。首先是基础设施类，包括机场、铁路、道路与航路网络、管道网络、仓库、物流中心、配送中心、站场、停车场、港口与码头、信息网络设施等。其次是设备类，包括物流中心、配送中心内部的各种运输工具、装卸搬运机械、自动化作业设备、流通加工设备、信息处理设备及其他各种设备。再次是标准类，比如物流术语标准、托盘标准、包装标准、卡车标准、集装设备标准、货架标准、商品编码标准、商品质量标准、表格与单证标准、信息交换标准、仓库标准、作业标准等。

区域物流先进与否，从载体及其他基础设施状况可以清楚地看出来。经济发达的国家物流业是相当成熟的，其从事物流的基础设施已经非常完善。在发达国家，我们可以看见完善的高速公路系统、快速或者高速铁路系统、高密度的航空运输系统、宽阔的停车及装卸作业场所、大型自动化配送中心或物流中心以及配送中心或物流中心中设置的高架立体仓库、自动分拣系统、自动导向车系统、标准化的可流通托盘、发达的计算机信息系统、卫星通信系统、GIS系统等。这些都是高级物流阶段区域物流信息网络平台所应具备的物流设施环境。

区域物流信息网络平台的构建实际上是其各构成要素的项目建设。由于区域物流信息网络平台是一个复杂的经济系统，涉及诸多因素，实现统筹管理相当不易，应在服务于战略规划的基础上逐个进行项目实施。因此，在构建区域物流平台的过程中，需要遵循以下几个方面的原则：

1. 统一原则

强调参与现代物流的各部门、各环节之间从适应物流需要出发，统一设备规格、技术性能、信息标准。

2. 协调原则

强调组织物流的各部门及运输、储存、装卸、包装、流通加工、配送、信息处理各环节的运输过程中，必须加强信息交流，在时间、空间上互相衔接。

3. 物流信息网络平台的兼容性原则

区域物流平台的构建，是结合区域经济优势及其发展特点进行的，区域间的市场经济的互补性决定了区域间物流信息网络平台应有较好的兼容性。

4. 整体效能原则

区域物流信息网络平台作为一个系统化、一体化的物流支持体系，其优劣应以整体效能为评价标准，应在保证整体效能最大化的前提下，追求各子系统的最大利益。这就要求在发展过程中，统筹兼顾，协调发展。因此，需要把握主要矛盾，解决好物流信息网络平台中各相关环节的“瓶颈”问题。

5. 硬件基础设施建设应有相对的前瞻性

即铁路、公路、场站、码头、仓库等硬件基础设施属固定物，其建设具有阶段性。在当前的建设中，都应依据规划超前建设。

（二）物流信息网络平台的主要功能模块

1. 物流网框架

用于提供一个具有延展性的平台，让使用者可以通过互联网，进入物流网进行作业。系统管理者亦可通过系统管理功能模块进行系统设定、基础数据维护等。

2. 物流网网页内容

为物流网会员提供多元化物流信息，包括物流的政策法规、最新信息发布、专家咨询及常见问题解答等。

3. 仓库管理

仓库管理功能包括货物入库、上架、补货、拣货、出货、盘点及账务处理。

4. 多仓管理

物流网应用平台上可同时管理多个仓库，包括入出库、调拨、调整、账务查询等功能；并可与运输管理集成，实现储运一体的目标。

5. 会员管理

为物流信息网络平台的会员提供注册、登录、基本资料维护及管理功能。

6. 产品目录管理

提供储运品的基本资料维护及管理，供仓库管理及运输管理使用。

7. 运输管理

为货主、承运人、物流业者提供货物运输的执行、监控、追踪功能，如运务需求提交、运费管理、装载处理及运输状态更新等。

8. 合约议定

货主可通过物流信息网络平台将需求发送给特定的物流业者，这些信息包括区段、数量、载具、服务水平等；被选定的物流业者，可以就自身的专长、能力或策略提出竞价，并将可整合议定的结果作为运输管理系统的费率数据。

9. 合约生成

为物流信息网络平台的会员提供各种合约模板，并可在网上完成合约制作与下载处理。

10. 要车计划

供货主在互联网上提交铁路、公路、水路和航空的要车计划申请。

（三）物流信息网络平台的主要作业流程

1. 物流网运营模式

物流网运营模式为三层架构：中央（物流中心）、区域中心、网点。物流中心采用集中管理方式，负责全范围内的物流管理；区域中心负责一个区域范围内的物流运作信息处理和区域内各网点信息的收集、更新，接收并执行物流中心的指令；网点为仓库系统，实际执行物流的仓库作业，完成库存管理、补货、收货、发货等功能。

2. 新客户加盟

新客户/货主可利用物流信息网络平台的会员管理功能进行注册申请，经物流信息网络平台管理部门审核确认后，就可成为新会员。物流信息网络平台的会员可利用产品目录管理功能，进行仓库货价的资料登录，此信息自动更新下层网点仓库系统，维持上下层资料的一致性。

3. 出入库/调整/调拨

客户/货主可通过多仓管理界面提交出库单、入库单、调整单、调拨单给下层仓库管理系统，所提交的出库单等经仓库作业人员审核确认后，由作业部门职工进行运输安排，提交给承运人。

4. 货物追踪/库存查询

客户/货主可以通过多仓管理系统对自己在仓库中的货物进行查询，包括数量、储位等信息；承运人可通过运输管理系统将货物递送信息登录到系统；客户可利用运输管理系统进行货物追踪，掌握货物运送的动态信息。

5. 运输合约议价

客户与物流信息网络平台的业务人员可利用合约议定功能，进行运输合约费率询价、报价。

6. 合约生成

中央管理部门可根据业务需要，制定运输、仓储等合约模板，为业务部门与客户提供在线填写、制作并生成合约。

7. 要车计划

货主可以通过互联网提交要车计划申请，经审核批准后的要车计划，将接入铁路运输管理信息系统（TMIS）物流网并与其整合，从而进一步拓展和延伸物流网的功能。

8. 账务管理与查询

物流信息网络平台的财务部门与管理人员可在多仓管理系统中查询管理仓储与运输费用。

第二节　自动识别系统及其应用

一、自动识别系统的种类

自动识别技术是对数据自动识读并将数据自动输入计算机的重要方法和手段。它是以计算机技术和通信技术的发展为基础的综合性科学技术。自动识别技术近几年在全球范围内得到了迅猛发展，初步形成了一个包括条形码技术、磁条（卡）技术、光学字符识别、射频技术、声音识别及视觉识别等集计算机、光、机电、通信技术为一体的高新技术学科。

当今信息社会离不开计算机，正是自动识别技术的崛起，提供了快速、准确地进行数据采集输入的有效手段，解决了计算机数据由人工输入速度慢、错误率高等造成的“瓶颈”难题，因而自动识别技术作为一种革命性的高新技术，正迅速为人们所接受。

下面介绍几种常用的自动识别输入技术。

（一）条形码技术

提到自动识别技术必然要先提到条形码，因为它在当今自动识别技术中占有重要地位。自动识别技术的形成过程是与条形码的发明、使用和发展分不开的。

条形码由一组规则排列的条、空和相应的字符组成，这种用条、空组成的数据编码可以供机器识读，而且很容易译成二进制数和十进制数。这些条和空可以有各种不同的组合方法，从而构成不同的图形符号，即各种符号体系，也称码制，适用于不同的场合。

目前使用频率最高的几种码制是：EAN、UPC、39 码、交叉 25 码和 EAN 128 码。其中 UPC 条形码主要用于北美地区。EAN 条形码是国际通用符号体系，它是一种定长、无含义的条形码，主要用于商品标志。EAN 128 条形码是由国际物品编码协会和美国统一代码委员会联合开发、共同采用的一种特定的条形码符号。它是一种连续型、非定长、有含义的高密度代码，用以表示生产日期、批号、数量、规格、保质期、收货地等更多的商品信息。另有一些码制主要是适应于某些特殊场合，如库德巴码用于血库、图书馆、包裹等的跟踪管理。

上述这些条形码都是一维条形码。由于条形码应用领域的不断拓展，对一定面积上的条形码信息密度和信息量提出了更高要求。为了更好地满足这种要求，一种新的条形码编码形式——二维条形码便应运而生了，并且由于其容纳的信息种类和数量大而得到越来越广泛的应用。

（二）OCR——光学字符识别技术

光学字符识别（OCR）已有三十多年历史，近几年又出现了图像字符识别（Image Character Recognition，ICR）和智能字符识别（Intelligent Character Recognition，ICR）。实际上这三种自动识别技术的基本原理大致相同。

OCR有三个重要的应用领域：办公自动化中的文本输入、邮件自动处理、与自动获取文本过程相关的其他领域。这些领域包括：零售价格识读，订单数据输入，单证、支票和文件识读，微电路及小件产品的状态及批号特征识读等。由于在识别手迹特征方面的进展，目前正探索在手迹分析及鉴定签名方面的应用。

（三）磁条（卡）技术

磁条技术应用了物理学和磁力学的基本原理。对自动识别制造商来说，磁条就是把一层薄薄的由定向排列的铁性氧化粒子组成的材料（也称为涂料），用树脂黏合在一起并粘在诸如纸或塑料这样的非磁性基片上。

磁条技术的优点是：数据可读写，即具有现场改变数据的能力；数据存储量大，便于使用，成本低廉；具有一定的数据安全性；能黏附于许多不同规格和形式的基材上。这些优点，使之在如信用卡、银行ATM卡、机票、公共汽车票、自动售货卡、会员卡、现金卡（如电话磁卡）等很多领域得到广泛应用。

（四）声音识别技术

声音识别技术的迅速发展以及高效可靠的应用软件的开发，使声音识别系统在很多方面得到了应用。这种系统可以用声音指令和应用特定短句实现“不用手”的数据采集，其最大的特点就是不用手和眼睛，但比较容易受到噪声的干扰。

（五）视觉识别技术

视觉识别系统可以看做是这样的系统：它能获取视觉图像，而且通过一个特征抽取和分析的过程，能自动识别限定的标志、字符、编码结构，或可确切识别呈现在图像内的其他基础特征。

随着自动化的发展，视觉识别技术可与其他自动识别技术结合起来应用。

（六）射频识别技术（RF/ID）

射频识别技术的基本原理是电磁理论。射频系统的优点是不局限于视线，识别距离比光学系统远。射频识别卡具有读写能力，可携带大量数据，难以伪造。

RF适用于物料跟踪、运载工具和货架识别等要求非接触数据采集和交换的场合，由于RF标签具有可读写能力，对于需要频繁改变数据内容的场合尤为适用。

射频识别系统的传送距离由许多因素决定，如传送频率、天线设计等。对于应用RF识别的特定情况应考虑传送距离、工作频率、标签的数据容量、尺寸、重量、定位、响应速度及选择能力等。

（七）便携式数据终端（PDT）和射频通信（RF/DC）

便携式数据终端（PDT）可把那些采集到的有用数据存储起来或传送至一个管理信息系统。把它与适当的扫描器相连，可有效地应用于许多自动识别系统中。便携式数据终端一般包括一个扫描器、一个体积小但功能很强并带有存储器的计算机、一个显示器和供人工输入的键盘。在只读存储器中装有常驻内存的操作系统，用于控制数据的采集和传送。PDT一般都是可编程的，允许编入一些应用软件。PDT存储器中的数据可随时通过射频通信技术传送到主计算机。操作时只要扫描位置标签，货架号码、产品数量等信息就可输入到PDT中，再通过RF/DC技术把这些数据传送到计算机管理系统，就可以得到客户产品清单、发票、发运标签、该地所存产品代码和数量等。

（八）智能卡（Smart Card）

随着集成电路技术和计算机信息系统技术的全面发展，科学家们将具有处理能力和具有安全可靠、加密存储功能的集成电路芯片嵌装在一个与信用卡一样大小的基片中，组装成“集成电路卡”，国际上称为“Smart Card”，我们译为“智能卡”。其最大的特点是具有独立的运算和存储功能，在无源情况下，数据也不会丢失，数据安全性和保密性都非常好，成本适中。智能卡与计算机系统相结合，可以方便地满足对各种各样信息的采集、传送、加密和管理的需要。它在国外的许多领域，如银行、公路收费、水和煤气收费、海关车辆检查（使用射频卡，车辆通过时即已读写完毕）等方面都得到了广泛应用。

二、条形码技术在供应链中的应用

（一）条形码在物流管理中的应用

条形码对于物流管理的应用可以分为三类。即类别管理、批次管理和单品管理。类别管理是一维条形码成功应用的典型之一，其管理单位是一类别，它适合的是例如超市之类的整进零出。批次管理不仅可以得到数量信息，同时还可以实现一些批次应用，例如，食品的保质期处理或关心商品数量的场所。批次管理的管理单位是某个商品的某个批次，一般也由一维条形码实行先进先出的策略。单品管理在于批次管理信息，这些信息可以根据具体的需求来定制。可以看出这三类管理的差别在于货品信息的精细程度越来越高，从而可以引出更多的可管理特性。

条形码技术是一种有相当历史的自动识别技术，自 20 世纪 90 年代以来，已经高度成熟的条形码技术又焕发出新的生机。其中主要代表就是 SYMBOL 公司的 PDF 417 二维条形码，它具有数十倍的容量和极高的纠错率，在美国等发达国家得到快速推广和应用。

单品管理中需要存储的信息量很大，同时这些信息中可能存在非字母数字的情况，在这种情况下一维条形码很难应用到单品管理中。PDF 417 二维条形码为单品管理提供了可能。

在利用 PDF 417 二维条形码后，物流系统从条形码中可以得到管理信息，而不是只限于类别及数量这样简单的特性。单品管理所提供的这些额外管理特性为构造敏捷物流系统提供了坚实的基础。

条形码在物流领域的应用不仅仅限于货物的标志管理上，对于物流过程中的单据，也可以生成相应的条形码。这种条形码一方面可以起到防伪作用；另一方面也在一定程度上防止了录入差错，对提高系统运作的效率有相当大的作用。又如条形码还提供了信息反向流动的渠道，例如，对厂家来说，销出的产品如果出现质量问题，可以利用条形码快速将相关信息返回，这是信息反向流动的一个典型应用。在这里条形码直接创造了新的信息价值。

（二）物流条形码管理在仓储配送中的应用

仓储配送是产品流通的重要环节。以美国最大的百货公司 WalMart 为例，该公司在全美有 25 个规模很大的配送中心，一个配送中心要为 100 多家零售店服务，日处理量约为 20 万个纸箱。每个配送中心分三个区域：收货区、拣货区、发货区。在收货区，一般用叉车卸货。先把货堆放到暂存区，工人用手持式扫描器分别识别运单上和货物上的条形码，确认匹配无误才能进一步处理，有的要入库，有的则要直接送到发货区，称做直通作业，以节省时间和空间。在拣货区，计算机在夜班打印出隔天需要向零售店发运的纸箱的条形码标签。白天，拣货员拿一叠标签打开一只只空箱，在空箱上贴上条形码标签，然后用手持式扫描器识读。根据标签上的信息，计算机随即发出拣货指令。在货架的每个货位上都有指示灯，表示哪里需要拣货及拣货的数量。当拣货员完成该货位的拣货作业后，按一下“完成”按钮，计算机就可以更新其数据库。装满货物的纸箱经封箱后运到自动分拣机，在全方位扫描器识别纸箱上的条形码后，计算机指令拨叉机构把纸箱拨入相应的装车线，以便集中装车运往指定的零售店。

在国内，条形码在加工制造和仓储配送业中的应用也已有了良好的开端。红河烟厂就是一例。成箱的纸烟从生产线下来，汇总到一条运输线。在送往仓库之前，先要用扫描器识别其条形码，登记完成生产的情况，纸箱随即进入仓库，运到自动分拣机。另一台扫描器识读纸箱上的条形码。如果这种品牌的烟正要发运，则该纸箱被拨入相应的装车线。如果需要入库，则由第三台扫描器识别其品牌。然后拨入相应的自动码托盘机，码成整托盘后通达运输机系统入库储存。条形码的功能在于极大地提高了成品流通的效率，而且提高了库存管理的及时性和准确性。

第三节　电子自动数据交换系统（EDI）

一、EDI的内容

（一）EDI的含义

EDI开始于20世纪60年代，EDI的含义是指商业贸易伙伴之间，将按标准、协议规范化和格式化的经济信息通过电子数据网络，在单位的计算机系统之间进行自动交换和处理，它是电子商业贸易的一种工具，将商业文件按统一的标准编制成计算机能识别和处理的数据格式，在计算机之间进行传输。

国际标准化组织（ISO）于1994年确认了EDI的技术定义：“根据商定的交易或电文数据的结构标准实施商业或行政交易从计算机到计算机的电子

传输。”这表明EDI应用有它自己特定的含义和条件，即：

1. 使用EDI的是交易的双方，是企业之间的文件传递，而非同一组织内的不同部门。

2. 交易双方传递的文件是特定的格式，采用的是报文标准，目前即是联合国的UN/EDI-FACT。

3. 双方有各自的计算机系统。

4. 双方的计算机（或计算机系统）能发送、接收并处理符合约定标准的交易电文的数据信息。

5. 双方计算机之间有网络通信系统，信息传输是通过该网络通信系统自动实现的。信息处理是由计算机自动进行的，无须人工干预、人为的介入。

所传输的数据是指交易双方互相传递的具有法律效力的文件资料，可以是各种商业单证，如订单、回执、发货通知、运单、装箱单、收据发票、保险单、进出口申报单、报税单、缴款单等，也可以是各种凭证，如进出口许可证、信用证、配额证、检疫证、商检证等。

EDI具有以下特性：

①数据的完整性、一致性、可靠性；

②安全性、容错性，贸易伙伴之间数据不间断交换，但主数据库中数据与设备不受损坏；

③扩充性，即使EDI处理信息有所增加，但系统扩充方便。

EDI已有多年的运行经验，被认为是20世纪60年代至80年代初的电子商务的初级形式。VAN服务安全可靠，贸易伙伴管理交易与确认仲裁技术成熟，在国际贸易、通关、交通运输、政府招标、公用事业中被广泛应用。20世纪90年代基于Internet的EDI出现并发展迅速，EDI作为企业之间商业单证信息交换标准格式仍继续存在，且随着Internet技术的发展而进一步发展，它又为EDI推广应用特别是在中小企业的应用创造了更好的条件。EDI与发展中的电子商务是电子信息技术的重要组成部分，它的广泛应用是现代信息社会的重要标志。因此Internet将极大促进基于EDI的电子商务的发展。

（二）EDI的特点

EDI作为一种全球性的具有巨大商业价值的电子化贸易手段及工具，具有几个显著的特点。

1. 单证格式化

EDI 传输的是企业间格式化的数据，如订购单、报价单、发票、货运单、装箱单、报关单等，这些信息都具有固定的格式与行业通用性。而信件、公函等非格式化的文件不属于 EDI 处理的范畴。

2. 报文标准化

EDI 传输的报文符合国际标准或行业标准，这是计算机能自动处理的前提条件。目前最为广泛使用的 EDI 标准是：UN/EDI-FACT（联合国标准 EDI 规则适用于行政管理、商贸、交通运输）和 ANSIX. 12（美国国家标准局特命标准化委员会第 12 工作组制定）。

3. 处理自动化

EDI 信息传递的路径是计算机到数据通信网络，再到商业伙伴的计算机，信息的最终用户是计算机应用系统，它自动处理传递来的信息。因此这种数据交换是机—机，应用—应用，不需人工干预。

4. 软件结构化

EDI 功能软件由五个模块组成：用户界面模块，内部 EDP（Electronic Data Processing）接口模块，报文生成与处理模块，标准报文格式转换模块，通信模块。这五个模块功能分明、结构清晰，形成了 EDI 较为成熟的商业化软件。

5. 运作规范化

EDI 以报文的方式交换信息有其深刻的商贸背景，EDI 报文是目前商业化应用中最成熟、有效、规范的电子凭证之一，EDI 单证报文具有法律效力已被普遍接受。任何一个成熟、成功的 EDI 系统，均有相应的规范化环境作基础。如 EDI 存证系统、商贸伙伴的协议、管理法规与相应的配套措施，例如：联合国贸法会制定了《电子贸易示范法草案》，国际海事委员会制定了《电子提单规则》，上海市制定了《上海市国际经贸电子数据交换管理规定》等。

二、EDI 技术实施程序

EDI 的实现过程就是用户将相关数据从自己的计算机信息系统传送到有

关交易方的计算机信息系统的过程，该过程因用户应用系统及外部通信环境的差异而不同。在 EDI 增值服务的条件下，这个过程分为以下几个步骤：

1. 发送方将要发送的数据从信息系统数据库中提取，转换成平面文件。

2. 将平面文件翻译为标准 EDI 报文，并组成 EDI 信件；接收方从 EDI 信箱收取信件。

3. 将 EDI 信件拆分并译成平面文件。

4. 将平面文件转换并送到接收方信息系统中进行处理。

由于 EDI 服务方式不同，平面转换和 EDI 翻译可在不同位置，包括用户端、EDI 增值中心或其他网络服务点进行，但基本步骤是相同的。

三、EDI 技术的应用要点

（一）仓储管理 EDI 系统设计

传统的贸易单证（泛指贸易的发货单、合同等）是将资料输入计算机处理，印成文件再邮寄传真，或人工投递到贸易对方，贸易对方需重复输入所接收的资料后进行处理。EDI 报文是结构化的数据，它是按照标准进行格式化的。而 EDI 用户的电子数据处理（EDP）系统是不尽相同的数据库的数据格式，在报文送至网上之前，必须将它译成标准的 EDI 文件格式，翻译软件是将无格式的数据文件，填到 EDI 报文的相应字段中而完成翻译工作的。这种无格式的数据文件称为平面文件，用户 EDP 系统的数据文件不是平面文件，而是格式不尽相同的数据库，因此需要有一个映像程序作为用户数据库与翻译软件包的接口程序，把用户格式数据文件展开成平面文件。

同时，EDP 系统是 EDI 系统所必不可少的一个组成部分，EDP 所进行的是单位内部数据处理的计算机化，EDI 是单位之间数据交换的计算机化。EDP 是实现 EDI 的基础和必要条件，没有 EDP 就没有 EDI 的自动处理，就无法实现 EDI 整体的经济效益，一个适用于 EDI 要求的 EDP 必须包括以下几个内容：①检查订货单（发货单）并确认；②货物存储、保养情况；③各种文件、表格生成与转换；④办理贸易审批、转运、保险、银行和海关手续。

我们通过现有数据通信网建立仓储管理 EDI 系统，并建立两个 EDI 服务中心，提供完备的邮箱管理、用户管理、报文语法检查管理、记账和审计追踪管理、用户请求管理、安全管理等多种功能。各仓储单位、用户的 EDI 系统通过 EDI 通信网连接 EDI 中心，收发业务报文，从而实现计划指标、购销合同、价格、运输单据、进出库单据等的电子传输。

报文格式生成和处理模块有两方面的作用：一是接收来自应用模块的信息，按照 EDI 标准生成订单、发票、合同及其他各种 EDI 报文单证，经格式转换模块处理后由通信模块传递给 EDI 中心；另一作用是自动处理由其他 EDI 系统发来的 EDI 报文，按照不同的 EDI 报文类型，应用不同的过程进行处理，在处理过程中要与本单位 EDP 相互作用，获取必要的信息回应其他 EDI 系统，同时，将有关信息送往本单位 EDP 系统。

EDI 信息系统利用电子计算机与通信技术的结合，自动地在计算机之间以标准格式进行数据的传递和处理，从而可大大提高物流业的作业效率。目前，EDI 的应用在我国还处于起始阶段，EDI 信息系统仍然没有被开发和广泛使用，这样就制约了国际多式联运（铁、公、水等方式结合的运输）的发展。为此，应加快我国发展 EDI 信息系统的步伐，使物流管理水平尽快与国际接轨。

（二）EDI 在供应链管理过程中的应用

EDI 是一种信息管理或处理的有效手段，它是对供应链上的信息流进行运作的有效方法。EDI 的目的是充分利用现有计算机及通信网络资源，提高贸易伙伴间通信的效益，降低成本。EDI 是供应链管理的主要信息手段之一，通过一致的交换标准使复杂的数据交换成为可能。最新开发的软件包、远程通信技术使 EDI 更为通用。EDI 技术的应用使供应链变得更加集成化，使供应链中的"物流、信息流、资金流"变得更加通畅、及时。

EDI 能清除职能部门间的障碍，不仅使信息在不同职能部门之间可靠、通畅地流通，而且能有效地减少低效工作和非增值业务。EDI 在采购订单、付款、预测等过程中的应用更是提高了客户与销售部门之间的沟通效率，保证了为用户提供高质量的产品和服务。将 EDI 和企业信息系统集成起来，显著提高了企业的经营管理水平。如 DEC 公司把 EDI 和 MRP 连接起来，使 MRP 系统电子化，公司库存因而减少了 80%，交货时间减少了 50%。通用电气公司通过采用 EDI，不仅提高了采购部门的工作效率，而且还节约了订货成本和人力成本。由于 EDI 技术的采用，上下游企业间的合作效率及准确率都得到了很大的提高。

第四节　电子自动订货系统（EOS）

一、EOS系统的作用与应用

（一）电子自动订货系统

电子自动订货系统（Electronic Order System，EOS）是零售业与批发业之间通过增值网或互联网和终端设备以在线联结方式将各种信息从订货到接单，用计算机进行处理的系统。

EOS系统并非单个的零售店与单个的批发商组成的系统，而是许多零售店与许多批发商组成的大系统的整体运作方式。EOS系统基本上是在零售的终端利用条形码阅读器获取准备采购的商品条形码，并在终端机上输入订货资料；利用电话线通过调制解调器传到批发商的计算机中；批发商开出提货传票，并根据传票，同时开出拣货单，实施拣货，然后依据送货传票进行商品发货；送货传票上的资料便成为零售商的应付账款资料及批发商的应收账款资料，并接到应收账款的系统中去；零售商对送到的货物进行检验后，便可以陈列与销售了。

（二）EOS系统给零售业带来的好处

1. 压低库存量。零售业可以通过EOS系统将商店所陈列的商品数量缩小到最小的限度，以便使有限的空间能陈列更多种类的商品，即使是销量较大的商品也无须很大的库房存放，可压低库存量，甚至做到无库存。商店工作人员在固定时间去巡视陈列架，将需补足的货物以最小的数量订购，在当天或隔天即可到货，不必一次订购很多。

2. 减少交货失误。EOS系统订货是根据通用商品条形码来订货的，可做到准确无误。批发商将详细的订购资料用计算机处理，可以减少交货失误，迅速补充库存，若能避免交错货物或数量不足，那么，对货物的检验由交货者来完成也是十分可取的，零售商店只做抽样检验即可。

3. 改善订货业务。由于实施EOS系统，操作十分方便，无论任何人都可正确迅速地完成订货业务，并根据EOS系统获得大量的有用信息，如订购的控制、批发订购的趋势、紧俏商品的趋势和其他信息等。若能将订货业务管理规范化，再根据 EOS 系统就可更加迅速准确地完成订货业务。

4. 建立商店综合管理系统。以 EOS 系统为中心确立商店的商品文件、货架系统管理、货架位置管理、进货价格管理等，便可实施商店综合管理系统。如将所订购的商品资料存入计算机，再依据交货传票修正订购与实际交货的出入部分，进行进货管理分析，可确定应付账款的管理系统等。

（三）EOS 系统给批发业带来的好处

1. 提高服务质量。EOS 系统满足了顾客对某种商品少量、多次的要求，缩短了交货时间，能迅速、准确、廉价地出货、交货。EOS 系统提供准确无误的订货，因此减少了交错的商品，减少了退货。计算机的库存管理系统可以正确、及时地将订单输入，并因出货资料的输入而达到正确的管理从而减少了缺货现象的出现。共同使用 EOS 系统，使得零售业和批发业建立了良好的关系，做到业务上相互支持、相辅相成。

2. 建立高效的物流体系。EOS 系统的责任制避免了退货、缺货现象，缩短了交货时检验的时间，可大幅度提高送货派车的效率，降低物流的成本。同时，可使批发业内部的各种管理系统化、规范化，大幅度降低批发业的成本。

3. 提高工作效率。实施 EOS 系统可以减轻体力劳动，减少事务性工作，减少以前专门派人去收订购单和登记、汇总等繁杂的手工劳动。实施 EOS 系统后，以前 3 小时至半天的手工工作量，现在几分钟即可完成。通常退货处理要比一般订货处理多花 5 倍的工时，实施 EOS 系统后，避免了退货，减少了繁杂的事务性工作。

4. 销售管理系统化。将销售系统与商店的综合管理系统一体化管理时，使销售信息的处理更加快捷，及时补货到位，保证了销售市场的稳定，大大提高了企业的经济效益。

（四）电子订货系统标准化和网络化

要实施 EOS 系统，必须完成系列的标准化准备工作。以日本 EOS 的发展为例，从 20 世纪 70 年代起即开始了包括对代码、传票、通信及网络传输的标准化研究，如商品的统一代码、企业的统一代码、传票的标准格式、通信程序的标准格式以及网络资料交换的标准格式等。在日本，许多中小零售商、批发商在各地设立了地区性的VAN网络，即成立区域性的VAN营运公司和地区性的咨询处理公司，为本地区的零售业服务，支持本地区的EOS系统的运行。在贸易流通中，常常是按商品的性质划分专业的，如食品、医药品、玩具、衣料等，因此形成了各个不同的专业。1975年，日本各专业为了流通现代化的目标，分别制定了自己的标准，形成专业VAN。目前已提供服务的有食品、日用杂货品、医药品等专业。

二、EOS系统的结构与流程

（一）EOS的系统结构

从商流的角度来看电子订货系统，我们可以了解到批发和零售商、供货商、商业增值网络中心在商流中的角色和作用。

1. 批发、零售商

采购人员根据MIS系统提供的功能，收集并汇总各机构要货的商品名称、要货数量，根据供货商的可供货源、供货价格、交货期限、供货商的信誉等资料，向指定的供货商下达采购指令。采购指令按照商业增值网络中心的标准格式进行填写，经商业增值网络中心提供的EDI格式转换系统而转换成为标准的EDI单证，经由通信界面将订货资料发送至商业增值网络中心，然后等待供货商发回的有关信息。

2. 商业增值网络中心

商业增值网络中心（VAN）不参与交易双方的交易活动，只提供用户连接界面，每当接收到用户发来的EDI单证时，即自动进行EOS交易伙伴关系的核查，只有互有伙伴关系的双方才能进行交易，否则视为无效交易；确定有效交易关系后还必须进行EDI单证格式检查，只有交易双方均认可的单证格式，才能进行单证传递；并对每一笔交易进行长期保存，供用户今后的查询或在交易双方发生贸易纠纷时，可以将商业增值网络中心所储存的单证内容作为司法证据。

商业增值网络中心是共同的情报中心，它是透过通信网络让不同机种的计算机或各种连线终端相通，促进情报的收发更加便利的一种共同情报中心。实际上在这个流通网络中，VAN也发挥了巨大的功能。VAN不单单是负责资料或情报的转换工作，也可与国内外其他地域的VAN相连并交换情报，从而扩大了客户资料交换的范围。

3. 供货商

根据商业增值网络中心流转来的 EDI 单证，经商业增值网络中心提供的通信界面和 EDI 格式转换系统而转换成为一张标准的商品订单，根据订单内容和供货商的 MIS 系统提供的相关信息，供货商可及时安排出货，并将出货信息透过 EDI 传递给相应的批发、零售商，从而完成一次基本的订货作业。

当然，交易双方交换的信息不仅仅是订单和交货通知，还包括订单更改、订单回复、变价通知、提单、对账通知、发票、退换货等许多信息。

（二）EOS 业务流程

1. 销售订货业务过程

（1）各批发、零售商或社会网点根据自己的销售情况，确定所需货物的品种、数量，按照同体系商场根据实际网络情况，把补货需求通过增值网络中心或通过实时网络系统发送给总公司业务部门；不同体系商场或社会网点通过商业增值网络中心发出 EOS 订货需求。

（2）商业增值网络中心将收到的补货、订货需求资料发送至总公司业务管理部门。

（3）业务管理部门对收到的数据汇总处理后，通过商业增值网络中心向不同体系的商场或社会网点发送批发订单确认。

（4）不同体系的商场或社会网点从商业增值网络中心接收到批发订单确认信息。

（5）业务管理部门根据库存情况通过商业增值网络或实时网络系统向仓储中心发出配送通知。

（6）仓储中心根据接收到的配送通知安排商品配送，并将配送通知通过商业增值网络传送到客户。

（7）不同体系的商场或社会网点从商业增值网络中心接收到仓储中心对批发订单的配送通知。

（8）各批发、零售商、仓储中心根据实际网络情况将每天进出货物的情况通过增值网络中心或通过实时网络系统，报送总公司业务管理部门，使业务部及时掌握商品库存数量，以保持合理的库存；并根据商品流转情况，做好合理商品结构等工作。

上述八个步骤组成了一个基本的电子批发、订货流程，通过这个流程，将某店与同体系商场（某店中非独立核算单位）、不同体系商场（某店中独立核算单位）和社会网点之间的商流、信息流结合在了一起。

2. 采购订货业务过程

我们可以将向供货商采购作业过程中的业务往来划分成以下几个步骤：

（1）业务管理部门根据仓储中心货物库存情况，向指定的供货商发出商品采购订单。

（2）商业增值网络中心将总公司业务管理部发出的采购订单发送至指定的供货商处。

（3）指定的供货商在收到采购订单后，根据订单的要求通过商业增值网络对采购订单加以确认。

（4）商业增值网络中心将供货商发来的采购订单确认发送至业务管理部门。

（5）业务管理部门根据供货商发来的采购订单确认，向仓储中心发送订货信息，以便仓储中心安排检验和仓储空间。

（6）供货商根据采购订单的要求，安排发运货物，并在向总公司交运货物之前，通过商业增值网络中心向仓储中心发送交货通知。

（7）仓储中心根据供货商发来的交货通知安排商品检验并安排仓库、库位或根据配送要求进行备货。

上述七个步骤组成了一个基本的采购订货流程，通过这个流程，将某店供货商之间的商流、信息流结合在了一起。

三、EOS 的实施要点

（一）物流作业流程

物流作业流程将供货商发运作业过程中的业务往来划分成以下几个步骤：

1. 供货商根据采购合同要求将发货单通过商业增值网络中心发给仓储中心。

2. 仓储中心对接收到的商业增值网络中心传来的发货单进行综合处理，或要求供货商送货至仓储中心或发送至各批发、零售商场。

3. 仓储中心将送货要求发送给供货商。

4. 供货商根据接收到的送货要求进行综合处理，然后根据送货要求将货物送至指定地点。

上述四个步骤完成了一个基本的物流作业流程，通过这个流程，将物流与信息流牢牢地结合在了一起。

（二）仓储作业过程

企业（采购部）向供应商发出订购单，供应商接单后按订购单上的商品和数量组织货源，并按订购单指定地点送货，可以向多个仓库送货，也可直接送到指定的商店。下面分析供应商把货物送到某一仓库后发生的物品流动全过程。货物送到某仓库（送/收货单）后，一般卸在指定的进货区，在进货区对新进入的货物进行货物验收手续，验收合格的商品办入库手续，填写收验/入库单（商品名、数量、存放位置等信息），然后送入指定的正品存放区的库位中，正品存放区的商品是可供配送的，这时总库存量增加；对验收不合格的商品，填写退货单，并登录在册，另行暂时存放，适时退给供货商并调换合格商品。调换回的商品同样有收/验/入库的过程。

当仓库收到配货中心的配货清单后，按清单要求（商品名、数量、库位等）备货，验证正确出库待送。若是本地批发，按销货单配货发送，配送信息要及时反馈给配货中心，这时配货中心的总库存量减少，货物送交客户后，也有客户对货物验收过程。当客户发现货物包装破损、货物保质期已到、送交的货物与要求的货物不符等情况时，客户会退货（退库单），客户退货后配货中心要补货给客户，对退回的货物暂存待处理区，经检验后做处理，如完好的货物（错配退回）送回正品存放区（移转单），质量和包装有问题的货物退回给供应商（退货单），过期和损坏的货物做报废处理（报废单）等，这一些货物处理的流动过程也影响到总库存量的变化，掌握和控制这些商品的流转过程也就有效地控制和掌握了总库存量。

在库存的管理中也会发现某些商品因储运、移位而发生损伤，有些货物因周转慢使保质期即将到期等情况，这时应及时对这些货物做转移处理，移至待处理区（移转单），然后做相应的退货、报废、削价等处理，货物在此流动过程中也会使仓库的总库存量发生变化，因此这些流动过程也必须在配货中心的掌握和控制之中。

配货中心掌握了逻辑上的货物总库存量和物理上的分库货物库存量，在配货过程中如果发现因配货的不平衡引起某仓库某货物库存告急，而另一仓库的货物仍有较大库存量时，配货中心可用库间商品调拨的方式（调拨单）来调节各分库的商品库存量，满足各分库对商品的需求，增加各库配货能力，但并不增加总库存量，从而提高仓库空间和资金的利用率。

配货中心通过增值网还可掌握本系统中各主体商场、连锁超市的进销调存的商业动态信息。由于商场架构不同、所处区域不同，面对消费对象也不同，因此各商场动销的商品结构也不同。配货中心的计算机系统会对各商场的商品结构做动态的调整（内部调拨），从而达到降低销售库存、加速商品的流通、加快资金流转的目的，以较低的投入获得最高的收益。

在某店的配货中心系统中，货物的选配应是自动化和智能化的。这样便可降低配货过程的工作量，提高配货效率，提高正确配货率，增加合理配货的数量，减少货物库存数和库存资金，达到资源优化配置和资产存量盘活的目的。

第五节　物流运输信息管理

一、企业运输信息系统管理

由于顾客需求的多样化和个性化，必然要求物流运输企业提供多频度小数量、及时运送的高水准的物流服务，同时物流行业激烈的竞争也要求物流运输企业以适当的成本提供差别化的物流服务。特别是近年来，企业管理的一个重要发展趋势是企业采取选择和集中的经营战略，专注于主业和成长行业，其他业务采取外购和委托方式，其中之一是把物流运输业务完全委托给专门的物流运输企业去完成，这样，物流运输企业与它的顾客就形成了共同利益关系。作为第三方物流（3PL）的运输企业，经营效率的高低直接影响到整个供应链的经营效果，因此为了满足顾客的需要，为了在激烈的竞争中获得优势，为了提高整个供应链的经营效果，许多物流运输企业特别是大型物流运输企业都从战略高度出发建立了自己的战略信息系统、应用货物跟踪系统、运输车辆运行管理系统等物流信息系统，以提高企业的经营效率。下面着重介绍目前物流运输企业广泛采用的物流运输信息管理系统。

（一）货物跟踪系统

货物跟踪系统是指物流运输企业利用物流条形码和EDI技术及时获取有关货物运输状态的信息（如货物品种、数量、货物在途情况、交货时间、发货地和到达地、货物的货主、送货责任车辆和人员等），提高物流运输服务的方法。具体地说就是物流运输企业的工作人员在向货主取货时、在物流中心重新集装运输时及在向顾客配送交货时，利用扫描仪自动读取货物包装或者货物发票上的物流条形码等货物信息，通过公共通信线路、专用通信线路或卫星通信线路把货物的信息传送到总部的中心计算机进行汇总整理，这样，所有被运送的货物信息都集中在中心计算机里。货物跟踪系统提高了物流运输企业的服务水平，其具体作用表现在以下四个方面：

1. 当顾客需要对货物的状态进行查询时，只要输入货物的发票号码，马上就可以知道有关货物状态的信息。查询作业简便迅速，信息及时准确。

2. 通过货物信息可以确认货物是否将在规定的时间内送到顾客手中，能及时发现未在规定的时间内把货物交付给顾客的情况，便于马上查明原因并及时改正，从而提高运送货物的准确性和及时性，提高顾客服务水平。

3. 作为获得竞争优势的手段，提高物流运输效率，提供差别化物流服务。

4. 通过货物跟踪系统所得到的有关货物运送状态的信息，丰富了供应链的信息分享源，有关货物运送状态信息的分享有利于顾客预先做好接货以及后续工作的准备。建立货物跟踪系统需要较大的投资，如购买设备、标准化工作、系统运行费用等。因此只有有实力的大型物流运输企业才能够应用货物跟踪系统。但是随着信息产品和通信费用的低价格化以及互联网的普及，许多中小物流运输企业也开始应用货物跟踪系统。在信息技术广泛普及的美国，物流运输企业建立本企业的网页，顾客可通过互联网与物流运输企业联系运货业务和查询运送货物的信息。在我国，许多物流运输企业也开始建立本企业的网页，通过互联网从事物流运输业务。

（二）车辆运行管理系统

在物流运输行业，由于作为提供物流运输服务手段的运输工具（如货车、火车、船舶、飞机等）在从事物流运输业务过程中处于移动分散状态，在作业管理方面会遇到其他行业所没有的困难。但是随着移动通信技术的发展和普及，出现了多种车辆运行管理系统，以下介绍两种车辆运行管理系统，一种是适用于城市范围内的应用 MCA 无线技术的车辆运行管理系统，另一种是适用于全国、全球范围的应用通信卫星、GPS 技术和 GIS 技术的车辆运行管理系统。

1. 应用 MCA 无线技术的车辆运行管理系统

MCA（Multi Channel Access）无线系统由无线信号发射接受控制部门、运输企业的计划调度室和运输车辆组成。通过无线信号发射接收控制部门，运输企业的计划调度室与运输车辆能进行双向通话，无线信号管理部门通过科学地划分无线频率来实现无线频率的有效利用。由于 MCA 系统无线发射功率的限制，它只适用于小范围的通信联络。如城市内的车辆计划调度管理，在我国北京、上海等城市的大型出租运输企业都采用 MCA 系统。该系统在接到顾客运送货物的请求后，将货物品种、数量、装运时间、地点、顾客的联络电话等信息输入计算机，同时根据运行车辆移动通信装置发回的有关车辆位置和状态的信息，通过 MCA 系统由计算机自动地向最近顾客的车辆发出装货指令，由车辆上装备的接收装置接收装货指令并打印出来。利用 MCA 技术的车辆运行管理系统不仅能提高物流运输企业效率，而且能提高顾客服务的满意度。

2. 应用通信卫星、GPS 技术和 GIS 技术的车辆运行管理系统

在全国范围甚至跨国范围进行车辆运行管理就需要采用通信卫星、全球定位系统和地理信息系统。采用通信卫星、GPS 技术和 GIS 技术的车辆运行管理系统，物流运输企业的计划调度中心和运行车辆通过通信卫星进行双向联络。

具体地说，物流运输企业计划调度中心发出的装货运送指令，通过公共通信线路或专用通信线路传送到卫星控制中心，由卫星控制中心把信号传送给通信卫星，再经通信卫星把信号传送给运行车辆，而运行车辆通过 GIS 系统确定车辆准确所在位置，找出到达目的地的最佳路线，同时通过车载的通信卫星接收天线、GPS 天线、通信联络控制装置和输出装置把车辆所在的位置和状况等信息通过通信卫星传回企业计划调度中心。物流运输企业通过应用通信卫星、GPS 技术和 GIS 技术不仅可以对车辆运行状况进行控制，而且

可以实现全企业车辆的最佳配置，提高物流运输业务效率和顾客服务满意程度。在地域辽阔的美国，由于采用通信卫星、GPS 技术和 GIS 技术的车辆运行系统能提高配车运送效率、缩短等待时间，因而越来越多的企业开始采用这一系统。例如，美国物流运输租赁企业 J. B. HANT 公司在出租车辆上安装卫星通信和车辆控制系统，该公司利用这些系统对驾驶员交通规则的遵守情况、车辆空载、燃料费等方面进行实时管理，使 1995 年该企业的年营业额达 15 亿美元，职工 12000 人，货车台数约 7000 辆。

物流运输企业中的绝大多数是中小企业，而这些企业都以当地业务为主，属于地方企业。当运送范围超过了它的营业区域，在运送货物到达目的地之后回程时，往往找不到需要发往本地区的货物而空车返回。这样对企业来说，会增加成本减少利润，对社会来说，则会造成资源的浪费。而当运输业务集中出现时又往往会超出（中小）企业的能力，这时又需要其他企业的支援，否则会降低顾客服务水平，造成机会损失，因此需要把零散的中小物流运输企业组织起来建立一个向这些企业提供和交流求车和求货信息的系统。

二、社会运输信息系统的管理

社会物流基础设施包括道路、铁路、码头、机场、海关等硬件设施和提供这些硬件设施使用状况的信息系统以及提高这些硬件设施使用效率的管理系统等软件设施。提供高效率的物流服务不仅取决于物流企业自身的经营条件，而且还取决于外部物流基础设施的状况和社会物流信息的交换。从这个角度来看，需要利用现代信息技术建立社会物流基础设施关联信息系统，来实现充分利用现有的社会物流基础设施、提高物流运输企业的经营效率的目的。

下面从道路交通和通关信息的处理两个方面说明建立社会物流基础设施关联信息系统的重要性。

（一）道路交通关联智能信息系统

我们知道，多额度、小数量运送和及时运送的顾客物流需求使得货物运送的频度大大增加，配送的时间规定也越来越严格。在这种环境下，目前一些发达国家的大型道路交通运输企业，都利用通信卫星、GPS 和数字式电子交通地图建立最佳车辆调配系统。该车辆调配系统根据车辆所在的位置、装载情况和运输货物的要求（运送目的地、到达时间、货物大小等）自动选择最佳的货物运送路线，并把最佳的货物运送路线表示在数字式电子交通地图上。该系统对提高车辆的装载效率、加强车辆驾驶员的动态管理、提高顾客物流服务水平起着重要作用。然而该系统成立的一个前提条件是最佳运送路线的道路交通是畅通的。如果在最佳运送路线上出现交通阻塞的话，则通过最佳车辆调配系统得到的最佳运送线路就不是最佳路线了。因此，需要建立一个具有反映道路使用状况、向道路利用者提供道路信息、扩大现有道路通行容量等功能的道路交通信息系统。

目前，许多发达国家正在着手开发应用现代先进信息技术的下一代智能交通信息系统 ITS（Intelligent Transport System），该智能信息系统中关于道路交通的部分有如下作用：

1. 提供道路阻塞、交通事故、交通规则限制等交通关联信息和前方道路使用状况信息。

2. 通过对交通信号的控制和向驾驶员建议运行线路来实现道路交通流量的最优化。

3. 高速公路自动收费系统。

4. 提供道路、交通环境等方面的危险警告信息和提供运行过程中的支援辅助信息。

5. 开发智能型汽车。这种汽车具有自动操作、自动监测报警、自动回避冲突等功能。

ITS 系统直接的功能是提高道路利用率、实现安全舒适的交通运输。ITS 系统间接的功能是由于道路交通环境的改善减少汽车的燃料消费和有毒气体的排放，有利于环境保护，并能避免因交通阻塞所带来的经济损失。

（二）通关信息管理系统

国际贸易的开展带来了国际物流活动。在国际物流活动中，通关活动是一个重要组成部分。提高通关速度能提高国际物流活动的效率。由于通关过程涉及货物品种分类、商品价格、关税税率等许多信息的交流，同时通关活动与货主、运输公司、物流服务企业、银行保险业、货物商检部门、关税仓库等有密切的联系，因此建立一个综合的通关信息管理系统 CIDS（Customs Intelligent Database System）很有必要。

综合通关信息管理系统是通过在线连接把运输企业（如海关企业、空运企业）、物流服务企业、货物装卸企业、保税仓库、通关代理企业、银行保险、关税收缴部门等连接在一起构成的网络。

通过综合通关信息管理系统，货主在系统网络终端能完成关税申报手续，同时也能询问和检查关税申报进度和货物保管情况，并交纳关税和支付运输装卸保管费用等。税务部门利用综合通关信息管理系统，受理报关，自动计算申报货物价格、适用税率、外汇汇率，确定纳税税款，通知纳税时间，同时进行报关审查。建立综合通关信息管理系统可以缩短通关的时间，提高通关效率。

（三）港口海运信息管理系统

1. 德国汉堡港

德国汉堡港海运信息管理系统建立于 1983 年，目前主要进行海运行业使用的各种业务信息的传递并进行与海运有关的 200 多种格式的电子单证的处理加工。该系统的用户达 200 多家，其中货运代理商 115 家，船运代理商 54 家，码头经营者 15 家，理货业者 7 家，其他用户（海关、铁路和港口当局等）16 家。该系统由 8 个子系统组成，分别是货运代理商使用的单证系统、理货业者使用的单证系统、海关通信系统、船舶信息系统、危险品信息系统、集装箱管理系统、船运集装箱多式联运系统、国际通信服务系统。

2. 新加坡港

新加坡于 1984 年开始建立港口信息管理系统，该系统名称为新加坡 PORTENT。目前系统的用户已达数千家企业，并与一些亚洲港口和非亚洲港口建立了电子数据交换联系。新加坡港务局的未来规划是不断延伸和改进 PORTNET 的功能，使其更加完善，建立更多的计算机通信线路，联通港口的使用者、与航运有关的单位以及银行、保险、海关等部门，加快船舶和货物的流动周转速度。另外，新加坡港务局和新加坡贸易局联合开发了一个海运信息系统 MAINS（Maritime Information System），这个系统把航运公司、货运代理商、贸易商和监管机构的有关文书（如货单、发票、报关单、进出口许可证等）按电子交换的标准格式统一起来。

3. 我国海运信息管理系统的发展状况

我国航运界在应用以电子数据交换为核心的海运信息管理系统方面起步

较早的企业是中国远洋运输集团公司。1989 年，中远集团开始在中美航线上进行货运舱单 EDI 通信的试点工作，1992 年试点扩展到中国至西北欧航线，并于 1993 年开始向主要航线推广使用国际标准 UN/EDI-FACT。

交通部 1995 年组织实施九五重点科技攻关项目——国际集装箱 EDI 系统及示范工程，其目标是在“四点一线”（上海、天津、青岛、宁波四个口岸和中远集团）建成具有互联式和分局功能的以 EDI 为核心的海运信息管理系统，实现国际集装箱运输单证的电子数据交换，以后逐步延伸扩展，最终形成覆盖我国主要外贸口岸与集装箱多式联运网络相配套的电子信息传输和运行系统。

三、GPS 与 GIS

（一）GPS 技术及应用

1. GPS 系统概述

全球定位系统（Global Positioning System，GPS）是利用导航卫星进行测时和测距，使地球上的任何用户都能确定自己所处的方位，是由一系列卫星组成的，它们 24 小时提供高精度的世界范围的定位和导航信息。准确地说，它是由 24 颗沿距地球 12000 公里高度的轨道运行的 NAVSTAR GPS 卫星组成，不停地发送回精确的时间和它们的位置。GPS 接收器同时接收 3～12 颗卫星的信号，从而判断地面上或接近地面的物体的位置，还有它们的移动速度和方向等。近十年来，我国测绘等部门使用 GPS 的经验表明，GPS 有全天候、高精度、自动化、高效益等显著特点，主要应用于大地测量、工程测量、航空摄影测量、运载工具导航和管制、地壳运动监测、工程变形监测、资源勘察、地球动力学等多种学科，从而给测绘领域带来一场深刻的技术革命。

（1）GPS 工作原理。GPS 采用的是全球性地心坐标系统，坐标原点为地球质量中心，利用高空轨道上运行的人造卫星所发射出来的信号，以三角测量原理计算出收信者在地球上的位置。

（2）GPS 在美国的应用及其发展。GPS 已经广泛应用于各专业领域，比如运输产业。在短期内，促使其发展的商业因素还在增加，但从长远来看，GPS 的发展却存在着诸多制约因素。美国运输部曾建议拨出 1700 万美元的专项资金以支持 GPS 的发展，根据运输部的计划，这笔款项将用于增加两个新的信道以提高 GPS 定位的精确度和有效性，加大 GPS 应用中民用成分的比重。但是由于广泛存在的部门之间的隔膜，以及美国国会的短视，这项建议被无情地否决了。

而影响美国 GPS 发展的最关键因素是，由于国防预算的减少，发射下一代 GPS 定位卫星的计划不得不推迟了好几年，而定位卫星的数量也从 33 颗减少为 27 颗。此外，根据有关报告，由于硬件和软件上的原因，地面控制系统还不能充分发挥新一代卫星的功能，因此，即使卫星发射成功，提高定位精度的目标也将化为泡影。

目前，由于缺乏一个独立的、能被广泛认同的 GPS 管理部门，使人们对 GPS 的未来充满了疑惑。不过，从近期来看，美国 GPS 的运行还不会有太多麻烦，更主要的是，有关部门还有足够的时间向国会施加影响，以保证 GPS 的发展拥有充足的资金支持。此外，鉴于最初发射的 GPS 定位卫星的使用期限已经被延长，因此，目前发射的这一代卫星应该能够使用到 2010 年后。

2. GPS 系统的组成

GPS 系统主要包括三大部分：空间部分——GPS 卫星星座；地面控制部分——地面监控系统；用户设备部分——GPS 信号接收机。

(1) GPS 卫星星座。GPS 工作卫星及其星座由 21 颗工作卫星和 3 颗在轨备用卫星组成，记做（21+3）GPS 星座。24 颗卫星均匀分布在 6 个轨道平面内，轨道倾角为 55°，各个轨道平面之间相距 60°，即轨道的升交点赤经各相差 60°。每个轨道平面内各颗卫星之间的升交角距相差 90°，一轨道平面上的卫星比西边相邻轨道平面上的相应卫星超前 30°。在两万公里高空的 GPS 卫星，当地球对恒星来说自转一周时，它们绕地球运行两周，即绕地球一周的时间为 12 恒星时。这样，对于地面观测者来说，每天将提前 4 分钟见到同一颗 GPS 卫星。位于地平线以上的卫星颗数随着时间和地点的不同而不同，最少可见到 4 颗，最多可见到 11 颗。在用 GPS 信号导航定位时，为了测算测站的三维坐标，必须观测 4 颗 GPS 卫星，称为定位星座。这 4 颗卫星在观测过程中的几何位置分布对定位精度有一定的影响。对于某地某时，甚至不能测得精确的点位坐标，这种时间段叫做“间隙段”。但这种时间间隙段是很短暂的，并不影响全球绝大多数地方的全天候、高精度、连续实时的导航定位测量。

（2）地面监控系统。对于导航定位来说，GPS卫星是一动态已知点。卫星的位置是依据卫星发射的星座——描述卫星运动及其轨道的参数算得的。每颗GPS卫星所播发的星历，是由地面监控系统提供的。卫星上的各种设备是否正常工作，以及卫星是否一直沿着预定轨道运行，都要由地面设备进行监测和控制。地面监控系统另一重要作用是保持各颗卫星处于同一时间标准——GPS时间系统。这就需要地面站监测各颗卫星的时间，求出时差。然后由地面注入站发给卫星，卫星再由导航电文发给用户设备。GPS工作卫星的地面监控系统包括一个主控站、三个注入站和五个监测站。

（3）GPS信号接收机。GPS信号接收机能够捕获到按一定卫星高度截止角所选择的待测卫星的信号，并跟踪这些卫星的运行，对所接收到的GPS信号进行变换、放大和处理，以便测量出GPS信号从卫星到接收机天线的传播时间，解译出GPS卫星所发送的导航电文，实时地计算出监测站的三维位置，甚至三维速度和时间。

3. GPS技术的应用

GPS广泛应用于铁路运输、军事物流、交通系统等领域，并对物流业的发展起着重要的推动作用。

（1）用于铁路运输管理。我国铁路开发的基于GPS的计算机管理信息系统，可以通过GPS和计算机网络实时收集全路列车、机车、车辆、集装箱及所运货物的动态信息，可实现列车、货物追踪管理。只要知道货车的车种、车型、车号，就可以立即从近10万公里的铁路网上流动着的几十万辆货车中找到该货车，还能得知这辆货车现在何处运行或停在何处，以及所有的车载货物发货信息。铁路部门运用这项技术可大大提高其路网及其运营的透明度，为货主提供更高质量的服务。

（2）用于军事物流。全球定位系统首先是因为军事目的而建立的，在军事物流中，如后勤装备的保障等方面，应用相当普遍。尤其是在美国，其在世界各地驻扎的大量军队无论是在战时还是在平时都对后勤补给提出很高的需求，在战争中，如果不依赖GPS，美军的后勤补给就会变得一团糟。美军在20世纪末的地区冲突中依靠GPS和其他顶尖技术，以强有力的、可见的后勤保障，为“保卫美国的利益”作出了重要贡献。对此，我国引起了重视，我国军事部门也在运用GPS。

(3) GPS在交通系统中的应用。GPS导航系统与电子地图、无线电通信网络及计算机车辆管理信息系统相结合，可以实现车辆跟踪和交通管理等许多功能，例如：

①车辆跟踪。利用GPS和电子地图可以实时显示出车辆的实际位置，并任意放大、缩小、还原、换图；可以随目标移动，使目标始终保持在屏幕上；还可实现多窗口、多车辆、多屏幕同时跟踪，利用该功能可对重要车辆和货物进行跟踪运输。

②提供出行路线的规划和导航。规划出行路线是汽车导航系统的一项重要辅助功能，包括：

a. 自动线路规划：由驾驶员确定起点和终点，由计算机软件按照要求自动设计最佳行驶路线，包括最快的路线、最简单的路线、通过高速公路路段次数最少的路线等。

b. 人工线路设计：由驾驶员根据自己的目的地设计起点、终点和途经点等，自动建立线路库。线路规划完毕后，显示器能够在电子地图上显示设计线路，并同时显示汽车运行路径和运行方法。

③信息查询。为用户提供主要物标，如旅游景点、宾馆、医院等数据库，用户能够在电子地图上根据需要进行查询。查询资料可以文字、语言及图像的形式显示，并在电子地图上显示其位置。同时，监测中心可以利用监测控制台对区域内任意目标的所在位置进行查询，车辆信息将以数字形式在控制中心的电子地图上显示出来。

④话务指挥。指挥中心可以监测区域内车辆的运行状况，对被监控车辆进行合理调度。指挥中心也可随时与被跟踪目标通话，实行管理。

⑤紧急援助。通过GPS定位和监控管理系统可以对遇有险情或发生事故的车辆进行紧急援助。监控台的电子地图可显示求助信息和报警目标，规划出最优援助方案，并以报警声、光等提醒值班人员进行应急处理。

(4) GPS对物流产业所起的作用：

①实时监控功能。在任意时刻通过发出指令查询运输工具所在的地理位置（经度、纬度、速度等信息）并在电子地图上直观地显示出来。

②双向通信功能。GPS 的用户可使用 GSM 的话音功能与司机进行通话或使用本系统安装在运输工具上的移动设备的汉字液晶显示终端进行汉字消息收发对话。

驾驶员通过按下相应的服务、动作键，将该信息反馈到网络 GPS 上，质量监督员可在网络 GPS 工作站的显示屏上确认其工作的正确性，了解并控制整个运输作业的准确性（发车时间、到货时间、卸货时间、返回时间，等等）。

③动态调度功能。调度人员能在任意时刻通过调度中心发出文字调度指令，并得到确认信息。

可进行运输工具待命计划管理，操作人员通过在途中信息的反馈，运输工具未返回车队前即做好待命计划，可提前下达运输任务，减少等待时间。加快运输工具周转速度运能管理：将运输工具的运能信息、维修记录信息、车辆运行状况登记处、司机人员信息、运输工具的在途信息等多种信息提供给调度部门决策，以提高车辆利用率，尽量减少空车时间和空车距离，充分利用运输工具的运能。

④数据存储、分析功能。实现路线规划及路线优化，事先规划车辆的运行路线、运行区域，何时应该到达什么地方等，并将该信息记录在数据库中，以备以后查询、分析使用。

可靠性分析：汇报运输工具的运行状态，了解运输工具是否需要较大的修理，预先做好修理计划，计算运输工具平均每天差错时间，动态衡量该型号车辆的性能价格比。服务质量跟踪：在中心设立服务器，并将车辆的有关信息（运行状况、在途信息、运能信息、位置信息等用户关心的信息）让有该权限的用户能异地方便地获取。同时还可对客户索取的信息中的位置信息用相对应的地图传送过去，并将运输工具的历史轨迹印在上面，使该信息更加形象化。

依据资料库储存的信息，可随时调阅每台运输工具以前的工作资料，并可根据各管理部门的不同要求制作各种不同形式的报表，使各管理部门能更快速、更准确地作出判断及提出新的指示。

GPS 的广泛应用使 GPS 供应商和物流运输企业实现了利益上的“双赢”战略，降低了投资费用并实现了信息的无地域性共享。

（二）GIS 技术及其应用

1. GIS 技术概述

(1) GIS 的定义。地理信息系统（Geographical Information System，GIS）是多种学科交叉的产物，它以地理空间数据为基础，采用地理模型分析方法，适时地提供多种空间的和动态的地理信息，是一种为地理研究和地理决策服务的计算机技术系统。其基本功能是将表格型数据（无论它来自数据库、电子表格文件或直接在程序中输入）转换为地理图形显示，然后对显示结果浏览、操作和分析。其显示范围可以从洲际地图到非常详细的街区地图，显示对象包括人口、销售情况、运输线路以及其他内容。

(2) GIS 的组成。GIS 由五个主要的元素所构成，即硬件、软件、数据、人员和方法。

①硬件。GIS 硬件主要包括：所操作的计算机数据输入、输出设备、存储设备。

②软件。GIS 软件提供所需存储、分析和显示地理信息的功能和工具。主要的软件部件有：输入和处理地理信息的工具；数据库管理系统（DBMS）；支持地理查询、分析和视觉化的工具；容易使用这些工具的图形化界面。

③数据。一个 GIS 系统中最重要的部件就是数据。主要包括数据查询软件、数据分析软件及信息分析软件。

④人员。GIS 技术如果没有人来管理系统和制订计划应用于实际问题，将没有什么价值。GIS 的用户范围包括从设计和维护系统的技术专家，到那些使用该系统并完成他们每天工作的人员。

⑤方法。成功的 GIS 系统，需要具有好的设计计划和开发的手段。

2. GIS 技术的应用

(1) GIS 在仓库规划中的应用。由于 GIS 本身是把计算机技术、地理信息和数据库技术紧密相结合起来的新型技术，其特征非常适合仓库建设规划，从而使仓库建设规划走向规范化和科学化，使仓库建设的经费得到最合理的运用。仓库 GIS 作为仓库 MIS 中的一个子系统，它用地理坐标、图标的方式更直观地反映仓库的基本情况，如仓库建筑情况、仓库附近公路和铁路情况、仓库物资储备情况等；它是仓库 MIS 的一个重要分支和补充。

作为仓库规划的GIS应用系统，它主要解决两个方面的问题。一是解决仓库建设的规划审批，二是必须能为规划师和上级有关部门提供辅助决策功能。从仓库整个的宏观规划来说，它还可以解决仓库的宏观布局问题。仓库规划的GIS应用系统总体结构如下图所示。图中各模块的功能如下：

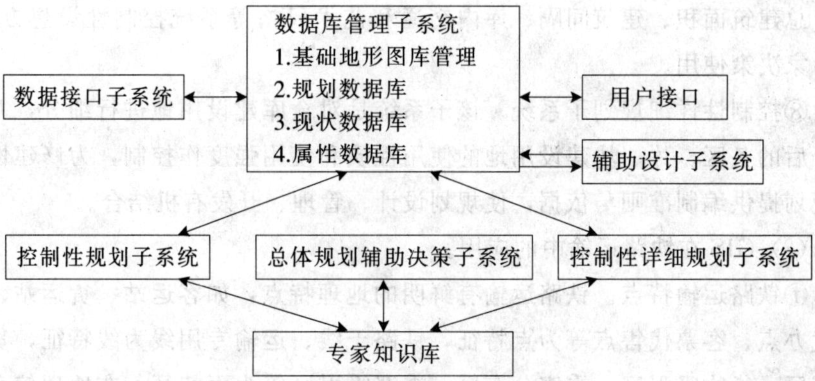

系统总体结构图

①用户接口。它提供用户调用系统其他功能的人机界面，要求界面美观实用，适合用户的操作习惯。

②数据库管理子系统。提供各种数据入库及建库管理。它由基础地形图库管理（通过分幅输入、接边和校准，形成一张完整的仓库地形图）、规划数据库（该库主要用来存放容积率、绿化率、限高等要素，以供规划参考，同时，它也存放规划行业的法规文件以供检索）、现状数据库（该库主要用来存放现存的所有建筑地理位置及用地现状，可作为规划用地参考）、属性数据库（该数据库主要存放工作表格、规划设计说明信息、统计数据及各种帮助信息）等模块组成。

③数据接口子系统。主要完成和其他应用系统（如仓库货物管理信息系统、仓库人事管理信息系统等）的数据交换，实现数据共享。

④辅助设计子系统。提供各种线型、型号的设计功能及各种计算模块，为规划设计服务。

⑤专家知识库。主要存放仓库的人口分布情况、水文地质条件、仓库周围的社会经济情况和规划师的经验性知识等，以供规划决策使用。

⑥总体规划辅助决策子系统。根据用地现状、社会经济条件、人口分布情况、水文地质条件及经验性知识进行定性推理，得到仓库空间布局和用地安排等的总体规划方案，以供上级部门和专家决策使用。

⑦控制性规划子系统。在仓库总体规划指导下，根据规划控制数据库中的数据和知识库中的知识进行定性推理，得出各地块的用地面积、建筑容积率、总建筑面积、建筑间隔、库内交通和艺术风格等系统控制性设想方案，供专家决策使用。

⑧控制性详细规划子系统。该子系统是对仓库建设用地进行细分，并对细分后的各区、片、块建设用地的使用性质和使用强度作控制，为修建性详细规划提供编制准则与依据，使规划设计、管理、开发有机结合。

(2) GIS在铁路运输中的应用。

①铁路运输特点。铁路运输有鲜明的地理特点，如客运站、货运站、货运代办点、客票代售点等为点特征，铁路干线、运输专用线为线特征，货物分布区、货物吸引区、乘客分布区、乘客吸引区等为面特征，在地理信息系统中可分别以点、线、面表示。再加上行政区划分为公路、水系等基础专题图，建立各种统计数据库，如国民收入、货物流向及流量、旅客流向及流量、货运销售额、客运销售额等数据，还包括资源信息（人口、面积、工业产值、矿产资源、旅游资源等），以及资源和环境开发的近期和远景规划，然后制定出各种数据的项目及编码工作，形成铁路运输地理信息系统数据字典。

②铁路运输地理信息系统功能。

a. 铁路运输地理信息系统便于销售、市场、服务和管理人员查看客运站、货运站、货运代办点、客运代办点之间的相对地理位置、运输专用线和铁路干线之间的相对地理位置。用不同颜色和填充模式来区分各种表达信息，使用户看到销售区域、影响范围、最大客户、主要竞争对象、人口状况及分布、工农业统计值，等等。由此综合，可看到增加运输收入的潜在地区，从而扩大延伸服务。通过这种可视方式，能更好地制定市场营销和服务策略，有效地分配市场资源。

b. 环境分析及动态预测。市场是动态的，市场营销需要动态管理，货运和客运均为动态事件，它们与外界环境密切相关，并随着周围环境（如地理位置、城市规划、产业结构、宏观调控、政策法规等）的不断变化而变化。货运和客运的营销均需考虑地理因素的影响。地理信息系统可以通过地理编码功能，将销售数据与地图建立联系，用户单击地图上的任意对象，可同时看到与该对象相关联的所有数据，例如用户地址、月度运输计划、主要债务，以及用户、竞争对手分布图。甚至包括周边环境，例如面积、工农业产值、矿产资源、人口分布、人口数量、收入水平等。运用地理信息系统，利用上述环境信息数据，可以进行客货运销售分析，评估经济效益；或建立数学模型，预测货物流量和流向，并显示在地图上。用户可以根据预测结果，对运输模式及销售区域规划。此外，还可以对突发事件进行应急处理，如运用地理信息系统实现救灾物资和装备的查询、调配、运输路线选择及运输方式协调等。

c. 区域规划。没有可视化工具，决策者和市场营销人员仅凭感觉建立网点，则制定不出现实的目标，难以很好地分配人力及财力。运用地理信息系统，销售客户、销售期望，以及领先值可以储存在地理区域数据库中，管理和营销人员可以观察每个现有的和潜在的销售区域业绩，进而实现区域规划。例如，某车站行李员在建立代办点时，由于调查了解不足，导致行李房代办点较密集，而厂矿货物发生区代办点较少，不能很好地实现车站营销目标。运用地理信息系统，在相关区域内调查货源、货运量（包括其他运输形式的货运量），分析货物流向及流量，对于较大规模货运量的区域设置代办点，甚至设置货运专用线，对于较少规模货运量的区域则合并或撤销代办点。

d. 客户服务。各种运输方式之间的市场竞争，实际上就是为客户服务的竞争。同样的运输费用，人们首选客户服务较好的运输方式。诸如地理位置选择、经济发展方向、竞争优势比较、人口密度统计，以及其他有关数据信息，就成为铁路运输业获得市场和客户的关键。利用这些数据，要保证客户在选择运输或旅行方式时能够随时发现铁路车站和代办点的存在，并方便地找出解决需求的方法。联运代理商和物资专业线可根据这些信息了解客、货运需求。不管是对运输大户还是需要优质方便服务的分散客户，市场策划及营销人员、决策管理者，必须对他们的需求既要有预见性，又要做出及时优质的反应。

③数据库统计。根据需求分析和数据字典设计数据库。数据库应是开放式的，可以进行扩充和删改，并且实现不同软件平台使用及远程客户服务需要。

④数据采集。铁路运输地理信息系统的主要工作在于采集大量信息数据。信息数据可分为静态数据和动态数据。静态数据指货场分布、铁路及专用线分布、区域面积等；动态数据指客流量、货流量等不断变化的数据。从地理信息系统角度，信息数据可分为空间属性数据和管理属性数据。销售点的坐标为空间属性数据，销售点销售额为管理属性数据。使用手持数字化仪进行地图数字化（地图比例初定为 1∶5000），可以实现空间属性数据录入。管理属性数据采集则依据录入程序进行录入；对于来自各管理系统的数据，利用远程调用后，并进行数据转换及整理，从而实现数据入库。

⑤功能设计。功能设计是系统的核心，有以下模块：

a. 查询及显示模块。可以显示铁路专用线与公路、水系的分布信息，显示货运代办点、客票代售点和车站的分布信息。可以查询基础地理信息、查询货运销售信息和客运销售信息、查询各销售网点的布置及营销业绩、查询铁路线和专用运输信息。也可以通过逻辑表达式选择符合条件的运输信息。

b. 销售分析模块。汇总各销售网点的销售额，根据销售额和基础地理信息数据，证明各网点存在的合理性，并推荐设置新网点的位置。

c. 预测模块。根据资源信息和客、货运信息，对销售网点进行规划并计算风险系数，根据风险系数提供合理的销售网点分布，并标识应该维持、撤销和增添的销售点。建立客运量和货运量的预测模型，预测客运和货运的流向和流量，对销售点的销售额进行合理分配。

d. 系统维护模块。通过模块实现自动维护，包括数据库更新和电子地图更新两部分。

e. 图表输出模块。对各种信息进行汇总，形成不同形式的表格和图形，并进行屏幕显示或打印输出。

⑥系统集成。对于已完成的电子地图和各类数据库，利用 ARCVEW 或 MAP/INFO 进行桌面地理信息系统后开发（包括电子地图显示和信息查询、图表的汇总和输出等），并利用 C++语言编写分析预测模块，调用数据库相关数据，进行预测和风险分析。

（3）车辆监控系统。车辆监控系统是集 GPS、GIS 和现代通信技术为一体的高科技系统。其主要功能是对移动车辆进行实时动态的跟踪，利用无线通信设备将目标的位置和其他信息传送至主控中心，在主控中心进行地图匹配后显示在监视器上。主控中心还能够对移动车辆的准确位置、速度和状态等必要的参数进行监控和查询，从而科学地进行调度和管理，提高运营效率。移动车辆如果遇到麻烦或者其安全受到侵害，可以向主控中心发送报警信息，及时得到附近保安部门的支援，所以车辆监控系统还能够提供车辆安全服务，在 ITS 中的应用是相当广泛的。

车辆监控系统分为主控中心和移动车辆设备。公共的部分是移动通信装置和 GPS 定位装置。移动通信装置可以是大区制的集群系统设备、小区制的蜂窝设备如 GSM 手机，再利用无线和有线通信网将监控系统和现有的通信系统联结起来，从而能够实现各种各样的功能。

（4）GIS 在物流分析方面的应用。GIS 在物流分析方面的应用，主要是指利用 GIS 强大的地理数据功能来完善物流分析技术。国外公司已经开发出利用 GIS 为物流分析提供专门分析的工具软件。完整的 GIS 物流分析软件集成了车辆路线模型、最短路径模型、网络物流模型、分配集合模型和设施定位模型等。

①车辆路线模型：用于解决一个起始点、多个终点的货物运输中如何降低物流作业费用，并保证服务质量的问题，包括决定使用多少辆车，每辆车的路线等。

②网络物流模型：用于解决寻求最有效的分配货物路径问题，也就是物流网点布局问题。如将货物从 n 个仓库运往 m 个商店，每个商店都有固定的需求量，因此需要确定由哪个仓库提货送给哪个商店，所耗的运输代价最小。

③分配集合模型：可以根据各个要素的相似点把同一层上的所有或部分要素分为几个组，用以解决确定服务范围和销售市场范围等问题。如某一公司要设立 x 个分销点。要求这些分销点要覆盖某一地区，而且要使每个分销点的顾客数目大致相等。

④设施定位模型：用于确定一个或多个设施的位置。在物流系统中，仓库和运输线共同组成了物流网络，仓库处于网络的节点上，节点决定着线

路，如何根据供求的实际需要并结合经济效益等原则，在既定区域内设立多少个仓库，每个仓库的位置，每个仓库的规模，以及仓库之间的物流关系等问题，运用此模型均能很容易地得到解决。

第六节　销售时点信息系统（POS）

一、POS系统的组成与特点

POS系统（Point of Sale，POS）即销售时点信息系统，最早应用于零售业，以后逐渐扩展至金融、旅馆等服务性行业，利用POS系统的范围也从企业内部扩展到整个供应链。现代POS系统已不仅仅局限于电子收款技术，它要考虑将计算机网络、电子数据交换技术、条形码技术、电子监控技术、电子收款技术、电子信息处理技术、远程通信、电子广告、自动仓储配送技术、自动售货、备货技术等一系列科技手段融为一体，从而形成一个综合性的信息资源管理系统。

（一）POS系统的组成

POS系统包含前台POS系统和后台MIS系统两大基本部分。

在商场完善前台POS系统建立的同时，也应建立商场管理信息系统(Managemen Information System，MIS，实际是POS系统网络的后台管理部分)。这样，在商品销售的任何过程中任一时刻，商品的经营决策者都可以通过MIS了解和掌握POS系统的经营情况，实现商场库存商品的动态管理，使商品的存储量保持在一个合理的水平，减少了不必要的库存。

1. 前台POS系统

前台POS系统是指通过自动读取设备（主要是扫描器），在销售商品时直接读取商品销售信息（如商品名称、单价、销售数量、销售时间、销售店铺、购买顾客等）实现前台销售业务的自动化，对商品交易进行实时服务和管理，并通过通信网络和计算机系统传送至后台，通过后台计算机系统(MIS）的计算、分析与汇总等掌握商品销售的各项信息，为企业管理者分析经营成果、制定经营方针提供依据，以提高经营效率的系统。

2. 后台MIS系统

后台MIS系统又称管理信息系统。它负责整个商场进、销、调、存系统的管理以及财务管理、库存管理、考勤管理等。它可根据商品进货信息对厂商进行管理，又可根据前台POS提供的销售数据，控制进货数量，合理周转资金，还可分析统计各种销售报表，快速准确地计算成本与毛利，也可以对售货员、收款员业绩进行考核，是员工分配工资、奖金的客观依据。因此，商场现代化管理系统中前台POS与后台MIS是密切相关的，两者缺一不可。

(二) POS系统的特点

POS系统能够进行商品单品管理、员工管理和客户管理，并能适时自动取得销售时点信息和信息集中管理，它紧密地连接着供应链，是供应链管理的基础，也可以说是物流信息管理的起点。其特点如下：

1. 分门别类管理

POS系统的分门别类管理不仅针对商品，而且还可针对员工及顾客。

(1) 单品管理。零售业的单品管理是指以店铺陈列展示销售的商品以单个商品为单位进行销售跟踪和管理的方法。由于POS信息即时准确地记录单个商品的销售信息，因此POS系统的应用使高效率的单品管理成为可能。

(2) 员工管理。员工管理指通过POS终端机上的记时器的记录，依据每个员工的出勤状况、销售状况（以月、周、日甚至时间段为单位）进行考核管理。

(3) 顾客管理。顾客管理是指在顾客购买商品结账时，通过收银机自动读取零售商发行的顾客ID卡或顾客信用卡来把握每个顾客的购买品种和购买额，从而对顾客进行分类管理。

2. 自动读取销售时点信息

在顾客购买商品结账时POS系统通过扫描读数仪自动读取商品条形码标签或OCR标签上的信息，在销售商品的同时获得实时的销售信息是POS系统的最大特征。

3. 集中管理信息

在各个POS终端获得的销售时点信息以在线联结方式汇总到企业总部，与其他部门发送的有关信息一起由总部的信息系统加以集中并进行分析加工，如把握畅销商品和滞销商品以及新商品的销售倾向，对商品销售量和销售价格、销售量和销售时间之间的相关关系进行分析，对商品上架陈列方式、促销方法、促销期间、竞争等影响进行相关分析，集中管理，等等。

4. 连接供应链的有力工具

供应链参与各方合作的主要领域之一是信息共享，而销售时点信息是企业经营中最重要的信息之一，通过它能及时把握顾客的需要信息，供应链的参与各方可以利用销售时点信息并结合其他的信息来制订企业的经营计划和市场营销计划。目前，领先的零售商正在与制造商共同开发一个完全的物流系统——联合预测和库存补充系统（Collaboration Forecasting and Replenishment，CFAR），该系统不仅分离 POS 信息而且一起联合进行市场预测，分享预测信息。

二、POS 系统的结构与运行

（一）POS 系统的结构

1. POS 系统硬件的结构

POS 系统的硬件结构主要依赖于计算机处理信息的体系结构。结合商业企业的特点，POS 硬件系统的基本结构可分为：单个收款机，收款机与微机相连构成 POS 系统，以及收款机、微机与网络构成 POS 系统。目前大多采用第三种类型的 POS 结构，它的硬件结构如下：

（1）POS 系统的硬件构成。POS 系统的硬件主要包括收款机、扫描器、显示器、打印机网络、微机与硬件平台等。

（2）前台收款机。前台收款机即 POS 机。可采用具有顾客显示屏和票据打印机、条形码扫描仪的 POS、PRPOS、PCBASE 机型。共享网上商品库存信息，保证了对商品库存的实时处理，便于后台随时查询销售情况，进行商品的销售分析和管理。条形码扫描仪可根据商品的特点选用手持式或台式以提高数据录入的速度和可靠性。

（3）网络。目前，我国大多数商场一般内部信息的交换量很大，而对外的信息交换量则很小，因此，计算机网络系统应采用高速局域网为主、电信系统提供的广域网为辅的整体网络系统。考虑到系统的开放性及标准化的要求，选择 TCP/IP 协议较合适。操作系统选用开放式标准操作系统。

（4）硬件平台。大型商业企业的商品进、存、调、销的管理复杂，账目数据量大，且需频繁地进行管理和检索，选择较先进的客户机/服务器结构，可大大提高工作效率，保证数据的安全性、实时性及准确性。

2. POS系统软件

（1）前台POS软件的功能。前台POS销售软件应具有的功能如下：

①日常销售。完成日常的售货收款工作，记录每笔交易的时间、数量、金额，进行销售输入操作。如果遇到条形码不识读等现象，系统应允许采用价格或手工输入条形码号进行查询。

②交班结算。进行收款员交班时的收款小结、大结等管理工作，计算并显示出本班交班时的现金及销售情况，统计并打印收款机全天的销售金额及各售货员的销售额。

③退货。退货功能是日常销售的逆操作。为了提高商场的商业信誉，更好地为顾客服务，在顾客发现商品出现问题时，允许顾客退货。此功能记录退货时的商品种类、数量、金额等，便于结算管理。

④支持各种付款方式。可支持现金、支票、信用卡等不同的付款方式，以方便不同顾客的要求。

⑤即时纠错。在销售过程中出现错误能够立即修改更正，保证销售数据和记录的准确性。

（2）后台MIS软件的功能。后台MIS管理软件应具有的功能如下：

①商品入库管理。对入库的商品进行输入登录，建立商品数据库，以实现对库存的查询、修改、报表及商品入库验收单的打印等功能。

②商品调价管理。由于有些商品的价格随季节和市场等情况而变动，本系统应能提供对这些商品所进行的调价管理功能。

③商品销售管理。根据商品的销售记录，实现商品的销售、查询、统计、报表等管理，并能对各收款机、收款员、售货员等进行分类统计管理。

④单据票证管理。实现商品的内部调拨、残损报告、变价调动、仓库验收盘点报表等各类单据票证的管理。

⑤报表打印管理。打印内容包括：时段销售信息表、营业员销售信息报表、部门销售统计表、退货信息表、进货单信息报表、商品结存信息报表等。实现商品销售过程中各类报表的分类管理功能。

⑥完善的分析功能。POS系统的后台管理软件应能提供完善的分析功

能，分析内容涵盖进、销、调、存过程中的所有主要指标，同时以图形和表格方式提供给管理者。

（3）数据维护管理。完成对商品资料、营业员资料等数据的编辑工作，如商品资料的编号、名称、进价、进货数量、核定售价等内容的增加、删除、修改。营业员资料的编号、姓名、部门、班组等内容的编辑。还有商品进货处理、商品批发处理、商品退货处理。实现收款机、收款员的编码、口令管理，支持各类权限控制。具有对本系统所涉及的各类数据进行备份，交易断点的恢复功能。

（4）销售预测。包括畅销商品分析、滞销商品分析、某种商品销售预测及分析、某类商品销售预测及分析等。

（二）POS 系统的运行

POS系统的运行由以下五个步骤组成。

1. 店里销售的商品都贴有表示该商品信息的条形码或光学识别（OCR）标签。

2. 在顾客购买商品结账时，收银员使用扫描读数仪自动读取商品条形码标签或 OCR 标签上的信息，通过店铺内的微型计算机确认商品的单价，计算顾客购买总金额等，同时返回给收银机，打印出顾客购买清单和付款总金额。

3. 各个店铺的销售时点信息通过 VAN 以在线联结方式即时传送给总部或物流中心。

4. 在总部，物流中心和店铺利用销售时点信息来进行库存调整、配送管理、商品订货等作业。通过对销售时点信息进行加工分析来掌握消费者购买动向，找出畅销商品和滞销商品，并以此为基础，进行商品品种配置、商品陈列、价格设置等方面的作业。

5. 在零售商与供应链的上游企业（批发商、生产厂家、物流业者等）结成协作伙伴关系（也称为战略关系）的条件下，零售商利用 VAN 在线联结的方式把销售时点信息即时传送给上游企业。这样上游企业可以利用销售现场的最及时准确的销售信息制订经营计划、进行决策。例如，生产厂家利用销售时点信息进行销售预测，掌握消费者购买动向，找出畅销商品和滞销商品，把销售时点信息（POS 信息）和订货信息（EOS 信息）进行比较分析来把握零售商的库存水平，以此为基础制订生产计划和零售商库存连续补充计划（Continuous Replenishment Program，CRP）。

第七节 电子商务与物流信息系统

一、电子商务的定义

电子商务是一种崭新的商务运作方式，在Internet技术迅速发展的今天，电子商务将给人类带来一次史无前例的产业革命，并最终引领人们进入信息社会。

电子商务这个概念起源于20世纪70年代。当时一些大公司通过建立自己的计算机网络实现各个机构之间、商业伙伴之间的信息共享，这个过程被称为EDI（电子数据交换）——它是电子商务的基础。同一时期，美国军方和运输部门用ANSI/ASC/X.12数据交换标准在网络上传递商业信息；20世纪80年代初，欧共体在广域网上从事商贸交易活动。进入90年代，由于互联网技术、电子技术、安全数据交换技术等的提高，电子商务有了革命性的发展。据预测，到2003年全球电子商务网上交易量将达到1.5万亿美元。电子商务的发展带来了无限商机，人们创造出各种各样的商务模式，因而使得电子商务这个概念无论在内涵和外延上和其他商务形式都有所不同。

对电子商务，目前业界提出了多种定义，但至今没有一个完整而统一的定义。最初IBM公司是将“电子商务”（E-business）作为企业的广告用语。作为电子商务的积极推动者，该公司对电子商务作了这样的描述：电子商务是在因特网的广阔联系与传统信息技术的丰富资源相互结合的背景下应运而生的一种相互关联的动态商务活动。

为了便于理解，首先给出电子商务的一个较为简单的定义。

电子商务（Electronic Commerce，EC）是指两方或多方通过计算机和某种形式的计算机网络（直接连接的网络或Internet等）进行商务活动的过程。更准确一点，电子商务是在技术经济高度发达的现代社会和因特网开放的网络环境里，系统地利用网络提供的各种通信手段，高效率、低成本地实现消费者网上购物，以及企业之间在网上交易，并进行在线电子支付的新型商业运营模式。可见，电子商务不仅仅是网络广告和在线支付，它还包括企业和企业之间的商务活动、网上的零售业和金融企业的数字化处理过程。一些专家甚至认为电子商务包括商业活动中的所有内容，从广告发布到打印发票和客户服务。它实现了交易的物质化，避免人为地降低成本，提高效率，表现了网络最具魅力的地方。通过网络发送电子邮件、视频交换、文件传输、信息数据的交换所进行的商业行为，都是电子商务某种形式的表现，可以说，电子商务是它们的应用的集合。由于电子商务的发展引起了商务领域的一场革命，成为潜在的经济增长动力并推动着世界经济的不断发展，因而有的学者认为这种商务模式就像生产力一样深刻地改变着人类社会。

二、电子商务的应用范围

电子商务可提供比传统商业更为广泛、全面的服务，涉及网上宣传、网上交易、网上支付和管理全过程。其具体内容如下：

(一) 广告宣传

企业可利用自己的或 ISP 的 Web 服务器在 Internet 上发布各类商业信息，利用网站主页和电子邮件在全球范围内进行广告宣传，而用户则可以利用浏览器及网上的检索工具，迅速找到所需的商品信息。与传统广告相比，网上广告成本低、范围广，给客户的信息量更为丰富。

(二) 售前售后服务

利用网上的信息交换，可提供产品和服务的细节、产品使用技术指南，了解市场和商品信息，征询和回答客户的意见，使生产者和消费者之间的距离缩短。用户能及时反馈意见，参与产品的设计及生产过程；企业则能提高售后服务的水平，使企业获得改进产品、发现市场的商业机会。

(三) 咨询洽谈

企业和客户都借助非实时的电子邮件、新闻组和实时的讲座组来咨询、洽谈交易事务，如有进一步的需求，还可利用网上的白板会议（White Boad Conference）来交流即时的图形信息。网上的咨询和洽谈能超越人们面对面交流的限制，提供多种方便的异地交谈形式。

(四) 网上订购

企业和客户都可利用电子邮件交互传送实现网上订购。网上订购通常都是在产品介绍的网页上提供十分友好的提示信息和订购交互格式框。当用户填完订购单后，通常系统会回复确认信息单来保证订购信息的收到与否。订购信息也可采用加密的方式使客户和商家的商业信息安全交流。

（五）电子支付

客户和商家之间，可使用电子资金转账、信用卡账户、电子支票、电子现金等，通过银行实施支付。在网上直接实施电子支付手段，可以省去交易中人员的开销和节约时间。网上支付必须要实行信息传输的安全、可靠的控制，以防止欺诈、窃取、修改、假冒和否认等非法行为。

（六）销售服务

对于已付款的客户应将其订购的货物尽快地传递到他们手中。货物可能在本地，也可能在外地，电子商务能在网络中进行物流的调配。而最适合的在网上直接传递的货物是信息产品，如软件、电子读物、信息服务等能直接从电子仓库中将货品发到用户端。

（七）运输服务

为了搞好运输服务，必须实现包括海、陆、空运企业之间的联网。运输服务包括运用电子商务对货物及运输工具、班次进行调配，货物的发送管理及运输跟踪，以及可以电子化传送货物的实际发送。

（八）组建虚拟企业

经济活动的数字化和网络化，一方面使空间变小，世界变成了“地球村”；另一方面又使空间扩大，除了物理空间外，又多了一个“媒体空间”(Cyber Space)。因此，经济活动不仅可以在物理世界中进行，而且可以在媒体空间中进行，可以组建一个物理上不存在的企业，如虚拟商店、虚拟市场、虚拟银行、虚拟公司、虚拟研究中心、远距离的多主体虚拟合作等。集中一切独立的中小公司的权限，提供比任何单独公司多得多的产品和服务。虚拟现实系统能提供动态反馈，并使数据和实时信息形象化而又有直观性。

（九）共享资源

公司和贸易伙伴们可以共同开发、拥有和运营共享的营销方法、软件、数据、信息等资源。

（十）交易管理

整个网上交易的管理将涉及人、财、物、信息等多个方面，涉及企业和企业、企业和消费者、企业和政府及企业内部等各方面的联系与管理。所以，交易管理涉及商务活动全过程的管理。电子商务的发展，将会提供一个良好的交易管理的网络环境及多种多样的应用服务系统。这样，能保障电子商务获得更广泛的应用。

三、电子商务的交易步骤

（一）电子商务的交易过程

电子商务的交易过程可分为三个阶段：交易前、交易中和交易后。

1. 交易前。主要指交易各方在交易合同签订前的活动，包括在各种商务网络或 Internet 上发布和寻找交易机会，通过交换信息来比较价格和条件，了解对方国家的贸易政策，选择交易对象。

2. 交易中。主要指合同签订后的贸易交易过程，涉及银行、运输、税务和海关等方面的电子单证交换，即 EDI。

3. 交易后。在交易各方办完各种手续后，货物交付运输公司起运，可以通过电子商务跟踪货物，银行按照合同，依据提供的单证支付资金，出具相应的银行单证，实现整个交易过程。电子商务主要借助 Internet 展开，包括注册和联机认证、交易和支付等功能。

（二）电子商务交易的基本步骤

1. 制作订单。购买方根据自己的需求在计算机上操作，在订单处理系统上制作出一份订单来，并将所有必要的信息以电子表格的格式储存下来，同时产生一份电子订单。

2. 发送订单。购买方将此电子订单通过 EDI 系统传送给供货商，此订单实际上是发向供货商的电子表信箱，优先存放在 EDI 交换中心上，等待来自供货商的接收指令。

3. 接收订单。供货商使用邮箱接收指令，从 EDI 交换中心自己的电子信箱中收取全部邮件，其中包括来自购买方的订单。

4. 签发回执。供货商在收妥订单后，使用自己计算机上的订单处理系统，为来自购买方的电子订单自动产生一份回执，经供货商确认后，此电子订单回执被发送到网络，再经由 EDI 交换中心存放到购买方的电子信箱中。

5. 接收回执。购买方使用邮箱接收指令，从 EDI 交换中心自己的电子信箱收取全部邮件，其中包括供货商发来的订单回执。整个订货过程至此完成，供货商收到订单，客户（购买方）则收到了订单回执。

第九章　第三方物流管理

自20世纪80年代以来，外协（Outsourcing）已成为流通领域中的一大趋势。企业越来越重视集中自己的主要资源与业务，而把其他资源与业务外部化。因为物流一般被制造业与商业企业认为具有支持与辅助功能，所以发达国家的物流已不再作为工商企业直接管理的活动，而常常从外部物流服务专业公司中采购而获得。有些公司还保留着物流作业功能，但越来越多地开始由外部合同服务（第三方物流服务）来补充。

我国在改革开放以前，实行的是高度集中的计划经济体制，在传统的计划经济体制下，涉及物流的各个环节，包括运输、仓储、配送环节等都是通过计划手段按行政部门、行政区划管理的。改革开放以来，特别是进入20世纪90年代以来，随着改革开放的进一步深入，我国经济体制逐步转型，整个生产、流通和消费发生了深刻的变化，国内从商业、物资储运企业改造、运输与货运代理延伸等，出现了不同形式的物流服务企业。但总体来说，这些企业仍然处于起步阶段，一方面由于物流的观念尚未在工商企业中得到普及，国内企业对物流服务需求不足，另一方面，物流服务企业提供服务的质量不高，数量有限，特别是对物流系统计划、设计与管理的水平与发达国家相比还有差距。

第一节　第三方物流理论

一、第三方物流的概念

工商企业越来越重视与其他公司，包括与顾客、原材料供应商及各种类型的物流服务供应商的紧密合作。这一现象是由供应链活动中的公司努力建立相互之间更有意义的关系所引起的，其结果是使许多公司成为供应链成员“扩展”物流组织的过程中的一员。

扩展物流组织至公司边界之外的方法之一，就是采用第三方或合同物流服务。国际上，有关这类物流服务提供者的定义尚不统一。

“第三方”这一词来源于物流服务提供者作为发货人（甲方）和收货人（乙方）之间的第三方这样一个事实。物流服务公司在货物的实际物流链中并不是一个独立的参与者，而是代表甲方或乙方来执行的。

第三方物流公司可广义地定义为提供部分或全部企业物流功能服务的一个外部提供者。这一广义的定义是为了把提供运输、仓储、销售物流、财务等服务的提供者都包括在内。目前，提供这类服务的公司数量大增，并有继续增加的趋势。在这一行业中既有许多小的专业公司，也有一些大的公司存在。

第三方物流是一个新兴的领域，已得到越来越多的关注。像许多流行的术语一样，第三方物流这一术语的表达运用常因人和因地的不同而使其含义有很大的区别。此外，还有一些别的术语，如合同物流、物流外协、全方位物流服务公司、物流联盟等，也基本能表达与第三方物流相同的概念。

目前被普遍采用的美国物流管理协会对物流的定义中并没有确定由谁来从事物流操作。在第三方物流供应者这一术语中，“供应者”被定义为所述组织向客户提供该服务。这样，这类服务就可由别的组织来承担。但据一般的理解，第三方物流供应者并不是经纪人。一个公司要承担起第三方物流供应者的角色必须能管理、控制和提供物流作业。

第三方物流是运输、仓储等基础服务行业的一个重要的发展。从经营角度看，第三方物流包括提供给物流服务使用者的所有物流活动。欧美研究者一般是这样定义第三方物流的：第三方物流是指传统的组织内履行的物流职能现在由外部公司履行。第三方物流公司所履行的物流职能，包含了整个物流过程或整个过程中部分活动。

此外，从战略重要性角度看，第三方物流的活动范围和相互之间的责任范围较之一般的物流活动都有所扩大，以下定义就强调了第三方物流的战略意义：工商企业与物流服务提供者双方建立长期关系，合作解决托运人的具体问题。通常，建立关系的目的是为了发展战略联盟以使双方都获利。

这一定义强调了第三方物流的几个特征：长期性的关系、合伙的关系、协作解决具体的不同的问题和公平分享利益以及共担风险。与一些基本服务如仓储、运输等相比，第三方物流提供的服务更为复杂，包括了更广泛的物流功能，需要双方最高管理层的协调。

第三方物流服务中，物流服务提供者须为托运人的整个物流链提供服务，供求双方在协作中建立交易关系或长期合同关系。这两种关系间还可以有多种不同的选择，诸如短期合同、部分整合或合资经营。物流服务供求双方的关系既可以只限于一种特定产品（如将汽车零部件配送给汽车经销商），也可以包括一组特定的物流活动，甚至还可以有更大的合作范围（如进出库运输、仓储、最终组装、包装、标价及管理）。在计算机行业中，物流服务提供者还可提供超出一般范围的物流服务，比如在顾客的办公室安装、组装或测试计算机。

二、第三方物流发展现状

（一）影响第三方物流发展的因素

第三方物流从 20 世纪 80 年代开始发展，随着市场对第三方物流需求的不断增加，物流业的地位也在不断地提升。而运输业规章制度的不断建立和完善，使约束放松，它为物流一体化提供了良好的环境。全面质量管理的推广和及时系统 JIT 的零库存、零缺陷、零故障理念的应用，也为物流服务带来了新的生机。由于物流技术设施的不断更新和发展，而企业的物流部门却不可能保证有足够资源、先进的技能、充足的时间去更新设备，相反，作为专门从事物流的第三方物流企业，却有可能更新设备，因此企业的物流部门愿意外购物流企业的物流服务。当然，信息技术的高速发展，也给物流活动带来了新的转机，电子订货系统 EOS、全球定位系统 GPS 等新技术的出现，使物流信息传递加快，物流作业执行可靠，物流服务水平提高。尤其是互联网的出现，电子商务时代的快速到来，改变了物流模式，通过网络化使物流实现跨区域、跨国界的活动，物流的功能更为强大。企业与运输公司之间的物流运输业务的协调，企业与仓储公司之间的物流保管业务的安排，企业与配货部门之间物流配送计划的落实，这一系列的活动都会大大地加强。反之，这些活动无论是在同一国家的不同地区展开的，还是在不同国家之间展开的，都需要经过许多过程，通过许多道作业，花费较高的费用。而第三方物流能够使这些难题得到较好的解决，它能够提供物流总承包的服务，从运输、保管、配送到装卸、包装、流通加工，实现物流的合理化，减少中间环节，方便了客户，同时也降低了物流成本，为各种电子商务的网上商店提供了方便，促进了它们的发展。

（二）第三方物流发展的现状

1. 现代物流模式

传统的物流管理往往仅仅是指运输管理，以后，随着经济的发展，物流管理逐步向新技术、新设施的硬件方向发展。在当前的新经济时代，物流管理由费用管理走向利润管理，由单一企业走向多企业供应链，具有软硬件配置，成为有效的物流系统，步入了后勤管理时代，引入了按指令、在指定时间、把指定物品送达指定地点、绝对保证需要的拉式管理。

在新经济时代的环境下，第三方物流发展壮大了，这是一种新型的专业物流服务，其服务宗旨是面向个别客户，适应客户需要。服务方式是尽量利用新技术，创造新项目。服务内容是从单一功能的物流服务转向全方位的物流服务。这是一种以全新面貌出现的物流管理，它是现代物流的标志。

由于社会经济的发展，对于物流服务的需求增多，这就促使了第三方物流企业不断地壮大，这种壮大表现在物流企业的人员增多，设备增多。当社会发生某些危机时，经济开始下滑，社会对物流服务的需求也随之减少。然而，此时第三方物流企业已壮大了，无法一下子缩小，为了维持其庞大的人员开支和设备开支，不得不在市场上不断地寻求新方向。

同时，随着客户队伍的扩大，第三方物流企业的销售管理跟不上，造成客户转移，出现订单减少现象，使物流企业感到很棘手，物流企业的发展受阻，只能依赖于不断地开拓市场来改变这一现状。以上两方面的压力迫使第三方物流企业必须采取一系列措施以改变现状。这些措施是：增加服务品种；推出特色项目；发展核心功能；创造新的需求；扩张服务领域；开发新的客户；等等。

以上种种措施确实起了较为彻底地改变物流管理面貌的作用，这种改变是一种战略策略的改变。它的核心是物流服务的内容迅速地由原来的单一服务功能开始向全方位的物流服务功能发展，而这种发展又是超越了原来的物流服务概念的。这个全方位物流功能的范围还在不断地扩大，它很快就冲破了人们心目中原有物流服务功能的范围，成为一种崭新的物流功能。

企业向第三方物流外购运输、保管、配送、装卸、包装物流服务，同时也通过第三方物流开展向客户收款、向供应商订货，以及安装产品、回收次品等项工作。此时，第三方物流的功能大大扩展了，成为一种现代物流模式，它是一种广义的物流活动。例如：日本的网间连接器公司将外资公司组装的产品通过国际物流的航空运输服务运到日本之后，由外资公司开展备用零件配送、产品安装、代收费用、回收次品等物流服务，它是由第三方物流的佐川急便公司完成以上各项服务工作的。

现代物流的特点是具有现代流程设计和管理。它服务于企业与个人之间、企业与企业之间，服务方式是多种类的，服务内容是全方位的，服务结果是高效率的。

2. 物流系统的集成

现代物流是一个包括物流网络系统、物流作业系统和物流信息系统的集成系统。

（1）物流网络系统。物流网络系统是一个以物流中心为核心的网络系统，而物流中心则是使物流各种服务功能连接在一起的枢纽。这样一来，物流中心的出现，实现了商流与物流分离，无形之中提高了物流服务水准，使物流成本分散，也促进了商流效率的提高，减少了物流设施费用。

（2）物流作业系统。物流作业系统是具体实现物流活动的系统，它包含了物流硬件作业和软件作业两个方面。物流硬件作业是以物流作业硬件效率为目标的，通过物流作业的机械化、自动化达到作业的高速度。物流软件作业是以提高物流作业软件效率为目标的，通过对物流作业时间的分配，以及物流作业人员等待时间的分析，实现作业计划化、交易标准化、管理集中化，做到物流作业的及时修改，达到物流作业的优化。

（3）物流信息系统。物流信息系统是对物流管理中的各种信息进行集成的管理，它是现代物流系统中重要的子系统。物流信息系统是以物流信息集成化为目标的，通过对物流数据进行分类、合并、抽出、更新、分配、生成等各种处理，输出物流管理中所需要的各类报表、账册、单据，以满足物流管理者的需要，并为管理决策提供信息。

3. 现代物流的目标

由物流网络系统、物流作业系统和物流信息系统所组成的现代物流系统能够达到低成本、高质量、快响应的目标。

（1）低成本。由于开展了物流作业的分析，找出了作业的最佳线路，以及实现了作业的机械化和自动化，从而可以降低成本。物流运输功能可以通过挖掘降低运输费用的潜力来达到降低运输费用的目的。其措施有：缩短物流作业途径；运用批量化来减少运输次数；提高车辆装载效率；选择最佳运输工具等。物流保管功能可以通过减少或去除冗余库存，灵活掌握库存量等方法来达到降低保管费用的目的。物流包装功能可以通过选用低价包装材料、简化包装，以及包装作业机械化达到降低包装费用的目的。物流装卸功能可以通过减少装卸次数、导入集装箱等机械化方法来达到降低装卸费用的目的。从以上物流运输、保管、包装和装卸的费用降低方法中，可以看出降低物流各项活动的费用是可能的，当然，随着各项费用的降低，物流的成本是可能实现的。

(2) 高质量。由于物流服务向多种类、全方位的方向发展，物流服务的差异化特点也就能体现出来。对于不同企业的不同外购物流的需求，第三方物流采用了不同的服务方式，并且努力做到与企业建立一种长期合作伙伴的关系，使企业感觉所外购的物流服务很稳定。同时，也促使第三方物流自身感到需要不断地开发新的服务品种，改变服务方式，塑造新形象。因此，第三方物流企业的服务质量将会不断地提升，以达到服务高质量的目标。

(3) 快响应。由于互联网、条形码和 EDI 等的出现，物流系统中原有的延迟、拖拉、出错、误送、误配的情况得以改善。利用现代信息技术和工具，保证了现代物流各项功能的实现，物流系统出现了准确、准时、正确的新面貌。例如：利用计算机信息系统可以编制配送表，并计算配送所需费用和打印费用清单。然后将以上信息通过互联网传递给有关企业。企业也可以通过计算机查询以上数据。由于电脑处理的高速度，使用户感到物流系统是一种快响应的系统。

(三) 第三方物流的效益

1. 发挥企业管理优势

第三方物流最大的效益是使企业能够集中精力于自身擅长的管理业务。

由于受到人力、物力、财务各方面资源的限制，每个企业在管理方面均具有擅长而独特的一面，同时也具有欠缺而薄弱的一面。因此，面对这种客观状况，企业必须充分利用现有资源，发挥管理优势，集中精力于内部管理问题上，解决一些重点和难点，而将不擅长的或条件不足的那些物流管理部分转移至外部物流服务公司，即第三方物流。例如，移动通信产品公司将各子公司之间的运送事务委托给第三方物流公司，而公司自身可以集中精力于手机产品的制造管理方面，这样，就可以把更多的精力用来加强产品质量的研究，不断地提高产品质量。

2. 降低生产成本

人们所熟悉的生产成本的要素是原料成本、劳动力成本和制造费用成本。其中任何一个要素费用的降低，都会引起生产成本的下降。影响原料成本下降的因素之一是原料采购费用。例如原料采购中的运输费用的下降就会影响生产成本。如果企业将采购原料工作交给专门物流配送中心即第三方物流管理的话，配送中心就可以根据客户的需要进行合理的选择，集中配送和发运，实现联合运输。那样做的话，原料采购的运输费用必然会低于单独客户的专门运输费用。

3. 提高服务质量

由于企业发挥了内部管理的优势，企业就有精力致力于生产管理，更好地关注产品质量以及服务质量。又由于降低了生产成本，企业有能力开发服务工作，提高服务工作水平。例如精益生产对于外购件在配送时间上要求较高，利用第三方物流高质量的服务功能，可以采用最佳方式、最快速度、及时将外购零部件配送到位，这样就保证了产品生产时间，真正做到了及时生产，保证了企业准时交货的优质服务。

4. 适应需求变化

由于市场竞争的不断加剧，客户需求的不断变化，迫使企业不得不采取各种灵活手段来应付瞬息万变的局面，以适应周围环境，求得生存。企业在物流管理方面也必须具有灵活性。灵活性表现在：当市场变化，订单增多，企业运输能力不足时，可以借助第三方物流的职能来补充或替代企业的运输工作；当实际需求加大时，要求在库存设置和空间上进行调整，此时，企业可以外购仓储保管能力，即借助第三方物流的保管功能来补充保管容量；当企业加工能力不足，希望减少流通加工的包装工序时，可以借助第三方物流的包装功能来实现；当企业没有精力进行配货时，也可以借助第三方物流的配送功能。总之，利用第三方物流的各项功能，可以使企业具有较好的后援能力，以及各种服务能力，以应付瞬息万变的环境。

例如，美国联合包裹运送服务公司 UPS 为了迅速、可靠而安全地将信函、文件及物品快递至收件人手中，保证服务质量，采取了在各国就地建立区域性仓库的方法，UPS 借用上海浦东国际机场快件中心的大仓库，建立了一条包裹自动流水线来满足快递的质量要求。

5. 不断更新技术

物流技术是货物运输、保管、配送、装卸、包装、信息管理过程中所应用的技术。物流技术是随着物流业务的发展及科学技术的进步而不断更新的。现代物流发展的今天，物流技术更是快速地变化。表现在：运输工具的专业化和多样化；保管技术的自动化；物流配送活动的高速度；装卸技术的自动化和机械化；包装技术的新材料和流水线；信息管理的网络化。物流技术的日新月异变化，代表着现代物流发展的需要，而一般企业要跟上物流技术变化的潮流，在时间、财力和技术各个方面均显得有些力不从心。但是，第三方物流是专门从事物流工作的专职机构，不断追寻物流技术的发展，更新物流设备，应用高技术手段是它们生存的需要，它们也有能力以最快的速度更新物流技术。

三、第三方物流公司的类型

对第三方物流公司有多种多样的分类方式，在各国均有差别。由于美国的物流较为发达，因此以美国的各类第三方物流公司为例。

（一）以运输为基础的物流公司

这类公司都是大型运输公司的分公司，有些服务项目是利用其他公司的资产完成的。其主要的优势在于公司能利用母公司的运输资产，扩展其运输功能，提供更为综合性的一整套物流服务。这类公司有：Roadway Logistics (ROLS)，Yellow Logistics Service，J. B. Hunt Logistics，UPS Worldwide Logistics 和 Ryder Dedicated Logistics。

（二）以仓库和配送业务为基础的物流公司

这类传统的公共或合同仓库与配送物流供应商，在业务上已经扩展到了更大范围的物流服务。以传统的业务为基础，这些公司已介入存货管理、仓储与配送等物流活动。经验表明，基于设施的公司要比基于运输的公司转为综合物流服务更容易与简单些。如：Excel Logistics，GATX Logistics，DSC Logistics 和 USCO。

（三）以货物代理为基础的物流公司

这些公司一般没有自己的资产，非常独立，并与许多物流服务供应商有来往。已证明它们具有把不同物流服务项目组合，以满足客户需求的能力，这类公司包括：Kuehne&Negel，Fritzard C. H. Robinson。当前，它们已从货运中间人角色转为更广范围的第三方物流服务公司。

（四）以托运人和管理为基础的物流公司

这一类型的公司是从大公司的物流组织演变而来的。它们将物流专业的知识和一定的资源，如信息技术，用于第三方作业的优势来源。这些供应商具有管理母公司物流的经验，因此，它向外部客户证明了它的能力。如 Intral（Gilletter）、IBM（IBM Corporation）和 KLS（Kaiser Aluminum）。

（五）以财务或信息管理为基础的物流公司

这种类型的第三方供应商能提供如运费支付、审计、成本会计与控制和监控、采购、跟踪和存货管理工具。包括 Cass Information Systems（Cass Commercial Corperation 的分支），GE Infommtion Service（GE）电子，Encompass（CSXT 和 AMK 合资公司）。

这种分类虽然较为明确，但由于各国发展状况的不同，现在仍不能统一适用于整个第三方物流产业系统。对此应注意。

第二节　第三方物流的客户服务

工商企业重视物流不仅仅是为了节约成本，而是它们越来越认识到物流对提高客户服务水平及企业获得竞争性战略优势的重要性。在第三方物流融入客户供应链后，它所提供物流服务的种类与水平需要根据客户的特点“量身定制”。第三方物流公司的运作表现好坏直接关系到被服务公司客户的满意与否，第三方物流公司只有对客户的服务作出贡献，才能取得成功。

一、第三方物流服务内容

（一）物流服务构成要素和内容

1. 拥有顾客所期望的商品（备货保证）。

2. 在顾客所期望的时间内传递商品（输送保证）。

3. 符合顾客所期望的质量（品质保证）。

（二）物流服务项目和内容

物流服务要围绕上述三种要素展开。物流服务项目和具体内容如表 9-1

所示：

表 9-1　　物流服务项目与内容

编号	项　目	内　容
1	储货库存服务率	* 全品种可以立即交货 * B 级、C 级商品不能立即交货
2	接受订货截止时间	* 接受订货截止时间（前一天几点，前两天几点，当天几点） * 截止后延长时间
3	交货日期	* 当天 * 第二天午前，第二天 * 第三天 * 第三天之后
4	订货单位	* 散货 * 打 * 箱、盒 * 托盘 * 卡车
5	交货频度	* 1 日 1 次，1 日两次以上 * 周 1 次，周 2～3 次 * 周 3 次以上
6	指定时间	* 指定时间 * 指定时间（午前、午后）
7	紧急发货	
8	保持物流质量	* 保管、运送过程中的品质劣化，物理性损坏 * 配送错误，数量错误，品质错误
9	提供信息	* 交货期的回答 * 库存及断档信息 * 重新进货 * 到货日起，运送过程中商品信息，追踪信息
10	进货条件	* 车上交货，仓库交货 * 定价，价格标签 * 包装 * 免检

二、第三方物流客户服务的特性

客户服务涉及公司的许多部门。从物流的角度看，客户服务有以下 4 个传统特性：

（一）时　间

从卖方的角度，时间因素通常以订单周期表示；而从买方的角度则是备货时间或补货时间。不管是从什么角度及采用什么术语，影响时间的因素有几个基本变量。

当今成功的物流作业具有对备货时间的基本变量高度控制的能力，包括订单处理、订单准备、货物发送，通过对这些活动的有效管理，保证了合适的订单周期及一致性，卖方公司对买方的客户服务水平也得到了改进。

1. 订单传送

订单传送包括订单从客户到卖方传递所花费时间，少则用电话只需几秒钟，多则通过信函需时几天。卖方若能增加订单传送速度就可减少备货时间，但同时也可能会增加订单传送成本。

计算机与因特网使订单传送发生了革命，通过买卖双方的计算机联结，卖方可以登录买方的计算机，在实时系统中，买方可以知道有关产品的供货的可能性以及可能的装运日期等信息。买方也可以通过计算机来挑选所需要的商品，并通过电子信息交换（EDI）传送给卖方。EDI 自动订货系统已广泛地用于买卖双方。

2. 订单处理

卖方需要时间来处理客户的订单，使订单准备就绪和发运。这一功能一般包括调查客户的信誉、把信息传送到销售部做记录、传送订单到存货区、准备发送的单证。这里的许多功能可以用电子数据处理同时进行。一般来说，卖方的作业成本节约比实施现代技术的资本投资要大，这是因为当今计算机硬件与软件的成本已大大下降了。

3. 订单准备

订单准备时间包括订单的挑选和包装发运。不同种类的物料搬运系统以不同方式影响着订单准备工作，物料搬运系统可以从简单的靠人力操作的系统到复杂的高度自动化的系统。它们订单准备时间相差很大。物流经理要根据成本和效益选择不同的系统。

4. 订单发送

订单发送时间是从卖方把指定货物装上运输工具开始计算至买方卸下货物为止的时间。当卖方雇佣运输公司时，计算和控制订单发送时间是比较困难的。要减少订单发送时间，买方必须雇佣一个能提供快速运输的运输公司，或利用快速的运输方式，这时运输成本会上升。

若对以上所有的4个组成部分进行改进来减少备货时间，其费用可能太高。为此，公司可以在某一项目上进行改进而其他项目仍保持不变。如投资自动化物料搬运设备可能在财务上不合算，为弥补人工操作带来的较长的订单处理时间，公司可以采用以电话订货代替信函订货，以及用公路运输代替铁路运输。这将可使公司减少备货时间而不用在自动物料搬运设备上投资。

（二）可靠性

对有些客户，可靠性比备货时间更重要。如果备货时间一定，客户可以使存货最小化。也就是说，若客户百分之百地保证备货时间是10天，则可把存货水平在10天中调整到相应的平均需求，并不需要用安全存货来防止由于备货时间而引起的波动所造成的缺货。

1. 周期时间

因为备货时间的可靠性直接影响客户存货水平和缺货成本，提供可靠的备货时间可以减少客户面临的这种不确定性。卖方若能提供可靠的备货时间，可使买方尽量减少存货与缺货成本，以及订单处理时间和优化生产计划。

2. 安全交货

可靠性不仅仅是备货时间上的一致性，还是关于规则的、一致的备货时间，以及在安全和质量的均一性等条件下送达客户所订购的货物。

安全交货是所有物流系统的最终目的，如前所述，物流功能是销售功能的终点。如果货物到达时受损或丢失，客户就不能按期使用，从而加重客户方面的成本负担，如存货、生产和营销成本。

如果所收到的货物是受损的货物，就会破坏客户的销售或生产计划，这会产生缺货成本，导致利润或生产损失。因此，不安全的交货会使买方发生较高的存货成本或利润和生产损失。这种状况对致力于实施一定程度的零库存计划以尽量减少存货的公司是不能接受的。

除了成本、非安全交货可导致客户提出索赔的成本，或返回受损货物要求修理等的费用（依据 F. O. B 条款和其他售销条款，卖方而非买方对这些成本负责）。卖方可能意识到这些成本，因为他将直接负责来纠正这些错误。

3. 订单的正确性

可靠性包括订单的正确性。正在焦急等待紧急货物的客户，可能发现卖方发错了货。没有收到想要的货物的客户可能面对潜在的销售或生产损失。不正确的订单使客户不得不重新订货，或客户会气愤地从此找另一供应商订货。如果客户是营销渠道的中间商，缺货状态也会直接影响卖方。

（三）沟　通

对订货供应活动极其重要的两个活动是客户订购信息与订单供应和实际存货、拣货过程的沟通。在订货信息阶段，用 EDI 能减少订单信息传递到仓库接收时的错误，卖方应简化产品标识，如使用条形码，以减少订单挑拣人员的错误。

EDI 不仅可减少订单供应中的错误，也能增加存货的周转率。EDI 与条形码结合，可以改进卖方的服务和减少成本。事实上，EDI 与条形码有助于卖方改进大部分的物流功能。

经常与客户保持接触与采用 EDI 同样重要。与客户的沟通对监控与可靠性相关的客户服务水平是非常重要的。与客户沟通和交流对物流服务水平的设计来说是基本的。交流渠道必须永远畅通，这只是主要的卖方对客户物流要求的外部限制条件。没有与客户的接触，物流经理就不能提供最有效和经济的服务，这就等于打球时运动员并不知道比赛规则。

沟通是一个双向的过程，卖方必须能够传达客户需要的物流服务信息。例如，供应商应及时地通知采购方潜在的服务水平下降，使采购方作出必要的操作调整。

（四）方　便

方便即是物流服务水平必须灵活。从物流作业的角度来看，仅有一个或少数几个对所有客户的标准服务水平最为理想，但这是以客户服务需求是均一的为假设前提的。事实上，这种假设并不现实，例如，某一客户可能要求卖方托盘化并以铁路进行运输，而另一客户则只要求非托盘的公路运输，而第三个客户可能要求特殊的交货时间。物流服务要求与客户对包装、运输方式和承运人、线路、交货时间的要求等有关。

“方便”或灵活性能识别客户的不同要求。卖方一般能根据客户大小、生产线等因素来划分客户，这种划分，使物流经理识别客户的不同需求，并努力以最经济的方式来满足这些需求。

我们可以把对物流服务水平上的“方便”看成是对不同客户给予不同的服务水平。更具体地说，丧失不同客户群订单的成本是不同的。例如，订购丧失30%公司产量的客户比丧失订购0.01%公司产量的客户损失更大。另外，市场的竞争性也有不同，竞争性强的市场比竞争性弱的市场需要更高的客户服务水平。公司中不同产品的利润率也影响与限制所提供服务的水平，也就是说，对高价值的产品，公司必须提供高质量的服务。

三、客户服务水平定位

（一）基本的物流服务水平

物流服务是服务优势和服务成本的一种平衡。基本的物流服务水平定位要从可得性、作业性、服务可靠性三个方面衡量。

1. 可得性

可得性意味着拥有存货，能始终如一地满足顾客对材料或产品的需求。根据传统的范例，存货可得性越高，所需的存货投资就越大。虽然当前科学技术正在提供新的方法，使存货的高度可得性与高额的存货投资无关，但是因为它具有重大的影响，所以存货可得性的开发是至关紧要的。

2. 作业表现

作业表现是处理从订货、入库到交付的过程。作业表现涉及交付速度和交付一致性。自然地，绝大多数顾客都希望快速交付。然而，如果这种快速是反复无常的话，快速交付并无多大价值。当一个供应商答应第二天交付，但常常迟到时，顾客并没有得到什么好处。因此要实现顺利作业，厂商首先要寻求实现服务的一致性，然后再提高交付速度。作业表现的其他方面也是重要的，厂商的作业表现可以从它在适应通常的和异常的顾客需求中是否灵活来进行考察。作业表现的另一个方面是故障和恢复。很少会有哪家厂商许诺随时在任何情况下都表现完美。故障是指可能发生的物流表现的失败，诸如产品损坏、分类不正确，或单证不精确等。当这类故障发生时，厂商的表现可以从需要多少时间恢复来进行考察。作业表现关系到厂商如何处理顾客各方面的需求，包括每天都可能发生的服务失败。

3. 服务可靠性

服务可靠性涉及物流的质量属性。对质量来说，关键是要精确地衡量可得性和作业表现。只有通过全面的表现衡量，才有可能确定总的物流作业是否达到所期望的服务目标。要取得服务可得性，最基本的是要识别用哪些衡量方法去评估存货可得性和作业表现。由于物流表现需要持续不断地满足顾客的期望，对管理部门来说，最基本的是要承诺不断地改善。物流质量来之不易，它是经仔细计划，并得到培训，全面衡量和不断改善支持的产物，要改善服务表现，需要在选择的基础上确立各种目标。有些产品由于其对顾客的重要性和对有关利润的贡献，所以比其他产品更加重要。在顾客期望和顾客需求方面，需依据现实情况制定基本的物流服务水平。在绝大多数情况下，厂商所面临的营销局面是，顾客具有不同的销售潜力，并且有些顾客会需要与众不同的服务。因此，经理人员必须意识到，顾客是不同的，所提供的服务必须与之相匹配，以适应与众不同的偏好和购买潜力。

（二）基本的物流服务能力

1. 可得能力

可得能力是指当顾客需要存货时所拥有的库存能力。可得能力可以通过各种方式实现，最普通的做法就是按预期的顾客订货进行存货储备。于是，仓库的数目、地点和储存政策等便成了物流系统设计的基本问题之一。存货储备计划通常是建立在需求预测基础上的，而对特定产品的储备战略还要结合其是否畅销、该产品对整个产品线的重要性、收益率以及商品本身的价值等因素考虑。存货可以分为两类：一类是取决于需求预测，并用于支持基本可得性的基本储备；另一类是满足超过预测数的需求量，并适应异常作业变化的安全储备。

可得能力的一个重要方面就是厂商的安全储备政策。安全储备的存在是为了调整预测误差，并在安全储备的补给期间对递送延迟进行缓冲。一般说来，防止缺货的期望越大，安全储备需要也越大；安全储备的负荷越大，平均存货的数量也越大。在市场需求高度变化的情况下，安全储备的构成有可能占到厂商平均存货的一半以上。

许多厂商开发了各种物流安排方案，以增补其满足顾客存货需求的能力。一家厂商可以经营两个仓库，其中一个指定为主要服务地点，而另一个作为次要的或后援的供给来源。主要仓库是厂商用于输出其绝大多数产品的地点，以便利用自动化设施、效率及其所处地点的优势。一旦主要仓库发生缺货，并且情况继续恶化时，就可以利用次要仓库或后援仓库。但是，使用次要或后援仓库的厂商，应尽可能在最大程度上向其提供服务的顾客公开，这是因为有时候主要地点只有顾客订货的一部分产品，而次要地点却能够满足其剩余的需求，在这种情况下，除非这两部分的订货在递送前能够组合在一起，否则，因分开递送会使顾客感到不便。需要指出的是，由于厂商已尽了额外的努力保持存货可得性，而不是延交部分订货，这一事实本身会转变成一种积极的形象，说明厂商为满足顾客需求尽心尽力。

应该清楚的是，要高水准地实现存货可得的一致性需要进行大量的精心策划，而不是在销售量预测的基础上给各个仓库分配存货。事实上，其关键是要实现对首选顾客或核心顾客高水准的存货可得性，同时使整个存货储备和仓库设施维持在最低限度。

2. 作业完成能力

作业完成能力涉及物流活动对所期望的完成时间和可接受的变化所承担的义务。

(1) 速度。完成周期的速度是指从一开始订货时起至货物装运实际抵达时止的这段时间。我们必须以顾客的身份来考察厂商在这方面所承担的义务，因为根据物流系统的设计，完成周期所需的时间会有很大的不同，即使在今天高水平的通信和运输技术条件下，订货周期也可以短至几个小时，或长达几个星期。

供应商对存货可得性和作业速度这两方面的最高承诺是顾客存货委托。在委托安排中，产品是按照顾客预期的业务需要进行存货的。虽然从顾客的角度来看委托存货是一种理想的方式，但对供应商来说却是一种花费昂贵的方式。因此，供应商的存货委托安排一般仅限于一些至关重要的产品，即如果在它们确实需要时得不到将会导致失效或低效，诸如机器零件和急救医疗供应品等。顾客存货委托情况一般都出现在企业与企业之间的营销和健康卫生行业中。与为顾客维持安全储备相比，它的不同之处是，一个供应商之所以愿意接受顾客的存货委托往往是出于他在该业务关系中的力量对比。

对供应商的递送委托更具代表性的业务安排，是建立在顾客各种期望基础上的完成周期的速度。在紧急情况下，供应商会通过当地仓库进行特别递送，或者通过通宵运行的高度可靠的运输企业在几小时内完成所要求的递送服务。这种业务关系通常是按照顾客的具体要求，围绕着能促进物流作业效率所期望的完成周期形成的。换句话说，如果这种加速会导致提高价格或实际的物流成本的话，并不是所有的顾客都需要或希望最大限度地加速。

如何确定完成周期的时间往往与存货需求有着直接关系。一般来说，计划的完成速度越快，顾客所需的存货投资水平就越低。完成周期时间与顾客存货投资之间的这种关系居于以时间为基础的物流安排之首。

(2) 一致性。虽然服务速度至关重要，但大多数物流经理更强调一致性。一致性是指厂商在众多的完成周期中按时递送的能力。一般说来，可得性与一旦需要就可以进行产品装运的存货能力有关；而完成周期的速度则与持续地按时递送特定订货所必需的作业能力有关；而所谓一致性，却是指必须随时按照递送承诺加以履行的处理能力。由此看来，一致性的问题是物流作业最基本的问题。

(3) 灵活性。作业灵活性是指处理异常的顾客服务需求的能力。厂商的物流能力直接关系到在始料不及的环境下如何妥善地处理问题。需要厂商灵活作业的典型事件有：修改基本服务安排，例如，一次性改变装运交付的地点；支持独特的销售和营销方案；新产品引入；产品逐步停产；供给中断；产品回收；特殊市场的定制或顾客的服务层次；在物流系统中履行产品的修订或定制，诸如定价、组合或包装等。在许多情况下，物流优势的精华就存在于灵活能力之中。厂商的整体物流能力取决于在适当满足关键顾客的需求时所拥有的"随机应变"的能力。

(4) 故障与恢复。不管厂商的物流作业有多么完美，故障总是会发生的，而在已发生故障的作业条件下继续实现服务需求往往是十分困难的，因此，厂商应制订一些有关预防或调整特殊情况的方案，以防止故障发生。厂商应通过合理的论证来承担这种应付异常情况的义务；而其制订的基本服务方案应保证高水平的服务，实现无故障和无障碍计划，为此，厂商要有能力预测服务过程中可能会发生的故障或服务中断，并有适当的应急计划来完成恢复任务。当实际的服务故障发生时，顾客服务方案中的应急计划还应包括对顾客期望恢复的确认以及衡量服务一致性的方法。

3. 可靠能力

物流质量与物流服务的可靠能力密切相关。物流活动中最基本的质量问题就是如何实现已计划的存货可得性及作业完成能力。除了服务标准外，质量上的一致性涉及能否迅速提供有关物流作业和顾客订货状况的精确信息。研究表明，厂商有无提供精确信息的能力是衡量其顾客服务能力最重要的一个方面。顾客们通常讨厌意外事件，如果他们能够事前收到信息的话，就能够对缺货或延迟递送等意外情况作出调整。因此，有越来越多的顾客表示，有关订货内容和时间的事前信息比完美订货的履行更加重要。

实现物流质量的关键是对物流活动进行衡量。在顾客眼里，存货的可得性和作业绩效等是至关重要的，然而，高水准的作业绩效只能通过严格地对物流活动的成败进行精确地衡量才能维持。

四、客户投诉处理体系

(一) 客户投诉处理系统需要测量的两大类变量

对综合（整合）的、管理型的物流服务提供者来说，它们对企业各要素

(运输、仓储等)的协调负有基本责任，即应使物流配送系统有效地运作，达到以精确的时间、精确的地点把产品送给客户的目标。物流配送服务的目标是使客户满意，因此，客户投诉处理系统需要测量两大类变量：

1. 产品交货过程中的客户满意。这是一个“软”数据的领域，即并非很精确，且主观性较强的数据。然而这个变量是非常重要的。

2. 内部统计数据。它们是对客户满意度最具影响的度量。这些数据的内容随时间与行业不同而有区别，客户最关心的是产品的可得性、交货周期、信息和通信系统的反应速度等。这些方面的表现水平都是可以测量的。但必须记住，不同时间、不同行业对不同的指标可以有不同的重视程度。

(二) 保证指标设计与应用的合理性步骤

1. 进行客户调查

客户调查可以确定客户的需要、竞争对手的能力和表现水平以及由于当前服务水平的改变而引起的经济上的得失。

2. 内部的审计

审计有助于确定当前的服务水平、取得当前服务水平的成本、需要改进的服务方面的问题及较好的(或较差的)服务对成本的影响。

3. 确定服务目标

每一个服务变量的目标都必须以客户需求、竞争对手的服务水平以及公司内部的能力和经济性为基础。

4. 设计监控系统

设计监控系统以衡量每一个服务变量量度，常以实时方式进行，它以交易行为过程系统中的统计数据积累为手段。在某些情况下，必须从分包协作者那里取得必要的信息，它可能是公路运输公司的送货时间和公共仓库的订单处理时间等。

5. 设计报告系统

每一服务要素都应以定期的管理报告给出，通常报告按月制作并递交，而负责的部门应以天和周来检查详细的数据。表 9-2 是一个典型的内部服务测量的报告，这个报告测量了 4 个主要的服务项目，并进行打分。

表 9-2 **客户服务测量报告**

	仓库		
	地点 1	地点 2	总计
订单完成率			
目标完成率			
表现（%）			

订单周期	1～7 天	8～14 天	15～21 天	22～28 天	28 天以上	其他
地点 1						
地点 2						
地点 3						
地点 4						
地点 5						
总计						
准时（%）						

出错率	No.	No.	No.
订单下达			
仓库			
运输			
票据			
其他			
总计			
目标			
投诉			
收到次数			
所占比重（%）			
订单处理总数			
货物处理数			
总数			
总体表现（%）			

为了确定客户对服务水平的满意度，进行客户服务调查是必要的。调查中要考虑三个关键的问题：①用什么方式与客户联系？②哪些客户服务要素需要调查？③需要调查多少客户？

（三）联系方式

客户满意度调查是从市场研究的方法中派生出来的，对客户的调查有多种方法，常用的有以下 4 种：

1. 小组会议

从市场销售部、订单或客户服务部、配送中心操作部及计算机支持系统部门选出 4～5 人组成代表小组，代表相应的部门，亲自到大客户的对应部门登门拜访。一般只选 4～5 个大客户。调查前，需要做大量的准备，包括相应的演示材料、会议设施，小组组长准备的一份书面报告，接下来的议程是保证能对客户需求有最快速的反应。

2. 个人采访

由经过培训的采访人员从许多客户中选择其中的几个代表进行采访，就事先准备好的一些问题提问，部分目的是为了获得有关数据，但主要的目的是为了获知客户对主要服务方面的感受和关心之处。采访的一个重要问题是对竞争对手能力与表现的认识。

3. 电话采访

许多顾客不愿接受个人采访（太浪费时间），电话采访正好弥补了这一点。电话采访获得的结果一般是定量的，背景信息却少之又少。但这种采访方式成本较低。

4. 问卷调查

提供物流配送的第三方也可以采取此法。这种方式都随函附上回寄的邮票和信封，然后寄到顾客手中。这种方法能获取的信息一般是定量的，顾客意见和想法的信息非常有限，比较竞争对手的资料也能找到，但是很难得到细节性的资料。

（四）调查表的设计

调查表设计通常以概括性地提出要解决的问题展开。要考虑的有以下两个主要问题：

1. 服务的重要性；

2. 影响顾客对供应商评定等级的因素。

问卷一般有 1～5 个由被调查者自由发挥的问题，诸如服务重要性、是否完全满意以及需要改进的地方，但问卷主体会包括一系列服务要素（订货周期时间、货损等）。

接下来，需要提出 3 个方面的问题：①服务要素的重要性；②对服务的满意程度；③与同行竞争对手相比的好坏。

要求完成采访的顾客数或完成的问卷调查数（样本量）可以通过统计方法确定。根据采购量的大小，客户可以分为 3 大类（例如大客户、前 100 或 200 名的客户、其他）。大客户一般通过小组会议调查，前 100 名的客户通过个人或电话调查，只要有 50%的样本或更多一点就可以了。值得注意的是，问卷发出 1000 份，大概只有 20%～40%的回收率，因此，必须运用大量技巧以提高回收率。

需要用统计技术方法验证调查结果的可信度和准确度。一般来说，可信度只要达到 90%，抽样调查结果就能反映大众化的问题，准确度允许有 10.2%的浮动。

（五）顾客服务监控的间隔

对顾客满意程度进行连续调查与监控是十分重要的，可以通过两种不同的方式来完成：

1. 每隔一年或两年重复一次客户服务调查，精练样本和调查问卷并保留一些关键性、长期性的调查因子，以获取连续的调查记录。

2. 遵循一些公司的做法，每一季度以信函或电话的方式对前 100 名顾客中的 25 个进行抽样调查。这样就为管理系统提供了一种每季度和内部统计测量数据相比较的方法。

五、物流服务的持续改进

顾客满意必须是一个不断进行的过程，为了保持顾客满意的水准，供应商必须满足顾客的不断变化。一般认为频繁的接触是必要的，与顾客接触的方式各有不同，但可以分为 3 类：原始信息收集；周期性调整；持续性接触。

（一）原始信息收集

原始信息收集是对顾客需要和满意程度的第一次正式接触。这种接触可以分为面谈、集中小组会谈、信件或电话调查等。这些活动的目的是衡量顾客对供应商在各种不同因素、不同细分顾客群基础上的行动进行评价，以及决定需要初步改进的服务。

（二）周期性调整

一旦供应商明白顾客最初的要求和期望，就必须周期性地检查满足顾客要求的能力，以及初次接触后顾客要求的变化。由于顾客对服务的认识是顾客满意的最重要因素，所以只有顾客才能辨明服务是否改进。周期性接触为供应商提供了其在满足顾客要求方面的表现信息。通常调查结果中的下降趋势表明顾客需要正在变化，而新的需要没有被满足。顾客需要的变化由众多原因引起，包括新产品、新分销渠道、新竞争对手、新顾客的需求。通过信件和电话调查、面谈甚至小组会议进行的周期性接触有助于供应商满足顾客需要，避免在满足程度方面落后。XEROX公司每年对每位顾客至少接触两次，以测试满意水平，联邦快递则对其细分顾客群实行季度调查。

（三）持续性接触

持续的、专门的顾客交流对主要客户很重要，关于满意程度、顾客拜访及其他交流方式的讨论为评估顾客满意提供了迅速的反馈信息，使供应商在变化及发生问题前预先觉察，顾客和供应商通过设计执行的改进计划都能受益，例如，BOSE的主要供应商把代理设置在BOSE公司里，以保证它的要求不断被调整和满足。

第三节　第三方物流企业的发展战略

一、第三方物流企业市场环境分析

广义的物流服务供求是一个多元、多层次的市场。开拓物流服务业务时，应该从理论与实践上把握总体市场，包括总体市场的潜力、各个细分市场的需求与供给特征。物流服务的模型如下页图所示（物流服务市场七边形），七条边的变量可以组合成许多细分市场。这个理论模型有助于分析物流服务市场。

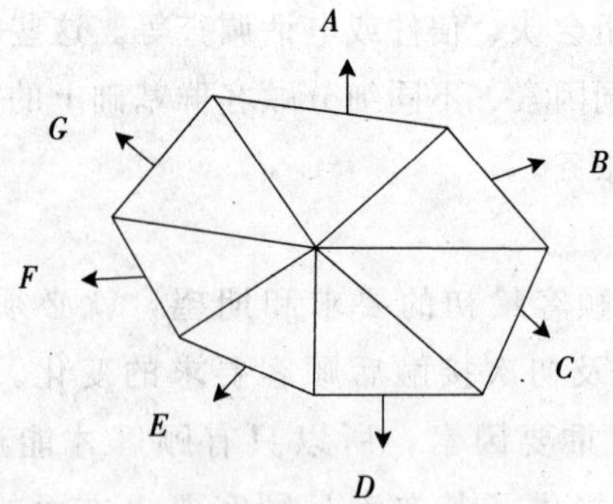

物流服务市场七边形

具体地说：

A 边（物流服务的地理范围），从所需服务的地理范围来分，可以分为：①全球；②国际；③地区。

B 边（物流服务对象的范围），从提供物流服务所包含的对象范围来分，可以分为：①公共；②只是服务于少数几家；③专一服务于一家。

C 边（物流的管理），从由谁提供对物流项目的管理来分，可以分为：①客户自己管理；②第三方管理；③物流专家。

D 边（提供物流活动的范围），从由提供物流活动的范围来分，可以分为：①运输为主；②仓储为主；③存货管理为主；④综合物流。

E 边（提供服务的水平），从提供所需物流服务的水平来分，可以分为：①基本水平服务；②高水平服务；③标准水平服务。

F 边（信息技术采用），从物流服务的信息系统来分，可以分为：①计算机全部整合；②有选择的物流信息技术协调；③某些物流活动有独立的信息技术。

G 边（提供物流服务的综合程度），从提供物流服务的综合程度来分，可以分为：①全部供应链；②工厂内部物流；③采购物流；④销售物流。

二、第三方物流企业的发展战略

（一）物流战略研究与设计基础

1. 物流进入战略研究领域

在市场经济条件下，物流概念的引入与应用本身就带有重要的战略意义。

（1）物流企业与第三方物流。物流企业是为各类用户提供各种后勤保障服务的经营者，是具有自主经营、自负盈亏、独立核算性质的经营单位。物流企业的范畴较广，其中包括经营性的各种货运站（中转站）、集装箱码头（多式联运中转站）、车站、港口、机场，各种物流设施、配送中心、仓库，各种货物运输方式及多式联运，各个物流要素以及货运代理，配载服务，提供物流信息服务的企业等。其中，利用电子信息技术并与用户建立现代经济关系的物流经营者，当它们既不是物料、物品的所有者、销售者（代销一般不在此列），也不是消费者、用户企业时，均可划归于第三方物流企业（经营者）；重要的是，第三方物流经营者在物流经营思想、经营方式、技术设施等方面更具有现代物流意识和高级化特色。供应企业、生产企业和销售企业在设计自身高性能、高效率、低成本的物流系统时，也需要考虑购买、使用第三方物流服务。第三方物流经营者在战略设计理论、方法和战略实现方式等方面具有特色，对其他企业构筑物流系统也有重要的参考作用。

（2）第三方物流战略设计背景。尽管物流理论在20世纪90年代才逐渐进入面向全社会服务的货物运输领域，但它还得归功于现代市场机制的深刻作用。在这一领域中的物流经营者仅仅是充当供需双方之外的第三方物流服务提供者。分析其深层内涵，物流战略经营的大背景已初步形成，其要点可以概括为以下几方面：

①生产需求的推动和市场需求的拉动已经开始形成合力，推动并促进社会物流合理化的进程。例如，JIT（准时生产制）的战略思想及生产方式已经从第二产业广泛进入第三产业，它将以观念创新、知识创新的方式，导致物流链管理产生划时代的变革；社会主义市场经济体制的确立，为物流业务在更大范围系统化、合理化运转提供了广阔市场，也为经营者运用市场机制更好地实现物流合理化，争取自身生存与发展创造了前提条件。

②电子信息技术和计算机网络在现代社会生活中的应用已经达到成熟阶段，构成了现代社会生产和人民生活的物质技术基础，并能够为各类物流信息系统的开发与应用、为物流网络组织运行，提供相应功能及技术上的强有力支持。

③现代法人财产制度的确立，使物流经营者有了更强的自主经营、自我发展的动力和机制，为不同部门、不同地区、不同所有制关系的法人合资、合作以及共同经营物流业务奠定了基础。

④应用最新研究成果，引导物流链管理在实践中不断向合理化、高级化方向发展。在物流领域中，知识经济、知识创新的思想已经开始被具有远见的企业家们所接受。

⑤物流企业对外界环境有非常敏感的响应，要求能实时响应用户需求，以获得最适宜的生存与发展空间。

⑥实现社会经济可持续发展战略的要求。从更高层次认识物流系统，可以创造低层次物流系统所没有的性质，有利于社会资源和物流总费用的节约，以及人类生活环境的改善。

(3) 物流战略设计的技术基础。电子计算机及信息网络技术正促进电子化商务迅速发展，支持信息流加速运动，实现物流少批量、多频率、高性能、快速度、低成本运行，以满足各类用户适应市场需要的变化。较高的赢利将来自那些具有独特技能、技术诀窍并以其作为战略优势的企业，它们能及时抢占市场制高点，扩大市场份额。在日趋激烈的竞争环境中，众多企业减员增效，将使得越来越多的没有做好运用现代技术准备的企业不得不为生存而奋斗。此外，以往道路货运经营者苦于"面"上经营活动不可控的现象，在全球移动通信、企业内联网、电子数据交换、全球定位技术等的支持下，已经在那些忙碌于传统业务中寻求生计的人们身边，悄悄地发生了巨大的变化，并将继续发生深刻的变革。睿智的企业家将会从战略的高度认识到，未来企业发展的战略构思与设计必须尽早建立在已发生变革的社会技术基础之上，脱离现代技术基础作依托，对于物流企业而言，将会是质上的落伍。

2. 物流与商流、信息流的关系

(1) 物流与商流。物流和商流都是从商品流通职能中延伸和分解出来的，是同一物质资料流通过程中相伴发生的两个方面。物流和商流存在着相互依存关系。由于物流和商流各有不同的内容、运行特点和规律性，两者可以分别作为独立的范畴进行研究。

在市场经济条件下，商流是物流的前提，而物流是商流的继续和完成。

商流实现了物质资料商品在所有权方面的转移，而物流在此基础上实现物料、产品、商品等由生产领域向消费领域的实体性运动。因此，物流受商流制约，商流靠物流来完成。一项具体的商流最终要靠物流实现，但并不意味着每一次商流都必须伴有物流的绝对运动，即有时可能在多次商流后才伴有物流的绝对运动。商流阻滞会直接影响物流顺畅运动，而物流不畅也会直接影响物料、商品到达用户、消费者手中的时效性，以及物料、商品价值实现的时效性；反之又影响到商流的发展。因此，高质量商流必须有高质量物流作为保障。

(2) 物流、商流和信息流。物流、商流和信息流统称为流通过程中的"三流"。信息是指有价值的消息、数据。这里的信息流是指由商流和物流所引起并反映其变化的资料、数据、指令等，在传递、处理过程中的经济活动。信息流从其载体和服务对象来认识，可以分为商流信息和物流信息两大类。在这两类信息中，有一些是交叉的、共同的，也有一些是物流和商流所特有的非共同信息。商流信息主要包括进行商品交换有关的信息，如资源信息、价格信息、市场信息、资金信息、合同信息、付款结算信息等。物流信息主要包括：物质资料品种、数量、流量、流向，库存量，物流费用，车辆信息，站场信息，通道线路信息等内容。商流中的供需合同等不仅提供了交易的结果，而且提供了物流活动的依据。物流信息库存量不但是物流活动的数据，也是商流的依据，是这两种信息的交会处。国际互联网、企业内联网等信息网络的应用与普及，为商务电子化、不同信息的沟通和交会创造了更好的基础条件。因此，"三流"部分内容可以集成化处理。在现代电子信息技术和市场经济条件下，电子化商务发展很快，全面、准确、迅速地掌握商流和物流信息是正确决策、实时响应、有效控制的基本前提。

3. 第三方物流战略的特点和作用

物流的战略内涵为创建物流链管理系统和通过市场机制实现社会物流费用总节约奠定了理论基础。

(1) 对第三方物流战略的认识。强调第三方物流的战略含义，强调从物流业务管理到物流战略管理的转变，是基于以下几个方面的认识：

物流正在跨出单一企业范畴寻求更大的物流链管理的运作范围。如区域物流、全国物流和国际物流。它们所追求的目标是社会物流合理化。这种从物流全过程合理化追求物流费用节约，其影响力是长远而深刻的，同时也是相对稳定的。

物流系统在中国的运作，正孕育着技术基础上的突破。依托于企业集团、区域、全国乃至全球的各类电子信息网络，加之高新技术的运用，已成为物流市场竞争制胜的秘诀。

第三方物流质量依赖于支持原材料、物品等从最初供应者到最终用户间运动的各要素、环节组成的网络组织结构。因而，必须拥有驱动这一组织运转的动力和相应的经营机制。现代企业制度的确立是实现这一组织结构与功能的基础；并使各类物流经营组织及物流系统能得以顺利建立并顺畅运行。

物流体现了促进和协调企业从产品生产者直到最终消费者的所有活动方式，追求的是协同运作，即整个物流系统效益目标的实现，同时也有利于各组织单位成员效益目标的实现。

物流领域的标准化不仅为不同部门间的合作创造了前提，而且已经成为市场一体化、竞争国际化的制胜新要素。

第三方物流经营者能得到货源的原因在于，他们能创造出比供方和需方采用自我物流服务系统运作更快捷、更安全、更高服务水准，且成本相当或更低廉的物流服务。因而，就需要向高新技术、科学管理要潜力、要效率、要市场和要效益发展，这是物流系统技术创新的动力源。

第三方物流理论使人们认识到，在中国加入世界贸易组织（WTO）后，迎接竞争国际化的大环境的到来之时，必须在物流链管理中增强现代电子信息技术构成的科技含量，不断增强创新意识、创新动力和创新实力，从而利用技术创新把大范围物流链管理、民族经济推向世界竞争的大舞台。

（2）研究第三方物流战略的意义。物质资料产品从生产者到消费者转移的全过程物流，其数量大小、合理化的程度，反映了一定区域、一个企业在一定时期内的经济发展水平、创新技术应用水平和管理水平。对众多中小企业而言，在大范围物流这一复杂过程中，由一个单位独立完成往往是不可能或是不经济的。既要取得集成化效果，又不能脱离现实企业生产、技术和组织水平；利用电子信息技术为技术基础，大力发展第三方物流是一条有效的途径。

从整体上看，中国运输系统技术水平不高，综合运输理论与实践存在一定脱节，企业经营管理还不适应市场经济要求，表现在物流服务质量水准较低，联合运输技术与组织化水平低，不同运输方式的运输成本相距较大且运行分工不合理，全程物流总费用很高。显然，从社会物流全过程去不断寻求和探索提高运输服务水准、技术水平，降低运输成本是一个重要的方向和途径，也是改变中国现有部分货运模式与国际上货运经营模式、发展方向相背离状况的一项战略性改进措施。

（3）对物流系统二重性评价。以上分析可以看到，构建物流系统的意义不仅在于所提供的服务经营方面，而且还在于系统生存与发展战略方面。所以对物流系统的评价应当包括经营和战略两方面。二重性评价的主要内容如表9-3所示。

表 9-3　　二重性评价内容

评价项目	经　营　方　面	战　略　方　面
系统目标	追求运营高效率、高效益	追求对企业战略的贡献
评价对象	以活动为对象全面评价	以市场、用户等为对象多方面评价
评价方法	根据效益标准进行成本评价	根据所设定的目标进行地位评价
系统状态	根据其在本公司中的地位进行评价	根据市场地位和竞争实力进行评价

以上评价内容还可用于物流系统高新技术，如 EDI 应用决策方案的评价。

（4）发挥第三方物流的作用。运输是物流过程的核心业务，在中国分别由多个部门的企业经营管理。从第三方物流经营者的性质和所扮演的角色来分析，从社会物流全过程来研究运输系统设计与组织工作，至少有以下几项重要作用：

①提高运输服务水准。要求运输经营者建立起能够控制物质资料产品从最初供应者到最终消费者之间的物流网络体系，从而实现为用户提供从订货、购买、包装、装卸、仓储、运输、配送等各单项服务到连为一体的系统服务，满足用户货物快运、准时运输等多项优质服务的需要。

②提高运输技术水平。形成物流网络组织体系必须有现代科技作支持，而现代科技也能够为实现物流各个环节的机械化、电子化和自动化作业，提供各种必要的设备及相关技术支持。在标准化的前提下，这些技术的应用与运作将大大提高多式联运及相关物流服务的技术水平，也使得汽车运输的快速、直达、灵活、面上作业的优越性得到进一步发挥和完善。

③实现物流全过程的总费用节约。从社会物流系统总体出发，提供运输及其他物流服务功能，可以大大减少物流过程中的不必要环节，减少物流过程中的不衔接现象及停滞时间，减少物流过程中不合理因素所造成的物流时间与空间效益损失及自身的价值损失，从而能够实现社会物流过程的总费用节约。

④实现物流过程的系统管理。将物流过程的订货、包装、装卸、仓储、库存控制、物流加工、信息服务等环节，与运输、配送相互结合起来形成一体化，从而可以在电子信息技术的支持下，形成物流全过程控制与管理，这是提高物流服务质量、效率，同时降低物流成本所必需的。

⑤可以促进运输经营观念和组织方式等的变革。物流的引入，改变了分工所引起的运输与其他相关过程的过度分离。既要通过分工提高运输效率，又要通过相互间的集成完善物流服务功能，西方市场经济发达国家的企业实践已经充分说明这是可行的。

在现代电子信息技术迅猛发展、计算机应用日益普及的技术基础之上，市场经济体制提供了企业实现高级物流服务的竞争条件。甚至可以说，不了解用户物流的全过程及其网络组织体系，运输或物流经营者就不知道怎样建立起使用户满意的、能够支持物流合理化的网络组织结构，为用户提供一流优质服务也只能是一种良好愿望而已。而物流研究与运作过程中所导出的结论和有关规律，反过来对进一步指导物流服务上新的水平，有一定的借鉴和指导作用。

（二）物流战略构成与设计思路

引入物流的重要意义在于它的战略性，即为企业争取市场、用户等的战略地位。第三方物流战略的形成是实行物流战略管理的首要环节和基础工作。

1. 第三方物流战略体系结构

第三方物流战略的基本结构包括：物流系统的宗旨（使命）、物流战略目标、物流战略导向、物流战略优势、物流战略类型、物流战略态势以及物流战略措施和物流战略步骤等内容。其中物流战略导向、物流战略优势、物流战略类型和物流战略态势又称为物流战略的要点。它关系到企业物流战略的基本特征，第三方物流经营者需要在战略基本点上形成自己的特色，以区别其他类型的企业，这也是形成物流企业战略优势的重要前提。

2. 第三方物流战略设计理论

物流战略的核心内容是物流系统的宗旨（又称为系统使命）和战略目标，其中，物流系统宗旨的确立，直接影响到运输企业（集团）参与物流系统设计与运营的任务（Task）、目的（Aim）和目标（Objective）。物流战略的基本要点体现了第三方物流企业（集团）进行物流战略设计的内容特色。

（1）物流系统的宗旨。物流系统的宗旨主要指该系统在社会经济发展中所承担的责任或主要目的。第三方物流企业（集团）在参与物流战略系统形成过程中，必须认真分析自身的物质技术基础，认识自己的战略优势所在以及物流系统的环境变化，从而确立系统的宗旨。明确系统存在的理由，这是明确物流系统任务、目的和战略目标的前提，是拟订物流战略方案、确定战略重点的依据，是分配与调节物流所需资源的指南。

（2）物流系统的战略目标。物流系统的战略目标是由物流系统宗旨引导、并表现为物流系统目的的、可在一定时期内实现的量化成果或期望值。第三方物流企业（集团）制定物流战略目标主要包括：服务水平目标、物流费用目标、高新技术应用目标、社会责任目标和经济效益目标等内容。其战略目标应体现物流系统的全面性、长期性、纲领性、竞争性、多元性、指导性、激励性和阶段性等基本特点。

（3）物流战略的要点。物流战略要点是物流战略系统形成中涉及的基本方面的设计与选择，对第三方物流企业（集团）而言，重点是要将运输即两点（仓库、货运站等）之间的货物位移与两端点上的延伸服务（如订货、取货、分拣、包装、仓储、装卸、咨询及信息服务等）紧密结合为一体，使货物（物品）从最初供应者到最终用户间各个物流环节成为完整的物流链管理系统。在此基本思想指导下，物流战略要点主要包括：物流战略导向、物流战略优势、物流战略类型和物流战略态势。

物流战略导向，指的是物流系统生存、成长与发展的主导方向。物流战略活动领域很宽阔：服务、市场、技术、规模、资源、组织、文化等方面都可能成为第三方物流企业（集团）所经营的物流系统生存、成长与发展的主导方向。物流战略导向的确立，既明确了前进方向，又可避免竞争与发展中的盲目性。

物流战略优势，是指物流系统能够在战略上形成的优于竞争者的形势、地位和条件。构成物流系统战略优势的主要方面有：

①产业优势，服务于符合企业自身成长条件且属新兴的朝阳产业；

②资源优势，拥有雄厚的资金、技术、设备和优秀人才等；

③地理优势，占据便利的物流通道、丰富的原料产地、经济发展重点区域等方面的有利条件；

④技术优势，拥有支持物流系统成功运行的专有技术；

⑤组织优势，具有良好的支持物流运作的网络组织结构；

⑥管理优势，是基于服务优势、技术优势、资源优势和组织优势之上的整体优化配置资源，协同运作的思想、文化、方法、手段和制度等的有机体系。

研究物流战略优势，关键是要在物流系统成功的关键因素上形成差异优势或相对优势，这是取得物流战略优势比较经济有效的方式，当然也要注意发掘潜在优势，关注于未来优势的开发。

物流战略态势，是指物流系统的服务能力、营销能力、市场规模在当前的有效方位及沿战略逻辑的演变过程和推进趋势。它反映了第三方物流企业（集团）参与社会物流系统运作，在客观上的物力、人力资源表现的竞争能力与实力体现，以及企业在智慧谋略方面的动态组合和运作状况。

物流战略类型，是指依据不同的标准对物流战略作的划分，以助于更深刻的认识所拟定的物流战略的基本特点，进一步完善物流战略规划方案。第三方物流企业（集团）通常可以按服务项目、发展方向、战略行为和战略重点等方面划分物流战略类型（如表 9-4 所示）。

表 9-4　　物流战略类型划分

划分依据	物流战略类型
服务项目	准时货运集散战略、快速货运集散战略、整车货运集散战略、成组货运集散战略、专项货运集散战略、国际货运集散战略等
发展方向	物流服务导向战略；市场需求导向战略、专有技术导向战略、规模经营导向战略、资源优化导向战略、实时响应导向战略等
战略行为	扩张型物流战略、稳定型物流战略、收缩型物流战略、关系型物流战略等
战略重点	物流系统生存战略、经营战略、发展战略等

三、第三方物流企业的整合策略

（一）储存和运输是物流的主体

商品实体的物理运动，包括储存、运输、装卸、包装、加工和信息等主要活动，这些活动密不可分，把它们整合起来就是物流，其中的储存和运输在物流活动中处于主体地位。

1. 仓库的动态管理

在产品从生产过程进入消费过程之间，存在一定的时间间隔，在这段间隔时间，形成了商品的暂时停滞，这就是商品储存。比如，为保证商品流通过程得以不断地连续进行，商业部门必须有一定的商品储备，保证销售业务不致中断；又如为保证人们在一年四季都能吃到各种品种的水果，还必须建设冷库把它们储存起来，这就是通常所说的“蓄水池”作用。

传统的仓库只负责商品整进整出的任务，属于静态管理性质。批发业务部门为满足零售店选购商品花色品种的需要，对选购的某一种品类、规格、花色的商品数量，不满一个运输包装的，则必须拆箱发零。因此，批发业务部门不得不把商品提到自管的可以进行商品编配和拆箱拼装的仓库里，再行转手发货。后来有的物流企业承担了拆箱发零任务，避免了多次储存、重复运输的不合理现象。同时，凡有利于提高物流效率的工作，仓库都承担了下来，如货主对委托储存的商品需包装加固或改换包装的，则代为打包；对发往外地的商品，则代为刷写地区标志以及代办托运手续；所储商品需挑选整理的，则在库内就地办理，直至进行流通加工。

这样就反映了仓库的一种新观念，使仓库在功能和形态方面发生了重大变化，使仓库由储存型向流通型转变，由静态管理向动态管理转变，由只负责商品进货出货的传统仓储向配送中心和物流中心转变。

因此有人说，现今的仓库实际上已是一个物流工厂，成为物流活动的重要基地，这里不仅有储存货物的场所，而且还有理货、包装、加工、修理、退货、整理等场所，凡是实物流通过程中的一切活动都可以办理，这种转变适应了购销业务单位在物流活动方面的各种需求，使第三方物流企业更具有生命力。

2. 运输的合理化

运输和储存是物流活动的主体。由于把生产地和消费地联结起来，主要是通过运输活动来进行的，因此有的人认为，运输是物流的核心，许多国家关于物流的研究也都是从对运输的研究开始的。

运输是货物空间位置的转移，它的产品就是“位移”，是以吨公里（货运量和运送距离的乘积）来计量的。近代运输系统包括铁路、水路、公路、航空、管道等多种运输方式，各种运输方式采用不同的运输工具，具有各自的特点。但是任何运输方式都具有同一的产品，即任何运输方式都能把同一的货物运送到同一的地方去。正是由于交通业具有这样一个特征，因此有必要也有可能把各种运输方式组成综合的运输体系。这样，既可以充分发挥各种运输方式的作用，又可以进行合理分工、相互取代、相互补充和调剂，铁路运输运不了的货物，可以通过水路运输，有的还可以采取公路运输以至航空运输的方式运输。

运输的关键在于实现合理化。第三方物流企业利用客户多、货源充足的优势，有利于实现运输合理化，可以运用各种运输方式有互补性这一特点，灵活地选用合理的运输路线和运输方式，本着“及时、准确、安全、经济”的原则，达到加速商品流通、降低物流成本和提高货运质量的目的。

在我国的综合运输体系中，铁路是骨干，公路是基础，同时要充分发挥水运，包括内河、沿海和远洋航运的作用，积极发展航空运输。铁路运输具有货运量大、速度快、一般不受气候和季节影响、连续性强和成本低等特点，在幅员辽阔的我国，历来是货物运输的主力。近年来公路运输发展很快，同时由于铁路体制改革的滞后，在长距离运输方面，公路运输有时甚至取代了铁路运输，以至于有人误以为公路运输取代铁路运输已成为必然的趋势。

公路运输的特点是机动灵活、迅速，便于“门到门”的运输，但与铁路运输相比，装运量较小，燃料消耗也大，因而运输成本也相当高。以集装箱运输为例，如采取公路运输每辆卡车只能装运1只集装箱；如采取铁路运输，尽管由于我国隧道多的特点，不能进行双层叠载，即使目前我国铁路货物列车一般只拉50节货车，但一次的装运量也要比公路集装箱运输大50倍之多。随着铁路体制改革的继续深入，铁路运输技术的进一步提高，运输成本的不断降低，在长距离运输方面，铁路运输的优势必将逐步凸显出来。当然，公路运输在短距离运输方面的优势也是明显的，在有些情况下，公路运输在长距离运输方面也有其特点，特别在应急运输时，它的“门到门”运输和灵活、迅速等长处，则是铁路运输所不能比拟的。此外，水路运输也有其运输成本低、运量大的特点，我国海岸线长达1.8万多公里，长江、珠江、淮河等水系，航道条件好，充分利用航运之利，也是不能忽略的重要方面。

实现运输合理化，其中有一个“快”与“省”的关系问题，“快”与“省”是相互背反的，航空运输最快，但运费高；水路运输成本最低，但速度较慢，因此，在决定选择运输路线和运输方式时，必须根据实际情况作出合理的选择。

（二）增值服务

物流产业是创造商品价值的产业，从订单处理、仓储保管、运输配送、装卸、包装、流通加工、信息反馈等一连串作业活动，都能创造商品的附加值（Value Added）。第三方物流企业是一个微利的企业，传统的做法是通过开拓业务，增加新的客户，以增加赢利，但是，这种传统上开源的做法只是一种面的扩充。通过物流活动增加商品附加值则是打破原有的惯性，从深度与广度、立体的空间去思考，是运用一种新的经营策略思维，扩充物流服务的内容，从而使物流这个“第三利润源泉”具有更加丰富的内涵。这种物流服务，既使客户感到方便，又增加了商品的价值，增加了商流的利润，也使第三方物流企业增加了赢利。

1. 流通加工

副食品从生产到消费过程中，一般都有在流通领域进行加工的过程，这在副食品配送中心已成为一项重要的操作任务。

钢材等金属制品在销售过程中也需要根据客户要求的规格进行裁剪等加工操作，这些流通加工服务使客户减少了许多繁杂的劳动，带来了很大方便，也为物流企业带来可观的增值收入。

流通加工除对商品进行加工外，还包括粘贴标签和标记、促销赠品搭配等工作，在百货公司、超市、便利商店购买商品时，货架上摆满各式各样的商品，每件商品都贴有价格标签，进口商品还需贴上中文标签，使消费者有较多的选择。同时，每日、月、季都有很多促销活动，其中促销品常需不同包装和搭配新奇赠品来吸引顾客，这些烦琐的贴标与包装手续，如果由物流企业把货物集中起来统一进行处理，可以使制造商、供应商和商店感到减少不少麻烦，而且还可以节省相当可观的人力和时间成本。

2. 差异性服务

第三方物流企业如果能够提供差异性服务，就会发现有很多的发展空间。例如，为生产商提供轻型装备检验产品质量，管理库存，执行分销商和零售商的订单，管理多家运输公司的分送等。又如为零售商制定营销规划、商店陈列、售后退货管理、修理更换、货物回收销毁、因特网订单执行和电脑装配等其他的增值服务。

伴随着物流市场竞争的加剧和社会大生产的细分化，英国和德国的第三方物流企业还提出了开展店内物流（In Store）的新概念，即零售店将从开门到关门，从清扫店堂、清理商品到补货上架等原先由商店营业员负责的销售前和销售后的一系列服务工作都交由第三方物流企业承担，使得第三方物流企业把服务范围伸到店堂内。有些工作要到商店关门后才能进行，商店干脆把“Full Lockand Key”交给信誉好的第三方物流企业，这样做的好处是，物流环节完全交由第三方物流企业去做，商店可以更加专注于商品销售。

第十章　供应链管理

第一节　供应链的概述

一、我国《物流术语》国家标准对供应链的定义

供应链，即生产及流通过程中，涉及将产品或服务提供给最终用户所形成的网链结构。

在20世纪90年代全球制造、全球竞争加剧的环境下，对供应链的理解不应仅仅是一条简单的从供应商到用户的链，而是一个范围更广阔的网链结构模式，包含所有加盟的节点企业；供应链不仅是一条连接供应商到用户的物料链、信息链、资金链，而且还是一条增值链，物料在供应链上因加工、包装、运输等过程而增加其价值，给相关企业带来收益。

下面从物流的观念出发，讨论一下供应链的概念，从物流的观点看问题，供应链的概念，应当包含这样几个基本要点：

第一，供应链都是以物资为核心的。整个供应链可以看成是一种产品的运作链。产品的运作可以包括以下几种形式：

1. 单一产品的供、产、销：对于单一产品而言，产品运作，主要包括该产品的原材料和零部件的供应、产成品的制造和产成品的分销。例如，汽车产品的供应链，应当包括汽车产品的零部件和原材料的供应、汽车产品的制造和汽车产品的分销。这三个部分结合起来，就构成了汽车产品的供应链。

2. 多个产品的集、存、分：对于多个产品而言，产品运作，主要包括将多个产品收集、保存和分销。物流配送供应链，应当包括将多个产品收集起来，统一储存在配送中心仓库，然后进行统一分发配送。这三个部分集合起来，就构成了物流配送供应链。物资流通供应链也是将各个供应商的商品购进来，存放在批发仓库或零售商场，然后在批发仓库或者零售商场进行

分销。

这些都是产品的运作形式。供应链根本的目的是为了满足需求，其中最主要的是满足物资产品的需求，而且是为了满足最终的物资产品需求，也就是人对于最终产品的需求。因此供应链也就是为满足人对最终产品需求的产品运作链，故供应链是以物资为核心的。

以物资为核心，也就意味着以物流为核心。因为物流总是伴随物资而存在的，物资无论是处在运动状态、静止状态还是静动状态，都是物流状态。因此供应链中最核心的问题，也就是要处理好物流问题。从物资的角度看问题，物资产品的供应链实际上就是一个物流链。这里强调物资产品供应链是针对非物资产品的供应链而言的。非物资产品的供应链是存在的，如金融供应链、信息供应链等。

以物资为核心并没有否定信息的作用。信息是在物资的运作过程中产生并为物资的运作服务的。为了实现以物资为核心，关键的关键，就是要发挥信息的作用，包括反映作用、服务作用、指导作用和控制作用。

第二，供应链是一种联合体。这种联合包括结构的联合和功能的联合。结构联合，是指参与特定产品运作的有关单元的联合，包括产品制造、原材料供应和产品分销的各个层次的单元，这些“单元”，大到企业，小到部门、车间、班组甚至个人。它们按等级层次构成一个相互区别又相互联系的联合体，各自在特定产品运作中发挥自己的作用。功能联合，是指产品运作各种功能的联合，包括产品及其原材料、零部件的设计、开发和加工；产品分销的设计、开发和实施；产品分销、原材料购进及生产过程中的运输、搬运和储存；整个运作过程的信息管理等，统统都联合起来，形成一个齐全有效的功能网络。

供应链联合体，就是一个系统。而系统的生命力就在于协调配合，因此供应链最大的特点和优点，就是供应链系统各个企业、各个单元之间的协调配合。如果一个供应链系统，各个成员企业不能够协调配合，这个供应链也就不能够叫做供应链。

第三，供应链都有一个核心企业。任何一个供应链都必然有一个核心企业，供应链管理主要靠核心企业运作。供应链的功能是由核心企业的心智来决定的，核心企业是供应链中的产品运作的领导者。核心企业根据其性质可以分为：

1. 生产企业：一般是特定产成品的装配加工企业。它能够组织领导这种产品的制造装配和分销，构造出这种产品的供、产、销的供应链系统。这种供应链一般是一种加工供应链。

2. 流通企业：一般是多种产品的批发和零售企业。它能够组织领导多种产品的生产和销售，从制造商、供应商处购进它们的产品，储存在仓库或卖场，然后再组织分销，构造出许多种产品的进、存、销的供应链系统。这种供应链一般是一种流通供应链。

3. 物流企业：一半是产品的储运、配送企业。它能够组织领导产品的储运、配送等物流活动，构造出产品的集、存、分的供应链系统。这种供应链一般是一种物流供应链。

除此之外，核心企业还可以是银行、保险公司、信息企业等，它们能够组织各种各样的非物资形式的供应链系统。

第四，供应链都必然包含有上游供应链和下游供应链。任何供应链都由三大部分构成：核心企业、上游供应链和下游供应链。上游供应链和下游供应链的性质不同，上游供应链一般承担产成品的制造支持或者供应支持工作，下游供应链一般承担产成品的分销支持工作。上游供应链的结构一般是收集型结构，下游供应链的结构一般是发散型结构。整个供应链就像一个哑铃，上游和下游供应链分别是哑铃的两端，而核心企业就是其把手。

第五，供应链都有一个整体目的或宗旨。任何一个供应链都有一个共同的目的或宗旨，就是要以更低的成本、更多更好地满足人们对于某种产品的需求。所谓更低的成本，就意味着要提高产品运作的综合效率，提高产品的市场竞争能力。更多，就意味着进一步开拓市场、提高市场占有率。更好，就意味着提高用户服务水平，扩大产品在用户群中的满意率，从而有助于进一步开拓市场。供应链是产品运作的一个整体系统，每个单元，每个企业都只在其中承担一部分工作，有些企业，特别是上游供应链企业，远离最终产成品的最终用户，很容易对整个供应链的目的或宗旨表现出不在意的态度，因而对自已在供应链中应承担的责任和义务认识不够。强化各个企业、各个单元的供应链意识、加强对供应链宗旨的认识，是核心企业供应链管理的一个重要任务。

二、供应链的结构模型

根据供应链的定义，其结构可以简单地归纳为图 10-1 的模型。

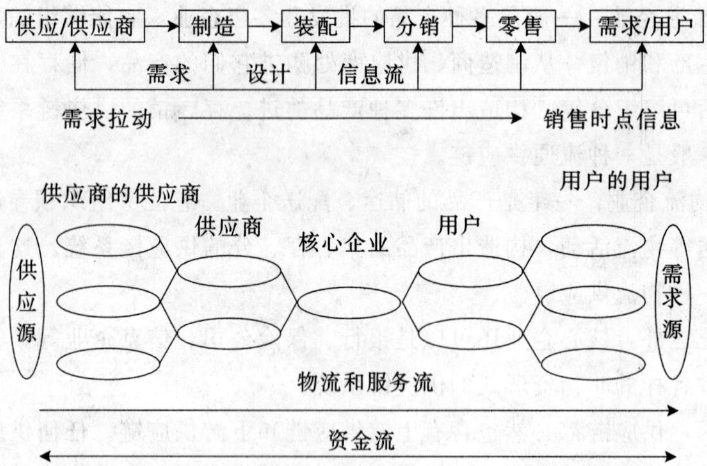

图 10-1　供应链结构模型

从图 10-1 中可以看出，供应链由所有加盟的节点企业组成，其中一般有一个核心企业（可以是产品制造企业，也可以是大型零售企业），节点企业在需求信息的驱动下，通过供应链的职能分工与合作（生产、分销、零售等），以资金流、物流和服务流为媒介实现整个供应链的不断增值。

三、供应链的特征

从供应链的结构模型可以看出，供应链是一个网链结构，节点企业和节点企业之间是一种需求与供应的关系。供应链主要具有以下特征：

1. 复杂性

因为供应链节点企业组成的跨度（层次）不同，供应链往往有多个、多类型甚至多国企业构成，所以供应链结构模式比一般单个企业的结构模式更为复杂。

2. 动态性

供应链管理因企业战略和适应市场需求变化的需要，其中节点企业需要动态地更新，这就使得供应链具有明显的动态性。

3. 面向用户需求

供应链的形成、存在、重构，都是基于一定的市场需求而发生的，并且在供应链的运作过程中，用户的需求拉动是供应链中信息流、产品/服务流、资金流运作的驱动源。

4. 交叉性

节点企业可以是这个供应链的成员，同时又是另一个供应链的成员，众多的供应链形成交叉结构，增加了协调管理的难度。

第二节　供应链管理的概述

一、供应链管理的概念

我国《物流术语》国家标准是这样定义的："供应链管理，即对供应链涉及的全部活动进行计划、组织、协调与控制。"

供应链管理是在现代科技条件下、产品极其丰富的条件下发展起来的管理理念，它拆除了企业的围墙，将各个企业独立的信息化连接在一起，建立起一种跨企业的协作，并且企业之间作为贸易伙伴，为追求共同经济利益的最大化而共同努力。

二、供应链管理产生的时代背景

随着信息时代的到来，全球市场正在趋于一体化，全球经济和信息也在趋于一体化，企业面临更为复杂多变的竞争环境挑战。随着微电子技术、计算机软硬件技术、光纤和卫星通信技术、多媒体技术、虚拟实现技术、信息压缩技术和系统集成技术等的迅速发展，对大量信息进行迅速、准确、高效地传递和处理已成为现实。因此，国外企业纷纷通过研究、开发、应用信息技术来提高企业的竞争力。信息技术在技术创新、产品开发与设计、生产制造、销售、组织结构、管理思想、企业文化、人际关系、战略目标等多方面对企业管理产生重大影响。

(一) 世纪之交的企业面临的市场竞争环境的变化

这种变化必然会对传统管理所形成的思维方式带来挑战。同时，信息社会或网络社会已经开始影响我们的生活，这必然要带来工作和生活方式的改变，其中最主要的就是消费者需求的变化。在短缺经济时代，量的供给不足是主要矛盾，所以企业的管理模式主要以提高效率、最大限度地从数量上满足用户的需求为主要特征。现在，随着人们经济生活水平的提高，个性化需求越来越明显，一个企业仅靠一种产品打天下的时代已不复存在，多样化需求对企业管理的影响越来越大，而品种的增加必然会增大管理的难度和对资源获取的难度。企业快速满足用户需求的愿望往往受到资源获取的制约。从产品开发转入批量化生产的速度，再从批量化生产转向市场销售的速度，都需要新的资源来支持。但是这些资源的获取很难，尤其是知识，不是说今天想到，明天就能够获得的，获得知识需要时间，需要成本。同时，兼顾社会利益的压力也越来越大，如环保问题、可持续发展问题等，使企业既要考虑自己的经济利益，还要考虑社会利益，而有时候社会利益和企业经济利益是不相协调的。

(二) 传统管理模式的主要特征及其在新环境下的不适应性

传统管理模式是以规模化需求和区域性的卖方市场为决策背景，通过规模效应降低成本，获得效益。在这种决策背景下，他所选择的生产方式，必然是少品种、大批量、采用刚性和专用的流水生产线，因为这种生产方式可以最大限度地提高效率，降低成本，其规模化效益是最好的。但是它的致命弱点是适应品种变化的能力很差，一旦外界发生新的需求，原有的生产系统很难适应。从组织结构的特征来看，它是一种多级递阶控制的组织结构，管理的跨度小、层次多。管理层次的增加必然影响整个企业的响应速度。再从管理思想和管理制度的特征来看，主要是以一种集权式管理、以追求稳定和控制为主。就是说，过去为了控制影响企业生产的这些资源，企业要么是自己投资建设，要么是参资控股，目的只有一个，就是要控制可能影响自己生产和经营的资源。要最大限度地来控制这些资源，必然走向集权式，因为只有集权式管理才能最大限度地实现企业对资源的控制。

(三) 传统管理模式在新环境下显现的主要弊端

传统“纵向一体化”(Vertical Integration) 管理模式至少有以下四方面

弊端：

1. 增加了企业的投资负担。无论企业是自建控股还是兼并，都需要企业自己筹集必要的资金。这一工作给企业带来了许多不利之处。首先，企业必须花费人力、物力设法在金融市场上筹集所需要的资金。其次，资金到位后，随即进入项目建设周期（假设新建一个工厂）。为了尽快完成基本建设任务，企业还要花费精力从事项目实施的监管工作，这样一来又消耗了大量的企业资源。由于项目有一个建设周期，在此期间内企业不仅不能安排生产，而且还要按期偿还借款利息。显而易见，用于项目基本建设的时间越长，企业背负的利息负担越重。

2. 要承担丧失市场时机的风险。因为随着市场竞争的加剧，即使可能发现一个新的市场机会，但是由于企业要自己投资进行扩建或改建，而这都需要时间（如基本建设周期），这段时间很可能就是企业丧失市场时机的风险期。

3. 有限的资源消耗在众多的经营领域中，企业难以形成突出的核心优势。"纵向一体化"模式还迫使企业去从事自己并不擅长的业务活动。这就是说，如果一个企业把核心业务和非核心业务都抓在自己手里，就不得不从事那些自己并不擅长的业务。不仅如此，还要在每个业务领域都直接面临众多的竞争对手。

4. 对于复杂多变的市场需求无法做到敏捷的响应。"纵向一体化"模式增大了企业的行业风险，因为按照这种模式经营，一旦企业主导产品被市场淘汰，为它配套的辅助性的上游企业也都跟着倒闭。因为它们是为上游企业配置的，没有社会上专业厂的产品有竞争力和生存力。

三、供应链管理模式的产生

由于"纵向一体化"管理模式的种种弊端，从20世纪80年代后期开始，国际上越来越多的企业放弃了这种经营模式，随之的是"横向一体化"（Horizontal Integration）思想的兴起，即利用企业外部资源快速响应市场需求，本企业只抓最核心的东西：产品方向和市场。至于生产，只抓关键零部件的制造，甚至全部委托其他企业加工。例如，美国福特汽车公司在推出新车Festiva时，就采用了新车在美国设计，在日本的马自达生产发动机，由韩国的制造厂生产其他的零部件，最后再运往美国和世界市场上销售。福特作为制造商这样做的目的，是利用其他企业的资源促使产品快速上马，避免自己投资带来的基建周期长的目的，显然是追求低成本高质量，提高自己的竞争力。Festiva 从设计、制造、运输、销售，采用的就是“横向一体化”的全球制造战略。福特在制造汽车的过程中，形成了一个企业群体。在体制上，这些群体组成了一个主题企业的利益共同体；在运行形式上，这些群体构成了一条从供应商、制造商、分销商到用户的链。由于链上向临界点企业都是一种供应和需求的关系，因此称之为供应链。

为了使加盟供应链的企业都能受益，并且要使每个企业都有比竞争对手更强的竞争实力，就必须加强对供应链的构成及运作研究，由此形成了供应链管理这一新的经营与运作模式。供应链管理强调核心企业与世界上最杰出的企业建立战略合作关系，委托这些企业完成一部分业务工作，自己则集中精力和各种资源，通过重新设计业务流程，做好本企业能创造特殊价值、比竞争对手更擅长的关键性业务工作，这样不仅大大地提高了本企业的竞争能力，而且使供应链上的其他企业都能受益。

供应链管理利用现代信息技术，通过改造和集成业务流程，与供应商以及客户建立协同的业务伙伴联盟、实施电子商务，大大提高了企业的竞争力，使企业在复杂的市场环境下立于不败之地。根据有关资料统计，供应链管理的实施可以使企业总成本下降 10%；供应链上的节点企业按时交货率提高 15%以上；订货—生产的周期时间缩短 25%～35%；供应链上的节点企业生产率增值提高 10%以上，等等。这些数据说明，供应链企业在不同程度上都取得了发展，其中以“订货—生产的周期时间缩短”最为明显。能取得这样的成果，完全得益于供应链企业的相互合作、相互利用对方资源的经营策略。试想一下，如果制造商从产品开发、生产到销售完全自己包下来，不仅要背负沉重的投资负担，而且还要花相当长的时间。采用了供应链管理模式，则可以使企业在最短时间里寻找到最好的合作伙伴，用最低的成本、最快的速度、最好的质量赢得市场，受益的不止一家企业，而是一个企业群体。因此，供应链管理模式吸引了越来越多的企业。

四、供应链管理的发展

供应链随着商品经济的出现就开始萌芽，但供应链管理的概念和应用却只有几十年的历史。在过去短短的几十年间，无论是供应链管理的理念还是供应链管理的应用技术都有了长足的发展。它的形成与发展主要经历了四个阶段。

第一阶段：供应链管理的萌芽阶段。

第一阶段大致是从20世纪60年代至70年代。在这一阶段，供应链管理还只处于萌芽状态，供应链，更确切地说还只能称之为业务链，而且链上的每个成员的管理理念基本上都是“为了生产而管理”，企业之间的竞争是产品在数量上和质量上的竞争，企业间的业务协作是以“本位主义”为核心的，即使在企业内部，其组织结构也是以各自为政的职能化或者区域性的条条框框为特征。此时，供应链上各成员之间的合作关系极为松散，供应链成员之间时常存在利益冲突，阻碍了供应链运作和管理的形成。

当时，有一部分企业内部职能部门分别在相互隔离的环境下采用MRP/MRPⅡ来制订和执行计划，数据的完整性差，甚至企业内部的信息都缺乏统一性和集成性，更谈不上在业务链上形成标准化和数据流。在理论研究界，供应链管理也只是停留在开始探索和尝试的阶段，无法对供应链管理提出较完善的管理理念和指导思想。

第二阶段：供应链管理的初级阶段。

第二阶段大致是从20世纪80年代初到20世纪90年代初。在理论研究界的不断探索下，供应链管理的理念已形成了基本的雏形，并开始指导企业进行初步的实践，同时在学术研究上得到了较快的发展。

实际上，供应链管理这一名词最早出现于20世纪80年代，最初是由咨询业提出的，后来逐渐引起了人们的巨大关注。在此阶段，企业的竞争重点已转向了追求生产效率。企业的组织结构和内部职能划分也发生了转变，大多数企业开始进行企业组织机构的精简和改革，并开始从分散式的部门化和职能化转变为集中的计划式以及更关注业务流程的变革。企业已开始认识到最大的机会存在于企业之外。Stevens在1989年提出了供应链管理的概念，包括在企业内部集成和在企业外部集成的集成思想，标志着供应链管理的萌芽阶段已经完成。

供应链管理的实践始于供应链上末端的零售行业，为获得更多的销售利润等问题，零售商需要更好地与供应商共享销售和市场资料，当时，ECR 和 QR 是两种典型的供应链策略和模型。信息技术的发展和大量应用也为供应链管理的初步形成奠定了基础。企业内部逐渐实现了信息集成，企业间的业务联系方式也随着通信技术的发展而不断改善。但传统的供应链的运作多局限于企业内部，在供应链上仍然存在着大量的企业之间的目标冲突，无法从整个供应链的角度出发来实现供应链的整体竞争优势，从而导致供应链管理的绩效低下，尚无法实现整体供应链的运作和从供应链向价值链的根本突破。

第三阶段：供应链管理的形成阶段。

第三阶段大致是从 20 世纪 90 年代初到 20 世纪末。特别是从 20 世纪 90 年代中期开始，供应链管理无论是在理论上还是在实践应用上都有了突飞猛进的发展。在新的经济一体化的竞争环境下，企业开始将竞争重点转向市场和客户，更加注重在全球范围内利用一切能够为己所用的资源，企业纷纷将目光从管理企业内部生产过程转向产品全生命周期中的供应环节和整个供应链系统，渐渐认识到客户与产品之间的关联是供应链上增加生存能力和获利能力的一种有效方法，供应链管理逐渐受到高度的重视。

同时，从 20 世纪 90 年代开始，ERP 系统的迅速传播和广泛应用，使企业的信息和业务都实现了高度的集成，BPR 使企业领导人逐渐认识到把企业的组织结构与主管人员的相关业务目标和绩效激励机制结合起来，可获得效益。接着，财务管理被引入了供应链管理的范围。高级计划排程 APS 系统、客户关系管理 CRM 系统、物流信息系统 LIS、知识管理 KM、数据仓库 DW/数据挖掘 DM、供应链决策 SCS 等管理技术的竞相问世使得企业在内部管理上从计划、执行到优化和决策，都从 ERP 的基础上更上一层楼，在有限的资源基础上合理、有效、及时地开展业务；在企业外部的供应链上，也更好地采用客户关系管理的理念和技术，以市场和客户的满意度为企业经营的中心，共同挖掘和分享知识与价值，将企业的资源紧密地与客户的需求相匹配，并快速响应和满足这些需求。特别是在 20 世纪 90 年代末，强调建立合作伙伴关系和协调供应链运作的理论，以及因特网和电子商务及其相关技术的出现和发展更为供应链管理提供了指导和支持，使供应链管理又再一次发生了重大的变化，实现了一个新的飞跃。

第四阶段：供应链管理的成熟和发展阶段。

21 世纪初期将是供应链管理发展的第四阶段。进入 21 世纪后，基于 Internet 的供应链系统在发达国家已得到了较广泛的应用，电子商务的出现和发展是经济全球化与网络技术创新的结果，它彻底改变了供应链上原有的物流、信息流、资金流的交互方式和实现手段，能够充分利用资源、提高效率、降低成本、提高服务质量。客户把以前梦寐以求的功能当成现在理所当然应该提供的服务而对供应商提出要求，这将要求上游的企业采用专门的技术来解决这些新的需求，来满足客户。许多企业开始把它们的努力进一步集中在供应链成员之间的协同，特别是与下游成员业务间的协同上，如 VMI，合作、预测与供给 CFAR，协同计划、预测与补给 CPFR，分销商集成 DI，以及第三方物流 3PL/第四方物流 4PL 等模式，同时供应商关系管理 SRM、产品生命周期管理 PLM、供应链计划 SCP 和供应链执行 SCE 等系统的应用使供应链上成员间的业务衔接更加紧密，整个供应链的运作更加协同化，企业正是通过与供应商和客户间的这种协同运作，来更准确地确定要从供应商那里得到什么，以及要提供给客户什么。

该阶段供应链管理的核心任务可归纳为：①供应链协同运作的系统化管理；②生产两端的资源优化管理；③不确定性需求的信息共享管理；④快速的决策管理。这一时期的供应链管理在计划和决策上特别强调的是，实时的可视性和前向的可预见性，以及供应链流程管理和事件管理的能力，以减少不良影响，快速响应，使整个供应链都取得最理想的目标效益。

五、供应链管理的基本特征

供应链管理的基本特征可归纳为以下几方面：

第一，"横向一体化"的管理思想。强调每个企业的核心竞争力，这也是当今人们谈论的共同话题。为此，要清楚地辨别本企业的核心业务，然后就狠抓核心资源，以提高核心竞争力。

第二，非核心业务都采取外包的方式分散给业务伙伴，和业务伙伴结成战略联盟关系。

第三，供应链企业间形成的是一种合作性竞争。合作性竞争可以从两个层面理解。一是过去的竞争对手相互结盟，共同开发新技术，成果共享；二是将过去由本企业生产的非核心零部件外包给供应商，双方合作共同参与竞争。这实际上也是体现出核心竞争力的互补效应。

第四，以顾客满意度作为目标的服务化管理。对下游企业来讲，供应链上游企业的功能不是简单的提供物料，而是要用最低的成本提供最好的服务。

第五，供应链追求物流、信息流、资金流、工作流和组织流的集成。这几个流在企业日常经营中都会发生，但过去是间歇性或者间断性的，因而影响企业间的协调，最终导致整体竞争力下降。供应链管理则强调这几个流必须集成起来，只有跨企业流程实现集成化，才能实现供应链企业协调运作的目标。

第六，借助信息技术实现目标管理。

第七，更加关注物流企业的参与。过去一谈到物流，好像就是搬运东西。在供应链管理环境下，物流的作用特别重要，因为缩短物流周期比缩短制造周期更关键。美国曾经有人对早餐用的麦片粥从生产厂到超级市场这一过程做过一个统计，要花104天。而104天里面真正用于生产的时间很短，大部分的时间是用于分销、运输、仓储、再分销、再仓储。过去谈到快速响应市场时，大部分情况下都把注意力放在制造业上，似乎能够快速制造出来就能快速响应用户的需求。实际上，最终给用户的产品不是由单独一家企业完成的，而是从原材料开始一级一级制造并传递过来的，响应周期是多级的“链式周期”，而不是点式周期(即单个企业的制造周期)。因此，缩短物流周期所取得的效益往往更大。比如制造商投资数百万元买一台新设备，使加工一个零件的时间从原来一分钟缩短到30秒，工效提高一倍，但是它对缩短整个供应链周期的贡献很小。如果说能把二级供应商到一级供应商的物流周期从七天缩短到五天，就节约出两天的时间。两个工作日该等于多少个30秒啊！所以，供应链管理强调的是一种从整体上响应最终用户的协调性，没有物流企业的参与是不可想象的。

第三节　供应链管理的基本内容

一、供应链管理的主要领域

供应链管理主要涉及四个领域：供应（Supply）、生产计划（Schedule Plan）、物流（Logistics）、需求（Demand）。由图 10-2 可见，供应链管理是以同步化、集成化生产计划为指导，以各种技术为支持，尤其以 Internet/Intranet 为依托，围绕供应、生产作业、物流（主要指制造过程）、满足需求来实施的。供应链管理主要包括计划、合作、控制从供应商到用户的物料（零部件和成品等）和信息。供应链管理的目标在于提高用户服务水平和降低总的交易成本，并且寻求两个目标之间的平衡（这两个目标往往有冲突）。

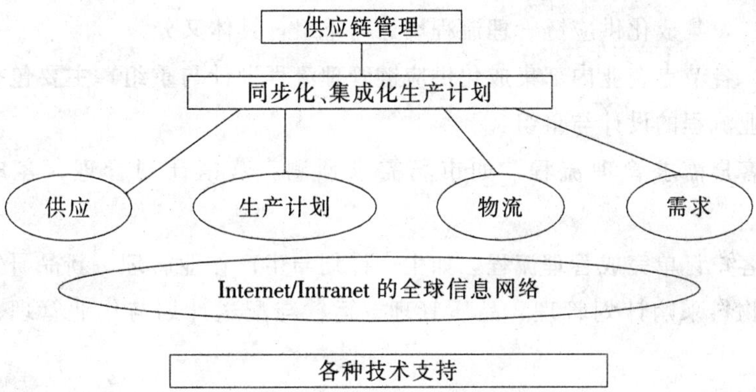

图 10-2　供应链管理涉及的领域

在以上四个领域的基础上，我们可以将供应链管理细分为职能领域和辅助领域。职能领域主要包括产品工程、产品技术保证、采购、生产控制、库存控制、仓储管理、分销管理。而辅助领域主要包括客户服务、制造、设计工程、会计核算、人力资源、市场营销。

由此可见，供应链管理关心的并不仅仅是物料实体在供应链中的流动，供应链管理注重总的物流成本（从原材料到最终产成品的费用）与用户服务水平之间的关系，为此要把供应链各个职能部门有机地结合在一起，从而最大限度地发挥出供应链整体的力量，达到供应链企业群体获益的目的。

二、供应链管理的主要内容

一个企业的管理无非集中于四个方面（或四个流程）的管理：商流（买卖的流通）、物资流（物资实物的流通）、信息流（信息、知识的流通）、资金流（货币的流通），企业供应链管理即是运用供应链管理的指导思想对上述四流所进行的规划、组织和控制活动，即对生产过程中的物流，管理过程中的信息流以及决策协调过程中的商流、资金流进行控制和协调。因而供应链管理的主要内容可以归纳为：

第一，供应链网络结构设计（即供应链物理布局的设计），具体包括链伙伴选择、物流系统设计。

第二，集成化供应链管理流程设计与重组，具体又分为：

(1) 各节点企业内部集成化供应链管理流程设计与重组，主要包括三大核心作业流程的设计与重组：

①客户需求管理流程，如市场需求预测、营销计划管理、客户关系管理；

②客户订单完成管理流程，如生产计划与生产作业管理、新品研发计划管理、物料采购计划管理、品质管理、运输与配送计划与作业管理、资金管理；

③客户服务管理流程，如产品售前、售中、售后管理；客户退货管理。

(2) 外部集成化供应链管理流程设计与重组：供应链核心主导企业的客户订单完成管理流程与其原材料供应商、产成品销售商、物流服务提供商（物流外包商）等合作伙伴管理流程之间的无缝对接。

(3) 供应链交互信息管理：市场需求预测信息、库存信息、销售信息、新品研发信息、销售计划与生产计划信息等的交互共享，以及供应链各节点企业间的协同预测、计划与补给的库存管理技术等。

第三，供应链管理机制的建设：合作协商机制、信用机制、绩效评价与利益分配机制、激励与约束机制、监督预警与风险防范机制等。

下表总结了供应链管理的主要内容和常见的主要实现技术。

供应链管理的主要内容和实现技术

供应链网络结构设计	集成化供应链管理流程设计与重组		供应链管理机制建设
	内部集成化流程设计与重组	内部集成化流程设计与重组	
供应链伙伴选择： ·合作对策与委托代理理论 ·各种决策评价方法：DEA 法、模糊综合评价法、作业成本法（ABC 分析法）等 物流系统设计： ·网络结构决策支持系统 ·仿真模型与最优化技术 ·启发式算法	·BPR（业务流程再造）理论 ·SCOR（供应链参考运作模型） ·TOC 管理（“瓶颈”管理、约束管理）理论 ·JIT、精益制造、零库存管理理论 ·MRPⅡ、ERP、DRP 管理信息系统 ·CAD、CAP、CIM 信息系统	·SCOR（供应链参考运作模型） ·BPR（业务流程再造）理论 ·TOC 管理（“瓶颈”管理、约束管理）理论 ·CRM、SRM、SCM 管理信息系统 ·QR（快速响应）、ECR（有效顾客反映）技术 ·EDI（电子数据交换）技术 ·VMI（供应商管理库存）技术 ·JMI（联合库存管理）技术 ·CPFR（协同规划、预测与补给）技术 ·敏捷制造技术	·合作信用机制 ·协商机制 ·绩效评价与利益分配机制 ·激励与约束机制 ·监督与预警机制 ·风险防范机制

第四节　供应链管理的方法

供应链管理的方法有很多种，这里主要是讨论结合供应链的特点采用的一些方法。

一、联合库存管理

供应链管理的一个最重要的方面，就是联合库存管理。所谓联合库存管理，就是建立起整个供应链以核心企业为核心的库存系统，具体地说，一是要建立起一个合理分布的库存点体系，二是要建立起一个联合库存控制系统。

这里强调以核心企业为核心，是因为在供应链中很容易形成多中心。如果搞多中心，必然分散精力，分散资源，还可能互相干扰，则必然影响供应链的正常有效运行。所以一个供应链系统必须只有一个中心，所有其他的企业都必须服从这个中心，自觉为这个中心服务。供应链库存系统也必须按照这种思想去组织。

合理分布的库存点体系，指的是库存点的空间分布。这里所谓的合理分布，是指对于核心企业来说，是最方便有效并且成本最低的。

传统的库存设置是每个企业都自设仓库，自发库存，不考虑共享的问题，所以物资从一个生产过程产出以后，必须经过几个仓库的入出库和储存的处理过程才能够到达另一个生产过程的需求点。

而联合库存分布一般是供应商企业取消自己的成品库存，而将自己的成品库存直接设置到核心企业的原材料仓库中，或者直接送上核心企业的生产线（见图 10-3）。图 10-3 中实际上给出了两种模式：

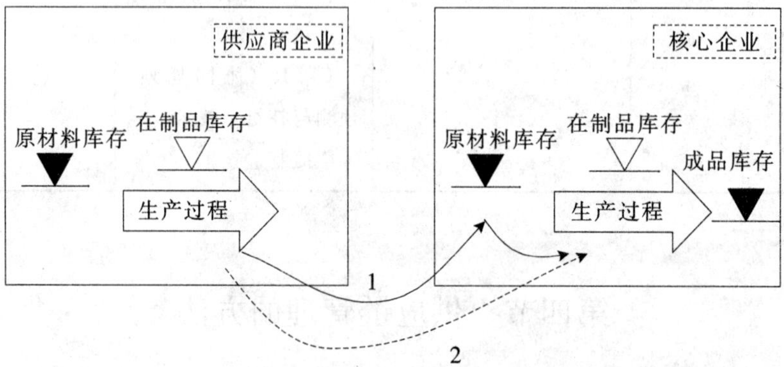

图 10-3 联合库存分布原理和物资从产出点到需求点的途径

第一种模式是集中库存模式，即变各个供应商的分散库存为核心企业的集中库存。各个供应商的货物都直接存入核心企业的原材料库，变各个供应商的分散库存为核心企业的集中库存（见图 10-3 中的 1）。这样做有很多好处：

（1）减少了库存点，省去了一些仓库设立的费用和相应的仓储作业费用，减少了物流环节，降低了系统总的库存费用；

（2）减少了物流环节，在降低物流成本的同时，还提高了工作效率；

（3）供应商的库存直接存放在核心企业的仓库中，不但保障核心企业的物资供应、取用方便，而且使核心企业可以统一调度、统一使用管理、统一进行库存控制，为核心企业方便高效地生产运作提供了保障条件；

（4）这种方式也为科学的供应链管理如供应商掌握库存 VMI、连续补充货物（CRP）、快速响应（QR）、配送、准时化供货（JIT）等创造了条件。

实际上，在这种模式下，供应商的运作方式是：按核心企业的订单或者订货看板，组织生产所需要的数量，产成品一下线，一般就是用配送方式实行小批量多频次的送货，用汽车直接装运到核心企业的仓库中补充库存，或者直接装运到核心企业的生产线上的需求点直接投入生产。

第二种模式是无库存模式，核心企业也不设原材料库存，实行无库存生产。这个时候供应商的成品库和核心企业的原材料库都取消（如图 10-3 中的 2，即最下面一个虚线弧状箭头所示），则这时供应商与核心企业实行同步生产、同步供货，直接将供应商的产成品送上核心企业的生产线。这就是准时化供货模式。这种准时化供货模式，由于完全取消了库存，所以效率最高、成本最低。但是对供应商和核心企业的运作标准化、配合程度、协作精神则也要求最高，操作过程也要求最严格，一般二者的距离不能太远。

这两种联合库存模式，不但适用于各个供应商和核心企业，原理上也适用于核心企业与分销企业。在运用于核心企业与分销商的情况下，核心企业要站在供应商的立场上，对各个分销企业实行分布库存，将货物直接存于各个分销仓库，并且直接掌握各个分销库存，采用配送等方式实行小批量、多频次送货。

联合库存体系除了建立起如上的联合库存分布之外，还要建立起统一的库存控制系统。如果建立好了联合库存分布体系，则建立联合库存控制系统的问题也就很好解决了。

库存控制也有两种模式：第一种是合理库存量控制模式；第二种是无库存控制模式。合理库存量控制模式主要适用于核心企业设有原材料库存的情况，无库存控制模式主要适用于核心企业实行无库存生产的情况。

合理库存量控制，就是要根据企业生产的需要，对仓库的库存量进行控制，控制的目的，就是要保持仓库的合理库存量，既能满足需要，又使总成本最小。由于供应商的库存都已经存到了核心企业的原材料仓库中，所以供应链系统的库存控制问题实际上就转化成了普通企业的库存量控制的问题了，而对核心企业的库存量的控制，实际上也就是对供应链的库存量进行控制。由于各个供应商的产品都在自己的仓库中，我们可以统一调度、统筹规划、统一进行库存控制，因此也非常方便。另外通过对各个供应商的产品库存量的控制，实际上也就控制了各个供应商的生产和配送运作，达到整个供应链优化运作的目的。

合理库存量的控制，主要运用我们在第五章中讲的库存控制方法，一种是定量订货法，另一种就是定期订货法，都是要解决三个问题：一是什么时候订货，二是订多少，三是如何实施。详见第五章，这里不再重复。

无库存控制模式，就是要取消原材料库存，让供应商直接向核心企业的生产线上的需求点进行连续小批量多频次的补充货物，实现“在需要的时候、把所需要的品种、所需要的数量、送到所需要的地点”的操作模式。这样保证在生产线开动、需要货物时，有适量的货物连续不断地进行供应，生产线一停、不需要货物的时候，现场没有多余的货物，实现零库存。

二、供应商掌握库存（VMI）

供应商掌握库存（Vendor Managed Inventory，VMI），是供应链管理理论出现以后提出来的一种新的库存管理方式。它是供应商掌握核心企业库存的一种库存管理模式，是对传统的由核心企业自己从供应商购进物资、自己管理、自己消耗、自负盈亏的模式的一种革命性变动。

传统的库存都是企业自己的库存自己设立、自己掌握。这样做，有以下的问题：①自己要花费一笔库存资金，而且在库存没有消耗以前，就一直占用着，不但给企业造成资金紧张，而且要花费一笔资金使用费用（银行利息)；②不但占用仓库、增加保管费用，还增加了采购、进货、入库、保管、出库、检验等许多工作环节和工作量，分散了企业的资金和人力、物力，降低了核心竞争能力；③存在库存风险：自己设立的库存的数量是靠自己对市场未来需求量的预测而确定的；但是预测难免不准确，再加之市场是随时变化的，因此常常出现库存过量或过时滞销的情况，造成库存积压和死库存，给企业造成经济损失。

由供应商管理库存有很大的好处：①供应商是商品的生产者，它掌握核心企业的库存具有很大的主动性和灵活机动性。它可以根据市场需求量的变化，及时调整生产计划和采购计划，库存消耗速率大，就主动地多生产一些，库存消耗速率小，就少生产一些，所以既不会造成超量库存积压，又可以灵活响应市场的变化。既不存在占用资金的问题，又不存在增加费用、造成浪费的问题。②供应商掌握库存，就可以把核心企业从库存陷阱中解放出来。企业不需要占用库存资金；不需要增加采购、进货、检验、入库、出库、保管等一系列的工作，使它们能够集中更多的资金、人力、物力用于提高它们的核心竞争力，更好地搞它们自身的工作，大大提高效益，扩大市场，提高整个供应链的活力，从而给整个供应链，包括供应商企业创造一个更加有利的局面。③供应商掌握库存，就是掌握市场。核心企业的库存消耗就是市场需求的组成部分，它直接反映了客户的消费水平和消费倾向，这对于供应商改进产品结构和设计、开发销售对路的新产品，对于企业的生产决策和经营决策起着有力的信息支持作用，使它们也能够获得一个更好的发展局面。

可见，实施 VMI，由供应商掌握库存，可以实现核心企业和供应商企业的“双赢”，不但对核心企业，而且对供应商企业自身都是有好处的。

实施 VMI 管理，需要有几个前提条件：

第一，供应商要详细掌握核心企业的销售信息和库存消耗信息，也就是核心企业的销售信息和库存消耗信息要对供应商透明。具体说来，供应商应该掌握核心企业的销售时点信息，或库存消耗时点信息（POS)，因为只有掌握这样的时点信息，供应商才能够掌握库存消耗的规律，才能够根据这个规律来调整生产计划和采购计划，供应商掌握库存才有意义。否则，又要供应商掌握库存，而市场销售变化规律又对它保密，使它两眼一抹黑，不能够根据市场变化规律及时调整生产计划和采购计划，就会彻底地坑害了供应商，VMI也就不可能实现。

第二，为了使供应商能够及时详细地掌握核心企业的销售信息和库存消耗信息，就要建立起通畅的信息传输网络，建立供应链系统的管理信息系统，实现信息的及时传输和处理。

第三，建立起供应链系统的协商机制和互惠互利的机制，要加强沟通，及时协商处理出现的各种问题，要本着责任共担、利益共享的精神，建立起企业之间的友好协作关系。可以建立起某种组织的或规章制度的保证系统，订立合作框架协议。

三、供应链运输管理

除库存管理之外，供应链管理的另一个重要方面就是运输管理。但是运输管理相对来说，没有像库存管理那样要求严格、关系重大。因为现在运力资源丰富，市场很大。只要规划好了运输任务，很容易找到运输承包商来完成它。因此运输管理的任务，重点就是三个：一是设计规划运输任务，二是找合适的运输承包商，三是运输组织和控制。

设计规划运输任务，就是要站在供应链的整体高度，统一规划有关的运输任务，确定运输方式、运输路线，联合运输方案，设计运输蓝图，达到既能够满足各点的运输需要，又使总运输费用最省的目的。因为供应链运输问题，是一个多点系统的运输问题，涉及供应商到核心企业、核心企业到分销商以及供应商之间、分销商之间等多个企业、多个品种、多种运输方式、多条运输路线的组织规划等问题。要根据供应链正常运行的节拍，确定各点之间的正常运量，然后统一组织联合运输、配送和准时化供货。这个通常要建立模型，仔细地优化计算得出运输方案、建立运输蓝图。具体的做法可以运用运输规划法、配送计划法等方法来完成。这种做法比较完美，但是工作量比较大，需要运用计算机来进行计算和规划。在实际生活中，人们常常习惯于采用实用主义的做法，就是各个运输任务自发产生、单独处理，不进行统筹考虑，这样做，虽然简单方便，但是常常造成运输资源不能够充分利用、空车率高、浪费大。

运输任务方案确定下来后，就需要找运输承包商。现在运输资源很丰富，容易找，但是一般应当找正规的运输企业或者物流企业，建立稳定的合作关系。甚至可以把它们拉入供应链系统之中来。不要轻易找那些没有资格、没有能力的运输承包者，避免运输风险。

运输的方式有长途的输送运输、短途配送运输和准时化供货等形式。长途输送运输，是长距离大批量的快速运输；短途配送运输是短距离、多用户、多品种的循环送货；准时化供货是更短距离的供应点对需求点的连续多频次小批量补充货物。运输组织和控制，就是按照给定的运输方案、运输蓝图对运输承包商的运输活动过程和运输的效果进行组织、管理和控制。

四、连续补充货物（CRP）

连续补充货物（Continuous Replenishment Process，CRP），就是供应点连续地多频次小批量地向需求点补充货物。它基本上是与生产节拍相适应的运输蓝图模式，主要包括配送和准时化供货方式。配送供货一般用汽车将供应商下了线的产品按核心企业所需要的批量（日需要量，或者半天需要量）进行频次批量送货（一天一次、二次）。准时化供货，一般用汽车、叉车，或传输线进行更短距离、更高频次的小批量多频次供货（按生产线的节拍，一个小时一次、二次），或者用传输线进行连续同步供应。

五、分销资源计划（DRP）

分销资源计划主要是指供应商对分销网点或客户的有计划地组织供应送货。

六、准时化技术（JIT）

准时化技术，包括准时化生产、准时化运输、准时化采购、准时化供货等一整套JIT技术。这些在供应链中基本上可以全部用上。它们的思想原理都一样，就是四个“合适”（Right）：在合适的时间、将合适的货物、按合适的数量、送到合适的地点。它们的管理控制系统一般采用看板系统，基本模式都是多频次小批量连续送货。

七、快速、有效的响应系统

快速响应系统（Quick Response，QR）是20世纪80年代由美国塞尔蒙

(Kurt Salmon) 公司提出并流行开来的一种供应链管理系统，其主要思想是依靠供应链系统，而不是仅依靠企业自身来提高市场响应速度和效率。一个有效率的供应链系统通过加强企业间沟通和信息共享、供应商掌握库存、连续补充货物等多种手段进行运作能够达到更高效率，以更高速度灵敏地响应市场需求的变动。

有效率的客户响应系统（Efficient Consumer Response，ECR）也是美国塞尔蒙公司于 20 世纪 90 年代提出来的一种供应链管理系统，主要思想是组织由生产厂家、批发商和零售商等构成的供应链系统在店铺空间安排、商品补充、促销活动和新商品开发与市场投入四个方面相互协调和合作，以更好、更快和更低的成本满足消费者需要为目的的供应链管理系统。

八、电子化、信息化

强调企业间信息沟通、信息共享，建立 EDI/Internet 系统，进行信息及商务票据及时传输和处理，是供应链系统有效率运作的前提条件。

九、第三方物流公司

第三方物流公司是指统一承包包括供应商、需求商在内的各种企业的各种物流业务进行专业化运作的物流公司。第三方物流公司由于具有专业的物流能力和强大的物流基础设施设备，实行统筹化、规模化运作，因此在降低物流成本、提高物流操作质量和效率方面具有优势，因此，生产企业都愿意把它们的物流业务承包给第三方物流公司去操作。

供应链管理和第三方物流并没有特别的必然联系。供应链管理并不是一定要用第三方物流模式，第三方物流也不是一定要操作供应链物流业务。不过两者之间应当相互联系起来，利用各自的优势，共同协调配合进行运作。供应链管理业务最好能够承包给第三方物流公司去运作，以提高效率、降低成本、提高质量。第三方物流公司如果承包了供应链管理的业务，就应当根据供应链的特点，按照供应链的管理目标去运作，切实达到供应链管理的目标。

第十一章　物流组织与控制

物流组织一般是指以物流经营和管理活动为核心内容的实体性组织，从广义上讲它可以是企业内部的物流管理和运作部门、企业间的物流联盟组织，也可以是从事物流及其中介服务的部门、企业以及政府物流管理机构。现代物流的实施和运行，不会是自发的，它必然要通过某种组织方式予以管理和推进，同时还要接受不同层次的控制和协调，这其中有些是通常的企业管理问题，有些是物流这种形态所需要的特殊管理形式。比之传统的分散的物流功能，物流功能系统化形成综合的、一体的物流活动之后，便显现了物流的奇特优势。如此好的现代物流，我们如何去获得它，如何在我们的企业中、在我们的不同层面的经济环境中，充分发挥系统物流的优势，就需要控制的手段、组织的手段去实践。这也是本章将要说明的问题。

第一节　物流管理体制制度

一、政府管理组织及体制

（一）国民经济宏观、中观的物流管理

在国民经济领域，物流不是一个独立的产业或行业，而是若干行业的集合概念，是许多相近行业和以物流观念覆盖的行业的总领域。以物流为一个独立集合体的国民经济管理体制和组织方式，在世界各国都未见采用，大部分国家对物流的管理仍然是传统的行业管理或由国家部门进行通常的宏观调控及工商企业管理。例如，日本国政府一方面是通过实施国家的宏观控制和经济运行的管理；同时，还有以民间为主体的同业协会性质的组织（例如物流管理协会）实行行业的服务及管理、控制。美国有全国性的政府物流协调组织（美国全国物流委员会）和行业性、学术性都很强、很突出的协会（例如美国后勤协会）组织。但是，物流作为一个业态，已经得到了广泛的认可，日本在制订有关国民经济计划时，物流被作为一个单独的领域规划发展。

在我国，国民经济领域的物流管理形态尚未形成，仍然处于物流各要素被分别管理的状况。例如铁道、交通、航空货运等依然是国内部门管理的范畴，而物流服务则属于一般工商企业管理的范畴。而对社会物流企业的管理，对全社会物流各行业的宏观调控和运行，是由有关部委负责的。

根据我国经济体制改革所提出的目标，行业管理的力度将在今后逐渐增加。由于物流是涉及全局的，所以，主要的物流部门如铁道部、交通部等和一般生产部门不同，它将有很强的调控能力甚至直接指挥能力，也是我国经济体制改革之后，在国内实行较强计划管理的若干部门的一部分。由于物流基础设施平台（铁道、公路、港口、机场等）属于国民经济基础设施建设的一部分，也是国家需要创造的宏观经济环境和投资环境的一部分，基础建设规模大、投资高、赢利能力相对不足，并且具有战略性，所以，国家在这方面无论资金的投入还是政府管理力量的投入都是比较大的，政府的运作也是主体。在物流基础平台上运作的物流经营，例如货运、客运、供应链、第三方物流等，属于竞争性领域，国家将主要对其进行宏观调控，而具体的经营则由企业去运作。铁道、交通部门提出的“网运分离”就是指由政府为主体建设交通运输网络，而以市场为主体进行营运。

（二）地区的物流管理

随着经济体制改革的深入，各个地区也在探索物流管理的新形式，这个探索以深圳市最为典型。深圳市将物流产业确认为国民经济三大支柱产业之一，并且对物流产业之下的主要行业进行整合，将物流业作为一个整体进行管理。深圳市的物流管理体制，明确了物流业作为独立产业的地位，政府的作用不再是协调过去若干部门的物流职能，而是直接进行调控管理，这一点在国内其他各个地区都未能采用。深圳市全新的物流管理体制，重新改变了国民经济行业的归属和分类，突破了传统的“部门管理”方法，一个重要原因，是现代信息技术和管理手段可以有效地对跨越若干部门的物流大系统进行控制，在这个前提下才形成了新的管理形态和管理组织。

二、企业的物流管理

（一）管理跨度的变化

市场经济体制的国家和地区，物流管理的重点始终在于企业，因此，对于企业物流管理的研究就比较透彻。

企业管理无论是理论还是方法，都随着社会经济的发展而改变，大工业时期形成的有效管理体制，在网络经济时代受到了极大的考验和冲击。例如管理跨度理论就是受到冲击最大的管理理论和实践。按照管理跨度原则，一个管理人员的管理跨度是有限的，这取决于人的极限能力和有效能力。往往将这个跨度确定为八个下属，如果超越了这个跨度，会出现管理失控的问题，如果不够这个跨度，会出现浪费问题。

但是，在进入计算机时代以后，众多的信息系统辅助管理的运用，使管理者不用耗费大量的精力去收集、规划、筛选、分析信息，就可以直接获得成熟的信息甚至智能化的决策，这就轻而易举地突破了管理跨度的原则，管理范畴大大拓宽。这样一来，原来的组织方式就必然面临改变。

（二）企业物流管理组织的发展阶段

这里面需要首先明确的是，物流在不同企业经营中的作用是不相同的，因此企业的物流管理组织必然不会是相同的，往往有很大的差异。这里仅就一般规律来认识企业物流管理组织发展阶段问题。

就发达国家而言，企业物流管理组织已经经过了四个发展阶段。

1. 第一阶段——部门分割阶段

在工业化的相当长一个时期内，物流被分割在企业的各个部门，一些被广泛采用的制度，例如事业部制、直线制在一定程度上加深了这种分割，没有办法进行跨部门的物流职能协调，“效益背反”现象和重复浪费现象、信息失真现象经常影响企业的经营。企业需要付出高昂的物流成本。

2. 第二阶段——功能综合阶段

一个企业的物流功能分散在各个传统的部门之中，完全改变企业的传统结构还没有能够成熟，但是人们已经认识到物流功能集合所产生的巨大效果。为了做到这一点，企业领导者的通常做法是：通过更高一层企业领导协调各不同传统部门之中的物流功能，使之能够一定程度地协调运作，减少互相背反的内耗现象，在企业中用这个方法来实现对综合物流的理论认识。这个办法当然会取得一定程度的效果，但是这不取决于组织体制，而是取决于管理人的意志，而且这种综合又经常会遇到来自纵向传统部门的阻碍和反抗，虽然可以看到系统物流可能带来的曙光，但是难以取得稳定的成效。

3. 第三阶段——资源整合阶段

在工业化的进程中，随着专业化的发展越来越深入，宏观、中观层面的物流社会化和企业层面的物流专业化便逐渐被接受。与企业经营的分散化相反，企业的物流工作却出现了集中化、专业化的趋势。把分散于不同部门中相同的、相近的甚至相冲突的物流工作采用组织手段组织在一起，以组织为基础一体化，形成一个新的物流管理系统。

建立独立物流组织，就能够从一定程度上消除重复现象、背反现象、脱节现象，从而增加物流资源的利用率，提高总体效率。这种资源的整合，是保障对物流进行系统化控制的主要手段。二十世纪六七十年代，许多发达国家在这方面有很大的进展。

4. 第四阶段——以信息为基础的一体化阶段

进入信息社会以后，由于信息对人们生活和工作的改变和信息所提供的巨大的潜在改革力量，促使人们又对更理想的企业物流结构进行新的探索。这个探索集中在信息化可以给企业物流管理提供什么帮助，可以促成什么样的改变。

集中式的有很大权力的一体化组织机构虽然可以实现现代物流的许多目标，但是又会形成新的边界。一方面，传统问题仍然经常发生，不是横向需要协调，就是纵向需要协调。以组织为基础虽然解决了物流系统功能协调问题，但是又出现了甚至更多的新的协调要求；另一方面，机构的设置本来就是均衡权利的一种手段，过大的物流组织机构的权力，自然又会在企业内部形成新的结构的不平衡和权利的冲突，这也从体制方面提出了更新的改变要求。

在这种情况下，不是通过官僚式的权力型的机构组织，而是通过以信息化为基础的物流过程的一体化，在新的信息化的基础上，有效地对企业内物流相关过程进行控制，这已成为信息时代对企业物流管理最大的突破性的改变。企业的物流管理不再侧重于建立固定的组织和部门，而侧重于对整个过程的控制、管理和协调，表面上回到了第二个阶段，实际上上升到了新的高度。

（三）企业重心下移以及物流的主导作用

对于企业体制的构筑，过去习惯采用的方法是自上而下构筑整个企业结构，核心指挥在最上层，各个层次的管理都是对上负责，形成一种自上而下的组织结构。这种组织结构在计划经济时期几乎是唯一的结构形式，而且直到今天还没有显著的改变。市场经济体制国家，企业的构筑是从市场或者需求开始，根据最初始的要求，以及市场和客户的需要，层层向上构筑，这样所形成的体制结构，最终是通过整个组织结构适应和满足了市场的要求。层层向最基础的客户负责还是层层向上负责，这是两种不同体制的企业构筑方式。

企业将重心下移，自下而上地形成企业的构架，就必然会出现物流的主导作用。这是因为物流是与客户直接衔接的活动，客户的要求由物流直接负责，并转换成向上一层活动和管理的要求，这样层层传递上去就可以形成各有效的向客户负责和服务的企业结构体制。因此，物流的主导作用就这样显现出来。

（四）社会物流活动的管理——物流联盟

企业内部物流管理的最高阶段，是建立在信息化基础上的物流过程一体化。同样的做法扩展到社会，超越一个企业所形成的体制大体有三种形式：①企业按照物流过程一体化的方法，将这种管理延伸到社会的物流全过程；②企业将物流业务外包，利用第三方物流；③建立物流联盟。

物流联盟是为了达到比单独从事物流活动所取得的更好效果、企业间形成的相互信任、共担风险、共享收益的物流伙伴关系。企业之间不完全采取导致自身利益最大化的行为，也不完全采取导致共同利益最大化的行为，只是在物流方面通过契约形成优势互长、要素双向或多向流动的中间组织。狭义的物流联盟存在于非物流企业之间，广义的物流联盟包括第三方物流。在现代物流中，是否组建物流联盟作为企业物流战略的决策之一，其重要性是不言而喻的。

物流联盟的形成是相关物流活动的主要参与者或者若干主要参与者共同

发起的，联盟的参与企业应当具备以下可以合作的前提条件：共同的、战略性的发展意图；共同的利益；不同的、互为补充的核心竞争能力；妥协性和相容性。

三、物流的整合

（一）物流整合的概念

物流整合是指将物流资源和物流相关资源进行一定程度的集成，以创新物流体制、物流系统和物流服务组织，从而提升物流活动的一种方式，泛指商品流通过程各环节所进行的整合物流活动的过程及所采用的方法。细而言之，物流整合指物品流通过程中，有效整合商品移动、储存等物流作业以及流通信息（含订单、货运单据、发票等），提升流通效率，降低物流成本，进而提高客户服务水平的程序。物流整合的成功要素主要包括三个方面：①任何顾客服务均应以产生获利性交易为原则；②任何物流整合均需考虑物流总成本；③任何物流整合均需考虑与流通过程上下游企业的整合机会。

从包装、装卸、搬运、运输、储存等单项的、独立的物流活动，变成以“物流”为名称的系统，这是物流科学和物流产业赖以存在的前提。各个单项活动之间的有机的、内在的联系，是使物流这个新系统能够建立的内在条件，但是新的物流系统之所以具备生命力，是因为上述各单项活动经过整合之后形成的新的整合能力的原因。

物流整合重要的原因在于物流资源种类很多而且十分分散，如果不经过整合，不会形成强大的生产力，甚至长期维持小生产的状态。

需要特别重视的是，整合的本质是管理。在单项生产力水平相同的情况下，通过有效的整合，资源会得到最大限度、最优的利用，会形成1＋1＞2的生产力局面，这种整合的效果是依靠管理带来的。这是在物流领域中，增值性管理的体现。

（二）物流整合的意义

物流整合的意义主要有以下几点：

1. 通过整合形成规模，使物流的大生产方式得以实现。再大的没有经过整合的物流规模，也不能形成“规模效益”。这是因为，可以用小生产方式去应对大规模物流，也可以用大生产的方式去应对大规模的物流。进行物流整合，其目的在于后者。

2. 通过整合进行简化。整合可以将多样的物流作业进行条理化和简化，这就可以大量删除多余的作业和无效环节，使得同步化、短程化得以实现。

3. 通过整合进行集成。通过整合，可以将设施、设备、管理进行有效的集成，将硬件与软件合二为一，从而使劳动手段的水平得以提高。

4. 通过整合为信息技术应用构建平台。整合可以使信息技术有明确的业务平台依托，从而可以实现理想的信息传递和交换，大大提高信息应用的水平。

5. 通过整合可以形成新的管理体制。整合如果有效而且稳定，就使得新体制的建立有了依托和把握。

（三）企业物流整合方法

1. 内部整合

企业内部物流整合可以有以下做法：①物流功能的整合。这种做法着眼于按物流过程组织各项物流功能，形成一个物流功能的整合体，以使物流能力得到最充分的发挥。②物流管理的整合。这种做法着眼于降低总体的物流成本，提升对客户服务的水平及能力，进而使企业的竞争能力得到提高。③物流组织的整合。这种做法着眼于建立企业中统管全部物流或主要物流的物流组织，通过这个组织的作用，强化物流的服务能力和管理水平。

2. 外部整合

企业外部物流整合可以有以下做法：①部分整合。通过整合形成局部的整合竞争能力。例如，在配送领域，将配送资源和配送力量整合，形成“共同配送”；在流通加工领域，将分散的流通加工能力集中、集成，以减少资源占用，同时取得最好的流通加工效果。②总体整合。进行供应链整合，是如今有代表性的总体整合方式。物流供应链的整合，使物流的水平提升到当前的极致，也是在网络经济时代，将相同行业、不同行业、物流基础业、第三方物流、物流信息进行大规模集成整合的成果。现代信息技术和管理手段可以有效实现大规模、大范围、总体的整合，使人们看到这种整合将会形成的创新体制、创新方法的前景。

第二节　对物流的管理

一、物流的质量管理

（一）概　述

长期以来，物流行业的传统思想、数量概念是非常牢固的，而质量意识却很淡薄。物流概念中，往往强调解决产、需在时间、空间的分离，而忽视在创造时间及场所效用中质量的作用。

在物流领域中，经常会出现重大的质量事故，如车祸造成货物、人员装备的损失；沉船造成巨大的损失；物流过程中的丢失、损坏、变质、延误等，这些事故都不仅使物流中货物的数量受到损失，而且使货物质量受损，其结果是使物流本身和企业经营活动两方面都受到挫折。

对于一个企业，物流是与外界系统的“接口”，物流质量直接与用户相关，从而也与本企业生命攸关的市场占有率相关，低劣的质量会使用户另寻其他合作伙伴从而使企业的战略发展受挫。

（二）物流损失

物流质量低劣会使物流企业、承担物流责任的生产企业或公司、销售企业等各种类型企业遭到下述损失：①赔偿损失的支出；②处理索赔的行政、法律事务的支出；③收回、重整再发送被退回货物的支出；④时间耽误的机会损失及利息损失；⑤公司或企业的信誉损失，会出现订货减少、合同条款不利等问题。

特别值得提出的是，在物流国际化趋势越来越强、远程物流大型化之后，质量观念比以往更加重要。其原因在于，大规模物流的一次物流价值量十分巨大，例如50万吨的超级油轮或4000个箱位的集装箱船，整船价值可达几千万甚至几亿美元，一旦损失，如无保险，会造成一个中型公司的破产。这种损失远比物流量小的时候同类型损失大得多，这也是当今物流质量观念更为增强的原因。

（三）物流质量管理内容

物流的质量管理可以理解成按照法定的及物流服务交易双方的约定，达到双方约定的服务指标，实现对物流对象物的质量保护。

1. 物流对象物的质量保护

物流对象物的保护包含：①数量保护。在物流过程中，物流对象物的散失、丢失、盗失等，都会出现数量减少问题。为了避免这种情况的出现，企业必承担保护的责任，一般而言，对于贵重货物、包装货物，采用零损失的协议方式；对于大宗散货，货主与物流企业事先按照双方的条件，认定一个散失率，由物流企业在允许范围内实现对用户的服务，如果超出限度，则应承担责任。在物流过程中，采用集装的装运方式能够最有效地保护对象物数量不受损失，同时，由于形成了一个整体的货载，也不需要在物流过程中经常进行清点，因此，这种技术方式有力地支持了物流过程中的质量管理。②质量保护。物流企业应该承担质量保护的责任，即保证物流对象物在物流过程中不发生超出约定的物理的、化学的、生物的质量变化。对于不同的对象物，在物流过程中可能发生的质量变化是有区别的，因此这种质量保护必须针对不同的物流对象物进行单独协议。在长距离、长时间的物流过程中，对各种质量变化的积累可能最终造成物流过程的质量损失。对于一些特殊的物流对象物，例如国际物流中规模很大的石油、煤炭、粮食及进入物流过程中的易燃、易爆、腐蚀、危险品等，这个问题就需格外关注。对于物流责任企业来讲，需要专门的人才和技术力量、设施装备来解决质量保护的问题。③防止灾害。物流过程中最大的损失来自灾害，灾害有外部的，例如灾害天气、环境，海难等；有来自内部的，主要是物流对象物出现燃烧、爆炸等，这些都是物流责任企业要特别关注的问题。虽然物流过程中灾害性的损失往往都有事先的保险约定，可以获得赔付，但仍然是物流责任企业必须下大力气防范的问题。现代科学技术对灾害的防范和救援提供了许多可以选择的手段，例如海上呼救和救援系统、全球定位系统，等等。

2. 物流服务质量

物流服务质量是物流质量管理的一项重要内容，这是因为物流业属于第三产业，其性质主要在于服务。所以，整个物流的质量目标，就是其服务质量。服务质量因不同用户而各异，一般来讲，物流服务普遍体现在满足用户要求方面，这就需要掌握和了解用户要求。这一点难度是很大的，各个用户要求不同，往往会超出企业的能力，要实现这些服务要求，就需要企业有很强的适应性及柔性，而这些又需要强大的硬件系统和有效的管理系统支撑。

当然，对服务的满足不能是消极被动的，因为有时候用户提出的某些服务要求，会由于“交替损益”的作用而增大成本或出现别的问题，这对用户实际上是有害的，盲目满足用户的这种要求不是高服务质量的表现。物流承担者的责任是积极、能动地推进服务质量。

3. 物流工作质量

工作质量指的是物流各环节、各工种、各岗位具体工作的质量。为实现总的服务质量，要确定具体的工作要求，以质量指标形式确定下来即为工作质量目标。这是将物流服务总的目标质量分解成各个工作岗位可以具体实现的质量，是提高服务质量所做的技术、管理、操作等方面的努力。

工作质量和物流服务质量是两个有关联但又不大相同的概念。物流服务质量水平取决于各个工作质量的总和。所以，工作质量是物流服务质量的某种保证和基础。重点抓好工作质量，物流服务质量也就有了一定程度的保证。

4. 物流工程质量

物流工程是流通领域及其他有物流活动领域的工程系统。对流通领域而言，物流工程是这一领域独特的工程系统，主要作用是支持流通活动，提高活动的水平并最终实现交易物的有效转移。

物流工程是支撑物流活动的总体的工程系统，可以分成总体的网络工程系统和具体的技术工程系统两大类别。实际上，任何物流企业的物流运作，包括第三方物流企业接受外包的物流运作，不可能是空手运作，必须依靠有效的工程系统来实现这种运作。当然，工程系统有可能是自建的，世界上很多大型物流公司都有自己的仓库、配送中心、机场、货机等工程设施；有些则需要依靠组织的办法来利用别人提供的工程设施，国家建设的物流设施基础平台，就是这么一种基础的工程设施。

很明显，工程设施的水平和质量，可以从根本上决定物流的水平和质量，采用大型集装箱联运系统之后，就基本杜绝了物流过程中单件货物的丢失，就是工程系统所起作用的实例。对生产企业而言，其内部的物流很难利用国家提供的基础工程设施的平台，也很难利用社会上营业性的工程设施，在这种情况下就需要自己建设一套工程系统。这一套物流工程系统将会是决定企业物流水平的非常重要的因素。

所以，与产品生产的情况类似，物流质量不但取决于工作质量，而且取决于工程质量，优良的工作质量对于物流质量的保证程度，受制于物流技术水平、管理水平、技术装备。优质的物流质量是在整个物流过程中形成的，要想做到“事前控制”物流质量，预防物流损失，必须对影响物流质量的诸因素进行有效控制。

很明显，提高工程质量是进行物流质量管理的基础工作，能提高工程质量，就能做到“预防为主”的质量管理。

二、物流标准化

（一）标准化的一般含义

标准化是对产品、工作、工程或服务等普遍的活动规定统一的标准，并且对这个标准进行贯彻实施的整个过程。

标准化是国民经济管理和企业管理的重要内容，也是现代科学体系的重要组成部分，是由于社会大分化、生产大分工之后，为合理组织生产、促进技术进步、协调社会生活所出现的事物。标准化管理是有权威的、有法律效力的管理。

标准化的内容，实际上就是经过优选之后的共同规则，为了推行这种共同规则，世界上大多数国家都有标准化组织，例如英国的标准化协会(BSI)，我国的国家技术监督局等。

在日内瓦的国际标准化组织（ISO）负责协调世界范围的标准化问题。

目前，标准化工作开展较普遍的领域是产品标准，这也是标准化的核心，围绕产品标准、工程标准、工作标准、环境标准、服务标准等也出现了发展的势头。

（二）物流标准化

物流标准化指的是以物流为一个大系统的标准化体系，包括：系统设施、机械装备专用工具等各个分系统的技术标准；系统内各分领域如包装、装卸、运输等方面的工作标准；以系统为出发点，各分系统与分领域中技术标准与工作标准按配合性要求，统一整个物流系统的标准；物流系统与相关其他系统的衔接与配合，等等。

物流标准化的主要特点有以下几方面：

1. 与一般标准化系统不同，物流系统的标准化涉及面更为广泛，其对象也不像一般标准化系统那样单一，而是包括了机电、建筑、工具、工作方法等许多种类。虽然处于一个大系统中，但缺乏共性，从而造成标准种类繁多，标准内容复杂，也给标准的统一性及配合性带来很大困难。

2. 物流标准化系统属于二次系统，这是由于物流及物流管理思想诞生较晚，组成物流大系统的各个分系统，在过去没有归入物流系统之前，早已分别实现了本系统的标准化。并且经过多年的应用，不断发展和巩固，已很难改变。在推行物流标准化时，必须以此为依据，个别情况固然可将有关旧标准化体系推翻，按物流系统所提出的要求重建新的标准化体系，但通常还是在各个分系统标准化基础上建立物流标准化系统。这就必然从适应及协调角度建立新的物流标准化系统，而不可能全部创新。

3. 物流标准化更要求体现科学性、民主性和经济性。科学性、民主性和经济性是标准的“三性”，由于物流标准化的特殊性，必须非常突出地体现这三性，才能搞好这一标准化。科学性的要求，是要体现现代科技成果，以科学试验为基础，在物流中，则还要求与物流的现代化（包括现代技术及管理）相适应，要求能将现代科技成果联结成物流大系统。否则，尽管各种具体的硬技术标准化水平要求颇高，十分先进，但如果不能与系统协调，单项技术再高也是没用的，甚至还起相反作用。所以，这种科学性不但反映本身的科学技术水平，还表现在协调与适应的能力方面，使综合的科技水平最优。

民主性指标准的制定采用协商一致的办法，广泛考虑各种现实条件，广泛听取意见，而不能过分偏重某一个国家，从而使标准更具权威、减少阻力，易于贯彻执行。物流标准化由于涉及面广，要想达到协调和适应，民主决定问题、不过分偏向某个方面意见、使各分系统都能采纳接受就更具有重要性。

经济性是标准化主要目的之一，也是标准化生命力如何的决定因素，物流过程不像深加工那样引起产品的大幅度增值，即使通过流通加工等方式，增值也是有限的。所以，物流费用多开支一分，就要影响到一分效益，但是，物流过程又必须大量投入消耗，如不注重标准的经济性，片面强调反映现代科学水平，片面顺从物流习惯及现状，引起物流成本的增加，自然会使标准失去生命力。

4. 物流标准化有非常强的国际性。由于经济全球化的趋势所带来的国际交往大幅度增加，而所有的国际贸易又最终靠国际物流来完成。各个国家都很重视本国物流与国际物流的衔接，在本国物流管理发展初期就力求使本国物流标准与国际物流标准化体系一致，若不如此，不但会加大国际交往的技术难度，更重要的是在本来就很高的关税及运费基础上又增加了因标准化系统不统一所造成的效益损失，使外贸成本增加。因此，物流标准化的国际性也是其不同于一般产品标准的重要特点。

5. 贯彻安全与保险的原则。物流安全问题也是非常突出的问题，往往是一个安全事故会将一个公司损失殆尽，几十万吨的超级油轮、货轮遭受灭顶损失的事例也并不乏见。当然，除了经济方面的损失外，人身伤害也是物流中经常出现的，如交通事故的伤害，物品对人的碰撞伤害，危险品的爆炸、腐蚀、毒害的伤害等。所以，物流标准化的另一个特点是在物流标准中对物流安全性、可靠性的规定和为安全性、可靠性统一技术标准、工作标准。

物流保险的规定也是与安全性、可靠性标准有关的标准化内容。在物流中，尤其在国际物流中，都有世界公认的保险险别与保险条款，虽然许多规定并不是以标准化形式出现的，而是以立法形式出现的，但是，其共同约定、共同遵循的性质是通用的，是具有标准化内涵的，其中不少手续、申报、文件等都有具体的标准化规定，保险费用等的计算也受标准规定的约束，因而物流保险的相关标准化工作，也是物流标准化的重要内容。

（三）物流标准种类

1. 大系统配合性、统一性标准

（1）基础编码标准。基础编码标准是对物流对象物编码，并且按物流过程的要求，转化成条形码，这是物流大系统能够实现衔接、配合的最基本的标准，也是采用信息技术对物流进行管理和组织、控制的技术标准。在这个标准之上，才可能实现电子信息传递、远程数据交换、统计、核算等物流活动。

（2）物流基础模数尺寸标准。基础模数尺寸是指标准化的共同单位尺寸，系统各标准尺寸的最小公约尺寸。在制定各个具体的尺寸标准时，要以基础模数尺寸为依据，选取其整数倍为规定的尺寸标准，这样，可以大大减少尺寸的复杂性，使物流系统各个环节协调配合，并成为系列化的基础。

(3) 物流建筑基础模数尺寸。它主要是指物流系统中各种建筑物所使用的基础模数，在设计建筑物的长、宽、高、门窗以及跨度、深度等尺寸时，要以此为依据。

(4) 集装基础模数尺寸。它是在物流基础模数尺寸的基础上，按倍数推导出来的各种集装设备的基础尺寸，是最小的集装尺寸。在物流系统中，由于集装尺寸必须与各环节物流设施、设备相配合，在对整个物流系统设计时，通常以集装尺寸为核心进行设计。集装基础模数尺寸是物流系统各个环节标准化的核心，它决定和影响着其他物流环节的标准化。

(5) 物流专业名词标准。为了使大系统有效配合和统一，尤其在建立系统的情报信息网络之后，要求信息传递异常准确，这首先便要求专用语言及所代表的含义实现标准化，如果同一个指令，不同环节有不同的理解，这不仅会造成工作的混乱，而且容易出现大的损失。物流专业名词标准包括物流用语的统一化及定义的统一解释。

(6) 物流单据、票证的标准化。实现信息的录入和采集，将管理工作规范化和标准化，也是应用计算机和通信网络进行数据交换和传递的基础标准。它可用于物流核算、统计的规范化，是建立系统情报网、对系统进行统一管理的重要前提条件，也是对系统进行宏观控制与微观监测的必备前提。

(7) 标志、图示和识别标准。物流中的物品、工具、机具都处于不断运动中，因此，识别和区分便十分重要，对于物流中的物流对象物，需要有易于识别的又易于区分的标识，有时需要自动识别，这就可以用复杂的条形码来代替用肉眼识别的标识。

(8) 专业计量单位标准。除国家公布的统一计量标准外，物流系统还有许多专业的计量问题，必须在国家及国际标准基础上，确定本身专门的标准，同时，由于物流的国际性很突出，专业计量标准不仅要考虑国际计量方式的不一致性，还要考虑国际习惯用法，不能完全以国家统一计量标准为唯一依据。

2. 分系统技术标准

分系统技术标准主要有：运输车船标准、作业车辆标准、传输机具标准、仓库技术标准；包装、托盘、集装箱标准，包括包装、托盘、集装系列尺寸标准，包装物标准，货架储罐标准等。

（四）物流标准化的基点

1. 集装是物流标准化的基点

物流是一个非常复杂的系统，涉及的面又很广泛，过去，构成物流这个大系统的许多组成部分也并非完全没有进行标准化，但是，这往往只形成局部标准化或与物流某一局部有关的横向系统的标准化。从物流系统来看，这些互相缺乏联系的局部的标准化之间由于缺乏配合性，不能形成纵向的标准化体系。所以，要形成整个物流体系的标准化，必须在这个局部中寻找一个共同的基点，这个基点能贯穿物流全过程，形成物流标准化工作的核心，这个基点的标准化成了衡量物流全系统的基准，为各个局部的标准化的准绳。

为了确定这个基点，人们将进入物流领域的产品（货物）分成了三类，即零杂货物、散装货物与集装货物。这三类的标准化难易程度是不同的。

零杂货物及散装货物在物流的节点上，例如在换载、装卸时，都必然发生组合数量及包装形式的变化，因此，要想在这些“节点”上实现操作及处理的标准化，那是相当困难的。

集装货物在物流过程始终都是以一个集装体为基本单位的，其包装形态在装卸、输送及保管的各个阶段都基本上不会发生变化，也就是说，集装货物在节点上容易实现标准化的处理。至于零杂货物的未来，一部分可向集装靠拢，向标准包装尺寸靠拢；另一部分还会保持其多样化的形态而难以实现标准化。

所以，不论是国际物流还是国内物流，都可以肯定讲，集装系统是使物流全过程贯通而形成体系，并保持物流各环节上使用的设备、装置及机械之间整体性及配合性的核心，所以，集装系统是使物流过程连贯而建立标准化体系的基点。

2. 物流全系统标准化取决于和集装的配合性

具体来讲，以集装系统为物流标准化的基点的作用之一，就是以此为准来解决全面的标准化。因此，必须实现集装与物流其他各个环节之间的配合性。其中包括：①集装与生产企业最后工序（也是物流活动的初始环节）——包装的配合性。包装尺寸和集装尺寸的关系应当是：集装是包装尺寸的倍数系列，而包装是集装尺寸的分割系列。②集装与装卸机具、装卸场所、装卸小工具（如吊索、跳板等）的配合性。③集装与仓库站台、货架、搬运机械、保管设施乃至仓库建筑（净高度、门高、门宽、通路宽度等）的配合性。④集装与保管条件、工具、操作方式的配合性。⑤集装与运输设备、设施如运输设备的载重、有效空间尺寸等的配合性。在以集装为基本物流单位的物流系统中，经常有许多基本集装单位进一步组合成大集装单位或输送保管单位的情况。例如，将集装托盘货载放入大型集装箱或国际集装箱，就组成了以大型集装箱或国际集装箱为整体的更大的集装单位；将集装托盘货载或小型集装箱放入卡车车厢、货车车厢，就组成了一个大的运输单位等。如果形成了倍数系列的尺寸关系，就能提高装运的密度和形成坚实的货垛。⑥集装与末端物流的配合性。随着整个经济活动越来越以消费者（再生产者）的需要为转移，消费者的地位越来越强固，质量管理、生产管理、成本管理等经济管理活动都确立了“用户第一”的基本观念，这种观念在物流活动中的反映，就是末端物流越来越受到重视。末端物流是送达给消费者的物流，因此是以消费者的需要为转移的。一般说来，占消费者中大多数的零星消费者的要求追求多样化，这就使多样化的末端物流与简单化的主体物流（集装系统）的配合性出现困难，集装物流转变为末端物流，要对简单性的集装进行多样化的分割，以解决集装的简单化与末端物流多样化要求的矛盾。衔接消费者的“分割系列”与衔接生产者的“倍数系列”有时是有矛盾的，标准化要解决的就是要选择最优。⑦集装与国际物流的配合性。从国际经济交往来讲，由于我国是“后发性”国家，以国际标准为主体和国际标准接轨是我们集装标准化应该做的事情。其中最重要的是和国际海运集装箱接轨。这个接轨可以使国际海运集装箱通过我国的铁路和公路运输直达内地，从而充分发挥集装箱联运“门到门”的优势。

（五）物流的尺寸标准

1. 物流基础模数尺寸

与建筑模数尺寸的作用大体是相同的，考虑的基点主要是简单化，基础模数尺寸一旦确定，设备的制造、设施的建设、物流系统中各环节的配合协调、物流系统与其他系统的配合就有所依据。ISO 中央秘书处及欧洲各国已基本认定 600×400（mm）为基础模数尺寸。

由于物流标准化系统较之其他标准系统建立较晚，所以，确定基础模数尺寸主要考虑了目前对物流系统影响最大而又最难改变的事物，即输送设备。采取“逆推法”，由输送设备的尺寸来推算最佳的基础模数。当然，在确定基础模数尺寸时也考虑到了现在已通行的包装模数和已使用的集装设备，并从行为科学的角度研究了人及社会的影响。从其与人的关系来看，基础模数尺寸是适合人体操作的最高限尺寸。

2. 物流模数

物流模数即集装基础模数尺寸。前面已提到，物流标准化的基点应建立在集装的基础之上，所以，在基础模数尺寸之上，还要确定集装的基础模数尺寸（即最小的集装尺寸）。

ISO对物流标准化的重要模数尺寸方案如下：①物流基础模数尺寸：600×400（mm）。②物流模数尺寸（集装基础模数尺寸）：以1200×1000（mm）为主，也允许1200×800（mm）及1100×1100（mm）。③物流基础模数尺寸与集装基础模数尺寸的配合关系，如下图所示。

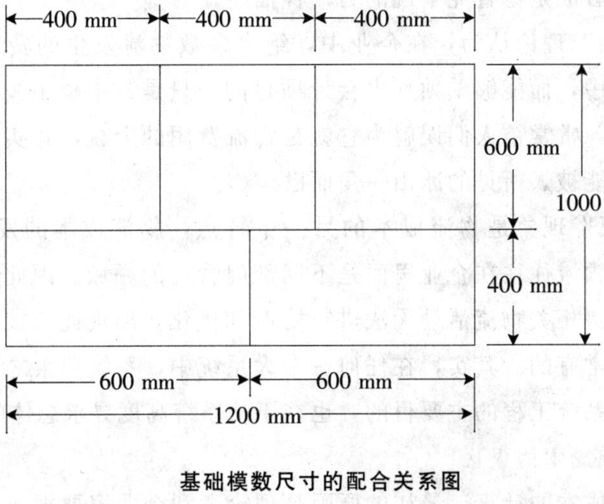

基础模数尺寸的配合关系图

三、物流成本管理

（一）特殊的成本体系

物流成本问题时至今日还没有能够提到企业会计制度的高度，因而还不可能纳入到企业常规管理的范畴之内。因此，对于生产企业而言，物流成本管理还是一种管理的理念，而没有转化成管理行为。

物流成本管理理论重要于运作的主要原因，是如果不从根本上改变企业部门和职能的结构，就无法单独形成物流成本的相关科目，物流成本总是和其他的成本混杂在一起，许多成本项目是混杂在其他的科目之中，只有当企业进行深入的核算和财务活动分析时，才可能将物流成本完全分离出来，但是，总的成本科目体系现在还不能将物流成本纳入常规的结构之中。

要把物流成本变成常规的财务会计制度的科目，需要完全重新建立财务会计制度，看起来要做到这一点是不大可能的。

（二）物流成本的特点——“物流冰山”、“效益背反”现象

物流成本和其他成本比较，有许多不同之处，但是最突出的只有两点，这两点被归结为“物流冰山”现象和“效益背反”（交替损益）现象。

“物流冰山”现象本来是日本早稻田大学西泽修教授研究有关物流成本问题时所提出来的一种比喻，在物流学界，现在已经把它延伸成物流基本理论之一，把它看成是德鲁克学说的另一种描述。

“物流冰山”理论认为，在企业中，绝大多数物流发生的费用是被混杂在其他费用之中，而能够单独列出会计项目的，只是其中很小一部分。这一部分是可见的，常常被人们误解为它就是物流费用的全貌，其实只不过是浮在水面上的、能被人所见的冰山一角而已。

“效益背反”现象是物流成本的另一个特点，物流成本的发生源很多，其成本发生的领域往往在企业里面是不同部门管理的领域。因此，这种部门的分割，就使得相关物流活动无法进行协调和优化，出现此长彼消、此损彼益的现象是经常有的。其实，在任何一个大系统中，系统要素之间经常会出现这种矛盾，系统工程的主要目的，也在于从系统高度寻求总体的最优。

（三）物流成本的误区

对于物流成本的计算，最初的原因是理论者和企业家要据此充分说明物流的重要性，以使经济界重视物流，使管理层认识物流，使客户接受物流服务。这是企业物流管理进入第二阶段，也就是进行功能整合阶段的时候人们特别关注的问题。因为如果能够真实地计算出物流成本，就能够使人们认知、认同物流。

在企业物流管理进入第三阶段，也就是说进入到资源整合阶段后，企业要把物流确定为企业结构的一个重要组成部分，要建立独立的物流部门或物流组织，要瞄准“利润中心”或者“成本中心”，就必须有强有力的物流成本数据才能够排除这种整合的障碍，使物流管理部门能够在会计核算的支持下，独立的、长期的存在下去。

在这种情况下，当很多人根据“物流冰山”的理论，要把隐藏在水面之下的物流成本全部都核算出来，却很难实现这项工作时，就不断指责传统会计不能提供足够的物流成本分摊的数据。很明显，这是一个误区。直到现在，我们可以看到各种矛盾的数据，说明对“冰山”总体的全面认识和测量不但不现实，而且没有必要。

理论研究和实际管理毕竟有所区别，在企业的物流管理中，不可能为了建立物流独立核算系统而破坏其他若干成熟的财务会计核算系统，实际上真正需要纳入管理的当然还是有影响的数据，在这个领域也需要实施重点管理。在现实的工作中，仍然只是把“冰山浮出水面的一角”作为物流成本计算的对象，主要的核算范围是运输费用、储存保管费用、装卸费用、包装费用的几个大项的费用。在很多企业中，包装费用仍然是单独核算，没有进入到物流成本之中。

在某种程度上，物流成本的上述核算方法，是不自觉的施行的“重点管理”，因为运输、储存保管的成本支出仍然是物流成本的主体。

当企业物流管理进入到过程管理阶段之后，由于独立的物流部门已不存在，企图把企业全部物流成本单独计算出来的做法就更变得没有意义，而且也更加不可能。

（四）物流成本管理的几个要点

1. 关注总成本。把企业作为一个系统，物流只是一个子系统，成本管理必须选择总成本的优化，而不能单独追求物流成本的降低。

2. 放弃管理全部物流成本，重点控制A类物流领域的成本发生源。

3. 按照管理权限的归属，设立物流管理部门的企业，对部门的业务活动范畴进行成本管理，对于没有设立物流管理部门的企业，应当根据需要或者定时对有关物流主要会计科目进行分析研究，通过与历史数据的比较，掌握物流成本的问题和动向。

4. 在分摊成本时，防止成本的交错、重复计算。正是由于许多物流成本发生源是处于其他环节，例如原料、材料价格环节，生产工艺环节，人力工资支出环节等，按照“物流冰山”原理，是属于沉没于水面之下那一部分，在进行成本分摊的时候，可能出现交错或者重复分摊计算情况，从而使总成本失真。

四、物流协作管理

（一）概 述

企业的物流需求，不可能完全由自己来满足，外包、合作、购买物流服务是经常要做的事情，而前提条件是协议与合同。

在物流领域，国家对许多传统物流过程的合同管理都有所规定，例如，运输合同在中国的《合同法》中就有明确规定，在国际物流中经常采用的大陆桥运输也有成熟的合同文本，此外在《合同法》中对于保管合同、联合运输合同、仓储合同都有明确的规定。

对于新兴的物流活动，例如第三方物流、供应链物流等，由于业务外包比较彻底，同时，像供应链又需要很多企业协作，管理的复杂程度超过一般的物流运作，因此，通过协议和合同事先约定相关事宜就显得更为重要。实际上，在物流远程化的今天，合同成了保证物流的法律手段。从某种意义来讲，第三方物流之所以能够作为一种主要的物流业态，供应链之所以可以成功运作，除了物流工程系统、物流信息系统和新的管理思想以外，主要依托的力量就是合同。

（二）运输合同

运输合同是承运人将旅客或者货物从起运地点运输到约定地点，旅客、托运人或者收货人支付票款或者运输费用的合同。运输合同依据不同的标准可以划分为不同的种类。以运输的客体为划分标准，可以分为货物运输合同和旅客运输合同；以运输工具为划分标准，可以分为铁路运输合同、公路运输合同、水路运输合同、航空运输合同及管道运输合同；以运输方式为划分标准，可以分为单一运输合同和联合运输合同。

运输的承运人，指的是直接承运人，就是与货主直接承运货物的企业或部门。它可以是某种运输方式的管理者，例如铁路局各个货运站，也可以是第三方，例如货代企业、托运企业以及在发达国家已经广泛运作的第三方物流。

运输合同有以下几个特点：①当事人是货主和承运人双方，货主包括起运人和收货人两个方面；或者是承运人和托运人双方（托运人既是起运的托运人，也是收货人）。②运输合同是双务有偿合同，作为当事人的双方互相承担义务，所承担的义务根据合同规定。③国家提供基础平台的运输领域（例如铁路运输、航空货运等），运输合同有国家规定的标准合同。这种标准合同先由承运人根据基础平台的条件和一个时期的营运状况、管理力量等提出服务标准、服务水平、服务项目，例如运输的速度、运输路线、运费标准，等等，这是单方面的要约邀请。这种合同采用“国民待遇”，一般不对一部分客户提供增值服务。当事人只有在承认和接受要约邀请的前提下，确立合同。④对于构成国家物流平台一部分的运输部门，作为向社会公众提供服务的货物运输，一般都明示合同文本，在具体办理运输事宜时，不再单独签约，而以货运单据作为双方承担义务的约定文件。⑤如果承运人是一般运输企业，例如第三方物流企业，运输合同的确立，则需要进行协议、谈判，双方共同约定协议条款。

（三）权利和义务

物流领域和其他运输领域的不同在于，合同的标的往往很大，因此容易出现经济责任和其他责任的问题，承运人和当事人双方对于这种责任问题都非常关注。因此，在货运合同中特别认定合同当事人的权利和义务，以保证合同的履行。

1. 托运人的权利

在买方市场经济环境下，托运人是买方，是运输货物合同首先要确认的权利保障对象，实际上在合同体系中，托运人的权利是主要矛盾的主要方面。一方面，托运人有按照现实可能要求承运人将货物运至约定地点并交给收货人的权利；另一方面，托运人在有限制的前提下，有提出终止运输、返还货物、变更地点、变更收货人的权利。

2. 承运人的义务

托运人的权利和承运人的义务是共生的关系，权利和义务需要均衡，需要公平。承运人的基本义务是完成货物的运输。从规范作业的角度，承运人还有下述义务：①承运人有按条款接收货物的义务，在接收货物后出具有关凭证的义务。②承运人有按约定期间或者合理期间将货物完成运输的义务。③承运人有按照合同约定的路线进行运输或者按通常的运输路线进行运输的义务。④承运人有文明承运的义务。在承运过程中应当杜绝野蛮装卸、放任管理等问题。⑤承运人有按照协议满足托运当事人变更的义务。⑥承运人有通知的义务。按协议的约定，承运人有义务将所承运货物的在途情况、到货情况通知托运当事人或收货当事人。⑦承运人有将货物交付收货人的义务。上述义务是一般性的义务，在网络经济时代，承运人可以利用信息技术和网络技术向托运人提供更多的、增值的服务，例如对货物运输过程全程的监控等，这些特殊的义务必须通过特殊的条款加以约定。

3. 承运人的权利

承运人的权利包括：①承运人有收取运费的权利。承运人按合同中约定履行义务，有权收取约定的运费。②承运人有按实际付出收取运输杂费的权利。③承运人在托运当事人或收货当事人不支付协议的费用情况下，享有承运货物的留置权。④在特殊情况下，承运人可以提存货物并从中取得应得之费用。⑤承运人有拒绝承运违规、违法货物的权利。

4. 托运人的义务

托运人的义务有：①托运人有向承运人真实通告有关货物运输的必要情况的义务。尤其在物流过程中会出现问题的货物，托运人必须如实申报和准确告知。②托运人有按照协议向承运人交付运费和运输杂费以及其他应由托运人交付的费用。③托运人有杜绝违规、违法托运的义务。对于需要运输审批的货物，应由托运人完成审批手续或者委托承运人代办审批手续。④托运人有对货物进行包装的义务，并应当按照国家规定在包装上进行标识。⑤托运人有向承运人交付运输货物的义务。

5. 收货人的权利和义务

无论收货人是托运人本身，还是第三方当事人，收货人的权利和义务是整个三方当事人不可缺少的一个方面。①收货人的权利。收货人的权利主要集中在：及时获得到货通知，按提单凭证或其他收货协议收货（提货或接受承运人的送货），以取得货物。②收货人的义务。收货人的义务主要集中在：收货人应当及时受领（取货或接受送货）货物，支付应由收货人承付的费用

（运费、运输杂费、逾期保管费等），收货人有在约定期限内进行检验并对运输质量进行认定的义务。

需要提出的是，上述内容是一般的运输货运合同的内容，不同运输方式，例如铁路运输、公路运输、远洋海运、航空货运等，都有根据自身运输方式的特点所制定的特殊条款，在具体涉及这些领域的管理时，应当认知这些特殊的条款。

（四）多式联运合同

1. 多式联运合同的含义

按照《合同法》第317条规定："多式联运经营人负责履行或者组织履行多式联运合同，对全程运输享有承运人的权利，承担承运人的义务。"

多式联运货物运输合同的当事人只有两方：一方是托运人；另一方是多式联运的经营人。

多式联运货物运输合同托运人和联运经营人双方为合同当事人，参加多式联运的各种不同运输方式的承运人不是多式联运合同的主体。

2. 多式联运货物运输合同的特点

多式联运货物运输合同的特点有：①多式联运经营人是运输合同的履行人。②多式联运经营人具有双重身份：对于托运人来讲，它是承运人，应该享有承运人的合同义务和权利；对于多式联运所涉及的各个领域的具体承运人，多式联运的经营人就是托运人，享有托运人的权利和义务。③多式联运方式是否成功，取决于多式联运组织和渠道的稳定性。因此多式联运合同中，托运人和多式联运经营人可能是变化的，但是联运经营人和各区段不同运输方式的承运人之间具有稳定的关系，需要以长期的合作来维系这种关系。④对于托运人来讲，多式联运货物运输只须一份合同就能够完成若干领域的运输需求，如果不签订多式联运合同，托运人就需要分别和不同承运人签约，反复履行合同所要求的交付货物、接收货物的手续。无疑，多式联运合中可以给托运人带来很大的便利。将这种合同形式称做"一票到底"。

（五）仓储合同

1. 仓储合同的含义

仓储合同中包含储存和保管两部分合同内容。《合同法》第381条规定："仓储合同是保管人储存存货人交付的仓储物，存货人支付仓储费用的合同。”随着我国仓库行业大量从自有仓库向营业性仓库转变，这种经济交往的数量日益增大，仓储合同也是物流领域里的重要合同项目。

2. 仓储合同的特点

①仓储合同是提供劳务的合同，仓储责任人向存货人提供设备、人力、设施的服务，并取得相应的费用。在仓储活动中，保管是其中主要的劳务费支出领域。②仓储合同涉及的合同对象大多是工业企业、事业单位的大宗货物，与一般保管合同不同，一般保管合同的储存对象是日常生活中的小型物品，如旅行包等，所以，一般而言，仓储合同的标的量都比较大。③仓储合同的对象物是动产，不动产不包含在内。④仓储合同属于诺成性合同。当合同成立便生效，不管货主是否将货物实际储存到仓库之中。

3. 货主（存货人）的权力和义务

①存货人有按合同约定享有保管仓储服务的权利。②存货人有按约定提取仓储物的义务，在提取仓储物时，有义务持有凭证。③存货人有支付仓储费及其他约定费用的义务。④存货人有履行说明储存货物的有关情况的义务。

4. 仓储责任人的权利和义务

①仓储责任人有按照约定对入库物进行验收的义务和权利。不履行此项义务，应当承担相应的后果；存货人不得阻挠仓储责任人的这一项权利，否则应承担相应后果。②仓储责任人在验收接受货物后，有向存货人签发仓单的义务。一般的仓单内容包括：存货人情况（名称、住所等），仓储货物的情况（品种、数量、质量、包装、件数、标记等），仓储货物损耗标准，储存场所和提货地点，储存期间及储存期限，仓储费用，仓储货物保险办理情况，填发人情况等。③仓储责任人有对仓储货物进行维护保养的义务。④仓储责任人按约定条款，在危及安全等情况下，有对仓储货物的处置权。⑤仓储责任人对货物的保管情况有向存货人通知的义务。

五、交通管理

（一）交通限制

1. 超限运输的管理

水运、空运、铁路运输、公路运输都存在着超限运输的问题，一般来讲，航空运输的超限问题比较容易受到人们的重视，但是其他几种运输方式的超限运输问题往往被忽视。存在超限运输问题的主要原因有观念问题，也有经济利益的问题。从观念上来讲，很多人和管理部门一直认为，“多拉快跑”、“满载超轴”是节约的经济思想在运输领域的体现，往往便形成了超限运输的情况。从经济利益角度来讲，由于承运企业竞争激烈，很多承运企业的赢利主要来自于超过额定运量的超限部分。超限运输是指超出交通工具额定限度的运输和超出基础设施（如公路路面）额定承受限度的运输。公路超限运输的规定是：①车辆总高度从地面算起4米以上，集装箱车总高度为4.2米以上；②车货总长18米以上；③车货总宽度2.5米以上；④单车、半挂列车、全挂列车，总质量40000千克以上，集装箱半挂列车车货总质量46000千克以上；⑤车辆轴载质量为单轴单轮胎6000千克，单轴双轮胎10000千克，双联轴单轮胎10000千克，双联轴双轮胎18000千克，三联轴单轮胎12000千克，三联轴双轮22000千克。

超限运输的危害主要表现在三个方面：第一，运输工具的损坏；第二，公路路面的损坏；第三，由于控制失灵的安全事故。

2. 运行的限制

根据交通基础设施的能力、寿命以及交通工具的能力和环境条件要求，在运行上有很多限制的管理措施。主要有：行驶速度的限制；桥梁、道路、航道的通过能力限制；运行时间的限制；尾气、噪声限制；司乘人员行为和数量的限制，等等。

（二）交通安全

交通安全包括交通设施的安全管理和操作人员的安全管理。

六、物流对环境影响的管理

（一）物流对环境及社会的关系问题

物流对环境的影响在近十几年表现出尖锐和异常突出的倾向，主要原因是由于物流量的加大，物流速度的增加，物流设施及工具大型化之后，使得环境受到的影响越来越大。所有的物流过程都与环境有关系，与一般的工业企业不同，物流环境的接触是广域性的，这就增加了环境管理的难度。

物流对环境的影响主要表现在噪声对人精神、情绪、健康的影响，废气对空气、水的污染影响，运输车辆事故对人伤害性的影响等。这些影响的造成，与诸多因素有关。

1. 与粗放式的物流有关

粗放式的物流往往是发展中国家的物流发展模式，其原因在于，为了加快发展速度，物流企业主要关注于数量的增长，造成不合理的物流普遍存在，单位经济增长付出过多的运能、运力，造成交通的混乱和排放物的增加。

2. 与缺乏合理的规划有关

物流设施，无论是节点还是线路，都需要占用大量资源，规划不当会造成这种资源的浪费。这些资源不但有土地资源，而且物流过程需要消化大量的能源，所以也会造成能源资源的不合理消耗，物流规划的混乱造成了节点之间无效运输的增加，这些都是影响环境的重要因素。

3. 与物流标准化有关

尤其是在推行标准化过程中，只重视物流设施、设备、工具、车辆技术标准等内在标准的研究，而忽视物流对环境及社会的影响，强化了上述矛盾。

所以，在推行物流标准化时，必须将物流对环境的影响放在标准化的重要位置上，除了各种反映设备能力、效率、性质的技术标准外，还要对安全标准、噪声标准、排气标准、车速标准等做出具体的规定。

（二）物流对环境的影响

物流对环境的影响表现在以下几个方面：

1. 废气排放

物流工具，尤其是货运汽车，废气的排放是严重污染环境的因素。在现代化大城市，汽车尾气排放已经是环境污染的第一号因素。汽车尾气的正常排放，对环境的破坏作用已经非常明显，实际上，很大一部分是超标准排放，造成更为严重问题。汽车尾气排放的主要污染物是铅污染，同时一氧化碳、氮氧化物、碳氢化合物、臭氧的排放物污染也很严重。尤其是铅污染，由于铅是有毒物质，半衰期又很长，会引起人的铅中毒，是需要着力防止的问题。

2. 噪声污染

噪声污染主要来自火车、货运卡车等大型车辆，因此也是以大型车辆为主体的物流工具的主要污染因素。和废气、废液污染不同，噪声污染一般只造成局部的环境问题。噪声污染的受害对象，主要是对人生理的影响（如下表所示）。

噪声污染对人生理的影响

噪声强度（分贝）	对人生理的影响
40	妨碍睡眠
50	妨碍正常听力
60	妨碍 2 个人在 1 米距离的会话
70	妨碍打电话
>80	长期作用会影响人的血压、头痛、惊悸、胃肠不适、神经刺激、激素失调
>90	一天处于这个环境中，就会发生听力衰减
>100	每天一个小时处于这个环境中，就会发生听力衰弱

3. 震动

火车、汽车在行驶时，车体本身、车体与地面的撞击都会产生震动，飞机起飞、降落及飞行，也会造成空气的震动。震动往往和噪声同时发生。震动通过空气和地面的传播，可以引起门窗、室内器物的反应，出现震动，从而对人造成影响。

4. 扬尘

物流过程产生的扬尘污染，主要来自两个方面，一个是汽车在低等级路面行驶时，造成路面上尘土的飞扬，这在发展中国家，尤其是小城镇和农村地区经常出现；另一个是粉体物流对象在物流过程中，由于物流过程粗放造成扬尘，例如粉状物、煤炭、矿石等在运输和装卸过程中出现的扬尘。扬尘物的污染一是对于建筑物，造成建筑物的表面蒙尘，并逐渐侵蚀建筑物表面，使表面质量下降，尤其是腐蚀性的粉尘对建筑物表面更有危害；另一方面是对人的生活环境、卫生状况造成影响；第三方面是使人吸入粉尘后造成对生理的影响，尤其长期处于扬尘环境的人，这个影响更为严重。

5. 有毒物的污染

除去汽车尾气、粉尘之中包含有毒物之外，物流过程中的事故，尤其是装运有毒物设备和有毒物储存仓库的事故，会造成有毒物大面积的扩散，从而形成严重的局部污染。即使不是由于事故引起的有毒物污染，在有毒物的物流过程中，也会经常出现和环境接触问题，从而造成一定程度污染。

物流机械、装备、工具所使用的燃料、添加剂、润滑材料、防护涂料等，在使用过程和设备清洗过程中，通过废物排放，也会形成对环境的污染。有毒物污染的一般途径是通过粉尘的扩散、液体和气体的排放、挥发和扩散造成的，这种污染随着火灾、爆炸、水灾等会迅速扩散造成严重的事态。

（三）减轻环境负担的措施

从现在科学技术和管理水平来看，物流对环境的破坏作用是没有办法根除的，因此，在管理方面，必须采取若干的措施予以限制或减轻，把减轻环境负担作为管理的目标。减轻物流环境负担的根本办法是实行物流合理化。无论对于宏观、中观及企业的物流，都应该把这个问题放在重要位置予以对待。

首先，应当提高铁道和水运的比重，减少对环境危害最大的汽车运输。很多的研究表明，在多种可选择的运输方式中，公路的资源占用（包括能源消耗、土地资源占用、人力资源占用等）为最高。从对环境的破坏作用来看，也是以汽车运输为最高。

在管理方面可以采取以下措施来降低环境的负担：①把铁路、公路、水运的合理结构作为宏观调控的目标。增加铁路物流量，降低公路的物流量。②将铁路、水运的干线运输和公路的集散运输作为物流合理化的一个重要课题，发展多式联运，限制汽车的长距离、大量运输，从而减少污染的同时提高物流系统的能力。③依靠科学技术，采用无铅汽油、清洁燃料，从能源的源头来解决和降低污染。

其次是采用管道输送的物流方式，以解决液体、气体、粉状扬尘对环境的污染。采用管道输送的物流方式，在整个输送过程中，将被输送物与环境相隔离，从而杜绝了对环境的污染。石油、煤粉、矿粉、石油汽等对环境污染，可以采取这个方法解决。

最后是合理规划物流节点和物流线路的分布，对物流节点实行集约化，使物流节点远离居民密集地区，是解决和降低噪声、粉尘、震动以及尾气污染的有效措施。为此在规划物流节点时，物流基地、物流中心等大型物流节点，应当远离城市中心区并且适当集中分布，配送中心应当和居民密集区保持适当距离，在城市中心行驶的配送车辆，应当采用低污染的先进运输设备。大型运输汽车，应当限制进入城市地区。对排放标准不合格、噪声、震动过大的运输车辆，应该实行严格的交通管制。

第三节　物流绩效评价

一、绩效评价

（一）关于绩效评价

绩效评价是对业绩和效率的一种事后的评估与度量以及事前的控制与指导，从而判断是否完成了预定的任务、完成的水平、取得的效益和所付出的代价。依托现代信息技术，信息传递和反馈的及时、准确，绩效评价是不断控制和修正工作的一个动态过程。

绩效评价对企业的资源监控与分配具有重要意义，在工业生产领域首先取得了成功，其原理和方法同样适用于物流领域。

绩效评价有以下几项作用：①可以提出和追踪任务目标的达到程度，并对其作出不同层次的量度，从而能够事先对活动进行控制；②根据绩效评价，判断计划和任务的可行性与准确性；③根据绩效评价进一步对工作进行改善，从而对工作提出新的管理与控制目标；④根据绩效评价，决定奖励、升迁和惩罚；⑤根据绩效评价，判断本身的竞争能力，以确认今后的市场战略。

（二）业绩度量

一般的绩效评价，对于业绩的度量可以做以下的细分：①与产品工艺技术有关的业绩度量。例如对工艺制造方法的度量、对工艺流程的度量、对设备和设施配置的度量。这种度量一般根据工艺的有效性、失效的情况、最优的作业时间和节奏、损毁及维修的情况、能力不足与富余的情况来判定。②成本、收入、利润等有关财务方面的业绩度量。例如成本控制方法与控制水平，成本的变化情况；资金的运作情况；利润水平及利润趋势等。③资源有关的业绩度量。例如，燃料、能源的利用效率、回收再生及循环利用的情况；原料、材料利用率、回收率以及供应可靠性、缺货、节约代用等方面情况；资源对于环境影响和环境费用支出的情况等。

二、物流的绩效评价

（一）物流绩效评价的特殊性

在工业生产领域，绩效评价已经广泛应用并取得了成效，尤其对于工业企业的管理，绩效评价成了管理上不可缺少的一种手段。

对于工业生产而言，有时候绩效评价比较简单、有效。其主要原因是工艺流程的恒定性使得各种绩效评价都比较容易进行数量化，甚至可以通过计算机智能系统的运用，自动作出评价，这样一来，就大大支持了管理决策。同时，越是专业化、规范化很完善的领域，这种绩效评价的作用就越为显著。

物流领域的绩效评价没有像工业领域那样广泛的应用，主要原因在于物流活动的特殊性。这个特殊性主要表现在物流活动的复杂性上。物流活动是商业活动和其他活动的派生物，又具有远程性和服务性，因此，其结构不但复杂，而且不稳定，系统很难具有恒定性。在物流领域中业务比较稳定的仓库管理领域，尽管公认是绩效评价比较易于贯彻的领域，但是，仓库管理的对象物也是经常发生变化的，流量的稳定性远比工业生产的差，因此，物流过程绩效评价很难像工业生产绩效评价那样达到事先控制的目的，这些特殊原因使物流领域不可能完全照搬工业绩效评价的方法。

（二）绩效评价的目的

物流绩效评价的目的在于，通过物流绩效评价系统，对物流作业进行监督、控制和指挥，以达到物流资源（人力、设施、装备、外包业务、资金）的有效、合理的配置并且向客户提供达到或者超过协议服务水平的有效服务。

（三）物流绩效评价的内容

业绩评价从对物流活动实施分权管理开始就要把整个物流过程划分为各种不同形式的责任中心，对每个责任中心，明确其权力、责任及其业绩计量和评价方式，建立起以各个责任内部严密的控制系统。具体包括以下几个方面：

1. 合理划分责任中心，明确规定权责范围

实施责任制度，首先要按照分工明确、责任易辨、成绩考核的原则，合理划分责任中心。其次必须依据各个责任中心的特点，明确规定其权责范围，使每个责任中心在其权限范围内，独立自主履行其职责。

2. 编制责任预算，明确各物流责任中心的业绩考核标准

编制责任预算，使物流活动的总体目标按各物流责任中心进行分解、落实和具体化，并以此作为它们日常工作的准绳和评价成果的基本标准。业绩考核标准应当具有可控性、可计量性和协调性等特征，即其考核的内容只应是物流部门能够控制的因素，考核指标的实际执行情况，要能比较准确地计量和报告，并能使各个物流责任中心在完成物流活动总目标过程中，明确各自的目标和任务，以实现整体和局部的统一。

3. 区分每个责任中心的可控与不可控费用

对各个责任中心的工作成果评价与考核，应仅限于能为其工作的好坏所影响的可控项目，不能把不应由它所负责（如运输线路中断）的不可控项目列为考核项目。为此，要对所发生的全部物流费用一一判别其责任归属，分别落实到各个责任中心，再根据可控费用来科学地评价各责任中心的成绩。

4. 建立健全严密的记录、报告系统

也就是要建立一套完整的日常记录、计算和考核有关责任预算执行情况的信息系统，以便为各责任中心的实际业绩提供可靠依据，并能对现责任中心的实际工作业绩起反馈作用。

5. 制定合理而有效的奖惩制度

也就是对每个物流责任中心制定一套既完整又合理有效的奖惩制度，根据其实际工作成果的好坏进行奖惩，做到功过分明、奖惩有据。

6. 定期编制业绩报告

通过定期编制业绩报告，对各物流责任中心的工作情况进行全面的分析和评价，并以此为依据实行奖惩，以促使各责任中心相互协调并卓有成效地开展物流活动，共同为最大限度地降低物流费用水平、提高经济效益而努力。

总之，物流管理会计作为一门服务于企业物流管理的学科，旨在通过对物流本身信息资料的加工、处理与延伸，形成具有特定目的与用途的信息系统，来帮助企业决策者总结过去、控制现在、规划未来，影响和改变企业决策者的各种决策行为，使其按成本最低、效益最高的原则进行各种生产活动。因此，物流管理会计的建立是一件有意义而又十分艰难的事情，有待于我们继续努力，以加强对物流费用的管理。

（四）物流绩效评价的方法

物流绩效评价可以分成单项的、基础的、基本业务绩效评价和总体物流活动的绩效评价两类。

这两类评价方法有很大的不同，前者可以通过财务数据、计算数据、测定数据取得评价结果，比较容易量化；后者比较多地采取投入产出方法、价值工程方法、方案比较方法和其他模糊分析的方法，取得比较的结果。

1. 基本业务绩效评价

管理者应当对整个物流活动作出分析，划分出若干最基本、最基础的、能够单独做出业绩评定的业务，这是基本业务绩效评价的前提条件。基本业务也是相对的，对于一个大的物流过程而言，某一个环节或者某一个工作组织所承担的业务，可以看成是基本业务；如果进一步划分，这些业务的每一个过程或者同一个过程不同完成人所承担的每一项具体业务，也可以看成是基本业务。基本业务的层次如何确认，应当根据管理的要求、实现这个管理的人力和技术手段而定。不同的管理理念可能有不同的方法：有时候可以“大而化之”，有时候需要实施“精益管理”，如果和重点管理方式结合，对于基本业务也需要进行选择，其中一部分作为重点管理对象，也可能有很大一部分进行一般管理，甚至放弃经常管理。

基本业务往往通过以下指标进行绩效的判定：①时间指标，例如货单处理时间、入库时间、出库时间、信息查询时间、答复及回文时间、等待时间、装卸时间、在途时间、结算时间、配送时间、资金周转时间、库存周转时间、返款时间以及差错处理时间等。②工作水平指标，例如差错率、损毁率、缺货率、准确率、资源利用率等。③成本指标，例如单位成本、人力成本、资源成本、各种费用支出、成本增减、成本占用比例、实际损失及机会损失等。④资源指标，例如原料消耗、燃料消耗、能源消耗（在物流领域主要是油耗）、材料消耗、人力消耗、设备占用、工具消耗等。

2. 总体物流活动的绩效评价

经营管理者对总体物流活动关心，在于客户能够接受所提供的物流服务，并且为此付出货币以购买这种物流服务。这是物流服务企业的生存之道。物流活动的总体评价，实际上是物流企业生存能力的评价，进一步是物流企业发展能力的评价。因此，物流企业应当是站在接受物流服务的客户的位置上，对总体物流活动做出评价。物流活动的总体评价包括：①内部评价。对总体物流活动，物流企业必须做出自己的内部评价，以做到心中有数。内部评价是对自身的一种基础性的评价，根据内部评价才可以确认对客户的服务水平、服务能力和满足服务客户要求的最大限度，做到既不失去客户，又不因为过分满足客户的要求而损害企业的利益。内部评价是建立在基本业务绩效评价的基础之上的，以此为基础，把物流系统作为一个“黑箱”，进行投入产出分析，从而可以确认系统总体的能力、水平和有效性。②外部评价。对物流总体的外部评价，应当具有客观性，采用的主要方法有两个：一个是顾客评价，可以采用调查问卷、专家系统、顾客座谈会等方式进行这种评价；也可以采取选择模拟的或者实际的“标杆”进行对照、对比性的评价。采用计算机模拟技术，用虚拟现实的方法，可以有效对物流系统的总体做出准确的绩效评价。

参考文献

[1] 崔介何．企业物流．北京：中国物资出版社，2002.
[2] 刘志学．现代物流手册．北京：中国物资出版社，2002.
[3] 翁心刚．物流管理基础．第2版．北京：中国物资出版社，2007.
[4] 金真，唐浩．现代物流．北京：中国物资出版社，2002.
[5] 秦明森，王方智．实用物流技术．北京：中国物资出版社，2001.
[6] 周全申．现代物流技术装备与实务．北京：中国物资出版社，2002.
[7] 陈宏．物流企业财务会计．北京：中国物资出版社，2002.
[8] 沈小静．生产企业供应管理．北京：中国物资出版社，2002.
[9] 霍红．第三方物流企业经营与管理．北京：中国物资出版社，2003.
[10] 蔡淑琴．物流信息系统．第2版．北京：中国物资出版社，2006.
[11] 王槐林．采购管理与库存控制．第2版．北京：中国物资出版社，2004.
[12] 王之泰．现代物流管理．北京：中国工人出版社，2001.
[13] 包健民．物流现代化．上海：上海交通大学出版社，1997.
[14] 宋华，胡左浩．现代物流与供应链管理．北京：经济管理出版社，2000.
[15] 王成．现代物流管理实务与案例．北京：企业管理出版社，2001.
[16] 陈福军．如何做物流管理．大连：大连理工大学出版社，2000.
[17] 郝渊晓．现代物流技术学．广州：中山大学出版社，2001.
[18] 陈文安．创新工程学．北京：立信会计出版社，2000.
[19] 丁立言，张铎．物流企业管理．北京：清华大学出版社，2000.
[20] 丁立言，张铎．物流基础．北京：清华大学出版社，2001.
[21] 丁立言，张铎．国际物流学．北京：清华大学出版社，2000.
[22] 齐二石．物流工程．天津：天津大学出版社，2001.
[23] 储雪俭．现代物流管理教程．上海：上海三联书店，2002.

[24] 熊和平．供应链管理实务．广州：广东经济出版社，2002.

[25] 张毅．现代物流管理．上海：上海人民出版社，2002.

[26] [日] 汤浅和夫．物流管理．张鸿译．上海：文汇出版社，2002.

[27] [日] 花房陵．物流构造．聂永有译．上海：文汇出版社，2002.

[28] 刘寿兰．国际货物运输．北京：中国铁道出版社，1998.

[29] 徐淑芬．大陆桥运输．北京：中国铁道出版社，1997.

[30] 陈文安，穆庆贵．新编企业管理．第4版．北京：立信会计出版社，2002.

[31] 赵刚．物流运筹．成都：四川人民出版社，2002.

[32] 孙义敏，杨洁．现代企业管理导论．北京：机械工业出版社，2002.

[33] 原道谋．企业系统工程．石家庄：河北科学技术出版社，1985.

[34] 菊池康也．物流管理．北京：清华大学出版社，1999.

[35] 张继焦．价值链管理．北京：中国物价出版社，2001.

[36] 黄福华．现代企业物流运作管理．长沙：湖南人民出版社，2001.

[37] 夏文汇．现代企业物资管理学．重庆：重庆大学出版社，1996.

[38] [美] 唐纳德 J. 鲍尔索克斯，戴维 J. 克劳斯．物流管理——供应链过程的一体化．林国龙，宋柏，沙梅译．北京：机械工业出版社，2001.

[39] [英] 约翰·盖特纳．有效的物流管理．天津：天津科技出版社，1991.

[40] 吴清一．物流学．北京：中国建材工业出版社，1996.

[41] 马士华，林勇，陈志祥．供应链管理．北京：机械工业出版社，2000.

[42] 马健平．现代物流配送管理．广州：中山大学出版社，2001.

[43] 吴清一．设施规划与设计．北京：机械工业出版社，1998.

[44] 张传忠．分销管理．武汉：武汉大学出版社，2000.

[45] 欧阳文霞．物流信息技术．北京：人民交通出版社，2002

[46] 郑国华．交通运输法规教程．北京：中国铁道出版社，1999.

[47] 骆温平．第三方物流．上海：上海社会科学院出版社，2001.

[48] 王槐林，刘明菲．物流管理学．武汉：武汉大学出版社，2001.

[49] 刘昌祺．物流配送中心设计．北京：机械工业出版社，2002.

[50] 王国卿．物流信息技术．北京：人民交通出版社，2003.

[51] 徐文静．物流战略规划与模式．北京：机械工业出版社，2002.